ALEX STOCK · POETISCHE DOGMATIK · EKKLESIOLOGIE

2. ZEIT

ALEX STOCK

POETISCHE DOGMATIK

EKKLESIOLOGIE

2. ZEIT

FERDINAND SCHÖNINGH

Bibliografische Information der Deutschen Nationalbibliothek

Die Deutsche Nationalbibliothek verzeichnet diese Publikation in der Deutschen Nationalbibliografie; detaillierte bibliografische Daten sind im Internet über http://dnb.d-nb.de abrufbar.

(Verlag Ferdinand Schöningh GmbH & Co. KG, Jühenplatz 1, D-33098 Paderborn)

Internet: www.schoeningh.de

Einband: Evelyn Ziegler, München
Printed in Germany.
Herstellung: Ferdinand Schöningh, Paderborn

ISBN 978-3-506-78537-4

INHALTSVERZEICHNIS

VORWORT

1. MOTIVE

„Alles hat seine bestimmte Stunde,
und jedes Ding unter dem Himmel hat seine Zeit.
Geboren werden hat seine Zeit,
und Sterben hat seine Zeit.
Pflanzen hat seine Zeit,
und Ausreissen hat seine Zeit.
Töten hat seine Zeit,
und Heilen hat seine Zeit.
Einreissen hat seine Zeit,
und Bauen hat seine Zeit.
Weinen hat seine Zeit,
und Lachen hat seine Zeit.
Klagen hat seine Zeit,
und Tanzen hat seine Zeit.
Steine wegwerfen hat seine Zeit,
und Steine sammeln hat seine Zeit.
Umarmen hat seine Zeit,
und Sichmeiden hat seine Zeit.
Suchen hat seine Zeit,
und Verlieren hat seine Zeit.
Behalten hat seine Zeit,
und Wegwerfen hat seine Zeit.
Zerreissen hat seine Zeit,
und Nähen hat seine Zeit.
Schweigen hat seine Zeit,
und Reden hat seine Zeit.
Lieben hat seine Zeit,
und Hassen hat seine Zeit.
Der Krieg hat seine Zeit,
und der Friede hat seine Zeit.“

Pred 3,1-8

„... denn ich wüßte nicht, was die klassische Philologie in unserer Zeit für einen Sinn hätte, wenn nicht den, in ihr unzeitgemäß – das heißt gegen die Zeit und dadurch auf die Zeit und hoffentlich zugunsten einer kommenden Zeit – zu wirken."

F. Nietzsche[1]

2. ZEIT DER KIRCHE

Der erste Band der Ekklesiologie ist ausgegangen von der Kirche als Raum, als Bau und Haus. Der architektonische Sinn, der sich mit dem Wort „Kirche" neben dem institutionell-sozialen verbindet, hatte diesen Zugang nahegelegt. In der Perspektive „Raum" schien die ekklesiologische Thematik poetisch-theologisch aber nicht ganz ausgeschöpft. So ergab sich ein zweiter Band.

Wer mit „Raum" beginnt, suggeriert „Zeit". I. Kant beginnt die Transzendentale Ästhetik in der Kritik der reinen Vernunft mit der Bemerkung: „Bei dieser Untersuchung wird sich finden, daß es zwei reine Formen sinnlicher Anschauung als Prinzipien der Erkenntnis a priori gebe, nämlich Raum und Zeit."[2] Was Kant in diesem Anschauungsdoppel transzendentalphilosophisch präzisiert, hat eine breitere alltagssprachliche und lebensweltliche Grundlage, die es nahelegt, daß in der Koordination dieser beiden Dimensionen das Ganze einer Wirklichkeit erfaßt werden könnte. Das gab den Wink, auch das komplexe Phänomen „Kirche" in dieser doppelten Weise anzugehen, nach dem Raum also die Zeit ins Auge zu fassen.

Während im Gebrauch des Wortes „Kirche" die Beziehung zum Raum sprachlich unmittelbar angeboten wird, ist das bei der Zeit nicht so direkt greifbar. „Kirchenraum" ist anders als „Kirchenzeit" geradewegs mit einer bestimmten Anschauung verbunden. „Kirchenzeit" könnte die Zeit der Kirche im Sinne ihrer Geschichte meinen, „Kirchengeschichte" als Wandlungskontinuum eines kollektiven Subjekts namens „Kirche", das, als identisch unterstellt, im Laufe der Zeit Veränderungen unterliegt wie ein lebendiger Körper, der irgendwann ins Dasein getreten ist und dann eine Entwicklung durchläuft, in komplexen Wechselwirkungen mit seiner Umwelt sich darin entfaltet und behauptet, wächst oder erkrankt, abmagert, abstirbt, was alles nicht nur unmittelbar erlebt, sondern auch berichtet und erzählt werden kann bis in den elaborierten Modus einer historisch-kritischen Wissenschaft namens „Kirchengeschichte". Das wäre die erste Möglichkeit, die Relation von Kirche und Zeit zu denken, Zeit, chronologisch verstanden, als Geschichte.

Die Sprache legt noch eine andere Zeitspur, wenn z.B. von „Kirchenjahr“ die Rede ist. Das „Kirchenjahr“ ist nicht dasselbe wie das „Jahr des Herrn“, mit dessen Zeiteinheit die Kirchengeschichte operiert: *„anno Domini“*. Nicht nur, daß das eine bürgerlich mit dem 1. Januar beginnt, das andere mit dem 1. Advent, es geht um ganz verschiedene Zeitmodi. Im „Kirchenjahr“ ist die Zeit der Kirche mit den wiederkehrenden Sonn- und Festtagen ein Zyklus, die Kirchengeschichte ist ein offener Prozeß, in dem im Laufe der Jahre immerzu Neues geschieht. Zum zyklischen Modus des Kirchenjahres gehört der Sonntag, *dominica* im Sinne von *dies dominica*; wenn im Neugriechischen der Sonntag *„kyriakê“* heißt, wörtlich „Kirche“, dann geht es nicht um das „Haus des Herrn“, sondern den „Tag des Herrn“. Nach dem Muster der *dies dominica* ist von den *sollemnitates domini* die Rede, den „Herrenfesten“. Hört man in *dominus* und „Herr“ das griechische *„kyriakon“* mit, das eine Zugehörigkeit zu Gott oder Christus bezeichnet, wird mit der Zeitdimension von „Kirche“ hörbar, daß „Zeit der Kirche“ heißt, dem „Herrn“ zur Verfügung gestellte, gewidmete Zeit.

In diesem temporalen Sinne kann auch „Kirche“, „zur Kirche gehen“, „Kirchgänger“ gebraucht werden. Es geht dann nicht einfach um den Raum, sondern um den Raum zu einer bestimmten Zeit, zu der Stunde des Gottesdienstes; „unter der Kirche“ ist ein alter Ausdruck nicht für das Souterrain des Baus, sondern für die Dauer des Gottesdienstes, die „Kirchzeit“.

Die Kirche, die in sich selbst ein von der Zeit als Geschichte betroffenes Wesen ist, bekundet ein großes Interesse, die Zeit der Menschen zu bestimmen und zu regulieren. Sie entwickelt ein ausgesprochenes Kalenderinteresse.[3] „Fast überall in der langen Geschichte menschlicher Gesellschaft waren Priester die ersten Spezialisten des aktiven Zeitbestimmens“[4]; dies sozialgeschichtlich zu beobachtende Priester-Überall gilt in ausgesprochener Weise für die Kirche und ihre Amtsträger. Dabei zeigt sich das Zeitbestimmen als eine Leistung der Koordination oder Synchronisation unterschiedlicher Kontinua. Jahr und Tag, aber auch Monat und Woche sind als natürliche, kosmisch-physikalisch oder jedenfalls kulturell schon vorgegebene Rhythmen da, wo die Kirche als geschichtliche Religion daran geht, sie neu zu bestimmen, neue Sinngehalte einzusetzen und Zeitgewichte zu verteilen.

Wenn dies bei der christlichen Kirche so hörbar mit dem Begriff „Herr“ verbunden ist, zeigt sich, daß es hier nicht um ein sanftes Synchronisieren geht, sondern auch um Herrschaft, um Dominanz über die Zeit. An den oben zitierten kirchensoziologischen Satz über das archaische Priesterzeitinteresse, schließt sich die Bemerkung an: „In einer späteren Phase, als größere und komplexere Staatsgesellschaften entstanden, teilten sich

Priester gewöhnlich die gesellschaftliche Funktion, den Zeitpunkt wichtiger sozialer Tätigkeiten festzusetzen, in oft spannungsreicher Partnerschaft mit weltlichen Staatsautoritäten. Als dann die Vormachtkämpfe zwischen Priester und Königen zu Gunsten der letzteren ausgingen, wurde das Festlegen der Zeit, so wie das Prägen des Gelds, eines der Monopole des Staates."[5] Doch kann man ein solches Monopol nur für die die gesamte Gesellschaft betreffenden Basisregulierungen behaupten. Die Kirche hält nicht nur als Subkultur an ihrer eigenen kalendarischen Zeitmacht fest, sie konditioniert damit auch immer noch die staatlichen Dispositionen. Die Terminierung des Osterfestes folgt immer noch einer auf einem Konzil des 4. Jh. festgelegten christlichen Berechnung; sonn- und festtägliche Arbeitsruhe mit strengen Vorschriften z.B. am Karfreitag, hält sich an christliche Vorgaben. Weihnachten wirkt als gesellschaftliche Aktivierungsinstanz langzeitlich weiter, wo man von dem ursprünglich religiösen Impetus längst nichts mehr weiß. Die Zeit der Weltgeschichte wird nach der kirchlichen Vorgabe *post Christum natum* gerechnet, auch wo man den *Dominus* des *anno Domini* gar nicht kennt oder als solchen akzeptiert, das „nach Christi Geburt" einfach konventionell im Sinne von „nach unserer Zeitrechnung" hinnimmt.

Wenn eine kulturgeschichtliche Abhandlung den Titel trägt: „Zeit der Kirche und Zeit des Händlers im Mittelalter"[6], dann hebt das hervor, daß die Zeitbestimmungsmacht der Kirche in Konkurrenz steht mit anderen Mächten, die an der Zeit der Menschen und ihrer Nutzung interessiert sind; das sind, wie sich seit dem Ende des Mittelalters gezeigt hat, zunehmend die Mächte der Ökonomie, deren Maxime lautet „Zeit ist Geld". Insofern „Zeit der Kirche" ein gesellschaftliches Phänomen ist, unterliegt sie dem Kampf der sozialen Mächte um die Zeit der Menschen. Die Zeitbestimmungsmacht der Kirche ist nicht zeitlos, sie wandelt sich im Laufe der Geschichte. Intensität und Reichweite des Einflusses der Kirche auf die Zeit der Menschen einer bestimmten Zeit zu beobachten, gehört zu den Aufgaben einer die Zeichen der Zeit zu lesen versuchenden Ekklesiologie.

Die beiden Zweige des kirchlichen Zeitinteresses stehen nicht beziehungslos nebeneinander. Historie und Liturgie sind ineinander verschränkt. Die zyklische Zeit der Liturgie nimmt die lineare Zeit der Historie in sich auf. Die der linearen Geschichte angehörigen Geschichten Jesu Christi und der Heiligen werden in den Kreislauf des Jahres eingeschrieben. Die einmaligen Ereignisse kehren im Gedächtnis der Tage des Kirchenjahres regelmäßig wieder. Die historisch aufgeflammten Lichter werden als Gestirne fixiert, deren wiederkehrende Erscheinung der kirchliche

Kalender notiert. Die Kirche lebt ihr Jahr unter dem Himmel ihrer Geschichte. Der an den markierten Tagen jeweils zu feiernde Gottesdienst hat den Zeitindex einer Memoria; der christliche Kult ist ritualisiertes Gedächtnis. Menschen, die in der Vergangenheit gelebt haben, Jesus Christus, Heilige, Verstorbene überhaupt, werden mit den Kultteilnehmern zu einer *communio* versammelt.

Auch in seiner Textstruktur ist der christliche Gottesdienst gewollter Mehrzeitenraum: altorientalische Gesänge (Psalmen), antike und mittelalterliche Hymnen, neuzeitliche Kirchenlieder, alttestamentliche Prophetien, hellenistische Evangelien und Episteln, römische Orationen und Präfationen werden zusammengefügt zum Zeitenraum einer Religion, die von weit her kommt. Die Kirchenzeit des Gottesdienstes verfügt die Teilnehmer nicht nur in eine andere Zeit als die ihres Alltags, sie inszeniert diese Alterität selbst in ihrem Textgefüge als menschheitsgeschichtliche Synchronisation. Das ist auf kleinem Raum ein Unterfangen hochgradiger Zeitsynthese.

Die zyklische Zeit der Liturgie fängt die lineare Zeit der Geschichte in ihr kurzzeitiges Gefüge ein. Die Wiederkehr ist nicht einfach die der kosmisch-natürlichen Rotation, sondern Einkehr und Einsammlung der Geschichte. Aber das Verhältnis zur Historie ist nicht nur das retrospektiver Einbettung, sondern auch das prospektiver Öffnung. Insofern die Zeit, als Geschichte der Kirche verstanden, einem teleologischen Modell folgt, antizipiert ihre liturgische Erinnerung auch die Zukunft. Das ist die nahegelegene Zukunft der weltlichen Zeit nach der heiligen des Gottesdienstes, und es ist das Ende der Zeit überhaupt, in dem mit dem Ende der Welt auch die Zeit der Kirche abläuft, gerichtet wird und im gefährlichen Durchgang durch diese Richtigstellung in die Ewigkeit eingeht, ein Tag, der keinen Abend kennt, Erfüllung dessen, was die fragilen Zeitsynthesen der kirchlichen Gottesdienste immer von neuem gesucht hatten.

Man könnte meinen, daß die Liturgie, ihre besondere Art, die Zeit zu gliedern und zu füllen, Vergangenheit und Zukunft im Ablauf des Jahres und Vollzug des Kultes zu versammeln, das Besondere der Zeit der Kirche ausmacht, daß sich also die Ekklesiologie, wenn sie die Kirche unter dem Aspekt der Zeit angehen will, am besten hier festmacht. Doch da steht im Kanon der theologischen Disziplinen immer noch die „Kirchengeschichte". Die zyklische Zeit des Jahreslaufs und die lineare der Geschichte konvergieren, wo die Jahreskreise, aneinandergereiht und miteinander verkettet, das Maß abgeben, nach dem die Ereignisse des Zeitverlaufs der Geschichte datierbar sind. Dann umfaßt der Kalender nicht nur das einzelne Jahr, sondern Jahre und Jahrhunderte. Es liegt nahe, die Zeit der

Kirche in diesem doppelten Modus von „Kirchenjahr“ und „Kirchengeschichte“ zu verstehen, von zyklischer Liturgie und longitudinaler Historie.

Doch ehe man sich dem einfach überläßt, sind Einsprüche anzuhören. Im Galaterbrief des Apostels Paulus stößt man auf eine scharfe Attacke gegen religiöses Kalenderwesen. „Damals, als ihr Gott nicht kanntet, dientet ihr den Göttern, die in Wirklichkeit keine sind. Jetzt jedoch, da ihr Gott erkannt habt, vielmehr von Gott erkannt worden seid, wie könnt ihr wieder zurückkehren zu den schwachen und armseligen Naturmächten, denen ihr wieder von neuem dienen wollt? Tage beobachtet ihr und Neumonde und Festzeiten und Neujahrstage. Ich fürchte für euch, dass ich am Ende vergeblich an euch gearbeitet habe“ (Gal 4,8-11). Was den Galatern da vom Apostel als Rückfall in die alte Gesetzessklaverei angemahnt wird, ist die kultische Observanz gegenüber den Naturmächten (*stoicheia/elementa*), die ihren Einfluß auf das Leben der Menschen im Jahreszyklus ausüben. Solche Unterwerfung der Lebensorientierung unter die Macht des Kosmos erscheint Paulus als Preisgabe des durch das Evangelium gewonnenen freien Zugangs des Christenmenschen zum Vater und Schöpfer des Alls.[7]

Heutige kirchliche Kalenderreligion könnte sich dieser apostolischen Invektive natürlich leicht entziehen mit dem Hinweis, daß man im Laufe des Jahres ja nicht mehr Sonne, Mond und Sterne verehre, sondern den *sol invictus* Christus und seine Heiligen. Aber daß sich hier in die terminfreie Gottunmittelbarkeit die liturgische Observanz einzuhaltender Gedenktage als Heilsvermittlungsinstanz eingeschoben hat, ist nicht ganz von der Hand zu weisen. Auch liturgische Kalender haben die Gesetzesform heiligen Rechts. Als Patron kirchlicher Kalenderreligion ist der Apostel kaum anzurufen, aber sein Brandbrief nach Galatien kann immerhin im Gedächtnis halten, daß es hierbei um mehr geht als um Brauchtum und daß der wohltätige Halt, den ein vertrauter Zyklus der Ausübung der Religion auf die Dauer gibt, auf Gott hin gesehen, nicht ganz ohne Risiko ist.

Die Angabe von Festtagen und Festzeiten (Sabbat, Passah usw.) spielt im Neuen Testament eine Rolle, wo von der Einbettung der Ereignisse in die jüdische Kalenderzeit zu reden ist. Die später für den ersten Tag der Woche als Gedenktag der Auferstehung Christi übliche Bezeichnung „Tag des Herrn“ wird zuerst Apk 1,10 gebraucht. Die *„kyriakê hêmera“* ist der Tag, an dem Johannes auf Patmos seine apokalyptische Vision erfährt. Durchgängig aber ist im Neuen Testament im Anschluß an das Alte Testament vom „Tag des Herrn“ nicht als einer liturgischen, sondern einer geschichtlichen Größe die Rede. Es ist der letzte, der „Jüngste Tag“, der

Tag der Wiederkunft des Menschensohns und des Gerichts, der Tag, an dem aller Tage Abend ist und die Zeit der Jahre zu Ende geht. Soweit dieser Tag im Neuen Testament als nahe bevorstehend erwartet wird, bedroht er die Zeit der Menschen, befristet sie, engt sie ein zur Zeit der Entscheidung und Bekehrung, ehe es zu spät ist. Die dahinlaufende Lebenszeit gerät unter den Anspruch des *kairos* als der günstigen Zeit, deren Gnadenangebot man augenblicklich wahrzunehmen hat, soll nicht die ganze Zeit vergeblich und verloren sein. Die naheschatologische Forcierung gibt dem Augenblick und der Stunde, in der sich der Mensch gerade befindet, dem Jetzt und Heute, einen existentiellen Ernst und ein Heilsgewicht, das die gemächliche Zeit, wie sie sich in der zyklischen Wiederkehr liturgischer Zeit, aber auch in langzeitlicher Chronographie manifestiert, erschüttert. Die Erwartung, daß die Zeit auf ein Ende zuläuft, ist im Neuen Testament mit der Idee des Reiches Gottes verbunden, dessen Kommen Jesus von Nazareth ankündigt, nicht für eine ferne Zukunft, sondern bald; es bricht an und wird bald ganz da sein. Zeitliche Baldigkeit und existentielle Dringlichkeit entsprechen und bedingen einander.

In der Zeit der Kirche löst sich diese äußerste Zeitspannung; die eine große Woge entspannt sich in das Auf und Ab eines weitergehenden Wellengangs. Am Anfang der Apostelgeschichte, die man als „die erste Kirchengeschichte"[8] ansehen kann, wird diese zeitepistemische Veränderung ausdrücklich thematisiert. Es heißt dort, daß der Auferstandene den Aposteln „während vierzig Tagen erschien und über das Reich Gottes redete" (Apg 1,3); und dann kommen die Apostel auf die Zeitdimension der Sache zu sprechen: „Als sie nun zusammengekommen waren, fragten sie ihn: „Herr, stellst du in dieser Zeit für Israel das Reich wieder her?" (Apg 1,7). Die Apostel verstehen die *basileia* als Ereignis im Erwartungshorizont der Geschichte Israels und fragen, ob das *en tô chronô toutô* geschehen werde; „zu unseren Lebzeiten" meint das wohl, so daß wir es noch erleben, wie es im ersten Teil des lukanischen Geschichtswerks bei den Emmausjüngern heißt: „Wir aber hofften, er sei es, der Israel erlösen sollte..." (Lk 24,21). Die Reichszeitansicht der Apostel wird in zweifacher Hinsicht von Jesus richtiggestellt, zunächst: „es steht euch nicht zu, Zeit oder Stunde zu wissen, die der Vater in seiner eigenen Macht festgesetzt hat" (Apg 1,7). Der von Jesus selbst geweckten messianischen Ungeduld seiner Anhänger wird beschieden, daß das Reich Gottes das Reich *Gottes* ist, das Reich des „Vaters", dessen zeitliche Disposition allein seine Sache ist, seiner souveränen Entscheidung (*idia exousia*) zu überlassen. So, was die Verfügung über die Zeit anlangt, entmachtet, werden die Apostel doch nicht kraftlos gelassen: „Aber ihr werdet Kraft (*dynamin*) empfangen, wenn der Heilige

Geist über euch kommt und werdet meine Zeugen (*martyres*) sein in Jerusalem und in ganz Judäa und Samarien und bis an das Ende der Erde (*heôs eschaton tês gês*)" (Apg 1,8). Sache der Jünger ist die weltweite Zeugenschaft für Jesus in der Kraft des Gottesgeistes. Die zeitliche Nähe wird überführt in räumliche Weite, die zu erobern, lange Zeit in Anspruch nimmt. Die Parusieverzögerung eröffnet den Raum der Kirchengeschichte.

Ist das Kommen des Reiches Gottes „dem Vater" anheimzustellen, so läßt sich davon keine Geschichte erzählen, wohl aber von der weltweiten Zeugentätigkeit der Apostel und der darin wirksamen pneumatischen *dynamis*. Zu diesem Inhalt aber gehört es durchaus, vom Reich Gottes und seiner besonderen Zeit zu sprechen. Der letzte Vers der Apostelgeschichte teilt vom Aufenthalt des Paulus in Rom mit: „Er blieb aber zwei ganze Jahre in einer eigenen Mietwohnung und nahm alle auf, die bei ihm eintraten und predigte das Reich Gottes und lehrte von dem Herrn Jesus Christus mit aller Freimütigkeit ungehindert" (Apg 28,30; vgl. 19,8).

Der Zeitindex dieser doppelpoligen Botschaft tritt in der Areopagrede des Apostels in den Vordergrund, wo es heißt: „jetzt aber läßt er (Gott) den Menschen verkündigen, daß sie alle überall umkehren sollen, wie er denn einen Tag festgesetzt hat, an dem er den Erdkreis mit Gerechtigkeit richten wird durch einen Mann, den er dafür eingesetzt hat und für alle dadurch beglaubigt hat, dass er ihn von den Toten auferweckte" (Apg 17,30f). Die Zeit der Kirche ist die Zeit einer Zeitansage. Den in der Weltzeit von Tag zu Tag weiterlebenden Menschen wird ein Ende der Zeit angesagt, das nicht einfach als natürliches Verenden, sondern als Abbruch und Urteil verstanden wird, als Gericht. Der Tag ist bestimmt, aber unbekannt. Bekannt aber ist, daß er kommt und wer der ist, der da Richter über die Zeit ist. Das schafft für die Kirchengeschichte eigentümliche Zeitverhältnisse. Über der Zeit hängt das Schwert des Endgerichts, aber die weltweite Ausrichtung dieser dringenden Gotteszeitansage braucht Zeit, die nur im Verzug des Vollzugs gewährt wird.

Dieser als Gnadenzeit angelegte Verzug kann aber zugleich die Glaubwürdigkeit der Zeitansage gefährden. Was ist mit dem alles entscheidenden „Tag des Herrn", wenn er sich Tag für Tag und Jahr für Jahr und schließlich Jahrhundert für Jahrhundert verzieht? Und was ist dann mit dem Mann, der gerade für diesen Tag als Richter bestimmt ist? Und was mit der Auferstehung, die ihn dazu eingesetzt hat? Bleibt die Kirchengeschichte eine Geschichte der Ausbreitung der christlichen Botschaft, büßt aber diese ihre endzeitliche Gerichtskomponente als Movens ein? Wird unter dem Druck anhaltender Parusieverzögerung, wenn man sie denn weiter als von der *exousia* Gottes verfügt ansehen will, die Zeit der Kirche und ihr Verhältnis zum Reich Gottes anders gefaßt, als es zu Anfang in der Apostelgeschichte war?

Die Brechungen, die in der neutestamentlichen Überlieferung sowohl dem zyklischen wie dem linearen, also liturgischen wie historischen Zeitverständnis widerfahren, sind im strengen Sinne theo-logisch. Sie betreffen die Souveränität Gottes, des Schöpfers, gegenüber den naturmächtigen Kreisläufen wie gegenüber der planvollen Verkettung der irdischen Ereignisse. Der Genitiv im Terminus „Zeit der Kirche" führt „die Kirche" als Subjekt und Objekt sukzessiver Veränderungen ein. Die damit anvisierte soziale Zeit wird jedoch unter einen Gottesvorbehalt gebracht, der die soziale Immanenz durchquert. Das dem Wort „Kirche" zugrundeliegende „*kyriakos*", „dem Herrn gehörig" wird darin so zur Geltung gebracht, daß in aller Konstruktion von Liturgien und Narrativen, die Gott einzubinden suchen in die religiöse Organisation der Zeit, ein unverfügbares Mysterium seiner Freiheit vorbehalten bleibt.

Die Zeit, mit der man im liturgischen Kalender wie in der Kirchengeschichte zu tun hat, ist soziale, öffentliche Zeit. Ihr Maß sind Stunden und Tage, Wochen, Monate, Jahre, Jahrhunderte, Jahrtausende. Die theologische Zeitspekulation, die auf Augustinus als ihren Gründungsrektor blickt, hat aber nicht als erstes diese äußere Zeit im Visier, sondern eine innere, die innere Erfahrung, das Erleben von Zeitlichkeit. Im 11. Buch der *Confessiones* stößt Augustinus beim Anfang der Exegese des Anfangs der Bibel auf das „Im Anfang schuf Gott Himmel und Erde", was ihn dazu bringt, über das Verhältnis von Gott und Zeit nachzudenken und im Gegenwurf gegen Gottes Ewigkeit die dem menschlichen Geschöpf eigene Zeitlichkeit zu bedenken, für die das Miteinander von drei Zeiten konstitutiv ist. Vergangenheit, Gegenwart, Zukunft. Das Mysterium dieser dreieinigen Seelenimmanenz der Zeit durch Aporien hindurch zu klären, ist Gegenstand des 11. Buchs der *Confessiones* (Conf. XI, 14,14-28). Die Zeit erscheint Augustinus als eine „*distentio animi*", als eine Ausdehnung oder Ausspannung der Seele selbst: „Es gibt drei Zeiten, eine Gegenwart im Bezug auf die Vergangenheit, eine Gegenwart im Bezug auf die Gegenwart und eine Gegenwart im Bezug auf die Zukunft. Denn in unserer Seele sind drei Zeiten in dieser Dreizahl vorhanden, anderswo aber finde ich sie nicht. Gegenwärtig im Bezug auf die Vergangenheit ist das Gedächtnis (*memoria*), gegenwärtig im Bezug auf die Gegenwart ist die Anschauung (*contuitus/ attentio*), gegenwärtig im Bezug auf die Zukunft ist die Erwartung (*expectatio*)"[9]. „In der Seele, also als Eindruck haben Erwartung und Erinnerung Ausdehnung. Der Eindruck ist jedoch nur insofern in der Seele, wie der Geist tätig ist, also erwartet, aufmerkt und sich erinnert."[10]

Diese im Vollzug der geistigen Tätigkeit des Menschen sich ständig vollziehende Ausdehnung und Ausspannung der Zeit wird bei Augustinus theologisch reflektiert im Gegenüber zur zeitlosen Ewigkeit Gottes, in dessen zeitlos selige Ruhe der zeitbewegte und zeitbeunruhigte Mensch zu gelangen sucht. Was hier von Augustinus in theologischem Rahmen gedacht wurde, hat bis in die allgemeine Zeitphänomenologie, Husserls und Heideggers zum Beispiel, eine weitreichende Nachwirkung gehabt.

Mit dieser inneren Zeit scheint man jedoch auf ein ganz anderes Terrain zu geraten als das der oben besprochenen öffentlichen Zeit des Kalenders und der Historie, der Liturgie und der Kirchengeschichte; und es hat den Anschein, daß eine Ekklesiologie, insofern ihr Gegenstand ein Gemeinwesen ist, sich auf die Erörterung der sozialen Zeit zu beschränken und jene innere Zeitlichkeit zur Weiterbehandlung an die theologische Anthropologie zu überstellen hat. Doch so wie man aus neutestamentlichen Einsprüchen eine Brechung der sozialen Immanenz zyklischer und linearer Zeitabläufe zu gewärtigen hat, so auch von der Reflexion der inneren Zeitlichkeit. Der soteriologische Horizont von Augustins *Confessiones* gibt zu erkennen, daß das Heil darin liegt, daß jeder einzelne seine ihm eigene Zeit in die ewige Ruhe Gottes einbringen kann. Die Frage, die von daher auf alle liturgischen und historischen Figurationen der Zeit zukommt, ist, wie sich der einzelne Mensch mit seiner besonderen Erinnerung, Erwartung und Aufmerksamkeit damit verbinden, daran anschließen, sich darin einfinden kann. Nur wenn das irgendwie gelingt, können jene zyklischen und linearen Zeitkonstrukte des Gemeinwesens für ihn heilsbedeutsam sein. Umgekehrt läßt sich fragen, ob eben jene „Zeit der Kirche" den in seinen eigenen Erinnerungen, Erwartungen und Anschauungen gefangenen Menschen in eine für sein Heil bedeutsame Weite führen können. Eine Ekklesiologie, die diese Dialektik von innerer und äußerer Zeit außer Acht ließe, könnte als heilsirrelevant aus dem, was die Theologie zu bedenken hat, herausfallen.

3. PLAN

Die „Zeit der Kirche" ist, wie sich zeigt, ein weites, hügeliges Feld. Die Ekklesiologie muß einen Weg finden, es in überschaubarer Zeit zu bearbeiten. Das in den bisherigen zehn Bänden entwickelte poetisch-theologische Verfahren hat die Liturgie als ergiebige Ressource entdeckt, was die Erkenntnisquellen angeht wie die Struktur der Darstellung. So liegt es nahe, die Spur der liturgischen Zeit aufzunehmen.

Den Anfang macht der Tag. Der Tageslauf mit Morgen, Mittag und Abend und dem Widerspiel der Nacht bietet erste Anhalte für die Religion in der Zeit. Über dies erste Maß hinaus haben die Mönche den ganzen Tag in Stunden gegliedert, die Tageszeiten zu den Horen ihres Tagzeitengebets gemacht, obendrein noch die Nokturnen der Nacht.

Von Tag und Nacht, der Tagesfolge der Woche, und was sie bedeutet für die Zeiteinrichtung von Monat und Jahr ist im Zusammenhang der Behandlung des ersten Schöpfungsberichts[11] bereits die Rede gewesen, was hier nicht zu wiederholen ist. Aber der erste Tag der Woche hat doch in der christlichen Religion ein Zeitgewicht bekommen, das noch einmal näher anzusehen ist, der Sonntag als Tag des Herrn, des Gottesdienstes und als Ruhetag in der Tradition des Sabbats.

Die ursprünglich dem Mondzyklus zu verdankende Einrichtung der Monate ist als Zeitgeber für die Datierung kirchlicher Festtage grundlegend. Das kirchliche Kalendarium nimmt das mit dem Januar beginnende römische Monatsraster als Basis der Eintragung ihrer eigenen Kultdaten. Die Monate interessieren als Gliederung des Jahres, das den eigentlichen Zyklus der liturgischen Zeit bildet. Das Kirchenjahr, das in einer leichten Dyschronie zum bürgerlichen Jahr mit dem 1. Advent beginnt, ist primär „Herrenjahr", will sagen, in seinem Festablauf am Gang des Lebens Jesu Christi, des Herrn der Kirche, ausgerichtet. In die Zwischenräume der *Festivitates Domini* sind die der Heiligen gestreut. Wie der naturale Kalender sich an Sonne, Mond und Sternen orientiert, so der der Kirche an ihrem Himmel, am *Sol invictus*, der Madonna mit dem Mond zu ihren Füßen und den mehr oder minder strahlenden Heiligensternen. Das kommt alle Jahre wieder und gibt der Zeit der Kirche ihr rhythmisches Gepräge. Der Gang des Herrenjahrs in den Festen des Lebens Jesu – Verkündigung, Geburt, Passion, Ostern, Himmelfahrt, Fronleichnam, Herz Jesu, Verklärung – war Thema eines Bandes der Christologie[12], Epiphanie, Palmsonntag und das Christkönigsfest eines anderen.[13] Pfingsten und das Fest der Hl. Dreifaltigkeit wurden im Zusammenhang der Gotteslehre ausführlich behandelt[14]; die Verehrung der Heiligen hat in der Gotteslehre[15] und in der Schöpfungslehre[16] bereits ein Unterkommen gefunden. Das alles muß nicht ekklesiologisch nochmals aufbereitet werden.

Was im Blick auf das Jahr bleibt, sind die Jahreszeiten, die mit ihrer wechselnden Witterung auch die Feste und Festzeiten der Kirche tangieren. Daß Weihnachten in die Winterzeit fällt und Ostern ins Frühjahr, ist für die religiöse Wahrnehmung, bei aller Paulus zu konzedierenden christlichen Unabhängigkeit von den Naturmächten, nicht ganz unerheblich, jedenfalls in den nördlichen Breiten. Im lockeren Anschluß an die natürlichen Gegebenheiten gibt es darüber hinaus die altrömischen Quatember-Tage und eine Art von kirchlichen Jahreszeiten, die Fastenzeit im Frühjahr, den Maimonat, den spätherbstlichen Totenmonat November und die winterliche Weihnachtszeit.

Geht man über den Zyklus des Jahres hinaus, gelangt die lineare Zeit, zuerst zu der des einzelnen Menschenlebens zwischen Geburt und Tod und der Mann und Frau verbindenden Hochzeit. Davon ist im Rahmen der Schöpfungslehre, wo im Anschluß an das Buch Genesis von der Grundverfassung des menschlichen Daseins zu handeln war, bereits die Rede gewesen[17]; aber die Aufnahme dieser Urgegebenheiten des menschlichen Daseins, seiner Endlichkeit, in die Zeit der Kirche, wie sie in den Riten der Taufe, der Sterbesakramente und der Bestattung wie der Ehe geschieht, verdient noch Beachtung.

Und dann das Leben der Menschheit, ekklesiologisch in der Wahrnehmungsperspektive der Kirche. Immerzu ist in der Poetischen Dogmatik die Geschichte der Kirche hineingespielt, weil allen Dokumenten, die da aufgegriffen werden, ja der Index einer bestimmten Epoche der Kirchengeschichte anhaftet. So ist diese Dogmatik immerzu eine Versammlung der Zeugen der Geschichte im Aufmerksamkeitsraum der Gegenwart. Die Geschichte der Kirche als historisches Kontinuum zu erzählen, ist nicht Aufgabe der Dogmatik, aber als poetische hat sie ein Interesse an den Weisen der poietischen Arbeit der Religion; und von daher an der Konstruktion historiographischer Modelle; in der je besonderen Figuration der Ereignisse melden sich Grundansichten von der Kirche, die ekklesiologisch erheblich sein könnten. Dabei zeigt sich, daß die in der Kirchengeschichte sich vollziehende Refiguration der Zeit selber dem zeitlichen Wandel unterliegt. Der einzelne Mensch, der zwischen Geburt und Tod immer neu einen Lebenszusammenhang zu finden sucht, stößt mit seinen Erinnerungen, Erwartungen und Aufmerksamkeiten bei der Kirchengeschichte nicht auf ein opakes Gefüge, sondern auf einen offenen Raum, in dem, menschengemacht, das Einzelleben übergreifende epochale Zusammenhänge konstruiert werden. Sie können als Angebot verstanden werden, sich mit anderen, Lebenden und Toten, in einer geschichtlichen *communio* zusammenzufinden. Und am Horizont aller Zeit stößt christliche Theologie auf die Ewigkeit.

Die ekklesiologische Thematisierung der Zeit zeigt sich bei näherem Hinsehen in allen anvisierten Kapiteln als eine Art Nacharbeit.

A. TAG

I. TAGE

Der englische Dichter Philip Larkin (1922-1985) hat ein Gedicht geschrieben mit dem Titel „Days“[1], das die Tage zur Frage macht, zu einer Frage, die auch *„priests“* umtreibt:

> *DAYS*
> *What are days for?*
> *Days are where we live.*
> *They come, they wake us*
> *Time and time over.*
> *They are to be happy in:*
> *Where can we live but days?*
>
> *Ah, solving that question*
> *Brings the priest and the doctor*
> *In their long coats*
> *Running over the fields.*
>
> *TAGE*
> *Wozu sind Tage gut?*
> *Tage sind's, wo wir leben.*
> *Sie kommen, sie wecken uns*
> *wieder und wieder.*
> *Wo können wir leben als in Tagen?*
>
> *Ach, diese Frage zu lösen*
> *läßt den Priester und den Arzt*
> *in den langen Kleidern*
> *laufen querfeldein.*

Wenn Augustinus in seinen „Bekenntnissen“ fragt, „Was ist Zeit?“, so läuft sein Denken seitenlang von Aporie zu Aporie, um Gewißheit zu erlangen.[2] Der Dichter fragt nicht so allgemein nach der Zeit und ihrem Wesen. Er fragt nach „Tagen“, wozu es so etwas wie „Tag“ eigentlich gibt; nicht, warum es das gibt, so daß man darauf eine astronomische Kausalitätsauskunft geben könnte, sondern „wozu“. Nicht, was für eine Ursache Tage haben, sondern welchen Sinn.

Und die Antwort ist nicht metaphysisch rätselhaft, sondern lebensweltlich einfach: *„Days are where we live“*, Tage sind unser Lebensraum. Aber

Tage sind nicht immer, sie kommen und gehen und kommen wieder (*Time and time over*). Sie kommen, indem sie uns zuvorkommen: *„they wake us"*. Es tagt und der Tag weckt uns in sich selbst hinein, öffnet sich uns als Lebensraum. Wenn kein Tag uns mehr zu wecken vermag, ist es offenbar aus mit dem Leben. „Wo können wir leben als in Tagen?" Und also von Tag zu Tag? (Ft. 1).

Das scheint eine rhetorische Frage, der letzte Vers der ersten Strophe. Aber dann kommt eine zweite Strophe, die einsetzt mit einem Stoßseufzer: „Ah" – „Ach". Die Interjektion gibt zu verstehen, daß die Frage doch nicht rein rhetorisch ist. Da gibt es offenbar unter uns Menschen, die sich von Amts wegen *(„in their long coats")* mit der Frage befassen, von ihr umgetrieben werden, daß sie „über die Felder laufen" *(„Running over the fields")*, querfeldein, kann man vielleicht sagen, mit großem Eifer also, aber querbeet, ohne direkten Weg zum Ziel. Als solche geistigen Querfeldeinläufer werden „Priester" und „Arzt" (*doctor*) genannt. Wie lautet die Frage genau, die sie zum Laufen bringt und am Laufen hält: *„Where can we live but days?"* Was haben ausgerechnet Priester und Arzt mit dieser Frage zu tun? Der Arzt vielleicht, weil es seine hippokratische Eidespflicht ist, Menschen am Leben zu erhalten, also mit allen Kräften dafür zu sorgen, daß es immer wieder für uns tagt, wir also nicht für immer einschlafen. Und der Priester? Sind die Priester der alten Naturreligionen gemeint, die himmelskundigen Kalenderspezialisten[3], oder die neueren, die vielleicht die Frage umtreibt, ob es mit dem Leben wirklich zu Ende ist, wenn kein Tag uns mehr zu wecken vermag, oder ob es da ein anderes Leben gibt, einen anderen Lebensraum, eine Auferweckung zu einem Tag, der dann bleibt, den sie „ewiges Leben" nennen? Larkins Gedicht beansprucht keine Antworten, sondern sieht nur, wie sie da mit diesen Fragen herumrennen, die von der Medizin und der Theologie.

II. TAGZEITEN

In der ältesten christlichen Kirchenordnung, der noch am Ende des 1. Jh. entstandenen Didache (Lehre der zwölf Apostel), gibt es eine kurze Anweisung über das Gebet: „Auch sollt ihr nicht beten wie die Heuchler, sondern wie der Herr es in seinem Evangelium befohlen hat."[4] Unter Rückverweis auf Mt 6,5 werden die Gläubigen ermahnt, nicht eine große Schau und weitschweifiges Geschwätz zu machen beim Beten, sondern so einfach und kurz zu beten, wie der Herr es gelehrt hat; und es folgt das Vaterunser.

Dann heißt es lapidar: „Dreimal im Tag betet so“[5]. Offenbar ist daran gedacht, daß die Christen morgens, mittags und abends sich mit diesem Gebet an Gott, ihren himmlischen Vater wenden. Man muß das Gebet nicht jeweils neu erfinden, man kann zurückgreifen auf einen auf Jesus selbst zurückgehenden Text, den man auswendig kann. Man muß es nicht abwechslungsreich gestalten, der immer gleiche Text verbindet alle Christgläubigen miteinander. Rituell festgelegt, soll er doch nicht („nicht wie die Heuchler“) als bloß äußeres Zeremoniell persolviert werden. Daß das Vaterunser selbst ein tägliches Gebet ist, zeigt sich in seiner Mitte, wo es heißt: „Unser *tägliches* Brot gib uns *heute*“, und entsprechend sind auch die übrigen Bitten, um das Kommen des Reiches Gottes, das Geschehen seines Willens, die Vergebung der Schuld, Bewahrung vor Versuchung und Erlösung vom Bösen tägliche, ja tageszeitlich, morgendlich, mittäglich, abendlich akute und zu erneuernde Anliegen. Die drei Gebetszeiten sind natürlich bedingt durch den Lauf der Sonne am Himmel, ihren Aufgang, Höchststand und Untergang und könnten naturreligiös der Sonne als Licht und lebensspendender Macht gelten. Das christliche Gebet nimmt zwar die Sonne als zeitgebende Macht wahr (vgl. Gen 1,14)[6], die Verehrung gilt aber, wie das Vaterunser zeigt, dem Schöpfer der Welt. Ob dieses tägliche Gebet privat oder gemeinschaftlich verrichtet wird, die terminliche und inhaltliche Regulierung der Gebetszeiten macht sie zur kirchlichen Zeit. Die einfach zu vollziehende Gebetsregel – ein mnemotechnisch gut zu bewältigendes Gebet zu festgesetzter Zeit – zeigt den lebenspraktischen Sinn dieser frühen syrisch-palästinensischen Kirchenordnung.

Daß sich daraus im Osten eine allgemein verbreitete christliche Praxis entwickelt hat, bezeugen hundert Jahre später die großen alexandrinischen Theologen Klemens v. Alexandrien und Origenes, wenn sie in ihrer eigenen, vom „Beten ohne Unterlaß“ ausgehenden Spiritualität auf diese Übung der normalen Christen Bezug nehmen: „Wenn einige dem Beten bestimmte Stunden zuweisen, z.B. die dritte, sechste und neunte, so betet doch der Gnostiker sein ganzes Leben hindurch, indem er durch Gebete mit Gott zu verkehren strebt.“[7] „Denn nur so können wir das Gebot ‚Betet ohne Unterlaß‘ als ausführbar verstehen, wenn wir das ganze Leben des Frommen ein einziges, großes, zusammenhängendes Gebet nennen würden. Ein Teil dieses ‚großen Gebetes‘ ist auch das, was man gewöhnlich ‚Gebet‘ nennt, welches nicht seltener als dreimal an jedem Tag verrichtet werden muß“[8]; „unter der *euchê* ist wohl das Gebet des Herrn zu verstehen“[9], d.h. in dem Gebet schlechthin, dem Vaterunser, nimmt dreimal am Tag die ständig und in allem Tun mit Gott aufrecht zu erhaltende Beziehung explizit Sprachgestalt an.

Im Westen findet sich eine ähnliche praktische Orientierung um 200 n.Chr. bei dem afrikanischen Laientheologen Tertullian, der sich ein halbes Jahrhundert später Bischof Cyprian v. Karthago im wesentlichen anschließt.[10] Tertullians Schrift *„De oratione"* ist eine einzige Auslegung des Vaterunser, dessen weise Kürze er lobt: „Denn sie umfaßt nicht bloß das dem Gebete wesentlich Eigene, d.i. Verehrung gegen Gott und Bitten seitens des Menschen, sondern fast das ganze Wort Gottes, den ganzen Inhalt der Sittenlehre, so daß in dem Gebete wirklich ein kurzer Inbegriff des ganzen Evangeliums enthalten ist."[11] Dies christliche Urgebet ist so, daß man es „zu jeder Zeit und an jedem Ort"[12] beten kann. „Hinsichtlich der Zeiten aber dürfte die äußerliche Beobachtung gewisser Stunden nichts Überflüssiges sein, jene gemeinschaftlichen Stunden nämlich, welche die Hauptabschnitte des Tages bezeichnen, die dritte, sechste und neunte, welche man auch in der Hl. Schrift als die ausgezeichneteren genannt findet."[13] Tertullians Tagesgebetsprogramm geht über die kurze Regel der Didache insofern hinaus, als es das „Dreimal" als „gemeinschaftliche Stunden" festlegt. Alle sollen zu gleicher Zeit ihre Hände erheben, ohne daß das unbedingt am gleichen Ort sein müßte. Die dritte, sechste und neunte Stunde ergeben sich nicht einfach aus dem Sonnenstand, sondern folgen Vorgaben aus der Apostelgeschichte (vgl. Apg 2,15; 10,9; 3,1). Was dort eher zufällige Datierungen von Ereignissen im Leben der Apostel sind, wird zur Regel umgemünzt: „Wenn sie (die Apostel) auch absichtslos verfahren, ohne die Danachachtung vorzuschreiben, so mochte es doch gut sein, darauf eine Anschauung zu begründen, welche der Ermahnung zum Gebet eine feste Form gibt, wie ein Gesetz zuweilen von den Geschäften losreißt und zu dieser Pflicht hintreibt, damit wir nicht etwa weniger als wenigstens dreimal am Tage – als Schuldner der drei Personen, des Vaters, des Sohnes und des Hl. Geistes – anbeten, was schon von Daniel, wie wir lesen, beobachtet wurde, nämlich gemäß dem Gebrauche des Volkes Israel."[14] Der gelernte Jurist Tertullian kennt die Aufgabe des Gesetzes, gegen den ungehemmten Lauf der menschlichen Geschäfte und Geschäftigkeiten die Wahrung elementarer Pflichten sicherzustellen. Und was das Christentum anlangt, ist das für ihn das Minimum von drei feststehenden Gebetszeiten. Die Dreizahl wird dreifach begründet. Neben den schon erwähnten Angaben der Apostelgeschichte ist Tertullian der jüdische Brauch von drei Gebetszeiten nicht unbekannt; er erinnert an Dan 6,30, wo es vom Propheten Daniel heißt: „und er kniete dreimal des Tages nieder, betete und lobpries seinen Gott"[15]. Der jüdische Brauch aber wird bei den Christen trinitarisch überhöht, „geschuldet den drei Personen" der Gottheit.

Diese triadische Gebetsweise bezieht sich auf das terminlich geregelte Tagsüber, aber es ist nicht das Ganze. Der oben zitierte Satz wird bei Tertullian abgeschlossen mit der Bemerkung: „abgesehen natürlich von den pflichtmäßigen Gebeten, welche wir auch ohne besondere Ermahnung bei Beginn des Tages und der Nacht schuldig sind“[16]. Zur selbstverständlichen Pflicht der Christen gehört natürlich ein Morgen- und Abendgebet, das offenbar, weil die Zeit dafür nicht bei allen gleich ist, nicht terminlich festgelegt ist. Ob Tertullian textlich auch da an das Vaterunser denkt, wird nicht gesagt. Man kommt auf diese Weise zu fünf den Christen auferlegten Gebetszeiten, zwei an den Rändern des Tages und drei als kurze Unterbrechung des Tageslaufs.

Die aus den zitierten Zeugnissen erkennbare frühchristliche Alltagsfrömmigkeit zeigt insofern einen praktischen Sinn, als sie Zeiten festlegt, die zu einer Synchronisation der Gläubigen führen, ohne sie unbedingt am gleichen Ort zusammenzubringen, zugleich die Gebetsmenge, wenn man vom Vaterunser ausgeht, klein und memorierbar, d.h. überall leicht vollziehbar hält und mit dem durch die jesuanische Herkunft gesicherten Text christliche Substanz sichert. Das wäre als christliche Hebung des Tagesverlaufs auch unter modernen Zeitverhältnissen möglich, aber so einfach verstehen es die, die heute von „Stundengebet“ oder „Tagzeitengebet“ sprechen, nicht. Und das hat historische Gründe.

Es geht hier um eine *Liturgia Horarum,* eine „Tagzeitenliturgie“, d.h. einen zu bestimmten Stunden des Tages zu vollziehenden gemeinschaftlichen Gottesdienst. Zeit *und* Ort der Zusammenkunft sind gemeinsam, und ein einfaches Vaterunser genügt als Text nicht. Der Gedanke, nicht nur am Sonntag zur Eucharistie, sondern Tag für Tag mehrmals eine Gemeinde zum Gottesdienst zu versammeln, hat in der christlichen Religion eine zweifache Tradition, eine monastische und eine klerikale.[17]

Das „Beten ohne Unterlaß“, das in der weltstädtischen Spiritualität des Klemens v. Alexandrien und Origenes als alle Tätigkeit begleitende Erhebung des Geistes zu Gott verstanden wurde, konnte bei den aus aller Welttätigkeit ausgescherten Anachoreten auch als Haupttätigkeit im verbalen Sinn verstanden werden. Die Bibel mit ihren 150 Psalmen kam ihnen da zustatten. Das unablässige Rezitieren der Psalmen füllte die Zeit mit Gott. So wurden, als das freie anachoretische Mönchtum in die Zeitregulation des Zönobitentums überging, der Psalter und die Psalmodie zur Grundlage der monastischen Heiligung des Tages. „Seit dem sechsten Jahrhundert wird das Lesen der Psalmen, des ganzen Psalters, zur Hauptsache, die das voll ausgebaute und geübte Stundengebet bestimmt. Aus der gleichen Zeit stammt auch und setzt sich eine Ordnung durch, welche die einzelnen Texte des biblischen Psalters so auf die Horen verteilt, dass in den Horen der Tage einer Woche alle Psalmen vorkommen. Dass über alle Horen einer Woche hin der ganze Psalter gelesen wird, bewirkt das die Horen übergreifende Abstraktum ‚Tagzeitenliturgie'."[18]

Im 6. Jh. wurde mit der *Regula Benedicti* die für die westkirchliche Tradition der folgenden Jahrhunderte normative Form gefunden.[19] Die Regel beruft sich dafür auf das Zeugnis der Hl. Schrift: „(...) von diesen Gebetsstunden sagt der Prophet: ‚Siebenmal am Tag singe ich dein Lob'. Von den nächtlichen Vigilien sagt derselbe Prophet: ‚Um Mitternacht stehe ich auf, dich zu preisen'" und folgert daraus: „Zu diesen Zeiten lasst uns also unserem Schöpfer den Lobpreis darbringen wegen seiner gerechten Entscheidungen, nämlich in Laudes, Prim, Terz, Sext, Non, Vesper und Komplet. Auch in der Nacht lasst uns aufstehen, um ihn zu preisen."[20] Benedikt bezieht sich auf die „geheiligte Siebenzahl", die ihren Schöpfungsgrund in der Siebentagewoche der Genesis hat. Übertragen auf den vom Gang der Sonne regulierten Tag bedeutet das ein Morgengebet (Laudes) und ein Abendgebet (Komplet), dazu im Dreierrhythmus mit der *prima hora* (gegen 6 Uhr) beginnend, die Prim, Terz, Sext, Non und, als *hora duodecima*, die Vesper. Zu diesen sieben *horae diurnae* kommen die „nächtlichen Vigilien", die im späteren Sprachgebrauch des Römischen Breviers Matutin genannt werden. Zu allen Tagzeiten gehören neben dem zentralen Korpus der Psalmen Lesungen, Gebete und jeweils ein eröffnender Hymnus[21]. In der *ecclesiola* des Klosters wird die natürliche Zeit von Tag und Nacht zur spezifisch christlichen, indem Arbeit und Schlaf in streng geregelten Abständen durch gemeinschaftliches Gebet in liturgisch festgelegter Form unterbrochen werden.

Im Maße, in dem die monastische Lebensform sich zum Leitbild des Klerus überhaupt auswuchs, wurde den Weltgeistlichen auch das klösterliche Stundengebet auferlegt, das, von den Priestergemeinschaften der Stifts- und Domkapitel abgesehen, schließlich nur noch in der privaten Rezitation des lateinischen Breviers vollzogen werden konnte. Was in der Benediktregel als Ausnahme für den einzelnen auf Reise befindlichen Mönch vorgesehen war, wurde zur Weltpriesterregel, stieß sich aber da zunehmend mit den Arbeitsansprüchen der Seelsorge, denen im strikten Stundenmetrum des Klosters nicht zu genügen war; die *veritas horarum* zeigte sich als schwer einhaltbar. Was zur Strukturierung des Tagesablaufs erfunden worden war, tendierte dazu, mit allerlei Antizipationen und Kontraktionen zu einem Pensum zu werden, das im Tagesablauf unterzubringen war.

Die Liturgiereform des 2. Vatikanischen Konzils sah sich vor die Aufgabe gestellt, das für den in der Seelsorge tätigen Säkularklerus belastend gewordene Breviergesetz aus seinen monastischen Zwängen zu lösen. Die Bindung des katholischen Priesterprofils an die monastische Vorprägung erwies sich jedoch, wie beim Zölibat, als zu stark, als daß man sich zu einer strikten Trennung von der seit Jahrhunderten eingefleischten Brevierpraxis hätte verstehen können.[22] So blieb nur das Modell einer quantitativen Reduzierung auf dem beibehaltenen Grundriß der monastischen Horenstruktur. „Eine Trennung von Mönchs-Offizium und Weltpriester-Offizium wird nicht vorgenommen. Von der monastischen Reihe fällt nur die Prim weg"[23]; die sogenannten „kleinen Horen" (Terz, Sext, Non) bleiben, aber außerhalb des Chores ist nur eine verpflichtend"[24]. Die nächtliche Matutin soll „so eingerichtet werden, daß sie sinnvoll zu jeder Tageszeit gebetet werden kann"[25]; aus dem alten Nachtgebet wurde eine Lesehore (*Hora lectionis)*, deren Tageszeit nicht mehr festgelegt ist.

Das Stichwort für die Beibehaltung der monastischen Tagesgliederung, vor allem in der Terz, Sext, Non einbegreifenden *hora media* und der Komplet lautet *„sanctificatio diei"*.[26] Die „Heiligung des Tages" wird offenbar davon erwartet, daß man den Lauf der täglichen Arbeit in regelmäßigen Abständen zu einem Akt des Gebets, des Lobs wie der Fürbitte, unterbricht und solcherweise Gott weiht, in diesem Sinne „heiligt". In der Metrisierung des Stundengebets wird einerseits die liturgisch operationalisierte Wahrnehmung der der Hl. Schrift entnommenen Anweisung zum immerwährenden Gebet (*„oportet semper orare et non deficere"*, Lk 18,1; vgl. Lk 21,36; 1 Thess 5,17; Eph 6,18) gesehen[27], andererseits erscheint darin die irdische Zeit als Teilnahme an der zeitlosen Anbetung Gottes in der himmlischen Welt, und so als bewegtes Abbild der Ewigkeit.[28]

Das dem Stundengebet gewidmete 4. Kapitel der Liturgiekonstitution läßt keinen Zweifel daran, daß es sich bei diesem *„Officium divinum"* um ein *„sacerdotale munus"* der Kirche handelt (Art. 83), das primär den Priestern und Ordensleuten als Amtspflicht obliegt. Gemeinschaftlicher Vollzug ist erwünscht, aber nicht obligatorisch. Daß auch die einer solchen kirchlichen Gebetsdienstpflicht nicht unterliegenden Laien (*christifideles,* Art. 84) daran teilnehmen können, wird beiläufig erwähnt. Auch die Anlage der nachkonziliären *Liturgia horarum* geht davon aus, daß es sich hier primär um den liturgischen Vollzug eines bestimmten kirchlichen Standes handelt, zu dem aber die normalen Gläubigen nach Möglichkeit hinzukommen sollen.[29] Stärker als in den Konzilstexten selbst kommt in der *Institutio* zur Einführung der neuen *Liturgia horarum* eine gemeindliche Dimension zum Vorschein, wenn es im Zusammenhang des Gesangs heißt: „ Doch ist das Lob der Kirche weder von seinem Ursprung noch von seiner Eigenart her den Klerikern oder Mönchen vorbehalten, sondern ist Sache der ganzen christlichen Gemeinde."[30]

In der neueren Pastoralliturgie hat dieser Satz programmatischen Rang gewonnen, dahingehend, daß das Stundengebet, wie die Eucharistie, von vornherein als „Liturgie", d.h. als gemeinschaftlicher Vollzug des gesamten Gottesvolkes verstanden wird.[31] Mit dieser gemeindeliturgischen Umpolung des *Officium divinum* kommt ein anderes als das monastische Modell des Tagzeitengebets ins Spiel, das man im Anschluß an alt- und ostkirchliche Traditionen als „Kathedraloffizium" bezeichnet, ein Grundtyp, „der in den Bischofskirchen der größeren Städte und christlichen Gemeinden der ersten Jahrhunderte wurzelt"[32]; ein zur Feier der Eucharistie hinzukommender Gebetsgottesdienst mit der gläubigen Gemeinde bot sich vor und nach getaner Arbeit an, was den monastischen Tagzeiten der Laudes und Vesper entsprach. Sein Ort ist „die Gemeindekirche, in der die Haupthoren des Morgens und Abends gehalten werden, mit ausgewählten, zur Tageszeit stimmigen Psalmen, mit kurzen Lesungen aus der Bibel, auch mit katechetischer und homiletischer Unterweisung, und mit abschließendem Gebet".[33]

Die liturgiewissenschaftliche Vorliebe für Laudes und Vesper hat, durch die Zeitläufte bedingt, inzwischen den Status eines pastoralen Programms erlangt.[34] Insofern sich der Aufbau dieser Tagzeiten an dem monastischen, vor allem durch den Psalmengesang bestimmten Modell orientiert, zeichnet sich hier eine gewisse Monasterisierung der Gemeindefrömmigkeit ab. Wie weit die Füße der Gemeinde in dieser Sache tragen, wird die Zeit zeigen.[35]

Soll die „Heiligung der Zeit" für den gemeinen Christenmenschen in dieser mobilen Gesellschaft realistisch im Spiel bleiben, wäre zu bedenken, was Liturgiker *ex professo* nicht so hoch schätzen, das private Gebet, wie es die Didache und Tertullian, Klemens v. Alexandrien und Origenes für eine Zeit bezeugen, in der man weder an monastische noch an kathedraloffizielle Tagzeitenliturgie dachte. Wenn in der frühchristlichen Literatur vom regelmäßigen Beten der normalen Gläubigen tagsüber gesprochen wird, erscheinen, wenn überhaupt von festen Formeln die Rede ist, einfache Dinge wie das Vaterunser, dazu das Kreuzzeichen, sodann zusätzlich das Apostolische Glaubensbekenntnis, auch die kleine Doxologie des *„Gloria Patri"*.[36] Es sind ebenso einfache wie substantielle Formeln, leicht memorierbar und dem Tagesgeschehen mühelos einzufügen.

In den Kreis dieser Grundgebete, die jeder Gläubige auswendig lernen sollte, gelangt seit dem frühen Mittelalter noch das *Ave Maria.* Das Gebet, das sich zunächst im Bereich liturgischer Antiphonen entwickelt hat, wird „seit dem ausgehenden Mittelalter das wohl verbreitetste aller Mariengebete"[37]. „Um 1210 beginnen die Vorschriften, daß alle Gläubigen außer dem Vaterunser und dem Symbolum das Ave Maria kennen müssen (...). Dann verwächst es mehr und mehr mit dem Vaterunser als dessen Nachsatz."[38] Daß es davon in neuer Zeit zugunsten des alleinstehend mit einer Doxologie abgeschlossenen Vaterunsers wieder gelöst wurde und in den Hintergrund trat, zeigt eine epochale Veränderung im Frömmigkeitshaushalt an.

Eine volkstümliche Verbindung der genannten Grundgebete stellt der Rosenkranz[39] dar, der sich aus der hochmittelalterlichen Marienfrömmigkeit allmählich entwickelte und im 15. Jh. seine heute übliche Form gewann[40], deren typisches Handwerkszeug eine auch in anderen Religionen (Buddhismus, Hinduismus, Islam) verwendete Gebetsschnur ist. In den dreimal fünfzig Ave Maria des „freudenreichen schmerzhaften und glorreichen Rosenkranzes" kommt man zu der Zahl 150, die der Zahl der biblischen Psalmen entspricht, die dem Stundengebet als psalmodisches Programm zugrundeliegen. Der Rosenkranz bildete als „*psalterium Mariae* (...) im 13. Jh. das Pflichtgebet der Beginen und marianischen Bruderschaften"[41] und wurde seit dem Spätmittelalter allgemein als volksfrommes Äquivalent zum klerikal-monastischen Stundengebet verstanden und praktiziert.[42] Das ebenso handliche wie komplexe Devotionsinstrument des Rosenkranzes hat über ein halbes Jahrtausend die katholische Volksfrömmigkeit sehr geprägt. Die spätestens seit I. Kants Religionsschrift in die Religionskritik eingegangene Kritik an allem Gebetsmühlenhaften der Religionsausübung wie dann auch die neuere christologische Kritik an der Mariozentrik des Rosenkranzes hat seine Bedeutung in neuerer Zeit gemindert. Hantierungen mit einer Gebetsschnur erscheinen öffentlich eher als typisch für fromme Muslime, die daran die 99 Namen Allahs durchbeten.

Die am Ave Maria hängende marianische Prägung der katholischen Alltagsfrömmigkeit hat eine weitere Ausprägung im sogenannten „Engel des Herrn", der aus drei Ave Maria, eingefügten kleinen Versikeln, die die Verkündigung an Maria und die Inkarnation kommemorieren und einer abschließenden Oration, die die Menschwerdung mit Passion und Auferstehung verbindet, gebildet wird.[43] Wie beim Rosenkranz handelt es sich beim Angelus um ein kommemorierbar einfaches Kondensat zentraler Glaubensgehalte. Das Instrument, das diesem Gebet hinzuzudenken ist, ist hier keine Gebetsschnur, sondern die Glocke. Aus einer von unterschiedlichen Sinngehalten motivierten kirchlichen Läutepraxis kristallisierte sich in der Neuzeit das sogenannte Angelus-Läuten heraus, ein Läuten der Kirchenglocken um 6, 12, und 18 Uhr Es geht dabei um „das dreimalige Anschlagen der Glocke mit längerem Nachläuten, das morgens, mittags und abends die Gläubigen zum Beten des Angelus einlädt"[44]. Die Terminierung der Läutezeiten gibt zu erkennen, daß man auch hier eine Beziehung zum monastisch-klerikalen Stundengebet herzustellen suchte. Morgen- und Abendläuten entsprechen Laudes und Vesper, daß Mittagsläuten der Sext. Die Herkunft des Brauchs aus der franziskanischen Tradition spricht für die Absicht, elementare Devotionen der Ordensspiritualität in die Volksandacht zu übertragen.

Das Angelus-Läuten hat seit Beginn der Neuzeit vor allem in dörflichen Milieus dem Tagesablauf eine kirchenbezogene Struktur verliehen. Evangelisch wurde es als „Vaterunser-Läuten" beibehalten. In der urbanen Lärm- und Lebenswelt der Moderne hat das Läuten selbst eine gewisse akustische Präsenz behauptet, auch wenn die Bewohner der christlichen Länder darauf nicht mehr so reagieren, wie Muslime in den ihnen eigenen Milieus auf den Ruf des Muezzin. Die Situation des Angelus-Läutens ist in gewisser Weise symptomatisch für die Zeitmacht der christlichen Religion. Man hört den Ton des Morgen-, Mittag-, Abendläutens noch, möchte ihn,

1. J.-F. Millet, Beim Angelus, 1857/58, Paris, Musée du Louvre

obwohl man den ursprünglichen Sinn nicht deutlich hat, vielleicht atmosphärisch nicht missen. Ob die Glockenklänge den expliziten Akt einer Gebetszeit auslösen, bleibt die Geheimsache einer privatisierten Religion.

Die frühchristliche Einrichtung von fünf täglichen Gebetszeiten stimmt, ohne daß man historische Abhängigkeiten anzunehmen hätte, mit der späteren islamischen auffällig überein. Bei dem Versuch der Religionen, die Tageszeit der Gläubigen zu regulieren, spielt die einer Hand abzuzählende Fünfzahl eine auffällige Rolle. Wo die Religion Alltagssache des Volkes sein soll, begegnen neben den ethischen Vorschriften auch solche elementaren Übungen ritueller Zeitregulierung. Der Islam als praktisch angelegte Volksreligion zählt das tägliche Gebet (*salât*) neben dem Glaubensbekenntnis, der Almosensteuer, dem Ramadan-Fasten und der Wallfahrt nach Mekka zu den fünf Grundpflichten der Gläubigen. „Die Gläubigen werden fünfmal täglich (zur Morgendämmerung, zur Mittagszeit, am Nachmittag, am Abend und vor dem Einbruch der Nacht) vom Gebetsrufer (Muezzin) zur Verrichtung des Gebetes aufgefordert.“[45] Das Gebet ist, kurz wie das Vaterunser, ein Bekenntnis zu Allah, dem einzigen Gott und zum Propheten Mohammed. Es bezieht sich nicht in besonderer Weise auf diese oder jene Tageszeit, sondern unterbricht und punktiert den Gang der täglichen Geschäfte durch den Akt eines kurzen Glaubensbekenntnisses.

Anders als im Islam ist ein mehrmals am Tag zu bestimmten Stunden zu verrichtendes Gebet in der kirchlichen Tradition katholischer Prägung nur eine Standespflicht der Kleriker und Religiosen, zu deren Identifikationsmerkmalen es zählt. Im Fünfer-Ensemble der Gebote der Kirche, die seit dem 15./16. Jh. im pastoralen Repertoire erscheinen (Einhaltung der gebotenen Feiertage, an ihnen Anhörung der Hl. Messe, Einhaltung der gebotenen Fast- und Abstinenztage, jährliche Beichte, jährliche Kommunion zur österlichen Zeit), begegnet der Topos des täglichen Gebets auffälligerweise nicht. Das Schwergewicht dieser Kirchengebote liegt darin, die Gläubigen an die vom Klerus geleiteten gottesdienstlichen Verrichtungen zu binden. Gleichwohl spielt die regelmäßige Übung täglicher Gebete in der Tradition der Seelsorge eine große Rolle. Das private Morgen- und Abendgebet gelten als Eckpunkte einer „Christlichen Tages- und Lebensordnung“; hinzu kommt das Tischgebet. Das Angelus-Gebet und der Rosenkranz wurden als volkskirchliche Äquivalente des klerikal-monastischen Stundengebets verstanden.

Charakteristisch für die neuere Entwicklung ist das pastorale Bemühen, die Gläubigen stärker an der klassischen Form des Stundengebetes selbst zu beteiligen, dieses also über den Rahmen einer Standesübung hinaus zu einem gemeindlichen Vollzug auszuweiten.[46] Das tägliche Gebet, auch das der stundengebetlich Verpflichteten soll möglichst gemeinschaftlich, nicht privat sein. Was bei dieser Entwicklung aus dem privaten Gebet der Menge der Gläubigen, das einmal vom volkskirchlichen Milieu getragen wurde, wird, weiß der Himmel. Ob es sich bei solchen Praktiken um traditionskatholische Rückzugsgebiete handelt oder um Ressourcen einer autarken Laienfrömmigkeit, ob die Gebetsformeln, die in zwei Jahrtausenden christlicher Frömmigkeit entwickelt wurden, in der Beschleunigung der Verhältnisse ein ritueller Halt sein können oder bei dem verbreiteten Vorbehalt gegen alles Regel- und Formelhafte in Religionsdingen eher ein stumpfes Schwert, das ist schwer zu erkennen. Es ist in vielfachem Sinne eine Frage der Zeit.

EXKURS: COMPASSION

Von Zlatko Kopljar (geb. 1962), einem kroatischen Performance-Künstler, stammt ein Bilderzyklus mit dem Titel „*Compassion*" (2004). „Auf sieben großformatigen Fotoarbeiten sehen wir den in schwarzem Anzug gekleideten Künstler vor unterschiedlichen Plätzen New Yorks knien – in immer gleicher Drei-Viertel-Ansicht von hinten. Das eigene Stück Land scheint nur das Taschentuch zu sein, auf dem der Künstler kniet."[47]

Knien hat, so es nicht praktisch veranlaßt ist, die Assoziation einer religiösen Handlung. Als der deutsche Bundeskanzler Willy Brandt am 7. Dezember 1970 bei der Kranzniederlegung im Warschauer Ghetto spontan auf die Knie fiel, statt, wie bei solchen Anlässen üblich, sich nur zu verneigen, wirkte das wie eine religiöse Steigerung der bürgerlichen Konvention. Es war nicht der heilige Ort einer bestimmten Religion, der auf die Knie zwang, aber doch etwas irgendwie Heiliges.

Was ist das bei Z. Kopljar, wenn er in den Straßen New Yorks niederkniet? Es ist, wie man sieht und weiß, nicht das *salât* eines frommen Muslims, das Pflichtgebet, zu dem ihn tagsüber der Muezzin ruft; das Taschentuch erinnert an einen Gebetsteppich, aber ist es nicht. Kniet er vor den Gebäuden mächtiger Institutionen wie vor Tempeln der Macht, um ihnen seine Reverenz zu erweisen, oder eher in der religiösen Camouflage ihre quasi-religiöse Potenz zu entlarven und dagegen, als Einzelner ohnmächtig, zu protestieren?[48] Aber nicht in allen Bildern der Serie gibt, wie bei der Wallstreet, dem UN-Headquarter oder dem Guggenheim Museum, ein solches Mekka der kapitalistischen Zivilisation die unmittelbare Richtung der „Andacht" an. Bei dem von uns gewählten Beispiel (Ft. 4) ist es ein Platz, der „Times Square“, der seinen Namen einem Journal verdankt, dem Hochhaus der *New York Times*. Das Gegenüber des Kniefalls ist das Insgesamt dieses „Zeitplatzes“ mit seinen Wolkenkratzern, dem dichten Verkehr, der grellen Reklame, zu einer bestimmten Stunde, die die alte Uhr hoch oben anzeigt.

Die Fotoserie hat den Titel „*Compassion*“, und vielleicht ist es dies bei allen Bildern zuerst, „Mitgefühl“. Kompassion setzt Passion voraus, geht davon aus, daß hier, obwohl man es nicht ohne weiteres sieht, ein Ort der Passion ist, ein Platz der Leidensgeschichte der Menschheit, daß ein Fremder kommt und das empfindet, aber den Ort nicht flieht, oder nur nachdenklich stehen bleibt, oder kritisch der Gewalt der Reklame sein kleines Protestplakat entgegenhält, sondern niederkniet, weil er zuallererst mitleidet mit der Passion dieses Ortes, der Menschen hier vor Ort.

Das geht durch das Foto als Mitteilung an uns, und vielleicht als Frage nach der Passionsgeschichte an dem Zeitplatz, wo wir uns gerade befinden, tagsüber, irgendwo. Kompassion kann auslösen, was man bei den täglichen Gebeten einmal „Stoßgebet“ genannt hat.

III. LAUDES

Mit der Vesper gehören die Laudes zu dem, was die Liturgiekonstitution des 2. Vatikanums den „*duplex cardo Officii cottidiani*“ nennt, den „doppelten Angelpunkt des täglichen Stundengebets“[49], am Morgen und am Abend. Das Besondere der Laudes ist, daß nicht nur die Tageszeit des zu verrichtenden Gebets genannt wird (Terz, Sext, Vesper...), sondern auch dessen Genus: „Laudes“, Loblieder, *Laudes matutinae*, morgendlicher Lobgesang. Die Bezeichnung übernimmt den Titel, der in der hebräischen Bibel über dem Buch der Psalmen steht, *tehilim* – Loblieder, „Preisungen“, wie M. Buber übersetzt. Nicht alle Stücke des Psalters sind geradewegs Lobgesänge, es gibt auch Klagelieder, *lamentationes*. Aber das Ganze wurde unter das Vorzeichen „Lob“ gestellt, als ob dies der tragende Grund von allem wäre.

Wenn die Bezeichnung übernommen wurde für das liturgische Morgengebet, wie es seit dem 4. Jh. an den städtischen Bischofskirchen in Gebrauch kam, das sogenannte „Kathedraloffizium“, so liegt das vermutlich an der Rolle, die die Psalmodie darin von Anfang an spielt. „A typical cathedral Lauds would begin at sunrise and include Ps 62, ‚O God, my God, to thee do I watch at break of day‘, as well as Ps 148-150. The three psalms of praise from which Lauds eventually derives its name.”[50] Der

Morgenpsalm 62 (63), der beginnt *„Deus, Deus meus, ad te de luce vigilo"*, und die drei den biblischen Psalter abschließenden Loblieder wären demnach der psalmodische Kern der Laudes.

Wenn ihr Textrepertoire im Laufe der Entwicklung darüber hinausgegangen ist, so wurde doch der Grundtenor beibehalten. In der nach dem 2. Vatikanischen Konzil eingeführten *Liturgia Horarum* sind es jeweils drei biblische Lobgesänge: *„ein Morgenpsalm"*, der, wenn auch zumeist nur stichwort- oder andeutungsweise, auf die Morgenstunde anspielt, ein „Canticum aus dem Alten Testament" und ein „Lobpsalm".[51] Die alttestamentliche Trias wird gerahmt vom neutestamentlichen „Lobgesang des Zacharias (*Benedictus*)" und einem aus spätantik-mittelalterlicher Tradition stammenden Hymnus, der, auch wenn er den Weg der Bitte einschlägt, auf preisender Anrufung aufbaut.

Die Laudes sind frühmorgens schon so voll des Lobes, daß man zeittheologisch ein wenig Abstand nehmen muß, um diesen Konnex zu begreifen. Die Liturgiekonstitution (Art. 88) nennt als *„finis Officii"* die *„sanctificatio diei"*; Ziel des Stundengebets insgesamt ist die „Heiligung des Tages". Aus den konziliären Diskussionen um die Liturgiekonstitution geht hervor, daß diese „Heiligung" durch ein Opfer geschehen soll, das „Opfer des Lobes": *„Sanctificatio diei naturalis per sacrificium laudis, Deo horis principalibus a labiis confitentium oblatum, est radix et elementum constitutivum Officii divini."*[52] Das stimmliche Opfer heiligt den Tag, indem es die jeweils angesagte Stunde der natürlichen Zeit ausdrücklich auf Gott hinwendet. In diesem Sinne könnte jede Hore also „Laudes" genannt werden.

Die *Institutio generalis* zur Einführung des Stundengebets greift diese Definition auf und konkretisiert sie: *„Laudes matutinae ad sanctificandum tempus matutinum destinantur et ordinantur"*[53] Dieser besondere Morgencharakter der Laudes wird unter Verweis auf den Hl. Basilius darin gesehen, daß die erste Bewegung von Geist und Seele vor allem Tagesgeschäft Gott zu weihen sei, daß man also bei allem, was sich natürlicherweise beim Aufwachen zum neuen Tag ergibt, als erstes willentlich „Gott" denken soll. Gott den Vorzug vor allem geben ist offenbar der Grundvollzug des Lobes.

Im üblichen Sprachgebrauch heißt „loben" so viel wie jemanden hervorheben, herausstellen für das, was er Besonderes getan hat oder ist, den Namen eines Menschen bekannt machen, zu Ehre und Ansehen bringen, daß man darauf schaut und achtet, ihn berühmt machen und preisen. Was in dieser oder jener Hinsicht bedeutsam ist, soll ausdrücklich ins Licht der Öffentlichkeit gerückt werden. Es geht um eine Steuerung der Aufmerksamkeit und Wertschätzung des Gemeinwesens. Der soziale Rang des Lobens ist auch riskant, nicht nur, daß gelobt werden kann, was nicht lobenswert ist, sondern auch, daß das Lob das Maß verliert und umschlägt in das, was man „Lobhudelei" nennt. So unerläßlich die Sprachhandlung „Lob" für das kollektive Gedächtnis ist, so sehr lauert in ihrer Nähe Lüge und Heuchelei.

C. Westermann hat seiner Theologie des Psalters den Vers Ps 103, 1f. vorangestellt: „Lobe den Herrn, meine Seele, und was in mir ist, seinen heiligen Namen! / Lobe den Herrn, meine Seele, und vergiß nicht, was er dir Gutes getan hat", und dazu bemerkt: „In der Gleichsetzung ‚lobe – vergiß nicht' ist eine tiefe Erkenntnis ausgesprochen. *Allein* der Lobende vergißt nicht."[54] Ist Lob Arbeit gegen das Vergessen, so gehören Laudes zu dem, was heute „Gedächtniskultur" genannt wird, setzen darin aber, sollte diese bevorzugt Orten und Zeiten des Schreckens und der Untaten Denkmäler zu setzen versuchen, einen besonderen, vielleicht auch riskanten Akzent. Wer mit den Laudes gegen das Vergessen Gottes angeht, betreibt offenbar etwas ebenso religiös Zentrales wie zivilisatorisch Anachronistisches. Er sucht Gott aus seiner Geschichte heraus gegen das Vergessen zu behaupten. Subjekt des Vergessens wie Gedenkens sind primär die, die Gott zu loben suchen, sind sie doch nicht außerhalb ihrer Zeit. Nur, was sie sich selbst wirksam ins Gedächtnis zu rufen vermögen, könnte auch eine weitergehende Resonanz haben.

Das soll in den Laudes nicht durch Reflexion geschehen, sondern durch Gebet und Gesang, die freilich nicht direkt *ex corde* kommen, sondern sich schriftlich gefaßter Vorlagen bedienen. Das *sacrificium laudis* bringt mit eigener Stimme alte Texte dar, die als Opfergaben schon bereitet sind. Die Texte der Tradition können die Stimme des Einzelnen tragen und zusammenführen mit der vieler anderer, und sie können durch angelernte Worte verschleiern, was das Herz in Wahrheit denkt. Die psalmodische Ausbreitung des Lobs in den Laudes kann als Opfer von Zeit ein Zeichen der Wertschätzung dessen sein, dem man sie zur Verfügung stellt, und zugleich in seinem verbalen Aufwand nicht unähnlich der Menge der Opfertiere, mit denen man, dem Propheten Jesaja zufolge, Gott zur Last fällt. Wer die Laudes als Morgenverrichtung des Einzelnen wie einer Kommunität vorsieht, betritt ein zentrales und gerade so riskantes Gebiet der Religion.

Die sich an das natürliche Morgenlicht anlehnende Lichtsymbolik der Laudes hat ihr Ausbreitungsfeld vor allem in den Hymnen und Orationen, Texten also, die aus der spätantik-frühmittelalterlichen Tradition mit ihrem ausgeprägten solartheologischen Interesse stammen. Wie die *dies dominica* die *dies solis* ist, so die *hora matutina* die *hora solis invicti*. Die matutinale Lichtsymbolik ist aber in den Hymnen nicht christologisch stereotyp. Alles, was um den Sonnenaufgang herum sich abspielt, wird lichtsymbolisch in Anspruch genommen. Die 28 Hymnen des vierwöchigen Cursus *de tempore* kreisen um ein Set von Motiven: der Vater als Schöpfer des Lichts, Christus „Licht vom Licht", Morgenröte (*aurora*), Morgenstern (*lucifer*), das Weichen der Finsternis und die neue Kolorierung der Dinge, Hahnenschrei und Morgentau usw. Die natürlichen Morgenphänomene erhalten eine schöpfungstheologische und heilsgeschichtliche Tiefendimension und werden zugleich *sensu morali* ausgearbeitet; es geht um die innere Erleuchtung, die Vertreibung der Finsternis in Geist und Seele und den Wandel als Kinder des Lichts.[55]

Nach hohem Gotteslob und feierlichem Lichtpreis den Blick auf das anstehende Tagewerk zu richten, war ursprünglich die Sache der Prim[56]. Die Liturgiekonstitution des 2. Vatikanischen Konzils hat jedoch befunden. „Die Prim soll entfallen"[57]. Es war einfach zu viel geworden mit den geistlichen Morgenverrichtungen des Klerus, man mußte schließlich auch an die Arbeit gehen. Dabei war gerade die erste der „Kleinen Tagzeiten", *ad primam horam*, gegen 6 Uhr also, zu beten, im klösterlichen Leben ausgesprochen praktisch orientiert. Nach Abschluß der Prim wurde im Kapitelsaal die Arbeit der Mönche verteilt: „Körperliche Arbeit, Schreiben der Codices, die Arbeit in der Klosterschule..."[58] Diese praktische Orientierung bestimmt das Gedankengefüge der Prim, das in dieser Hinsicht weiter Beachtung verdiente neben den stolzen Laudes. Ein Stück der abgeschafften Tagzeit wurde in das Repertoire der Laudes gerettet, der aus dem 7./8. Jh. stammende Hymnus „*Iam lucis orto sidere*"[59]. Da der Hymnus in anderem Zusammenhang eingehend kommentiert wurde[60], soll es hier mit dem Text selbst sein Bewenden haben und einer Übersetzung, die *lingua vulgari* so etwas wie eine Probe auf die Praxistauglichkeit darstellt:

Iam lucis orto sidere
Deum precemur supplices,
ut in diurnis actibus
nos servet a nocentibus.

Linguam refrenans temperet,
ne litis horror insonet;
visum fovendo contegat,
ne vanitates hauriat.

Sint pura cordis intima,
absistat et vecordia;
carnis terat superbiam
potus cibique parcitas.

Ut, cum dies abscesserit
noctemque sors reduxerit,
mundi per abstinentiam
ipsi canamus gloriam.

Deo Patri sit gloria
eiusque soli Filio
cum Spiritu Paraclito,
in sempiterna saecula.

Die helle Sonn' leucht schon herfür,
wir wenden uns, Herr Gott, zu dir,
daß wir mit unsren Alltagswerken
nicht schaden, sondern andre stärken.

Die Redelust so dirigiere,
daß sie zum Allgemeinwohl führe.
Beschütz uns, Herr Gott, vor dem Tratsch
und vor dem visuellen Quatsch.

Gib uns auch Herzenslauterkeit
statt Ärger, Wut und bittrem Streit.
Zermürbe die Angeberei.
Entziehe Suff und Völlerei.

Und wenn des Tages Glanz verfunkelt
Und es zum Abend wieder dunkelt,
Dann lassen wir den Erdenkram
Und schlafen dir ad gloriam.

Zum Schluß sei nun noch hochgepriesen,
Die uns im Beten unterwiesen,
Die heiligste Dreifaltigkeit
Von nun an bis in Ewigkeit.

IV. MORGENLIED

Die von den Reformatoren des 16. Jh. betriebene Reform der Kirche war in erster Linie Reform ihres Gottesdienstes. Das betraf auch das Stundengebet der Mönche und Kleriker, dessen pure Persolvierung den Verdacht der Werkgerechtigkeit nahelegte, der man im Namen des Evangeliums der Gnade den Abschied geben wollte. Eine sich durch Gebetsleistung vor Gott privilegierende *ecclesiola* sollte es nicht mehr geben. Die wahre *ecclesia* war die Kirche als Gemeinde der normalen Christen, und wenn es daneben noch etwas Klösterliches geben sollte, so war es das Haus, dessen

Vorbild das evangelische Pfarrhaus werden sollte, das Bürger- und Bauernhaus als genuiner Ort des *Ora et labora.* Wie man den gemeindlichen Gottesdienst neu zu ordnen sich anschickte und dabei für neue Formen der Mette und der Vesper durchaus Platz fand[61], so auch den des Hauses. Als Dokument einer solchen christlichen Hausordnung kann man Luthers „Morgensegen“[62] von 1529 ansehen. Er endet mit der Rubrik:

> *„Alsdann mit Freuden an dein Werk gegangen und etwa ein Lied gesungen oder was dir deine Andacht eingibt.“*

Die Äquivalenz des bürgerlichen Morgengebets zur monastischen Prim ist erkennbar: Es geht um den Übergang vom Schlaf zur Arbeit, um den zu gewinnenden Schwung für das Tagewerk. Der sangesfreudige Reformator kann sich diesen freudigen Start gut mit einem Lied auf den Lippen denken, als Ausklang des Morgengebets in die Werktätigkeit hinein. „Hat Luther auch kein Morgenlied gedichtet, so hat er durch diesen Morgensegen doch nicht nur auf die häusliche Frühandacht, sondern auch auf die Morgenliederdichtung den größten Einfluß gehabt.“[63]

Für den Zugang ursprünglich evangelischer Morgenlieder in den katholischen Gebrauch war die liturgische Jugendbewegung mitursächlich.[64] Das 1938 erschienene „Kirchenlied“ weist neun Morgenlieder aus, von denen sechs evangelischen Ursprungs sind. Davon haben sich drei im katholischen Gesangbuch bis in seine neueste Fassung fest etablieren können: „Lobe den Herrn“ (P. Gerhardt, 1653); „Morgenglanz der Ewigkeit“ (Chr. Knorr v. Rosenroth, 1684); „Aus meines Herzens Grunde“ (G. Niege, 1585). In den Gemeindebrauch aufgenommene Poesie bleibt üblicherweise nicht stabil, sondern unterliegt im Laufe der Zeit allerhand Veränderungen. In diesem Sinne sind Kirchenlieder auch mentalitätsgeschichtliche Zeitzeugen. Ein schönes Beispiel dafür ist das evangelisch wie katholisch verbreitete Lied „Aus meines Herzens Grunde“.[65]

Die evangelische Herkunft von „Aus meines Herzens Grunde“ wurde erst zu Beginn des 20. Jh. entdeckt.[66] In der katholischen Überlieferung hatte man es dem „Groß Catholisch Gesangbuch“ des Göttweiger Benediktiners D.G. Corner (1625) entnommen, wo es ohne Verfasserangabe konfessionell unverdächtig erschien[67]. So wurde es katholisch wie evangelisch variantenreich überliefert.[68] Als Kernbestand schält sich eine siebenstrophige Fassung heraus, die hier und da überboten, in den katholischen Gesangbüchern aber gewöhnlich unterboten wird. Um die Morgentheologie des Poems als ganzen zu erfassen, wird die Fassung des Evangelischen Gesangbuchs (EG 443) zugrundegelegt:

Aus meines Herzens Grunde
sag ich dir Lob und Dank
in dieser Morgenstunde,
dazu mein Leben lang,
dir, Gott, in deinem Thron
zu Lob und Preis und Ehren
durch Christus, unsern Herren,
dein' eingebornen Sohn,

daß du mich hast aus Gnaden
in der vergangnen Nacht
vor G'fahr und allem Schaden
behütet und bewacht,
demütig bitt ich dich,
wollst mir mein Sünd vergeben,
womit in diesem Leben
ich hab erzürnet dich.

Du wollest auch behüten
mich gnädig diesen Tag
vors Teufels List und Wüten,
vor Sünden und vor Schmach,
vor Feu'r und Wassersnot,
vor Armut und vor Schanden.
Vor Ketten und vor Banden,
vor bösem, schnellem Tod.

Mein' Leib und meine Seele,
Gemahl, Gut, Ehr und Kind
in dein Händ ich befehle
und die mir nahe sind
als dein Geschenk und Gab,
mein Eltern und Verwandten,
mein Freunde und Bekannten
und alles, was ich hab.

Dein' Engel laß auch bleiben
Und weichen nicht von mir,
den Satan zu vertreiben,
auf daß der bös Feind hier
in diesem Jammertal
sein Tück an mir nicht übe,
Leib und Seel nicht betrübe
Und mich nicht bring zu Fall.

Gott will ich lassen raten,
denn er all Ding vermag.
Er segne meine Taten
An diesem neuen Tag.
Ihm hab ich heimgestellt
mein Leib, mein Seel, mein Leben
und was er sonst gegeben;
er mach's, wie's ihm gefällt.

Darauf so sprech ich Amen
und zweifle nicht daran,
Gott wird es alls zusammen
in Gnaden sehen an,
und streck nun aus mein Hand,
greif an das Werk mit Freuden,
dazu mich Gott beschieden
in meim Beruf und Stand.

Der Verfasser Georg Niege (1525-1588) war kein gelernter Theologe. Als Sohn eines evangelischen Schullehrers hatte er in Kassel eine Ausbildung als Sängerknabe genossen, das in Marburg begonnene Studium der Freien Künste hatte er nach dem Baccalaureat abgebrochen, um die folgenden Jahrzehnte seines Lebens als Landsknecht zuzubringen, als Söldner im Schmalkaldischen, Englisch-Schottischen, Dänisch-Schwedischen Krieg, in späteren Jahren als Amtmann in verschiedenen fürstlichen und städtischen Diensten; in diesem bewegten Leben verheiratet mit einer geliebten Frau, Vater einer einzigen Tochter, die mit siebzehn Jahren früh verstarb. Von der Realität dieses Lebens in der 2. Hälfte des 16. Jh. gibt er in einer gereimten Autobiographie anschaulich Kenntnis[69], was alles im vorliegenden Zusammenhang nur deshalb erwähnenswert ist, weil es die lebensweltliche Basis eines über Jahrhunderte verbreiteten Morgenliedes ist. Anders als bei den lateinischen Morgenhymnen entstammt es nicht der geregelten Welt des Klosters, sondern mitten aus einem abenteuerlichen Weltleben. Wenn Niege „der fromme Hauptmann"[70] genannt wurde, so ist es eine in lebenspraktischen Mühen behauptete Frömmigkeit, die hier Gebetsform sucht. Es gibt von ihm auch eine deutsche Übersetzung des lateinischen Prim-Hymnus *„Iam lucis orto sidere"*, aber sein eigentliches Morgenlied ist „Aus meines Herzens Grunde".

Die hymnologische Forschung hat aufgezeigt, daß der „Morgensegen" aus Luthers „Kleinem Katechismus" der theologische Gewährstext des Liedes ist, dessen gedanklichem Duktus es sich anschließt.[71] Von theologischem Interesse ist der poetische Überschuß, den das Gedicht erbringt.

Der von Niege selbst verfaßte Text[72] läßt die Nähe zur rauen Wirklichkeit seines Lebens noch stärker erkennen als die Gesangbuchfassungen, die alsbald einsetzen und die Wirkungsgeschichte bis in die Gegenwart hinein bestimmen. Dort ist nicht nur vom Teufel als *dem* bösen Feind die Rede, sondern auch von „meiner Feinde Wüten“ (Str. 3). Statt vor „Ketten und vor Banden“ heißt es „vor Gfencknis und vor Banden“ und das war nicht bloß metaphorisch gemeint; der Landsknecht Niege hatte selbst einige Zeit zu Bremen in Haft gesessen. Als 4. Strophe hat der Originaltext ein Stück, das nicht in kirchlichen Gebrauch genommen wurde, vielleicht, weil es zu deutlich die Realität eines in die Religionskriege des ausgehenden 16. Jh. verwickelten Söldners spiegelte:

„fur Secten, falschen Lehren,
der Heuchler Gleisnerey,
fur Armuth, Fluchen, Schweren,
fur Kranckheit mancherley;
Zanck, Unzucht, Neid und Hass,
das dir mein ganzes Leben
mein Wort und Werck daneben
gefalln ohn Unterlas.“

Nieges Autobiographie gibt für alles, was hier an Übeln aufgelistet wird, am eigenen Leib erfahrene Belege. Aber so deutlich wollte der bürgerliche Gemeindegesang in der Folgezeit nicht werden. Statt dieser landsknechtlichen Strophe hat sich als vorletzte eine andere, aber durchaus im lutherischen Sinn des Hauptmanns Niege liegende Strophe durchgesetzt („Gott will ich lassen raten…“).

Im Unterschied zu den meisten Morgenliedern steht das Nieges in der 1. Person Singular. Ein Einzelner spricht, betet, singt und beginnt in der Morgenstunde tief in sich selbst, was auch heißen soll, daß es keine bloße Konvention ist, sondern von Herzen kommt, was für Luthers Religiosität ein entscheidender Topos ist. Er begibt sich mit Lob, Preis, Ehr und Dank zur morgendlichen Privataudienz vor den himmlischen Thron.

Der Dank bezieht sich konkret auf die vergangene Nacht. Daß der Schläfer sie schadlos überstanden hat, ist dem zu verdanken, der immer wacht. Aber dem, der in Gottes Dienst steht („demütig“), fallen beim ersten Morgenblick in die Höhe auch all seine Sünden ein, das ganze an die Schwelle dieses Morgens gekommene bisherige Leben und was daran Gott nicht gefallen hat. Hundertmal schon vergeben, ist die Spur des Verkehrten aus dem Dunkel der Nacht heraus noch einmal da und muß abgelegt werden durch Gottes Vergebung, damit der Tag ohne solche nachhängende Last angegangen werden kann.

So kann die 3. Strophe auf den Tag vorblicken und bittet um Behütung. Nicht nur die Nacht, in der man wehrlos schläft, sondern auch der Tag stellt sich als ein Feld der Bedrohung dar. Zur Sünde kommt die „Schmach" und „Schande", Verlust und Verletzung der Ehre. „Übel", das sind Brand und Überschwemmung, Armut, Gefangenschaft, plötzlicher Tod, allesamt für einen gemeinen Mann des 16. Jh. wie Niege nicht bloß literarische Formeln.

Daß dem alten Landsknecht vor allem der Feind in den Sinn kommt, ist verständlich; ihm wird in Nieges Lied große Aufmerksamkeit gewidmet: „des Teufels List und Wüten", „der Satan", „der bös Feind", der mit List und Tücke den Menschen „in diesem Jammertal" von der Lebensfreude abzubringen („Leib und Seel betrüben") und zu Fall zu bringen sucht. Gegen diese dem Menschen im tagtäglichen Betrieb auflauernde teuflische Heimtücke des Gegenspielers Gottes wird Gott um Hilfe gebeten durch Sendung seines Schutzengels, der wachsam mitgehen soll auf allen Wegen dieses Tages.

In der 4. Str. wird die Bitte für ich selbst („Leib und Seele") ausgedehnt auf das soziale Umfeld. Der Sitz im Leben, der in dieser Strophe besonders zutage tritt, macht sie zugleich zu einem symptomatischen Stück der Rezeptionsgeschichte des Liedes.

In der für die evangelische Tradition wichtigen Fassung eines Hamburger Gesangbuchs von 1592 lautet die Strophe[73]:

„Mein leib und auch mein seele,
mein weib, gut, ehr und kind
In deine hende ich befehle,
darzu mein hausgesind:
Ist dein geschenck und gab,
mein eltern und verwandten,
mein brüder und bekannten
und alles was ich hab."

Das „Ich" dieses Morgenliedes entpuppt sich hier als männlichen Geschlechts, als Ehemann und Vater, auf „Ehr und Gut" bedachter Hausvater mit Hausangestellten („Hausgesind"), Mitglied einer Großfamilie („Eltern und Verwandten") und eines weiteren Bekanntenkreises. Dies „Ich" ist keine zeitlose Leerstelle, in die ein Christenmensch sich jederzeit problemlos einsetzen könnte, sondern ein konkretes Individuum, dessen bürgerlicher Ort nicht verheimlicht wird. Weil das „Ich" sich so real in der Morgenfrühe seiner sozialen Umgebung bewußt wird und sie in seine Morgeneinstellung vor Gott einbezieht, konnten gerade hier

Realisierungsprobleme auftauchen für den, der das alles nicht war: kein Mann, kein Vater, kein besitzbürgerlicher Hausvorstand etc. Rezeptionsgeschichtlich kommt das freilich erst zum Vorschein, wo man nicht mehr „naiv" mitsingt, was nun einmal im Gesangbuch steht, sondern das Vorgeschriebene mit sozialkritischem Blick betrachtet. Eklatant wird das im „Evangelischen Gesangbuch" (1993), wo die 4. Strophe nun lautet:

> *„Mein' Leib und meine Seele,*
> *Gemahl, Gut, Ehr und Kind*
> *in deine Händ ich befehle*
> *und die mir nahe sind*
> *als dein Geschenk und Gab,*
> *mein Eltern und Verwandten,*
> *mein Freunde und Bekannten*
> *und alles, was ich hab."*

Das Evangelische Kirchengesangbuch von 1954 (EKG Nr. 341) hatte in der altüberlieferten Fassung nur „Brüder" durch das nicht mehr familiär festgelegte „Freunde" ersetzt. Am Ende des 20.Jh. aber ist die Empfindlichkeit größer geworden. Das ordinäre „Weib" ist herausgeflogen und hat dem Herrn „Gemahl" (oder ist die Frau Gemahlin gemeint?) Platz gemacht. Das „Hausgesind" wurde ausgewechselt gegen „die mir nahe sind". „Weib" und „Hausgesind" gelten als linguistische Indikatoren patriarchalicher Verhältnisse, die aus der Sprache wie aus der gesellschaftlichen Realität zu tilgen sind. „Weib" wurde schon vor Jahren im katholischen „Ave Maria" gegen „Frau" ausgetauscht. Der Verzicht auf das „Hausgesind" nimmt eine soziale Komponente des Morgengebets ins Intim-Private zurück. Wer morgens für's „Hausgesind" betete, legte Gott nicht nur sich selbst, sondern auch die ihm so oder so in seinem „Beruf und Stand" (Str. 7) Untergebenen ans Herz; betrachtete sie und behandelte sie dann vielleicht auch „als dein Geschenk und Gab", ihm auf Zeit anvertraut; von Diskriminierung jedenfalls keine Spur. Mit der Streichung des „Hausgesinds" verschwindet die Ökonomie aus dem Gebet, in der alle (nicht bloß ominöse Hausherren) auch heute von der Dienstleistung anderer leben, unsichtbarer vielleicht, aber nicht weniger real als zu den Zeiten des bäuerlich-bürgerlichen Gesindes. Und schließlich erreicht die sprachliche Assimilation dann doch nicht die erwünschte Heutigkeit. Wenn man „Weib" und „Hausgesind" für nicht mehr zumutbar hält, wie kann man „Gut, Ehr und Kind" dann den Nicht-Begüterten, Unverheirateten, Kinderlosen, ja den Kindern selbst zum Singen zumuten?

Mit den kleinen Reparaturen an der Textfassade läßt sich nicht vertuschen, daß das Lied in der Rolle des Hausvaters geschrieben ist, insoweit also patriarchalische Verhältnisse spiegelt. Aber die Männlichkeit wird ebensowenig herausgekehrt wie unumschränkte Befehlsgewalt über Weib und Kind und Hausgesind. Der Beter sorgt sich in der Morgenfrühe um das gesamte Hauswesen, dem er vorsteht, und das er eingebunden weiß in Sippe und Stadt. Dieser Gemeinsinn gibt dem Gebet eine lebenspraktische Note, die man in ähnlicher Weise auch im monastischen Stundengebet der Prim findet. So endet auch Georg Nieges Morgenlied: „und streck nun aus mein Hand, / greif an das Werk mit Freuden, / dazu mich Gott beschieden / in meim Beruf und Stand." Berufsethos und Frömmigkeit sind hier eng verbunden.

Die Besonderheit der sozialen Situation muß nicht verschleiert werden, es geht im Gebet nicht um die Verhältnisse, sondern um das Verhältnis zu den Verhältnissen. Das ist, wenn man das Lied auf seine eigene Stimme übernimmt („Aus *meines* Herzens Grunde"), zu transponieren „in *meim* Beruf und Stand". So muß das Fremde der Überlieferung nicht einfach nur hinter uns liegen, vom sozialen Fortschritt überholt, es kann uns, recht bedacht, auch voraus sein. Schneidet man es zurück auf den Meinungsstandard der eigenen Zeit, bleibt man auf dessen Maß beschränkt.

In der hier etwas eingehender besprochenen Mittelstrophe von Nieges Morgenlied, die über Luthers „Morgensegen"-Vorgabe sichtlich hinausgeht, zeigt sich Zeitlichkeit auf nachdenkenswerte Weise. Zum einen überschreitet das betende Ich das Interesse an der eigenen Lebenslinie bewußt auf den sozialen Raum, in dem es lebt, nimmt die Lebenszeit der anderen in die eigene hinein, als Zeitgegebenheit Gottes („dein Geschenk und Gab"). Das „Wir" wird, anders als in den meisten Morgenliedern, nicht gleich gesetzt, es ergibt sich aus der Perspektive und Einbildungskraft eines Einzelnen, der sich zugleich eingebunden fühlt in ein differenziertes Gemeinwesen, und dafür verantwortlich. Das ist per se zeitbedingt und kann, wenn man die Strophe festhalten will, zu Akkomodationsversuchen führen. In der wohlgemeinten Anpassung an die eigene Zeit zeigt sich jedoch zugleich, was man dabei strukturell aus dem Auge verlieren kann. So bleibt der alte Text eine Erinnerungsinstanz. Die neueren katholischen Gesangbücher haben sich solche Gedankenmühe erspart, indem sie die besagte Strophe in ihren Kurzfassungen gleich außen vor gelassen haben[74].

Die von zwei „Behüte"-Strophen gerahmte Mittelstrophe des Niegeschen Liedes hat zu einer Abschweifung in die Sozialgeschichte geführt. Das Lied schließt mit zwei Strophen zum Gottvertrauen, mit dem man die in vielerlei Hinsicht unsichere Zukunft des Tages angeht. „Alsdann mit

Freuden ans Werk gegangen", heißt es bei Luther; „und streck nun aus mein Hand, / greif an das Werk mit Freuden" bei Niege. Es geht ums Tagewerk, um Handeln, konkret (vgl. Str. 4) „in meim Beruf und Stand", was jeder mit dem füllen kann, wozu ihn Gott beschieden hat. Da meldet sich lutherische Berufsfrömmigkeit; es gibt nicht mehr den „Stand der Vollkommenheit" des Mönchtums, der der eigentlich von Gott gewollte *status perfectionis* ist, sondern jeder Stand und Beruf ist als göttliche Einberufung („beschieden") anzusehen, der man täglich gerecht zu werden hat. Die Arbeit ist mit Freuden anzugehen, wozu gehört, daß die mit der Ausübung konstitutiv verbundene Unsicherheit zu bewältigen ist. Das geschieht, indem man, ohne sich von der eigenen Bemühung zu dispensieren, das Ganze aus den eigenen Händen in die Gottes gibt, seinem Ratschlag und Willen anheimstellt und um Segen zum Gelingen bittet. Daraus ergibt sich das für das Handeln notwendige Vertrauen („Darauf so sprech ich Amen / und zweifle nicht daran"), Selbstvertrauen aus dem Grund des Gottvertrauens: „Gott wird es alls zusammen / in Gnaden sehen an".

Georg Nieges Morgenlied aus dem Ende des 16. Jh. basiert auf Luthers „Morgensegen", baut ihn zu einer eigenen poetischen Welt aus, die die lebenspraktische Orientierung des Luther-Textes nicht verläßt, sondern anschaulich ausführt und singbar macht. Die katholische Wirkungsgeschichte zeigt, daß man, ohne es zu ahnen, ein Stück gut lutherischer Theologie in den eigenen Frömmigkeitshaushalt aufgenommen hat. [75]

V. JOURNAL

„Das Zeitungslesen des Morgens ist eine Art von realistischem Morgensegen. Man orientiert seine Haltung gegen die Welt an Gott oder an dem, was die Welt ist. Jenes gibt dieselbe Sicherheit, wie hier, daß man wisse, wie man daran sei."[76] – Wenn G.W.F. Hegel von „Morgensegen" spricht, darf man annehmen, daß er an den M. Luthers denkt, der in gebotener Kürze dem Tag eine Orientierung an Gott auf den Weg geben will. Dem stellt Hegels lakonischer Aphorismus aus der Jenenser Zeit das Zeitungslesen an die Seite als etwas der überkommenen frommen Morgenübung irgendwie Äquivalentes. Hegel war ein leidenschaftlicher Zeitungsleser, und seinen Aphorismus vom Anfang des 19.Jh. kann man in dem Sinne prophetisch nennen, daß dieser „realistische Morgensegen" wohl für die meisten Bewohner der westlichen Welt Luthers „Das walte Gott..." inzwischen abgelöst hat. War dies der Sinn seiner philosophischen Sentenz, die

Ansage der unausweichlichen Säkularisierung der Religion in einen realistischen Umgang mit der Welt?

Hegels Aphorismus spricht nicht im Sinne des Comteschen Dreistadiengesetzes von einer Ablösung der Religion und Metaphysik durch sachliche Weltorientierung, sondern von einer Alternative und meint, daß man aus beidem „Sicherheit" gewinnen könne. Aus dem Vertrauen zu Gott zu gewinnende Gewißheit im weltlichen Handeln ist die Intention von Luthers „Morgensegen". Hegel verschiebt Luthers Glauben zum Wissen hin. Aber es macht für die Gewißheit keinen Unterschied: „Wissen heißt, etwas als Gegenstand vor seinem Bewußtsein haben und dessen gewiß sein; und genau dasselbe ist Glauben auch."[77]

Die Entzweiung von Gott und Welt, die hier an der Stelle des „Morgensegens" auftaucht, ist für den systematischen Denker Hegel keine Alternative, bei der man sich ad libitum so oder so entscheiden könnte. Das Verhältnis von Gott und Welt ist für sein Denken zu ernst, als daß er es am Morgen gleich leichtfertig zur Disposition stellen könnte.

Die Zeitung liefert alle Morgen den aktuellen Stand der Dinge in der Welt, den Bericht von der Welt in der Zeit, der Gegenwart. Ebendies macht das Zeitungslesen zu einer philosophisch relevanten Tätigkeit. Für Hegel ist Philosophie „Theorie der Zeit"[78]: „Was das Individuum betrifft, so ist ohnehin jedes *Sohn seiner Zeit*; so ist auch die Philosophie *ihre Zeit in Gedanken gefaßt*."[79] „Der Aufmerksamkeit für die Geschichte des Tages entspricht in der ‚Rechtsphilosophie' die Philosophie als Theorie ihrer Zeit, sofern das Tagesgeschehen die politische Wirklichkeit ist, in welcher die Philosophie die gegenwärtig vorhandene Vernunft zu begreifen sucht."[80]

Hegels Philosophie ist am Konkreten der Weltgeschichte interessiert. „Die Geschichte aber haben wir zu nehmen, wie sie ist; wir haben historisch, empirisch zu verfahren."[81] Empirie auf den heutigen Tag bezogen liefert die Zeitung als „Journal". Aber was da aus dem Weltgeschehen journalistisch zusammengetragen wird, ist nicht das Ende, sondern der Anfang der Philosophie. „Die Gegenstände sind Reizmittel des Nachdenkens; sonst findet man es in der Welt so, wie man es betrachtet. Geht man nur mit der Subjektivität an die Welt, dann wird man es so finden, wie man selbst beschaffen ist, man wird überall alles besser wissen, sehen, wie es hätte gehen sollen. Der große Inhalt der Weltgeschichte ist aber vernünftig und muß vernünftig sein; ein göttlicher Wille herrscht mächtig in der Welt und ist nicht so ohnmächtig, um nicht den großen Inhalt zu bestimmen."[82] Das Prinzip der Vernunft, das Hegel seiner Behandlung der Weltgeschichte a priori voraussetzt, ist die philosophische Form des christlichen Glaubens an die göttliche Vorsehung. „Die *Wahrheit* nun, daß eine, und zwar die göttliche Vorsehung den Begebenheiten der Welt vorstehe, entspricht dem angegebenen Prinzip. Denn die göttliche Vorsehung ist die Weisheit nach unendlicher Macht, welche ihre Zwecke, d.i. den absoluten, vernünftigen Endzweck der Welt verwirklicht."[83] Angewandt auf die Weltgeschichte kann das Prinzip der Vorsehung als Vernunft nicht „stehen bleiben (...) bei dem bloß abstrakten, unbestimmten Glauben, der bloß bei dem Allgemeinen, daß es eine Vorsehung gebe, welche die Welt regiere (stehen bleibt), aber nicht zum Bestimmten vorgehen will, sondern wir haben vielmehr Ernst damit zu machen."[84] „Die Geschichte ist die Entfaltung der Natur Gottes in einem besondern bestimmten Element, so kann hier keine andere als eine bestimmte Erkenntnis genügen."[85]

Was in dem Jenenser Aphorismus neben- oder sogar gegeneinander zu stehen scheint, fügt sich in Hegels Verständnis der Philosophie ineinander. Die Morgenzeitung liefert den Stoff für die morgendliche Erkenntnis Gottes in der Zeit, der freilich der Arbeit der Vernunft bedarf, die durch die Oberfläche des Zufälligen[86] und „die Mannigfaltigkeit des bunten Gewühls der Begebenheiten hindurchdringt"[87]. Erst in solchem Denken wird die Zeitung zu „einer Art realistischem Morgensegen".

Hegels titanischer Versuch, seine Zeit, die ja alle Vergangenheit in sich trägt, in Gedanken zu fassen, die Geschichte in aller Bestimmtheit mit dem Absoluten der Vernunft zusammenzudenken, ist selbst zu einem Ereignis der Geschichte geworden. Nach allem, was in der Geschichte der Welt und des Denkens seither geschehen ist, trauen und muten wir uns eine solche Arbeit der Vernunft nicht mehr zu. „Es ist nicht zufällig, daß die Hegelianer, die es heute noch gibt, sämtlich Hermeneutiker und historische Zeitdiagnostiker sind, die von Hegel nur das Erfassen der Zeit zurückbehalten, aber eben nicht den Anspruch, über ‚objektive' Gedanken zu verfügen, in denen man die Zeit erfassen könnte; auch sie haben auf die Perspektive des Absoluten verzichtet und Hegels Systemdialektik auf den hermeneutischen Zirkel herabgestuft, in dem sich objektives Verstehen und die verständliche Objektivität ständig wechselseitig voraussetzen und bedingen."[88]

Auf der anderen Seite werden die Theologen „das Absolute", sofern man darunter die göttliche Vorsehung versteht, festhalten, ohne sich zu erkühnen, den Plan der göttlichen Weisheit in der konkreten Bestimmtheit der Geschichte vollends aufdecken zu können. Die „Einsicht in die unübersteigbare Endlichkeit und Kontingenz unserer selbst"[89] hindert auch den Glauben an die Providenz, so man an ihm christlich festhält, sich in empirischer Welterkenntnis durchzusetzen. Wenn überhaupt, so bleibt das, was Hegel als „Kleinkrämerei des Glaubens an die Vorsehung" bezeichnete: „(...) fromme Gemüter sehen in vielen einzelnen Vorfallenheiten, wo andere nur Zufälligkeiten sehen, nicht nur Schickungen Gottes überhaupt, sondern auch seiner Vorsehung, nämlich Zwecke, welche dieselbe mit solchen Schickungen habe. Doch pflegt dies nur im einzelnen zu geschehen."[90] Das könnte Sache eines „Morgensegens" sein, freilich ohne den öffentlichen Bezug auf die Weltgeschichte, die für Hegel mit der Zeitung früh ins Haus kam. So scheint das, was dieser zusammenzuzwingen suchte, nur nebeneinander sein zu können: eine nach weltlichen Gesichtspunkten verfahrende Zeitdiagnostik und der „bloß abstrakte, unbestimmte Glaube, der bloß bei dem Allgemeinen, daß es eine Vorsehung gebe, welche die Welt regiert (stehen bleibt), aber nicht zum Bestimmten vorgehen will"[91].

Doch ganz so einfach löst sich die Hegelsche Komplexität doch nicht auf. Wenn für Hegel das große Ereignis der Französischen Revolution der zeitgeschichtliche Anstoß zu seiner Philosophie der Geschichte war[92], so hat die „Revolution" des 2. Vatikanischen Konzils in das zu einer Art metaphysischer Zeitlosigkeit erstarrte Gottesdenken der katholischen Kirche ein Bewegungsmoment gebracht, das Papst Johannes XXIII. auf die semiotische Formel gebracht hat: „die Zeichen der Zeit erkennen".[93] Das für die Konzilsidee des Papstes typischste Dokument, die Pastoralkonstitution „Gaudium et Spes" nimmt diese Formel als Grundregel der kirchlichen *ars divinandi*. Aufgabe der Kirche ist es, „unter Führung des Geistes, des Trösters, das Werk Christi selbst weiterzuführen, der in die Welt kam, um der Wahrheit Zeugnis zu geben; zu retten, nicht zu richten; zu dienen, nicht sich bedienen zu lassen. In Erfüllung dieses Auftrags obliegt der Kirche allzeit die Pflicht, nach den Zeichen der Zeit zu forschen und sie im Licht des Evangeliums zu deuten."[94]

Die römisch-katholische Kirche sieht sich, wie einst das heidnische Imperium Romanum, mit einer weltgeschichtlichen Aufgabe betraut, die zu erfüllen, an der Grenzlinie der Gegenwart nicht nur zeitdiagnostische, sondern divinatorische Fähigkeiten verlangt. Aber es sind nicht, wie in der imperialen Politik von einst, geopolitische Erfolgsaussichten (*„nulla ambitione terrestri movetur Ecclesia"*[95]), die zu ermitteln sind, sondern, wohin Gott, sein Geist mit der Welt will, nicht letztendlich, sondern in der jetzt überschaubaren Weltlage.

Dazu sind die für die Gegenwart bezeichnenden „Ereignisse, Bedürfnisse und Wünsche"[96] der Menschen auszumachen. Aber was sich darin abzeichnet, ist doch nicht geradewegs die Stimme Gottes. In einer früheren Fassung des Textes hatte es in Anspielung an das altrömische Sprichwort *„Vox temporis vox Dei"* geheißen: *„in voce temporis vocem Dei audire opor-*

tet."[97] Aber so tautologisch, wie dies klang, schien dann doch der Hl. Geist dem Geist der Zeit nicht innezuwohnen. Das für die Zeit Bezeichnende, die *signa temporum,* war noch einmal „zu deuten im Licht des Evangeliums" (*„sub Evangelii luce interpretandi"*[98]) und d.h. „zu unterscheiden, was darin wahre Zeichen der Gegenwart oder der Absicht Gottes sind"[99]. Die Sonde, mit der die Unterscheidung durchzuführen ist, ist das Evangelium. Das Licht des Evangeliums ist nicht der alte Buchstabe, der alles neu Aufkommende *ad verbum* unter sein Gesetz zwingen will, sondern der darin wehende Geist Christi, dessen Anhauch man in den Zeichen der Zeit unvermutet wiedererkennt.

Die nachkonziliäre Geschichte hat gezeigt, wie fragil solche Zeitdiagnostik ist, selbst wenn sie vom Konsens eines Konzils und der Autorität von Päpsten getragen ist. Aber sie ist der unerläßliche Versuch, dem mit der Geschichte der Menschheit mitgehenden Gott der Bibel nach Kräften nachzukommen. Von dem Geschäft, die „Zeichen der Zeit" „im Licht des Evangeliums" zu lesen, ist der einzelne Gläubige weder ausgeschlossen noch dispensiert, da doch Gott auch für ihn persönlich und zu seinem Heil in der Geschichte der Welt mitgeht. Ob der von Hegel angeführte „realistische Morgensegen" dafür Zeit und Gelegenheit bietet, wäre zu prüfen.

Zu diesem Zweck soll ein Morgenlied von Huub Oosterhuis ins Spiel gebracht werden, das beginnt: *„Licht, dat ons anstoot in de morgen."*[100]

Licht, das uns anstößt
Lied an das Licht

Licht, das uns anstößt, früh am Morgen,
uraltes Licht, in dem wir stehn,
kalt, jeder einzeln, ungeborgen,
komm über mich und mach mich gehn.
Daß ich nicht ausfall', daß wir alle,
so schwer und traurig wie wir sind,
nicht aus des andern Gnade fallen
und ziellos, unauffindbar sind.

Licht, meiner Stadt wachsamer Hüter,
Licht, stetig leuchtend, das gewinnt.
Wie meines Vaters feste Schulter
trag mich, dein ausschauendes Kind.
Licht in mir, schau aus meinen Augen,
ob irgendwo die Welt ersteht,
wo Menschen endlich Frieden schauen
und jeder menschenwürdig lebt.

Alles wird weichen und verwehen,
was auf das Licht nicht ist geeicht.
Sprache wird nur Verwüstung säen,
unsere Taten schwinden leicht.
Licht vieler Stimmen in den Ohren,
solang das Herz in uns noch schlägt,
Liebster der Menschen, erstgeboren,
Licht, letztes Wort von ihm, der lebt.

„Licht, das uns anstößt früh am Morgen" – Zuerst läßt dies an das Licht der Sonne denken, das uns weckt aus dem Dunkel des Schlafs, und im Umsprung zur zweiten Zeile erinnert „uraltes Licht" an den Urmorgen der Schöpfung, da Gott sprach „Es werde Licht", was nun Tag für Tag wiederkehrt: „Und es ward Abend. Und es ward Morgen". Das holländische Original denkt durch dieses Schöpfungsfrühlicht hindurch aber noch ein anderes, das anzurufen ist, ohne daß man einem Sonnenkult verfiele: *voortijdig licht.* Es ist das Licht vor aller Zeit, von dem das Glaubensbekenntnis spricht („aus dem Vater geboren vor aller Zeit. Gott von Gott. Licht vom Licht.") und der Prolog des Johannesevangeliums, der vom ewigen Wort, durch das alles geworden ist, sagt, daß es das Licht der Menschen sei (Joh 1,1-4). Die Lebensempfindung in dieser Morgenfrühe aber ist: „kalt, jeder einzeln, ungeborgen". Aus ihr steigt die Bitte auf: *licht overdek mij, vuur mij aan* – Hülle mich ein und feure mich an, wie man sich ankleidet und das Feuer im Herd entzündet bei Tagesbeginn. Wenn in die deutsche Übersetzung „komm über mich und mach mich gehn" dies thermische Bildfeld nicht hinübergebracht ist, so bahnt sie doch an, daß es in diesem Morgengebet um das Gelingen des Tageslaufs geht:

„Daß ich nicht ausfall', daß wir alle,
so schwer und traurig, wie wir sind,
nicht aus des andern Gnade fallen
und ziellos, unauffindbar sind."

Die zweite Strophe ist in gebotener Kürze der politische Teil des Morgengebets: *Licht van mijn stad de stedehouder* – „Licht meiner Stadt wachsamer Hüter". H. Oosterhuis könnte hier an Davids letzte Worte im Samuelbuch gedacht haben, wo es heißt: „Wer gerecht herrscht über die Menschen, wer herrscht in der Furcht Gottes, der strahlt wie das Licht am Morgen, wie die Morgensonne ohne Wolken" (2 Sam 23,3); oder an die letzte Aussicht in der Johannesoffenbarung: „Und die Stadt bedarf nicht der Sonne und des Mondes, daß sie scheinen, denn der Lichtglanz Gottes erleuchtet sie, und ihre Leuchte ist das Lamm" (Apk 21,23). Die Poesie wiederholt nicht die Schrift, sondern nimmt ihre Klänge auf und fügt daraus etwas Neues im Gedanken an die erwachende Stadt, die, wie der einzelne in ihr, des Lichts bedarf. So ergibt sich ein Morgensegen, *urbi et orbi*, aber nicht aus der hohen Loggia, sondern von jenem kleinen Ausguck her, der einem Kind des Lichts in dieser Welt verstattet ist.

„Kinder des Lichts", der altbekannte Bibeltopos (vgl. Lk 16,8; Joh 12,36; Eph 5,8; 1 Thess 5,5) wird so beim Wort genommen, daß das Bild eines Vaters auftaucht, der dem allzu kleinen Kind auf seinen Schultern den nötigen Ausblick verschafft. Aber dies Licht-Bild bleibt nicht stehen, springt um in ein anderes: *licht, Kind in mij, kijk mit mijn ogen.* Das Licht, im Erwachsenen selbst das Kind, das mit seinen Augen wie neu die Welt sieht. Das Werden-wie-die-Kinder, die „Kinder des Lichts", ist eine Frage des Blicks, der Welt-anschauung. „Das Licht des Leibes ist das Auge" (Mt 6,22).

Dies Kinderauge konstatiert nicht, sondern hält Ausschau. Wonach? – ob irgendwo die Welt schon tagt, wo Menschen würdig leben können und jeder seinen Namen in Frieden trägt. Solche Morgenandacht nähert sich dem, was Hegel in den Jenenser Aphorismen notierte, freilich ohne dessen absoluten Vernunftanspruch, nur mit der kindlichen Neugier nach irgendwie erfreulichen Zeichen der Zeit, erfreulich als Lichtung der Welt. Wenn für das Weltjournal die allgemeine Regel gilt, daß nur eine schlechte Nachricht eine gute sei, weil alle Welt neugierig ist auf das Abenteuer des Schreckens der anderen, dann kann sich mit eskalierender Weltkommunikation schon in der Morgenstunde ein Weltelend ansammeln, das den andächtigen Leser in rat- und hilflosen Zynismus zu stürzen vermag. Dagegen mobilisiert Huub Oosterhuis' Morgenlied eine andere *manier van leven,* den vom Licht neugeborenen Ausblick des Kindes nach Zeichen von Menschenwürde und Frieden, in denen die kommende Welt, Gottes Reich, doch schon tagt, in der Stadt und auf dem Erdkreis.

Der Abgesang der dritten Strophe blickt voraus auf das Ende, die Läuterung allen zwielichtigen Redens und Tuns ins reine Licht. Und hält sich zugleich an das „vielstimmige Licht", das doch schon da ist für den, der Ohren hat zu hören; und an das letzte Wort des lebendigen Gottes, das erstgeborene Licht.

VI. ZU TISCH

„Das Essen selbst ist eine Handlung nicht ohne Weihe; mindestens muß es dazu gemacht werden. Ein Jude hat nicht zu Tisch zu gehen und vom Tisch aufzustehen wie ein Tier, das zum Trog kommt, frißt und sich weiter trollt, ein Jude ißt nichts, ohne zuvor den Segen darüber gesprochen zu haben."[101] Der Satz steht in einem 1933 geschriebenen Buch von Leo Hirsch und ist ein stolzes Bekenntnis zum menschlichen Rang des jüdischen Brauchtums. Mit seinem Tischgebet soll ein Jude sozusagen einstehen für die Würde des Menschen, die ihn von den *bruta animalia* unterscheidet. Der Satz will sicher nicht so hochmütig sein, alle Menschen, die zu solchem Segnen nicht imstande sind, als Trogtiere abzustempeln, aber er sucht an der Aufnahme der Nahrung, die die Menschen mit Pflanzen und Tieren als Lebensgrundlage teilen, etwas menschlich Besonderes auszumachen, eine Unterbrechung des instinktiven Ablaufs, in der die Rationalität des *animal rationale* zum Ausdruck kommt. Für „einen Juden" ist diese Rationalität religiös.

Im jüdischen Gebetbuch steht als Tischgebet ein doppelter Segen: *baruch* – „Gelobt seist du, Ewiger, unser Gott, König der Welt, der du Brot aus der Erde hervorbringst." „Gelobt seist du, Ewiger, unser Gott, König der Welt, der du die Frucht des Weinstocks erschaffen."[102] Was also immer man ißt, in den Blick genommen sind die Urgaben Brot und Wein, und für sie wird Israels Gott, der König der Welt, gelobt. Die neuere katholische Meßliturgie hat diese Gebete mit kleinen Erweiterungen als Begleitgebete zur Gabenbereitung aufgenommen und so den Zusammenhang ihres zentralen Rituals, der Eucharistie, mit dem jüdischen Tischsegen kenntlich gemacht. Die Wandlungsworte der Messe entstammen dem jüdischen Segen über Brot und Wein; in ihrer Mitte steht das *„tibi gratias agens benedixit."* – „sagte dir Lob und Dank." Die *beracha – eucharistia* gehört im Neuen Testament für Jesus und seine Jünger zu den Mahlgebräuchen (vgl. Mt 14,19; Apg 27,35; 1 Tim 4,4) und ist Bestandteil der Worte Jesu beim Letzten Abendmahl. Die Bedeutung, die dem Tischgebet von der christlichen Frühzeit an zukommt, verdankt sich dem Brauch der jüdischen Frömmigkeit, und das Hauptsakrament trägt den Namen *eucharistia – beracha.*

In der hebräischen Bibel hat der Wortstamm *„barach"* die doppelte Möglichkeit: Der Schöpfer kann „gesegnet", d.h. für seine Gaben gepriesen werden, aber auch die Geschöpfe selbst, indem ihnen Fruchtbarkeit zugesprochen wird (vgl. Gen 1,22.28). In die christlichen Tischgebete wird vor allem die zweite Sinnrichtung aufgenommen, der Segen den Speisen und Getränken gilt, die auf dem Tisch stehen: „Herr segne uns und diese deine Gaben, die wir von deiner Güte empfangen…"; „Komm, Herr Jesus, und sei unser Gast, und segne, was du uns bescheret hast"; „Segne, Vater, diese Gaben…"; „Segne, Vater, diese Speise…". Auch das monastisch übliche Tischgebet hat diesen Tenor *Oculi omnium…"* – „Aller

Augen warten auf dich, o Herr, du gibst ihnen Speise zur rechten Zeit. Du öffnest deine Hand und erfüllest alles, was da lebt mit Segen."

„Imples omne animal benedictione" steht da im lateinischen Text, wörtlich also „jedes Lebewesen". Indem diese Verse aus Ps 144/145,15 in die Mahlsituation transponiert werden, wird der Mensch auf seine Animalität verwiesen, auf die Abhängigkeit seiner Lebenserhaltung vom ständigen Stoffwechsel mit der Natur. „Wir sind Wesen, die ihre Energie fortwährend von außen hernehmen, denn in dem Maße, wie wir sie empfangen, verbrauchen wir sie in unseren Anstrengungen. Wird unsere Energie nicht täglich erneuert, werden wir kraftlos und unfähig, uns zu regen."[103] Für den Beter ist dieses biologische Faktum eine Gabe des Schöpfers, der Lebewesen so geschaffen hat, daß sie von anderen Lebewesen, Pflanzen, Tieren, leben. Die Vergewisserung des Segens Gottes könnte so auch die Vergewisserung sein, daß es kein Frevel ist, wenn das Lebewesen Mensch so vom Tod anderer Lebewesen lebt; *benedicere* heißt wörtlich ja auch „gutheißen".

Segnen bedeutet dann auch, wie weltliche Äquivalente („Wohl bekomm's!"; „Zum Wohl!"; „Prosit!"; „Guten Appetit!"; „Mahlzeit!" als säkularisierte Schrumpfform von „Gesegnete Mahlzeit!" usw.) zeigen, daß das, was man mit der Absicht der Lebenserhaltung aufnimmt, auch wirklich dem Leben und Wohlbefinden dient, schmeckt und bekommt. Darunter liegt vielleicht die archaische Sorge, solche Aufnahme fremder Natur in den eigenen Lebenshaushalt könnte auch ungenießbar, schädlich oder giftig sein, statt das Leben zu fördern, es gefährden. Wenn der Schöpfer nicht nur bedankt wird, daß er die Welt so wunderbar mit Brot und Wein eingerichtet hat, sondern je und je gebeten wird, Essen und Trinken zu segnen, so wird mit dem Wohl der Mahlzeit auch das ständige Risiko der Animalität des Menschen bedacht. Wenn dazu menschliche Kunst und Vorsicht nicht als voll ausreichend angesehen werden, sondern man sich an den Schöpfer der Welt wendet, impliziert das natürlich eine religiöse Wahrnehmung der natürlichen Gegebenheiten.

Das Tischgebet, jüdisch wie christlich, setzt voraus, das genügend gute Gaben da sind, für die man danken kann. Wo das nicht der Fall ist, wo Hunger und Durst herrschen, kann es als Gebet höchstens Schreien geben, das man unter Menschen auch als Hilferuf hören kann. Der Gedanke des Tischgebets schließt den Imperativ ein, es nach Kräften allen zu ermöglichen.

Das Tischgebet ist eine Sache des Brauchs, auch des Milieus, das die Sitten prägt und trägt, im Fall der Religion über die Grenzen der sozialen Schichten und Klassen hinaus. In den Erinnerungen des Sozialisten M. Hoelz an seine Landarbeiterkindheit heißt es:

„Für uns war es undenkbar, einzuschlafen, ohne das Abendgebet gesprochen zu haben, oder den Tag ohne das Morgengebet zu beginnen. Wenn der Vater als Erster seinen Löffel in die Morgen-, Mittag- oder Abendsuppe tauchte, sprachen die Eltern und wir Kinder im Chor tiefernst das Tischgebet. Und nach den kargen Mahlzeiten wurde nie das Dankgebet vergessen.

Meine Eltern waren alles andere als Frömmler. Nie trugen sie ihre religiöse Überzeugung zur Schau. Aber trotz der eigenen Not gaben sie von dem Wenigen, das sie hatten, anderen, die noch weniger hatten.“[104]

2. F. von Uhde, Das Tischgebet, 1885, Berlin, Alte Nationalgalerie

Es gibt von diesem Ernst auch Bilder. Fritz v. Uhdes im Jahre 1885 gemaltes Bild „Komm, Herr Jesus, sei unser Gast“ ist vielleicht das bekannteste.[105] Es trägt den Anfang des ursprünglich vor allem evangelisch verbreiteten Tischgebets direkt im Titel. Nach anfänglicher Anfeindung der von v. Uhde unternommenen Platzierung Jesu im proletarischen Milieu wurde das Bild zu einem konventionell beliebten Zimmerbild.[106] Das Tischgebet – als Sujet eines religiösen Genrebildes durchaus vorstellbar – realisiert sich im Wortsinn: Christus betritt als Gast die Stube einer Bauernfamilie, um sich mit ihr zu Tisch zu setzen. Christus ist in diesem Milieu nicht wie selbstverständlich zu Hause, er sucht es auf. Der Besuch aber ist nicht der Einbruch einer ganz anderen Welt. Es geschieht keine visionäre Durchbrechung der Wahrscheinlichkeit des Raums der irdischen Realität. Der Besucher erscheint als Gast aus einer anderen Zeit; Gesicht und Gewand lassen an der Identität des Wanderpredigers aus Nazareth keinen Zweifel. Der Akt der Einladung überbrückt die Distanz der Zeiten, aber er löscht sie nicht aus, sondern verwandelt sie zu dem Augenblick einer scheuen Begegnung. Der Segen, der sich in diesem Augenblick des Eintritts über den Tisch und alle Dinge ausbreitet, ist das den Raum vereinigende Licht, ohne daß der fremde Gast selbst zum dominierenden Lichtzentrum erhöht würde. Das Licht ist das freie, natürliche Licht der Erde, aber so wie es als Fluidum den Raum erschließt, ist es das Licht der Welt im Augenblick der Ankunft Christi.

Uhdes Gemälde ist eine eigentümliche Mischung zwischen biblischem Historienbild und Genrebild des bäuerlichen Lebens. Die sich erst seit dem späten Mittelalter aus der Einbettung in die biblischen Geschichten lösende Genremalerei, die die Welt des menschlichen Alltagslebens als solche für darstellungswürdig erachtet, hat sich auch des Essens und Trinkens der Menschen angenommen, von Sauf- und Freßorgien des gemeinen Volkes bis zu Diners der feinen Gesellschaft. Im Umfeld der Mahlzeiten begegnen „Küchenstücke“, die schon im Übergang zu Stilleben sind, welche Speisen und Getränke, könnte man sagen, im Augenblick des Verehrens statt des Verzehrens zeigen. Der Anblick der Arrangements von Früchten, Wildbret, Fleisch, Geflügel, Delikatessen hält eine gewisse bürgerlich-ästhetische Entsprechung zum Tischgebet, insofern dieses vor dem gedeckten Tisch für einen Augenblick verharrt, um zu bedenken, was alsbald im Verzehr verschwunden ist.

Der Tisch des gemeinen Volkes ist so stillebenreichlich normalerweise nicht gedeckt. Und wenn im bürgerlichen Milieu das Tischgebet sich in die ästhetische Bewunderung des Arrangements der Tafel verflüchtigen kann, so kann es, wo das Mahl allzu karg ist, schlicht verstummen. In seinen Erinnerungen aus dem „wirtschaftlich gedrücktesten Proletariat“ im „Hungerlande Thüringen“ um die Mitte des 19. Jh. schreibt Wilhelm Bock:

> *„Unsere Nahrung bestand meist aus Kartoffeln, die in mannigfacher Weise zubereitet wurden. Auf unseren Haushalt traf das Thüringer Sprüchlein zu.*
>
> *Kartoffeln in der Früh,*
> *des Mittags in der Brüh,*
> *des Abends samt dem Kleid*
> *Kartoffeln in Ewigkeit!*

3. M. Liebermann, Ostfriesische Bauern beim Tischgebet, 1890, Privatbesitz

4. V. van Gogh, Die Kartoffelesser, 1885, Amsterdam, Rijksmuseum V. van Gogh

An jedem Morgen wurde eine Handvoll Kartoffeln in die Ofenröhre des großen Kachelofens gelegt, der, wie es im Thüringer Walde üblich war, von außen geheizt wurde. Zu den gebratenen Kartoffeln gab es eine Tasse Runkelrübenbrühe, genannt Kaffee."[107]

V. van Goghs berühmtes Bild „Die Kartoffelesser" von 1885 gibt von dieser Landarbeiterwelt, die sich in Holland von Thüringen nicht wirklich unterschied, eine bewegende Anschauung. Es ist der Augenblick des Zugreifens mit den Händen, worauf es von Gogh nach eigener Aussage besonders ankommt:

„*Ich habe mich nämlich nicht wenig bemüht, so zu arbeiten, daß man auf den Gedanken kommt, daß diese Leutchen, die da bei ihrem Lämpchen ihre Kartoffeln verzehren, mit diesen Händen, die sie in die Schüssel stecken, selbst die Erde umgegraben haben, und es spricht also von Handarbeit und davon, daß sie ihr Essen redlichst verdient haben. Ich wollte, daß es an eine ganz andere Art des Lebens erinnert, als es diejenige von uns gebildeten Menschen ist.*"[108]

Es ist eine Art Heiligenbild von Leuten, die im Wortsinn von ihrer Hände Arbeit leben.

5. F. van Dyck, Gedeckter Tisch (Stilleben), 1615, Privatbesitz

Eine solche Szene des Kartoffelessens gibt es auch im Augenblick des Tischgebets: Max Liebermanns „Ostfriesische Bauern beim Tischgebet" von 1890.[109] Wie bei van Gogh steht da auch eine große Schale mit Kartoffeln mitten auf dem Tisch, und sie leuchtet dort wie hier aus dem dunkelbraunen Ambiente der Stube heraus, wie ein goldener Schatz, von dem sich ein Widerschein auf den Gesichtern der betenden Bauernfamilie findet. Man sieht die Gesichter des Altbauern, der Altbäuerin und des Jungbauern tief im Gebet versunken; wir befinden uns im streng reformierten Milieu Ostfrieslands. Die junge Frau im Vordergrund ist die einzige, die man nur in Rückansicht sieht; das Licht liegt bei ihr auf dem Nacken. Auf einem kippligen Stuhl bringt sie ein leichtes Moment der Unruhe in die absolute Ruhe der Andacht. Sie ist im Viererkreis um den Tisch, was der helle Türausschnitt im Hintergrund für den ganzen Raum ist. Der helle Ausblick nach draußen zeigt, woher man gekommen ist zu dieser frommen Mahlzeit und wohin man wieder gehen wird. Er wirkt auch wie ein verheißungsvoller Ausweg ins Freie aus der dumpfen Versunkenheit dieser Stube.

Der oben als Zeitzeuge des Thüringer Kartoffelessens zitierte W. Bock bemerkt an einer späteren Stelle seiner Kindheitserinnerungen:

> *„Die Mutter erzog uns zu sehr frommen Knaben. Vor unseren armseligen Mahlzeiten mußten wir ein Gebet verrichten, meist mit dem Schlußsatz: ‚Komm Herr Jesus, sei unser Gast und segne, was du bescheret hast'. Diese frommen Worte empfanden wir bei der Armseligkeit unsrer Nahrung als Hohn, wir brachten die gute Mutter endlich dazu, so schwer es ihr auch fiel und so sehr sie wußte, daß wir ihr jeden Wunsch gern erfüllten, das Gebet wegzulassen."*[110]

VII. VESPER

Vesper, griechisch *hesperos* ist der Abendstern, *vesperae* die Abendzeit, auch die Himmelsrichtung des Sonnenuntergangs wie das sprachverwandte „Westen". Es ist die Angabe einer natürlichen Tageszeit, die in naturnahen Gesellschaften das Ende der Arbeit unter freiem Himmel bedeutet, die Zeit des Lichteranzündens im Haus und vielleicht einer Mahlzeit nach getaner Arbeit.

Die Tageszeit ist im kirchlichen Sprachgebrauch zur Bezeichnung einer Tagzeit geworden, einer zu betenden Hore. Wenn sie nicht im Zuge von Prim, Terz, Sext, Non einfach *duodecima* genannt wird, so wohl, weil der abendliche Charakter herausgestellt werden soll. Die *Institutio* zur Einführung in die *Liturgia horarum* hebt dabei drei *vespertine* Motive hervor.[111]

Das erste ist der dankbare Rückblick auf den vergangenen Tag: „Die Vesper wird gefeiert, wenn es Abend geworden ist und der Tag sich schon geneigt hat, damit wir ‚Dank sagen für alles, was uns an diesem Tag zu Teil wurde oder was wir recht vollbracht haben'." Das zweite Motiv ist die Äquivalenz zum Ritual eines Abendopfers, wie es in dem prototypischen Vesperpsalm heißt: „*Dirigatur oratio mea sicut incensum in conspectu tuo; / elevatio manuum mearum sacrificium vespertinum*" (Ps 140/141,2). Der Dank erstreckt sich darin nicht nur auf den vergangenen Tag, sondern auf das gesamte Heilswerk der Erlösung (*redemptionem recolimus*). Damit kommen zwei spezifisch neutestamentliche Abendopferszenen in den Blick, das letzte Abendmahl und das Opfer, „bei dem Jesus am Kreuz die Arme ausbreitete". Auf der Abendopferschiene der Passion wird die Vesper so etwas wie ein verbales Gegenstück zur sakramentalen Eucharistie am Morgen.

Das dritte Motiv ist lichttheologisch. Wie am Morgen in den Laudes die aufgehende Sonne lichtsymbolisch auf Christus hin gedeutet wird, so wird am Abend in einer inversen Bildlogik Christus gepriesen als Licht, das bleibt, auch wenn das natürliche Licht untergeht, als Tag, der keinen Abend kennt.

Wie für die Laudes die Grundtonart das Lob ist, so für die Vesper die verwandte des Danks. In der Logik des doppelpoligen Passionsmysteriums könnte man vermuten, daß das abendliche Gedenken des abendlichen Todes Jesu zu einer dem Karfreitag vergleichbaren Trauerliturgie werden könnte, der am Morgen mit den Laudes ein österlich-froher Lobgottesdienst folgt. Aber der Tod wird liturgisch gleich als erlösender bedacht und österlich bedankt. Daß die Sonne scheidet, gibt hier nicht zu melancholischen Abendgedanken Anlaß, weil das immer leuchtende Licht Christi von solchen Untergängen ja gar nicht betroffen ist und nur gepriesen werden kann. Der Rückblick auf den Tag ist von dankbarem Wohlwollen bestimmt, was angesichts dessen, was die säkularen Abendnachrichten an Unheil und Katastrophen, Kriegen und Nöten, Lug und Trug den Bürgern als letzten Stand der Dinge auf diesem Planeten allabendlich präsentiert, wohl als liturgische Besonderheit der Zeitwahrnehmung festgehalten werden muß, die auch in den neu eingeführten *Preces,* Fürbitten nach dem Muster des Allgemeinen Gebets der Messe, die Grundprägung des Dankes nicht, etwa in Richtung einer *lamentatio,* verläßt.

Wird die Vesper nicht nur als klerikal-monastisches Abendgebet angesehen, sondern als kirchlich genuines Abendgebet auch der normalen Gläubigen[112], so gerät sie in eine gewisse Konkurrenz zu den hergebrachten Volksandachten, die vor allem als Abendandachten entwickelt wurden und so als typische Abendverrichtung im Gegenüber zur morgendlichen

Messe. Das mittelalterliche Wort „Andacht" zielt in die Richtung emotional beteiligter Betrachtung von Heilsgeheimnissen. Andachten als Frömmigkeitsübung schließen sich so an die Mysterien des Kirchenjahres an (Adventsandachten, Kreuzwegandachten, Maiandachten, Sakramentsandachten, Rosenkranzandachten usw.). An der Stelle der monastischen Psalmodie und Hymnodik stehen betrachtende Erwägungen, Litaneien, Rosenkranz, Kirchenlieder. Mit dem sakramentalen Segen wird ein Moment der Anbetung eingesetzt. Die neuerliche Werbung für die Vesper indiziert die Erosion der die Abendandachten tragenden Volksfrömmigkeit und ihrer ausgeleierten Formen. Ob sie in vergleichbarer Weise die Abendgestaltung der Gläubigen erreicht, bleibt abzuwarten.

Das Stichwort „Vesper" deckt noch zwei Phänomene, die mit der so benannten Hore zusammenhängen und doch noch eine neue Denkbahn aufmachen: „Vesperkomposition"[113] und „Vesperbild"[114]. Die seit dem 14./15. Jh. beginnenden Vespervertonungen gehen vom Text des kirchlichen Stundengebets aus, begnügen sich aber nicht mit dessen reiner Rezitation oder gregorianischem Gesang, sondern nehmen die Psalmen, Antiphonen, Hymnen und nicht zuletzt das *Magnificat* zur Grundlage mehrstimmiger und orchestraler Vertonungen. Wie am Morgenpol des Tages die Messe, so wird an seinem Abendpol die Vesper zum Ort großer Musik im Dienst der Religionsausübung. Wie die Meßtexte haben die der monastischen Vesper das poetische Potential für eine große musikalische Kreativität der abendländischen Kultur bereitgestellt. Der primäre Ort solcher *Vesperae sollemnes* sind historisch natürlich die Hof-, Stadt-, Klosterkirchen, die sich eine solche Aufführung leisten konnten. Die mediale Zivilisation hat den Zugang zu dieser Art von Vesper jedoch im Abendprogramm von Sonn- und Feiertagen etabliert. In der von aller liturgischen Institutionalisierung gelösten musikalischen Vesper kann man eine religiöse Variante der bürgerlichen Gewohnheit sehen, den Abend als bevorzugte Zeit der Musik anzusehen; nicht nur, daß erst der Feierabend Zeit für die Musen läßt, sondern daß die Musik als Ausklang des Tages besonders geeignet erscheint. Schon von Pythagoras wird berichtet:

> *„Für seine Gefährten stellte er sinnvoll die sogenannten Zurüstungs- und Zurechtweisungsmusiken zusammen, indem er mit dem Geschick eines Daimons Mischungen diatonischer, chromatischer und enharmonischer Weisen ersann, durch die er die Affekte der Seele leicht umkehren und ins Gegenteil verwandeln konnte, solange diese in den Menschen noch ganz neu und unbewusst entstanden und heraufwuchsen: Regungen des Schmerzes, des Zorns, des Jammers, sinnloser Eifersucht und Furcht, Begierden aller Art, Gemütswallungen, Bestrebungen, Hochgefühle, Depressionen und Wutausbrüche; jede dieser Regungen brachte er im Sinne der*

Tugend zurecht durch die passenden musikalischen Weisen wie durch heilsam gemischte Arzneien. Abends, wenn seine Jünger schlafen gingen, befreite er sie von dem verwirrenden Nachhall des Tages, reinigte völlig ihr von den Wogen der Erregung zugeschüttetes Denken und schuf ihnen ruhigen, von guten, ja prophetischen Träumen erfüllten Schlaf."[115]

Das zweite der Vesper zugeordnete Phänomen ist nicht akustischer, sondern imaginativer Natur, das „Vesperbild"[116]. Man versteht darunter gewöhnlich das Bild der Madonna mit dem toten Christus auf dem Schoß, das man auch *Pietà* nennt. Es ist eine Szene, die in den Passionsgeschichten der Evangelien nicht erwähnt wird. Die spätere Frömmigkeit hatte sie erschlossen als einen Haltepunkt des Geschehens zwischen Kreuzabnahme und Grablegung. Aus dem narrativen Zusammenhang gelöst, wird sie zum Andachtsbild, dem sich die mitfühlende Betrachtung zuwendet. *Pietà* ist das Bild im Doppelsinn des innigen Mitgefühls und Mitempfindens des Betrachters mit der ihrerseits Schmerz mitempfindenden Gottesmutter. So ist es ein Urbild der für die mittelalterliche Mystik zentralen *compassio,* die den eigentlichen Zugang zum Heil eröffnet. Da das Ereignis der Kreuzabnahme und Grablegung von den Evangelien in der Abendzeit angesiedelt ist, wird auch die *Pietà* zu einem Abendbild. Zu den frommen Erweiterungen der nachmittäglichen Karfreitagsliturgie gehört der Brauch, zwischen der Kreuzverehrung und der Grablegung „eine besondere Betrachtung der hll. 5 Wunden des auf dem Schoß der Mutter ruhenden toten Sohnes einzuschieben"[117].

Näher noch an die Bedeutung von Vesper als einer bestimmten täglichen Gebetszeit kommt man über die Stundenbücher. „In den mittelalterlichen Stundenbüchern (*livres d'heures*), besonders des 13.-15. Jh., in denen (auch den Horae BMV) die Leidensgeschichte Christi die vorherrschende Rolle spielte, ordnete man die Kreuzabnahme (6. Station der 7 Schmerzen Mariä) der Vesper zu ('*Vespera deponit*' – ‚*De cruce deponitur hora vespertina*') und fügte als Illustration das Bild der Kreuzabnahme und der Schmerzensmutter mit dem Leichnam Christi hinzu."[118] Das dem Text beigefügte Bild konnte das Gebet im Wortsinn illustrieren, indem es ihm eine die andächtige Aufmerksamkeit leitende Imagination mitgab, so wie beim Rosenkranz die abgeperlten *Ave Maria* den Raum für die Betrachtung eines Heilsgeheimnisses abgeben. Die verbale Psalmodie wird so etwas wie eine Begleitmelodie zur Betrachtung eines Bildes.

Liturgiewissenschaftlich kann man eine solche Überwucherung des objektiven Stundengebets durch subjektive Frömmigkeit nur als Degeneration ansehen, und alle Bemühung der neueren Reform läuft ja auch

6. P. Gauguin, Pietá, 1989, Brüssel, Musées Royaux des Beaux Arts

darauf hinaus, die ursprüngliche Psalmodie und Hymnik im verbalen Vollzug wieder freizulegen. Die Pietà ist freilich ein mächtiges Leitbild der christlichen Religion. Die mit dem 14. Jh. einsetzende, durch Gotik, Renaissance und Barock anhaltende, von der hohen Kunst bis in die Ausstattung nahezu jeder katholischen Dorfkirche reichende Verbreitung belegt seine Bildmacht. Es ist an Wallfahrtsorten und ihren kleinen Dependancen in den Kirchen ein Bild der Zuflucht. Auch jenseits des unmittelbar kirchlichen Bereichs ist die Pietà neben dem Kreuz das Passionsmotiv, das am weitesten reicht, nicht nur im säkularen Bereich der Kriegerdenkmäler, sondern auch in der autonomen Kunst, über Delacroix, van Gogh, Gauguin hinaus bis in die Installation, Foto- und Videokunst der Avantgarde. Die starke Wirkungsgeschichte gibt Anlaß zu fragen, ob dies ein nachhaltiges Auffangbild der menschheitlichen Passionsgeschichte ist, ein Vesperbild auch im Sinne eines Abendbildes, das dem Weltbild der Abendnachrichten eine christliche *memoria passionis* mitgibt, die auch eine noch nicht vom Osterglanz überstrahlte *Lamentatio* über das nicht enden wollende Leid des Menschengeschlechts werden könnte, nicht Dankgesang für gelungene *redemptio*, sondern sprachlose Klage darüber, daß es immer noch so ist, wie es ist.

Der vom Wort „Vesper" ausgelöste Blick auf die Musik und Kunst gibt zu bedenken, ob es jenseits der von Liturgik und Kirchenamt favorisierten monastisch-klerikalen Vesper auch noch andere Weisen christlicher Abendgestaltung geben kann, die vielleicht weniger dem gemeinschaftlichen Vollzug als der privaten Frömmigkeit zuzuordnen sind.

VIII. KOMPLET

Nach den frühen Mönchsregeln wurde die Komplet nicht in der Kirche, sondern im Dormitorium gebetet, im gemeinsamen Schlafsaal, unmittelbar bevor man zu Bett ging.[119] Als Einzelzellen üblich wurden, kam als Ort für ein gemeinsames Nachtgebet nur noch die Kirche infrage; danach ging jeder still in seine Zelle; es gab nichts mehr zu reden oder zu tun. Diesen Charakter kann die Komplet nur wahren, wenn sie eng an Ort und Zeit des Schlafens gebunden bleibt.

Daß der primäre Ort der Komplet nicht ein sakraler Raum, sondern das profane Dormitorium ist, gibt die Oration noch zu erkennen[120]:

> *„Visita, quaesumus, Domine, habitationem istam, et omnes insidias inimici ab ea longe repelle: Angeli tui sancti habitent in ea, qui nos in pace custodiant; et benedictio tua sit super nos semper."*

„Besuche, Herr, gnädig dieses Haus und treibe alle Nachstellungen des bösen Feindes weit von ihm. Deine heiligen Engel mögen darin wohnen und uns in Frieden beschützen, und dein Segen sei über uns allezeit."

Dort, wo man schläft, wohnt Gott nicht so selbstverständlich wie in seinem eigenen Haus, der Kirche (*domus Dei*). Er wird zu Besuch gebeten (*visita*) in einem Wohnbereich, in dem sich etwas Feindseliges (*inimici*) einnisten könnte, das er durch seine Anwesenheit zu vertreiben gebeten wird. Dieser Feind begegnet auch an anderen Stellen der Komplet, als „unser Feind" im Hymnus (*„hostemque nostrum comprime"*), als „euer Gegner der Teufel" (*„adversarius vester diabolus"*) in der 1 Petr 5,8 entnommenen *Lectio Brevis* des Breviarium Romanum, das in das neue Formular nicht übernommen wurde. Gott wird aufgeboten gegen eine Unheimlichkeit, deren feindseligem Wesen man sich schlafend wehrlos ausgeliefert fühlt. Der Feind, von dem hier die Rede ist, ist der *diabolus*, der Verwirrer von Anbeginn, der den Menschen die Ruhe nicht gönnt, in das Haus des Schlafens sich einschleicht (*insidiantes*) und heimlich von ihm Besitz ergreift, unterhalb unseres Willens und hellen Tagesbewußtseins. Die schwere Schlaf- und wirre Traumwelt, derer die wache Vernunft nicht Herr ist, wird von den Betern als Region angesehen, in der sie von ihrem Widersacher hintergangen, heimlich erobert und verführt werden könnten.[121]

Die bleibende Schutzmacht, die der Besuch Gottes hinterlassen soll, sind Engel, Schutzgeister des Friedens (*qui nos in pace custodiant*). Der Raum, wo man sich zum Schlafen legt, soll mit himmlischer Unterstützung ein Schutzraum des inneren Friedens sein.

Diese Bitte um Schutz und Schirm für eine friedliche Nacht kehrt in anderen Stücken der Komplet refrainartig wieder, im *Responsorium breve* („Beschütze uns Herr, da wir wachen; bewahre uns, da wir schlafen, damit wir wachen mit Christus und schlafen in Frieden."), in der Ps 16 (17) entnommenen Antiphon zum Lobgesang des Simeon („Bewahre uns, Herr, / gleichwie den Apfel deines Auges – Im Schatten deiner Flügel beschirme uns."). Dieser Schutz ist der Haussegen für das Dormitorium, um den die Oration am Schluß betet (*„et benedictio tua sit super nos semper"*), die dann auch in einen förmlichen Segen überführt wird: „Es segne und behüte uns der allmächtige Herr, ..."

Ein zweites, das mit der Situation des sich zu Bett legenden Menschen zusammenhängt, ist das *Examen conscientiae*, die Gewissenserforschung samt anschließendem *Confiteor* und den Lossprechungsformeln, so wie man es aus dem Eingangsritus der Messe kennt. Das Schuldbekenntnis ist ein altes Stück der Komplet, das im 7. Jh. zum ersten Mal bezeugt ist. Die monastische Empfindlichkeit auch für kleinere Vergehen ließ ein tägliches Ritual der inneren Reinigung sinnvoll erscheinen. Daß die Schuld des zu Ende gehenden Tages wie die des ganzen bisherigen Lebens in die unbewußten Regionen des Schlafs einsickern und dort zu einem beängstigenden Verwirrspiel führen kann, ist wohl eine Nachterfahrungstatsache, in der die Religion den dämonischen Widersacher Gottes wie des Menschen am Werk sieht. Das Bekenntnis der Sünden und die Absolution sind der Versuch, den aus der Vergangenheit kommenden Einfluß des Bösen zu unterbrechen. Das tridentinische Brevier hatte in seinen Rubriken für das *Examen conscientiae* die Standardlänge eines *Paternoster* vorgesehen, also keine ausschweifende Durcharbeitung des Tages, eher ein kurzes Notieren samt anschließender Vergebung.

Ein drittes Moment, das die Beter bei diesem Übergang bewegt, ist die Verbindung von Schlaf und Tod. Der Eingangssegen des tridentinischen Breviers, der nun in die Position eines Schlußsegens versetzt worden ist, lautet:

> *„Noctem quietam et finem perfectum concedat nobis Dominus omnipotens."*
> *„Eine ruhige Nacht und ein glückliches Ende verleihe uns der allmächtige Herr."*

Das Abendgebet wird hier in eine doppelte Zeitperspektive gestellt. Der Blick auf das Ende des Tages verbindet sich mit dem auf das Ende des Lebens. Für die dem Tag folgende Nacht bittet der Segen den allmächtigen Gott um Ruhe (*noctem quietam*) und für das Ende aller Tage um Vollendung (*finem perfectum*), daß es nicht einfach ein Abbruch (*finis*) ist, sondern ein gelungenes, seliges Ende, eine Ruhe, wie die kommende Nacht auch, aber eine *requies aeterna*, in der man in Gott ausruht von seinen Werken (Apk 14,13). Schlaf und Tod erscheinen hier von Anfang an beieinander. Die kommende Nacht könnte schon die letzte sein, und Sterben erscheint wie endgültiges Einschlafen; die Toten sind die „*dormientes*", die Entschlafenen.

Dieser existentielle Akkord klingt im weiteren Verlauf der Komplet mehrmals an; zunächst im Responsorium, Ps 30 (31),6 („In deine Hände befehle ich meinen Geist. / Du hast mich erlöst, Herr, Gott der Wahrheit."). Im christlichen Schriftgedächtnis ist dieser Psalmvers zugleich das letzte vernehmbare Gebet Jesu: „Und Jesus rief mit lauter Stimme und sprach: Vater, in deine Hände befehle ich meinen Geist! Und als er dies gesagt hatte, verschied er" (Lk 23,46). Eingebaut ins Komplet-Responsorium konvergieren in diesem Vers Abendgebet und Sterbegebet. Das Abendgebet wird gebetet, als ob es auch das letzte sein könnte, und das letzte ist ein Lebensabendgebet nach Jesu Vorbild.

Die zweite Resonanz findet sich im Ablauf gleich anschließend im „*Nunc dimittis*", dem Gesang des greisen Simeon, der, das Messiaskind auf den Armen, selig ist darüber, daß seine Lebenshoffnung sich doch noch erfüllt hat, war ihm doch die himmlische Zusage gemacht worden, „dass er den Tod nicht sehen werde, bevor er den Gesalbten des Herrn gesehen hätte" (Lk 2,26). Und an diesem Tempeltag war es nun geschehen, er hält den „Trost Israels" (Lk 2,25) und das „Licht zur Erleuchtung der Heiden" (Lk 2,32) auf dem Arm, und konnte seinen Geist getrost in Gottes Hände geben: *finis perfectus.* Wird dieser Lebensabschlußhymnus eines alten Mannes zum Abendgebet für Jung wie Alt erkoren, so wird damit nicht nur der bevorstehende Schlaf in die Nähe des Todes gerückt, es wird auch die Hoffnung geweckt, im gerade vergangenen Tag, in dem mit ihm vergangenen Leben könnte sich von dem messianischen Glück, das Simeon den Geist bewegt hatte, auch schon etwas gezeigt haben. Die Antiphon zu diesem Canticum spricht vom „*requiescamus in pace*"; der Ausdruck, der im kirchlichen Sprachgebrauch als Fürbitte für die Verstorbenen in Gebrauch ist, wird hier bezogen auf die Ruhe des Schlafs.

Die ältere tridentinische Fassung der Komplet wurde in mancherlei Hinsicht (Streichungen, Umstellungen) bearbeitet, was hier im einzelnen nicht zu verfolgen ist. Die den Teufel als brüllenden Löwen ins Auge fassende Lesung 1 Petr 5,8-9 wurde gestrichen. Der gesamte Bußakt ist nicht mehr verbindlich, sondern nur noch „*laudabiliter*" zu vollziehen, „empfohlen", wie das deutsche „Stundenbuch" übersetzt. Das Gotteslob (2013) leitet diesen *ad libitum* vorgesehenen Eingangsteil mit der Aufforderung ein: „Lasst uns dankbar auf den Tag zurückschauen. – Fragen wir uns aber auch, wo wir vor Gott und den Menschen schuldig geworden sind." Das monastisch forcierte „*mea maxima culpa*" ist umgestimmt auf den Hauptton der Dankbarkeit. Die Sorge gilt nicht mehr, wie im alten monastischen Gefüge, der Macht des Bösen, der in dieser Gefahrenzone des Übergangs in die Nacht wachsam zu begegnen ist, die Seele soll durch dankbares Einverständnis mit sich selbst zur Ruhe gebracht werden. Das Abendgebet ist existentiell entdramatisiert. Im deutschen „Stundenbuch" wurde der Vers „*In manus tuas, Domine commendo spiritum meum...*" übersetzt: „Herr, auf dich vertraue ich, / in deine Hände lege ich mein Leben. // Laß leuchten über deinem Knecht dein Antlitz, hilf mir in deiner Güte." Statt an Ps 31,6 wird da Anschluß an Ps 31,17 gesucht, und der Anklang an das Sterbewort Jesu ist verwischt.

Die Veränderungen betreffen die oben als Grundmotive der monastischen Komplet herausgestellten theologischen Topoi von Sünde, Tod und Teufel. Die solcherweise entfallenen, freigestellten oder umgearbeiteten

Stücke waren vielleicht Stücke, deren inhaltliche Ausrichtung einer aufgeklärten Theologie des Abends nicht mehr angemessen erschienen, vor allem, wenn man an einen gemeindlichen Vollzug dachte.

Der in der klassischen Komplet inszenierte Umgang mit der Schnittstelle von Tag und Nacht ist der Moderne fern und nah zugleich. Nah, insofern Schlafstörungen im psychosomatischen Grenzbereich große psychologische und medizinische Aufmerksamkeit gewidmet wird, fern, insofern die dämonologischen, hamartiologischen, thanatologischen Vorstellungen der christlich-monastischen Tradition dabei diagnostisch und therapeutisch keine Rolle mehr spielen. Unter Aufklärungsbedingungen liegt es nahe, daß die pastorale Praxis diese Momente zurücknimmt, wo nicht gänzlich meidet. Es könnte freilich auch als theologische Aufgabe angesehen werden, sie in der heutigen Weltwahrnehmung erneut auf den hermeneutischen Prüfstand zu stellen.

Der Aufbau der Komplet ist kleinteilig. Die die Abendpsalmen umgebenden Stücke, ob Lesungen oder Gebete, sind kurz und wechseln einander rasch ab; das Responsorium bietet mit seinen formelhaften Wiederholungen *in nucleo* einen solchen rhythmischen Wechsel. Die Rhythmik dient der Memorierbarkeit. Es ist davon auszugehen, daß die Mönche die Komplet auswendig beteten bzw. immer noch beten, ohne Beiziehung von Büchern. Ein Textgefüge, das man auswendig kann, dürfte auch der Realisierung eines privaten Nachtgebets nicht ungünstig sein. Was im Gemeinschaftsgebet auf verschiedene Stimmen verteilt ist, wird dann zum Rhythmus eines inneren Dialogs.

Der Memorierbarkeit diente auch die Textkonstanz. „Im Römischen Brevier gab es nur eine einzige Kurzlesung, einen einzigen Hymnus. Sein Text blieb ohne Änderung, lediglich die Schlußdoxologie und die Singweise variierten. In der Tradition der Mönche blieben auch die Psalmen immer dieselben. Unverändert blieb auch die Schlußoration.“[122] Erst mit der Brevierreform Pius X. wurden zu den drei alten Abendpsalmen *4; 91(90) 134(133)* weitere aufgenommen.[123] Nach Kirchenjahreszeiten wechselnd sind die abschließenden Marianischen Antiphonen, die aber wegen ihrer breiten Verwendung kein Gedächtnisproblem darstellen. In dieser der Komplet eigenen rituellen Konstanz manifestiert sich eine solide Abendzeiterfahrung. Was abendpädagogisch ein Gemeinplatz ist, daß Kindern der Übergang vom Tag in den Schlaf am leichtesten gelingt, wenn er in ein festes Ritual eingebettet ist, ist den Frommen bei der Einrichtung ihrer Abendgebete nicht unbekannt gewesen. Die Abwechslung, die der Tag, jeder aufs Neue, in seiner Weise, gebracht hat, ist in immer das gleiche Ritual aufzunehmen und in die Nacht zu überführen.

In der jüngsten Reform der Komplet macht sich hingegen ein starker Hang zur Variation bemerkbar. Die Zahl der verwendbaren Psalmen, Hymnen, Lesungen, Orationen wird in der *Liturgia Horarum* und, was die Hymnen anlangt, noch einmal im deutschen „Stundengebet" erheblich vermehrt. Der dringende Wunsch nach textlicher Abwechslung hat freilich zur Folge, daß das alles nicht mehr im Kopf zu behalten ist; man kommt ohne Bücher nicht aus. Nicht innere Kommemoration, sondern Lektüre ist nun angesagt, wenn man zu Bett geht. Die hier wie auch sonst in der Bearbeitung der Liturgie feststellbare Meinung, nur Variation könne das Interesse lebendig erhalten, beruht auf einem Mißverständnis des Rituals, dessen Stärke gerade darin besteht, daß es durch die intensive Realisation bekannter Verläufe das Wechselspiel des realen Lebens aufnimmt und verwandelt. „Man könnte als Hypothese das Entwicklungsprinzip aufstellen, daß immer dort, wo die Komplet nicht mehr wirkliches Nachtgebet war, das Bestreben nach größerer Variation aufkam."[124] Sollte an dieser Hypothese etwas dran sein, wäre das eine infauste Diagnose der Entwicklung der letzten Jahrzehnte.

Die „Deutsche Komplet" war eine beliebte Gebetsform der liturgischen Jugendbewegung und ihres abendlichen Gemeinschaftsgefühls. Die neuere Pastoral sucht dies gemeindeallgemein zu machen, wenn sie der gesungenen Komplet mitsamt der vollständigen Psalmodie im Gesangbuch einen wichtigen Platz einräumt (vgl. Gotteslob / 2013, Nr. 662). So zur Nacht zu beten, legt sich nahe, wo Kommunitäten, ständige oder temporäre, unter einem Dach leben, so daß sie nach dem Amen unverzüglich ihr Schlafgemach aufsuchen können. Je mehr sich der Vollzug örtlich und zeitlich vom realen „Dormitorium" der Beteiligten entfernt, umso mehr verliert er seinen existentiellen Halt. Zuhaus wäre dann nochmal zu beten: *„Visita habitationem istam"*.

Die standeshalber zum Stundengebet verpflichtet sind, werden die Komplet, wie sie im Buche steht, häufig wohl nicht im gemeindlichen Kreis, sondern im privaten Kämmerlein verrichten. Für das Laienvolk in seinen verstreuten Individuen hat sich keine vergleichsweise verbindliche, poetisch starke, leicht memorierbare Form gefunden. Die im Gesangbuch unter der Rubrik „Am Abend" vorgesehenen Texte (vgl. Gotteslob 1975, Nr. 18; Gotteslob 2013, Nr. 5-7) sind formschwach, buchgebunden, schwer im Kopf zu behalten und, wie der Bestandswechsel zeigt, relativ austauschbar. Aus dem Textrepertoire der Komplet wäre vielleicht ein *Completorium contractum* zu gewinnen, das formstark und gut memorierbar Laien ein privates Abendgebet böte, das sie mit ihren Brüdern und Schwestern im Stand der Vollkommenheit verbände. Aber die herrschende Pastoral denkt eher in Richtung gemeindlicher Liturgisierung als spiritueller Autarkisierung der gemeinen Gläubigen.

IX. ZUR RUH

In den „Selbstbekenntnissen" Franz Overbecks (1837-1905) findet sich unter dem 14. November 1899 der Eintrag:

> *„Für meine theologische Entwicklung trug ich als eigentliches Resultat meines ersten Studienjahres in Leipzig davon 1) den Verlust des Rests meines Kinderglauben; 2) die Durchdrungenheit davon, daß ich mit dem bisher gehegten Ideal von einer Pfarrwirksamkeit nicht auskommen werde. Anfang 1857 legte ich die Gewohnheit des täglichen Abendgebets vor dem Einschlafen, das ich stets bis dahin im Bette knieend verrichtet hatte, ab*, schließlich aus Ekel an einem Act, bei dem ich immer mehr selbst ‚abwesend' und nicht herzlich betheiligt zu sein empfand."*[125]

Es geht im vorliegenden Zusammenhang nicht darum, der Stellung des Baseler Theologen Overbeck im Umfeld der liberalen protestantischen Theologie seiner Zeit[126] oder sein Verhältnis zu F. Nietzsche, mit dem er befreundet war, oder seine Wirkungsgeschichte – Karl Barth betont im Vorwort zur 2. Auflage seines Römerbriefkommentars als Antrieb die „Auseinandersetzung mit diesem überaus merkwürdigen und selten frommen Mann"[127] – zu besprechen, sondern nur um diese Erinnerung an ein über vierzig Jahre zurückliegendes Ereignis, die Einstellung des Abendgebets. Overbeck selbst versieht diese Erinnerung mit einer eigenen Anmerkung:

> **„Von niemandem dazu veranlaßt außer von mir selbst in stiller Zwiesprache mit mir selbst, daher auch ohne irgend jemand nachträglich ins Vertrauen darüber zu ziehen, wie denn die von mir noch jetzt fast auf den Tag zu datirende Thatsache zum ersten Male hier aufgezeichnet wird."*[128]

Der kritisch strenge Kirchenhistoriker notiert hier ohne irgendeine äußere Nötigung ein Ereignis seiner persönlichen Geschichte mit dem kirchlichen Christentum, das man für eine höchst private Angelegenheit halten könnte, der gelehrte Professor aber, nachdem er in sich gegangen ist, für mitteilenswert hält als ein Datum von öffentlicher Bedeutung. Das seit Kindertagen geübte kleine Ritual des Abendgebets repräsentiert den „Kinderglauben" und mit ihm die Einbindung in eine kirchliche Frömmigkeitskultur, von der ihn „die sehr radicale Auffassung von Wissenschaft und Kritik"[129] schließlich vollends abgebracht hat. Wenn Overbeck im

7. Rembrandt van Rijn, David im Gebet, 1652, Hamburg, Kunsthalle, Kupferstichkabinett

Jahre 1898 bekennt: „Ich habe als Prof. der Theologie meinen gründlichen *Unglauben* auf dem Katheder und in allen meinen Beziehungen zu den mir anvertrauten Schülern für mich behalten“[130], so erklärt sich die Mitteilung, das Abendgebet betreffend, als die späte Enthüllung einer schon dem zwanzigjährigen Studenten widerfahrenen Entfremdung vom Christentum als ausgeübter Religion. Die geistige Präsenz und Herzensbeteiligung gilt nurmehr der vorbehaltlosen wissenschaftlichen Kritik. Die gelernte Religion war zu einem leerlaufenden Räderwerk geworden, dessen kindischen Betriebs man sich schließlich nur noch schämen konnte.

Daß der gravierende Lebenseinschnitt im historischen Gedächtnis gerade am Abendgebet festgemacht wird, zeigt die Bedeutung, die dieser Frömmigkeitsübung offensichtlich zugemessen wurde. Das könnte für eine zeitdiagnostisch interessierte praktische Theologie den Anstoß geben, die Frage „Wie hältst du's mit der Religion?“ mit der nach religiöser Abendgestaltung zu verbinden.

Im vorliegenden Zusammenhang steht die Frage im Vordergrund, was es mit dem, was Franz Overbeck da überdrüssig abgestellt hat, theologisch ursprünglich auf sich hat, genauer, welcher Umgang mit der Zeit sich darin manifestiert. Overbecks Notiz läßt erkennen, daß das Abendgebet frömmigkeitsgenetisch eine Kindersache ist. Kinder müssen ins Bett gebracht werden, und weil dieser Übergang offensichtlich nicht ganz einfach ist, haben die Menschen dafür Rituale erfunden, überliefern sie, erfinden sie neu. Es gibt Gute-Nacht-Geschichten und Schlaflieder. Zum Repertoire gehören auch Abendgebete und fromme Abendlieder. Franz Overbeck hat in seiner Notiz nicht verraten, was er da von Kindertagen an zur Nacht gebetet hat.

Eines der bekanntesten Abendgebete war schon zu seiner Zeit und ist noch immer Luise Hensels (1798-1876) 1816 im romantischen Umkreis Clemens Brentanos entstandenes „Müde bin ich, geh zur Ruh“.[131] Das vierstrophige Gedicht wurde als Gebet und als mit unterschiedlichen Melodien zu singendes Lied überliefert. Im evangelischen Gesangbuch rangierte es lange unter der nachrangigen Rubrik der „Geistlichen Volkslieder“, die eher zum häuslichen als kirchlichen Gebrauch bestimmt waren; das EKG von 1950 (Nr. 548) und EG von 1996 (Nr 484) führen es unter den normalen Kirchenliedern. Das auch im katholischen Milieu weit verbreitete Lied – der „Katholische Katechismus der Bistümer Deutschlands“ (1956) führt es als erstes von zwei vorgesehenen Abendgebeten[132] – gelangte dort bis in die neueste Zeit jedoch nicht ins kanonische Liedrepertoire; das Gotteslob (1975) führt es weder als Lied noch als Gebet, das Gotteslob (2013) sieht eine zweistrophige Gebetsfassung bei den Abendgebeten für Kinder vor (Nr. 14,6). Die Verbreitung des Liedes berechtigt dazu, es als repräsentativ für die volkstümliche Abendfrömmigkeit anzusehen. In der kritischen Ausgabe der Lieder von L. Hensel hat es den folgenden Wortlaut[133]:

Nachtgebet
Müde bin ich, geh zur Ruh‘,
Schließe beide Äuglein zu:
Vater, laß die Augen dein
Über meinem Bette sein!

Hab' ich Unrecht heut getan,
Sieh es, lieber Gott, nicht an!
Deine Gnad' und Jesu Blut
Macht ja allen Schaden gut.

Alle, die mir sind verwandt,
Gott, laß ruhn in deiner Hand!
Alle Menschen, groß und klein,
Sollen dir befohlen sein.

Kranken Herzen sende Ruh',
Nasse Augen schließe zu!
Laß den Mond am Himmel stehn
Und die stille Welt besehn!

Das Lied existiert mit Varianten: „beide Äuglein" wird häufig durch „beide Augen" oder „meine Augen" ersetzt, wohl um eine kindliche Assoziation zu vermeiden, die die siebzehnjährige Luise Hensel auch nicht im Sinn hatte. Das Lied war ursprünglich für Erwachsene gedacht und hatte so auch eine starke Wirkung auf Clemens Brentano, der es „als Wohltat, ja Rettung"[134] empfunden hatte. „Kranken Herzen", wie im Evangelischen Gesangbuch, durch die Variante „Müden Herzen" zu ersetzen, ist kein Gewinn, weil der Gedanke in der 4. Strophe sich ja gerade denen zuwendet, die vor „Herzeleid" und Traurigkeit nicht schlafen können.

Gedichtet hat Luise Hensel das Lied als gerade zum Katholizismus konvertierte junge Frau, theologisch gespeist ist es von der Frömmigkeitstradition des evangelischen Pfarrhauses, aus dem sie stammt. Die erste Strophe eines bekannten evangelischen Abendlieds (Cornelius Becker, 1602; EG 474) lautet:

„Mit meinem Gott geh ich zur Ruh
Und tu in Fried mein Augen zu,
denn Gott vons Himmels Throne
über mich wacht bei Tag und Nacht,
damit ich sicher wohne."

Der barocke Psalmton (Ps 4; Ps 121) wird von Luise Hensel romantisch intimisiert. Die elementare Abenderfahrung ist die Müdigkeit, das Bedürfnis nach körperlichem Ausruhen, das Schließen der Augen. Der Mensch zeigt sich am Abend als ein mit dem kosmischen Tag- und Nachtwechsel synchronisiertes Lebewesen. Er ist nicht nur ein Lichtwesen, das ständig von der Sonne und ihrer Energie lebt oder vom Stoffwechsel mit der Natur im Essen und Trinken, sondern auch ein Nachtwesen, das der Erholung des ganzen Organismus bedarf. Das irgendwie Beunruhigende dieser physiologisch unerläßlichen Entspannung ist, daß der Geist des Menschen dabei seine klare räumlich-zeitliche Orientierung verliert, sich wehr- und schutzlos der Welt, die er sonst mit wachem Auge im Blick hat, ausgeliefert sieht. Auf diese Kehrseite der Nacht richtet sich das Abendgebet: „Vater, laß die Augen dein…!“. Es gibt einen, der diesen Wechsel von Tag und Nacht nicht kennt, der „nicht schlummert und schläft“ (Ps 121,4,), den Schöpfer, „der Himmel und Erde gemacht hat“ (Ps 121,2), und als solcher der „Hüter Israels“ (Ps 121,4f) ist, der als Vater angerufen werden kann mit seinem Blick auch auf dieses einzelne Menschenkind hier im Bett.

Die zweite Strophe bleibt noch bei den Augen, beim Blick des Vaters, der ja auch der Blick des Richters sein könnte, das Auge des Gesetzes, das unsichtbar über die Gerechtigkeit auf Erden wacht; also: „Hab ich unrecht heut getan, / sieh es lieber Gott nicht an“. Der Mensch, der sich zur Ruhe legt, schließt nicht aus, daß er an diesem Tag dem Willen Gottes nicht entsprochen hat, Unrecht getan hat. Er bestreitet es nicht, bittet nur, daß es nicht als Schuld angesehen und angerechnet wird. Das Gebet beruft sich darauf, daß die in Christi blutigem Tod verbürgte Gnade Gottes doch („ja“) allen Schaden gut gemacht habe und es so gewiß doch auch für den Schaden dieses Tages tue. Es ist die Bitte, daß am Ende des Tages, als wäre es das Ende aller Tage, alles zwischen Gott und dem Menschenkind ins Reine kommt und nicht als Sorge und Unsicherheit schädlich in die Nacht einfließt.

Diese Strophe ist der Nachhall von M. Luthers Abendsegen, wo es heißt: „du wollest mir vergeben alle meine Sünden, wo ich Unrecht getan habe“. Luthers „Abendsegen“ konzentriert sich ganz auf den Einzelnen: „(…) ich befehle mich, meinen Leib und meine Seele und alles in deine Hände“. Luise Hensels Lied weitet, was das „befehlen“ anlangt, den Blick darüber hinaus, zunächst auf die Verwandten, zu denen im romantischen Umfeld der Dichterin vielleicht auch die geistesverwandten Freunde zu rechnen sind („Alle, die mir sind verwandt, / Gott, laß ruhn in deine Hand.“) und dann, was auch romantisch anmutet, ins Universelle der ganzen Menschheit („Alle Menschen, groß und klein, / sollen dir befohlen sein.“)

Die letzte Strophe faßt in diesem Menschheitsuniversum eine Gruppe noch besonders ins Auge: „Kranken Herzen sende Ruh, / nasse Augen schließe zu“. Der himmlische Vater wird besonders gebeten für die, die vor Kummer und Traurigkeit nicht zur Ruhe und in den Schlaf kommen. Es ist nicht einfach ein „und unsern kranken Nachbarn auch“ sondern die ausgesprochen romantische Empathie für die unglücklichen Seelen.

Die beiden Schlußverse nehmen das Motiv des himmlischen Blicks am Anfang noch einmal auf, geben ihm aber eine unerwartete Wendung: „Laß den Mond am Himmel stehn / und die stille Welt besehn". Der Mond soll von Gott beordert werden als Wächter der zur Ruhe gekommenen Welt, der Mond, selbst angesehen als ein Gesicht, das die Welt in aller Stille ansieht, sichtbarer Vertreter des unsichtbaren Blicks des Schöpfers.

Der ganz am Schluß in Luise Hensels Gedicht aufgehende Mond erinnert an M. Claudius' „Der Mond ist aufgegangen", das 1779 erschienen, der Dichterin sicher bekannt war. Der Mond ist nicht das gängige Gestirn des kirchlichen Nachtgebets. Es gibt eine patristische Lunartheologie, die *Selene / Luna* bedenkt als Symbol der Kirche, die in ihrem wechselnden Licht und ihrer Fruchtbarkeit vom Licht des *Sol-Christus* lebt[135], aber die kirchliche Stundenliturgie denkt immer nur an Christus. „*Christus, qui lux es et dies*" heißt es auch am Abend, wenn die natürliche Sonne untergeht; noch das kirchliche Abendgebet ist solarsymbolisch orientiert. Und entsprechend ist die Nacht vor allem Finsternis, eine bedrohliche Zone, in der man sich der Macht des bösen Feindes zu erwehren hat. Bis in P. Gerhardts Abendlied „Nun ruhen alle Wälder"[136] ist das der beherrschende Ton: „Wo bist du Sonne blieben? / Die Nacht hat dich vertrieben, / Die Nacht, des Tages Feind. / Fahr hin; ein andre Sonne, / Mein Jesus, meine Wonne / Gar hell in meinem Herzen scheint".

Das ist in M. Claudius' Lied anders.[137] Die abendliche Welt steht unter dem Mond und das ist „wunderbar", „die Welt so stille, / und in der Dämmerung Hülle; / so traulich und so hold / als eine stille Kammer". Die beschauliche Welt unter dem Mond ist bei Claudius die Gegenwelt zur glasklaren Aufklärung (*lumières*) und ihrer Wisssensanmaßung („Seht ihr den Mond dort stehen? / Er ist nur halb zu sehen / Und ist doch rund und schön. / So sind wohl manche Sachen, / Die wir getrost belachen, / Weil unsre Augen sie nicht seh'n."). Die leibhaftige Erfahrung der sublunarischen Welt lehrt die Menschen Bescheidenheit. („Wir stolzen Menschenkinder / Sind eitel arme Sünder / Und wissen gar nicht viel…"). Das milde Licht des Mondes erscheint als das eher menschliche, verglichen mit dem alles ausleuchtenden Tageslicht, das die Aufklärung sich zum Programm genommen hatte im säkularen Erbe der christlichen Solartheologie.[138]

Claudius' Lied rangierte bis in die neuere Zeit für den evangelischen Kirchengesang unter den „Geistlichen Volksliedern" und ist erst mit dem Evangelischen Kirchengesangbuch von 1950 in den Kanon der normalen Kirchenlieder aufgenommen worden; ins katholische Gotteslob gelangte es erst mit der jüngsten Fassung (Gotteslob / 2013 Nr. 93) und fremdelt da auch immer noch ein wenig in der verfügten Abendliedernachbarschaft.

Luise Hensel hat Claudius' Mond in den Schluß ihres Abendlieds hineingenommen mit allen Assonanzen, die er von daher hat. Aber sie gibt dem Blick eine kleine Wendung, indem sie die Blickrichtung umkehrt. Der Mond wird nicht betrachtet und bedacht, sondern soll selbst wie ein nachdenkliches Gesicht über der Welt stehen. Luise Hensels Sinn für den Mond stimmt zusammen mit der großen Bedeutung, die ihm im romantischen Weltempfinden in Kunst und Literatur zukommt.[139] C.D. Friedrich hat immer wieder Mondszenarien gemalt und Annette von Droste-Hülshoffs Gedicht „Mondesaufgang"[140] endet:

> *„O Mond, du bist mir wie ein später Freund,*
> *Der seine Jugend dem Verarmten eint*
> *(…)*
> *Bist keine Sonne, die entzückt und blendet,*
> *In Feuerströmen lebt, im Blute endet –*
> *Bist was dem kranken Sänger sein Gedicht,*
> *Ein fremdes, aber o! ein mildes Licht."*

Von diesem romantischen Mondkosmos erfaßt man einen Zipfel in Luise Hensels volkstümlichem Abendlied. Die von ihrem liturgischen Repertoire her ganz solarchristologisch orientierte Theologie hat für die lunare Religiosität der Romantik keinen rechten Platz. Die Aufnahme von „Der Mond ist aufgegangen" (Gotteslob 2013, Nr. 93) mutet, vom liturgischen Standard her gesehen, wie ein devotionaler Ausreißer an. Luise Hensels Lied hätte neben dem von Claudius gut gepaßt. Wenn es trotz seiner Verbreitung nur textlich geschrumpft in einer Kindergebetsnische (Gotteslob 2013, Nr. 14, 5) versteckt untergekommen ist, wird das theologische Gründe gehabt haben. Vielleicht ist es den Gesangbuchmachern nicht erwachsen genug erschienen, vielleicht zu gefühlig, gemessen an den klassischen Hymnen und Psalmen, vielleicht haben sie bei der Auswahl auch allein die gemeinschaftsliturgische Eignung im Auge gehabt. Vielleicht zeigt es aber auch, daß sich die Liturgik der radikalen Subjektivierung der Religiosität, wie sie in der Romantik sich ereignet hat, noch kaum gestellt hat.

Das Repertoire der Abendlieder im katholischen Gesangbuch erweist sich als höchst instabil. Von den fünf Abendliedern des Gotteslob (1975) sind in der insgesamt 14 Nummern umfassenden Abendabteilung des Gotteslob (2013) nur zwei erhalten geblieben, die deutsche Version des lateinischen Komplethymnus *„Christe, qui lux es et dies"* und das aus dem

Anfang des 18. Jh. stammende „In dieser Nacht" (Gotteslob/1975 Nr. 703; Gotteslob/2013 Nr. 91). Dabei hatte es um letzteres bei der Erstellung des Gotteslob (1975) theologische Scharmützel gegeben. Das von einem anonymen Autor stammende, 1727 in Köln erschienene, in den Diözesangesangbüchern seit langem verbreitete und als Schlußlied von Abendandachten beliebte Lied hatte bei der zuständigen Gesangbuchkommission theologisches Mißfallen erregt, das sich offenbar nicht auf diese oder jene Kleinigkeit bezog, die man hätte korrigieren können, sondern das Lied als ganzes für irreparabel hielt. Es „wurde ursprünglich von der Sonderkommission aus theologischen Gründen abgelehnt, jedoch auf Wunsch vieler Diözesanvertreter aufgenommen"[141]. Die theologischen Bedenken wurden offenbar nicht ausgeräumt, sondern überstimmt. Das macht den Fall abendtheologisch interessant.[142]

„In dieser Nacht
sei du mir Schirm und Wacht,
o Gott, durch deine Macht
wollst mich bewahren
vor Sünd und Leid,
vor Satans List und Neid,
hilf mir im letzten Streit
in Todsgefahren!

O Jesu mein!
Die heilgen Wunden dein
mir sollen Ruhstatt sein,
das Bett der Seelen,
in dieser Ruh,
schließ mir die Augen zu;
den Leib und alles tu
ich dir befehlen.

O große Frau,
Maria, auf mich schau,
mein Herz ich dir vertrau
in meinem Schlafen.
Auch schütze mich,
Sankt Josef, väterlich,
Schutzengel, streit für mich
Mit deinen Waffen!"

Die erste Strophe, die Gott um Schutz bittet „vor Sünd und Leid", den bösen Feind und den Schlaf mit dem Tod zusammensieht, bewegt ein Motivrepertoire, das so oder ähnlich auch im kirchlichen Stundengebet und Evangelischen Gesangbuch vorkommt. Die 2. Strophe wendet sich an Jesus und stellt sein Kreuz vor Augen, den Gekreuzigten mit seinen Wunden. Das soll eine Ruhestatt sein, ein Lager, in das die Seele sich bettet. Es ist nicht nur der Leib, der die Glieder ausstreckt, um sich zu entspannen, auch die Seele soll am Abend zur Ruhe kommen. Und die Praktik, die das barocke Lied dazu vorsieht, ist die „Projektion" der unruhigen, verletzten, verwundeten, kranken usw. Seele in das Bild des verwundeten Jesus, der alles Schreckliche dieser Welt ausgestanden hat. Da sich bergend kann der Seele sozusagen nichts mehr geschehen, wie es in einem Lied des erfahrenen Seelsorgers Friedrich Spee heißt[143]:

„O Seel, in aller Angst und Not
flieh hin zu Christi Wunden rot;
in Christi Wunden schließ dich ein,
da wirst du wohl und sicher sein."

8. G. Fischer, Ruhe auf der Flucht, 1627, Freising, Diözesanmuseum

Der barocke Wundenkult, der sich in diesen Liedern manifestiert, mag moderner Psychotherapie sonderlich erscheinen, er beruht offenbar auf seelsorglicher Erfahrung, die sich bis in ein volkstümliches Abendlied hinein übersetzt.

Die 3. Strophe schließlich gerät mit ihrem Personal aus dem ökumenischen Konsens heraus. Maria, Josef, der Schutzengel. Der streitbare Engel hat seinen Platz auch in M. Luthers Abendsegen: „Dein heiliger Engel sei mit mir, daß der böse Feind keine Macht an mir finde", aber das Herz soll man nach des Reformators Katechismus allein an Gott hängen und nicht an die Heiligen, auch nicht an die Gottesmutter Maria. Und daß „Sankt Josef, väterlich" sozusagen Gott des Vaters Stelle einnehmen könnte, ist auch am Abend evangelisch schwer erschwinglich. So hat man in dieser letzten Strophe ein ausgesprochen katholisches Ensemble beieinander, das dann in ökumenischer Atmosphäre theologisch doch bedenklich erschien.

Wie die 2. Strophe angesichts des Gekreuzigten ist auch die dritte eine Szene der Zuflucht. Das Bild, das dem Dichter hier vor Augen steht, ist die im Barock sehr beliebte Szene der Ruhe auf der Flucht nach Ägypten, ein Nachtbild, in dem die Mutter Maria das Kind auf dem Schoß hält, Josef väterlich wacht und ein oder mehrere Engel eine Art Schutzkordon bilden. Birgt sich in der 2. Strophe die Seele in die Wunden Jesu, so projiziert sie sich hier in das Kind, das in einer lebensbedrohlichen Umwelt auf der nächtlichen Fahrt himmlische Ruhe findet im Schoß dieser Heiligen Familie. Solche Seelenruhemystik, wie barocke Poesien und Bilder sie zum Ausdruck bringen und bis in die Volksfrömmigkeit der Neuzeit tragen, ist der modernen Religion so fremd geworden, daß es katholischen Gesangbuchmachern geradezu theologisch bedenklich erscheint. Das stille Lied wurde beibehalten, aus Gründen der Tradition, aber das Herz der liturgischen Abendgestalter schlägt nicht hier, sondern beim gemeinsamen Stundengebet.

XII. NOKTURN

Zum monastischen Programm des Stundengebets gehört ursprünglich auch das Gebet in der Nacht. Man schläft nicht durch, sondern erhebt sich zu Nokturnen, nächtlichen Gebetszeiten vom Lager. Was im Kloster asketisches Programm sein kann, überkommt Weltmenschen gelegentlich als bittere Realität, daß sie wohl schlafen möchten, aber es nicht können, sondern wach liegen auf ihrem Lager. Schafe zählen und Rosenkranz beten empfahl da die simple Schlaftherapie von einst.

Der evangelische Mystiker Gerhard Tersteegen (1697-1769) hat für diesen Fall ein Lied ausgedacht, das man eigentlich nicht im Chor singen kann, es sei denn man verstünde diesen als die heimliche Gemeinschaft von Menschen, die wie man selbst zu dieser Stunde wachliegen.

„Nun schläfet man;
und wer nicht schlafen kann,
der bete mit mir an
den großen Namen,
dem Tag und Nacht
wird von der Himmelswacht
Preis Lob und Ehr gebracht:
O Jesu, Amen.

Weg, Phantasie!,
Mein Herr und Gott ist hie;
du schläfst, mein Wächter, nie,
dir will ich wachen.
Ich liebe dich,
ich geb zum Opfer mich
und lasse ewiglich
dich mit mir machen.

Es leuchte dir
der Himmelslichter Zier;
ich sei dein Sternlein, hier
und dort zu funkeln.
Nun kehr ich ein,
Herr, rede du allein
beim tiefsten Stillesein
Zur mir im Dunkeln.“

Tersteegens Lied von 1745 (EG Nr. 480) teilt Metrum und Reim mit dem besprochenen katholischen „In dieser Nacht“ (1724). Der westfälische Mystiker sucht mit seinem Gedicht andere an seiner höchstpersönlichen Nachterfahrung zu beteiligen. In der Mitte des Textes steht eine Geste der Verscheuchung: „Weg, Phantasie!“. Was aus der Bilderwelt des Traums in den Gedanken weiterkreist, wird resolut beiseitegeschoben. Der vor- und rückwärtstreibenden Welt der *phantasmata*, von der auch das kirchliche Stundengebet weiß, tritt die Präsenz Gottes gegenüber: „Mein Herr und Gott ist hie“. Es ist die ruhige Präsenz des Ewigen, der den Wechsel von Tag und Nacht, Wachen und Schlafen nicht kennt. Der aus welchen Gründen auch immer nicht schlafen kann, läßt sich hier nicht im Spiel seiner Gedanken und Einbildungen treiben, sondern überläßt sich („zum

Opfer") mit Liebe dem wachen Gott, seiner Vorsehung („und lasse ewiglich / dich mit mir machen").

Die in der Mittelstrophe ausgesprochene Hingabe hat zwei Dimensionen. In der 1. Strophe ist dieser nächtliche Gottesdienst Teilhabe am himmlischen, den die Engelscharen „dem großen Namen" ununterbrochen darbringen. Das wird in der letzten Strophe unterm Sternenhimmel in die visuelle Sphäre übertragen, die Beteiligung des kleinen Menschen am Gefunkel der „Himmelslichter". Die himmlische Weiträumigkeit von Gesang und Gefunkel geht am Schluß über in Einkehr. Die tiefste Stille, das vollkommene Dunkel ist es, wo Gott und die Seele allein miteinander sind, *Deus et anima*, wo das Stimmengewirr der Phantasie verflogen ist, aber auch alle himmlischen Gesänge der heimlichen Rede des Ewigen an dieses einzelne Menschenkind, das nicht schlafen kann, Platz macht. Der nächtlichen Psalmodie der Mönche steht hier die äußerste Stille mystischer Einkehr gegenüber.

Daß ein solches Lied im Gemeindegesangbuch steht, ist erstaunlich. Als in *choro* gesungenen Abendhymnus kann man es sich schwer denken. Vielleich als ein privates Nachtgebet, das man im Buch auf dem Nachttisch findet oder auswendig kann, vielleicht sogar mit der von Tersteegen selbst vorgesehenen Melodie. Es ist die des oben besprochenen katholischen „In dieser Nacht".

NACHTRAG
EINES POLNISCHEN DICHTERS UM DAS JAHR 2000

„Erwacht

In fortgeschrittenem Alter, als es mit meiner Gesundheit immer schlechter stand, erwachte ich einmal mitten in der Nacht und da habe ich es erfahren: es war ein derartig überwältigendes und vollkommenes Glücksgefühl, daß alles in meinem bisherigen Leben nur die Voraussetzung dafür gewesen war. Und dieses Glück hatte überhaupt keinen Grund. Es hatte mein Bewußtsein nicht ausgelöscht und meine Vergangenheit, die doch zusammen mit meiner Bitterkeit in mir war, nicht fortgewischt. Letztere war jetzt plötzlich ein notwendiger Teil des Ganzen geworden. Als hätte eine Stimme gesagt: ‚Mach dir keine Sorgen, alles ist so gekommen, wie es kommen mußte, du hast getan, was dir bestimmt war, und jetzt mußt du nicht mehr an Vergangenes denken.' Die Ruhe, die ich empfand, war die Ruhe von beglichenen Rechnungen und sie war verbunden mit dem Gedanken an den Tod. Das Glück im Diesseits war so etwas wie die Ankündigung des Glücks im Jenseits. Mir war klar, daß ich ein unerwartetes Geschenk erhalten hatte, und ich konnte nicht fassen, warum gerade mir diese Gnade zuteil geworden war."[144]

B. WOCHE

I. SABBAT

1. Sabbat und Sonntag

„Am Sonntag ruh' und bete gern. / Der Sonntag ist der Tag des Herrn." – Der etwas angestaubte Kindermerkvers findet sich zuerst in dem 1842 erschienenen „Lieder-Buch für Kleinkinder-Schulen", herausgegeben von Theodor Fliedner, dem Gründer der Kaiserswerther Diakonie. Im Milieu der rheinischen Frühindustrialisierung, in der der Düsseldorfer evangelische Pfarrer Fliedner sich um sozial benachteiligte Kinder und Jugendliche kümmerte, hatte der kleine „Denk-Vers" vermutlich einen anderen Klang als in der säkularisierten Freizeitgesellschaft des beginnenden 3. Jahrtausends.

Vom „Sonntag" ist die Rede, von der *dies solis* der römischen Planetenwoche, hier als „Tag des Herrn" definiert, der Gott, dem Herrn, oder Christus, dem Herrn zugeordnete Tag, wie es im weiteren Verlauf der Verse heißt: „Doch der Sonntag bleibe mein". Der für Gott reservierte Tag ist in Absetzung von den übrigen sechs Tagen, die der Arbeit dienen, vor allem eins: Ruhe. Der „Tag des (einen) Herrn" ist Entspannung aus dem Dienst der vielen Herrschaften, die über die restlichen sechs Tage befinden. Dennoch wird der Sonntag im Kaiserswerther Bildungsprogramm nicht nur durch das negative Moment der Aussetzung der Arbeit bestimmt, sondern als Gottes-Tag durch positive Hinwendung zum „Herrn", auf den sich reimt „und bete gern!". Das aber ist nicht als nur private Frömmigkeit gemeint, sondern als kinderseelsorgliche Gemeinschaftsveranstaltung: „Doch der Sonntag bleibe mein. / Da will ich euch unterweisen, / Mir zu dienen, mich zu preisen. / Gut und fromm vor mir zu sein." Die Unterweisung „des Herrn" erfolgt natürlich durch seine Diener, den Pfarrer und seine diakonischen Helferinnen. Die Kinder sollen nicht arbeiten, aber sie sollen auch nicht sich selbst und ihren häuslichen Verhältnissen einfach überlassen werden, sie werden gemeinsam beschäftigt. Es ist das Modell der „Sonntagsschule", das sich seit Anfang des 19.Jh., vom angelsächsischen Raum ausgehend, auch in Deutschland verbreitete, der „Sonntagsschule", in der sich religiöse Bildungsarbeit mit Kindergottesdienst verband.[1] Die sonntägliche Ruhe sollte nicht tatenloser Müßiggang sein, sondern mit Religionslehre gefüllter Raum.

Der christliche Sonntag ist, wie man hier schon sieht, zeitorganisatorisch keine ganz einfache Sache. Er greift in das Verhältnis zur Arbeit ein und stellt zugleich die Frage, was in der gewonnenen Freizeit zu tun ist. Und mit der Füllung des gewonnenen Leerraums (Ruhe!) durch eifrige Religionstätigkeit verbindet sich die Frage, was oder wer jener „Herr" sei, der in einem solchen Eigentag sich offenbart. Der religionspädagogisch erfolgreiche Kindervers zeigt auf ein komplexes Zeitphänomen, einen Tag der Sonne, der ein „Tag des Herrn" sein soll, einen Tag der Arbeitsfreizeit, der so frei verfügbar dann doch wieder nicht ist, einen Tag der Ruhe, an dem man eifrig und gern einer gewünschten geistigen Tätigkeit nachgehen soll: „Der abendländisch-christliche Sonntag ist das Ergebnis einer wechselvollen und zum Teil immer noch dunklen Geschichte. Wie nur wenige vergleichbare Institutionen enthält er in sich eine ganze Kulturgeschichte Europas und des Mittelmeerraumes und ist somit in seiner Geschichte Einflüssen aus den orientalischen Hochkulturen, der griechisch-römischen Antike, dem Judentum und dem Christentum ausgesetzt gewesen."[2]

Daß der christliche Sonntag ein etwas vertracktes Zeitphänomen ist, hat seinen primären Grund in seiner Interferenz mit dem jüdischen Sabbat. Stößt man beim Sabbat auf eine für das Judentum bis in die Gegenwart höchst identitätsstiftende Einrichtung der Zeit, so steht zu erwarten, daß man es hier mit einem Phänomen zu tun hat, das nicht nur kulturgeschichtlich komplex, sondern auch religionstheoretisch brisant ist. Es empfiehlt sich, bei der älteren und vorgängigen Institution des Sabbats zu beginnen.[3]

2. Altes Testament

Die Vorstellung des Sabbats ist von Anfang an mit zwei semantischen Komponenten verbunden, der Zeitangabe „sieben" und der Verhaltensvorschrift „Ruhe".[4] Für die im gesamten alten Orient verbreitete Symbolzahl „sieben" ist „grundlegend ihre Rolle als kosmisch-astronomische Ordnungszahl: 4 Mondphasen zu je ca. sieben Tagen"[5]. Sollte die Hypothese zutreffen, daß das Nomen *„schabbath"* als akkadisches Lehnwort ursprünglich einen den Vollmondstag als nach dem Neumond zu Beginn des Monats wichtigsten Feiertag am 15. Tag des Monats meint, so wäre das eine Brücke zur ursprünglichen kosmologischen Fundierung des Siebener-Rhythmus, ein Beleg somit für die Gen 1,14 erwähnte Erschaffung von Sonne und Mond „zur Bestimmung von Zeiten, Tagen und Jahren".

Für die inhaltliche Bestimmung des mit der „Sieben" bezeichneten Tages übernimmt jedoch in der Folgezeit das Verbum *„schabbath"* die

Führung, das so viel bedeutet wie „aufhören, ablassen, ruhen". Abgelöst von der alten Mondphasenregulierung begegnet dieser Zusammenhang in der altisraelitischen Agrargesetzgebung Ex 23,10-12[6]:

„Und sechs Jahre sollst du dein Land besäen
und seinen Ertrag einsammeln.
Aber im siebten sollst du es in Ruhe lassen,
und es sich selbst überlassen,
sodass die Armen deines Volkes davon essen.
Und was sie übrig lassen, sollen die Tiere des Feldes fressen.
Ebenso sollst du es mit deinem Weinberg machen,
mit deinem Ölbaumgarten.
Sechs Tage sollst du deine Werke verrichten,
aber am siebten Tag sollst du aufhören,
damit dein Rind und dein Esel ruhen
und der Sohn deiner Magd sich erholt
und der Fremde."

In der Kombination der beiden Gebote geht es darum, alle sieben Jahre ein Jahr, alle sieben Tage einen Tag auszusetzen. Das Brachjahr gilt zuerst der Regeneration des Bodens und dann der des Volkes in Person der Armen. „Charakteristisch für das Ruhetagsgebot (...) ist die Freigabe der in den landwirtschaftlichen Arbeitsprozess einbezogenen, vom israelitischen Bauern abhängigen Geschöpfe – seien es zeitweilige oder lebenslange Sklaven, seien es Nutztiere oder gar der Ackerboden."[7] Wenn solche Mahnung zur Schonung des Bodens wie der menschlichen und tierischen Arbeitskräfte nicht einfach im Sinne ökonomischen Kalküls vorgetragen wird, sondern als göttliche Anweisung, so kann man das so verstehen, daß Gott den zur unvernünftigen Ausbeutung aller Ressourcen neigenden Menschen zur Vernunft anhält, oder daß Jahwe als der eigentliche Herr des Landes dem Landwirt, der es als sein alleiniges Eigentum ansieht, seine Grenzen setzt, die auch darin bestehen, daß die ihm unterstellten Menschen und Tiere nicht bloß Arbeitskräfte im Dienst des Grundbesitzers sind und der Boden dem ganzen Volk den Lebensunterhalt gewährleisten soll, auch den besitzlosen Armen.

Daß hier primär die bäuerlichen Lebensverhältnisse im Blick stehen, zeigt der Rechtssatz Ex 34,21[8]:

„Sechs Tage sollst du arbeiten,
aber am siebten Tag sollst du aufhören.
Beim Pflügen und in der Ernte sollst du aufhören."

Erst im Verlauf des Exils, d.h. nach dem Verlust des Tempels als einigenden Kultzentrums, gewinnt der Sabbat für Israel den identitätsstiftenden Rang, den es in der Folgezeit behaupten und immer mehr ausbauen sollte. Diese Entwicklung belegt die Aufnahme des Sabbatgebots in den Dekalog, in dem es nach dem Bilderverbot und dem Namensmißbrauchsverbot eine herausragende Rolle einnimmt. Überliefert ist es da in einer doppelten Version, einer priesterschriftlich und einer deuteronomisch geprägten.[9]

Ex 20,8-11
Bedenke den Tag des Sabbats,
ihn zu heiligen.

Sechs Tage sollst du arbeiten
und all deine Arbeit verrichten,
aber der siebte Tag ist
ein Sabbat JHWHs, deines Gottes.
Du sollst keinerlei Arbeit verrichten –
du und dein Sohn und deine Tochter,
dein Sklave und deine Sklavin

und dein Vieh
und dein Fremder, der sich
innerhalb deiner Tore aufhält.

Denn in sechs Tagen hat
JHWH den Himmel und
die Erde gemacht, das Meer
und alles, was in ihnen ist,
und er ruhte am siebten Tag.

Darum segnete JHWH
Den Sabbattag und heiligte ihn.

Dtn 5,12-15
Bewahre den Tag des Sabbats,
ihn zu heiligen,
wie JHWH, dein Gott, es dir geboten hat.
Sechs Tage sollst du arbeiten
und all deine Arbeit verrichten,
aber der siebte Tag ist
ein Sabbat JHWHs, deines Gottes.
Du sollst keinerlei Arbeit verrichten –
du und dein Sohn und deine Tochter
und dein Sklave und deine Sklavin
und dein Ochs und dein Esel
und all dein Vieh
und dein Fremder, der sich
innerhalb deiner Tore aufhält,
damit dein Sklave und deine Sklavin
ruhen wie du.
Und gedenke, dass du Sklave warst
im Land Ägypten
und JHWH, dein Gott,
dich mit starker Hand und mit ausgestreck-
tem Arm von dort heraus-
geführt hat!
Darum gebot JHWH, dein Gott, dir,
den Tag des Sabbats zu begehen.

Wie Dt 5,12b („wie JHWH, dein Gott dir geboten hat") ausdrücklich vermerkt, handelt es sich um eine „Neufassung der altisraelitischen Ruhetagsvorschrift"[10], wie sie Ex 23,12 und Ex 34,10 vorliegt. Läßt man die in der Forschung kontroverse Frage der historischen Priorität im vorliegenden Zusammenhang außer Betracht, so ergeben sich zwei Versionen, die vor allem in der Begründung differieren. Gemeinsam ist beiden Fassungen der im ersten Teil des Gebots (Ex 20,8-10; Dt 5,11-14) herausgestellte Bezug des siebten Tages auf Gott. Jahwe ist nicht nur, wie in den altisraelitischen Ruhegeboten, der, der das Gebot erläßt, sondern auch der, dem es vor aller weiteren sozialen Zwecksetzung gewidmet ist: Der siebte Tag ist „ein Sabbat JHWHs, deines Gottes“[11]. Daß er zu „heiligen“ ist, meint eben eine Aussonderung im Zeitverlauf. „Der siebte Tag ist – jeweils – eine JHWH gehörige Ruhezeit.“ [12] Die Heiligung erfolgt, wie beim Bilderverbot, *via negationis,* durch Aussparung und Verzicht. Der Sabbat wird nicht zu einem ‚kultischen‘ Tag. Von gottesdienstlichen Versammlungen oder kultischen Vollzügen ist hier mit keinem Wort die Rede. Geheiligt wird er schlicht durch die Unterlassung von *„malachah“*[13], von Arbeit. „Keinerlei Arbeit“, heißt es, und bei der Vorordnung der betroffenen Personen vor dem Vieh scheint unter der Hand eine Ausweitung über die im altisraelitischen Ruhegebot im Vordergrund stehende Landarbeit hinaus angebahnt, was für die spätere Sabbatgesetzgebung so große Bedeutung erlangt.

Verschiedene Wege gehen die beiden Dekalogfassungen in der Begründung des Gebots. In der deuteronomischen Version bildet das Wort *ebed,* „Sklave“ den Angelpunkt der Argumentation. Im Arbeitsgefüge fällt der Blick auf die schwächste Stelle, den Sklaven. Und die Freien, die über die Arbeitszeit die Verfügung haben, werden erinnert, daß sie, d.h. das im Besitz des Landes lebende Volk Israel, selbst einmal Sklaven waren im Land Ägypten, und daß Jahwe sein Volk mit starker Hand aus diesem Sklavenhaus herausgeführt hat. Diese Erinnerung führt nicht dazu, der Sklavenherrschaft im Gelobten Land nun vollends den Abschied zu geben, aber sie geht doch so weit, den Sklaven und Sklavinnen jeweils am siebten Tag nach sechs Tagen mühsamer Arbeit einen freien Tag zu lassen als wöchentlichen kleinen Exodus aus der knechtlichen Plackerei. Die in der geschichtlichen Erinnerung begründete Identität Israels zeitigt im wöchentlichen Sabbat ethische Konsequenzen. Oder umgekehrt: „Das Ruhen der Sklaven am Sabbat ist Anknüpfungspunkt für das Gedenken. Der Sinn der Arbeitsunterbrechung wird primär in der Vergegenwärtigung der ehemaligen Sklavenexistenz und der Herausführung aus ihr durch JHWH gesehen. Der Sabbat wird im Dtn-Dekalog zu einem kleinen wöchentlichen Pessachfest.“[14] Wenn im deuteronomischen Dekalog von einem „Sabbat Jahwes“ die Rede ist, so gilt diese Heiligung des Tages Gott als dem Befreier und Erlöser Israels.

Die priesterschriftliche Begründung (Ex 20,11) greift auf die Schöpfungsgeschichte zurück, die Ruhe Gottes selbst am siebten Tag, nachdem er all sein Werk geschaffen hatte (Gen 2,2f.). Die Heiligung ist hier eine Beteiligung, die Beteiligung der Menschen an Gott, Gleichzeitig werden mit seiner Ruhe, die im Anblick dessen besteht, was vollbracht wurde und nun da ist („Und Gott sah alles an, was er vollbracht hatte, und siehe, es war sehr gut“, Gen 1,31). Die Tätigkeit mündet in die Betrachtung des Vollbrachten.

Die priesterschriftliche Fassung verbindet die Heiligung mit der Segnung. Bedeutet Segen im schöpfungstheologischen Zusammenhang Mitteilung von Fruchtbarkeit (vgl. Gen 1,22.28), so wehren die Segensverheißungen für den Sabbat dem Verdacht, sabbatliches Untätigsein könnte fruchtloser Müßiggang sein. Dem entgegen wird dem Aussetzen der Arbeit als Einsetzen in Gottes Ruhe die Zusage mitgegeben, es werde, wie die sechstägige Arbeit, auf seine Weise Frucht tragen. Die Geschichte vom Manna in der Wüste (Ex 16), die von der doppelten Zuteilung des Wunderbrots am sechsten Tag erzählt, „will von vorneherein die Sorge vor wirtschaftlichen Einbußen durch das Halten des Sabbats nehmen“[15]. Spricht die priesterliche Fassung vom „Sabbat Jahwes“, so denkt sie an den Schöpfer der Welt, in dessen ruhigen Atem und Blick die Menschen am siebten Tag einkehren. Der Horizont erscheint hier weiter als der auf den Exodus als israelspezifische Gründungsgeschichte bezogene der deuteronomischen Fassung. Aber im Kontext des biblischen Kanons werden beide offenbar nicht als alternativ oder gar konkurrierend empfunden, sondern als komplementär. Der am Sabbat zu bedenkende Schöpfer der Welt zeigt sich, weil doch auf Erden nicht alles so wunderbar gut ist, wie Gen 1,31 geschrieben steht, als Erlöser und kann es, weil er der Schöpfer ist. Bedenken der Schöpfung und Erinnerung der Befreiung verweisen so aufeinander.

„Dass die Arbeitsenthaltung am siebten Tag in der Exilszeit eine so enorme Bedeutungssteigerung erfuhr, (...), muss einen konkreten Hintergrund in der Lebenswirklichkeit Israels haben. Mit Tempelzerstörung und Exilierung der Oberschicht waren Umstände eingetreten, die eine tiefgreifende Transformation der Festpraxis notwendig machten. Man kann sich die Auswirkungen des Zusammenbruchs des Festwesens durch die Zerstörung des Tempels für die bisherige religiöse Praxis katastrophaler wohl kaum vorstellen. Die Begehung der Feste und herausgehobenen Tage am Tempel (...) und damit jede gemeinschaftliche Erfahrung von Gottesnähe waren verunmöglicht. (...) In dieser Situation lag es nahe, dass der siebte Tag eine herausgehobene Bedeutung erhielt. (...) Dass der siebte Tag zuvor ohne jede kultische Begehung bereits von gewisser Bedeutung war, sich dabei durch eine relativ hohe Frequenz auszeichnete und als ‚Ruhetag‘ auch für Sklaven in den Umweltkulturen ohne Parallele war – all das machte ihn für eine Israels Identität und vor allem den JHWH-Glauben bewahrende Institution besonders geeignet.“[16] Was an dem einen Ort Jerusalem nicht mehr erreichbar war, wurde allerorts durch Gleichzeitigwerden möglich.

Die nachexilische und dann nachbiblische Entwicklung ist bestimmt durch Halachisierung und Liturgisierung der Sabbatbegehung, Halachisierung im Sinne gesetzlicher Ausweitung und Detaillierung und Liturgisierung im Sinne der Füllung der gewonnenen Freizeit durch häuslichen und synagogalen Gottesdienst in Analogie zum verlorenen Tempelkult. Ist in den historischen Anfängen der Sabbat ausschließlich bestimmt durch „feiern" im Sinne von d*esistere ab opere,* so kommt nun das „feiern" im Sinne von *celebrare* hinzu.[17]

Für die Tendenz zur Ausweitung des Sabbatgebots über die ursprünglich dominierende agrarische Sphäre hinaus, ist bezeichnend eine Stelle aus dem Buch Nehemia:

> *„In jenen Tagen sah ich, dass etliche in Juda am Sabbat die Kelter traten und Getreide hereinbrachten und Esel damit beluden, auch mit Wein, Trauben, Feigen und allerlei andern Lasten, und solches am Sabbat nach Jerusalem hereinbrachten. Da verwarnte ich sie ob des Lebensmittelverkaufs. Auch die Tyrier, die dort wohnten, brachten Fische und allerlei Ware herein und verkauften sie am Sabbat den Judäern in Jerusalem. Da beschalt ich die Vornehmen Judas und sprach zu ihnen: Was ist das für ein Unfug, den ihr da verübt und durch den ihr den Sabbattag entweiht?"*
>
> Neh 13, 15-17

Produktion, Transport, Verkauf von Waren machen hier die Stadt als Raum von Handel und Gewerbe zum Anwendungsfeld des Sabbatgebots. Die rabbinische Weiterentwicklung in nachbiblischer Zeit nimmt für die Anwendung des Ruhetagsgebots in der Diaspora immer stärker auch das häusliche Lebensmilieu in den Blick. Der Talmudtraktat Schabbat (VII,2), erklärt 39 Arbeiten, als verboten:

> *„Die Hauptarbeiten sind vierzig weniger eine: Säen, Pflügen, Mähen, Garben, Dreschen, Worfeln, Klauben, Mahlen, Beuteln, Kneten, Backen, Wolle scheren, Bleichen, Zupfen, Färben, Spinnen, Anzetteln, Zwei Litzen machen, Zwei Fäden weben, Zwei Fäden aufspalten, Einen Knoten knüpfen, Einen Knoten lösen, Zwei Stiche nähen, Reissen, um zu nähen, Ein Reh fangen, schlachten, schinden, (die Haut)salzen, bearbeiten, schaben, zerschneiden; Zwei Buchstaben schreiben, Ausmerzen, um zwei Buchstaben zu schreiben; Bauen, Niederreissen, Löschen, Anzünden, Hämmern und aus einem Gebiet in ein anderes Gebiet tragen. Dies sind die Hauptarbeiten, vierzig weniger eine."*[18]

Je stärker das Ruheverhalten konkret reguliert wird, umso mehr schafft die Sabbathalacha ein Lebensmilieu, das sich von anderen signifikant unterscheidet. Es bleibt nicht ein generelles Gebot, es schafft vielmehr eine ausgeprägte Lebensform, eine Subkultur, auf die man sich Woche für Woche einstellt. Mehr noch als die Beschneidung und die großen Jahresfeste wird der ständig wiederkehrende Sabbat zum Identitäts- und Exklusionsmerkmal der Judenheit.

Gegenläufig zu dieser partikularistischen Tendenz begegnet am Rande auch eine universalistische, die ihr Motiv darin hat, daß eine im Gottesverhältnis Israels so essentielle Realität, wenn Jahwe kein Götze Israels, sondern der eine Gott aller Menschen sein soll, auch für die Völker Heilsbedeutung gewinnen müsse. Das späte Buch Tritojesaja wird gerahmt von zwei den Sabbat betreffenden Sätzen. Jes 56,1 stehen Rechttun und den Sabbat Heiligen im strengen Parallelismus, geradezu als Kurzformel des Gesetzes: „der sich hütet, daß er den Sabbat nicht entweihe / und seine Hand bewahrt, daß sie nichts Böses tue". Jes 66,23 erhebt sich daraus die Vision eines kultischen Universalismus: „Neumond und Sabbat wird alles Fleisch kommen, vor mir anzubeten." Die Völkerwallfahrt bekommt einen sabbatlichen Akzent.

3. Judentum

Die Religionsphilosophie des antiken Judentums (Aristobolos[19], Philo v. Alexandrien[20]) arbeitet, um den Sabbat als eine vernünftige Einrichtung zu erweisen, vor allem seine schöpfungstheologische Begründung heraus. „Philon vertritt (...) einen Universalismus, der die kosmische Verankerung des Sabbats aufzeigt, an der partikular-jüdischen Sabbathalacha und -praxis festhält und mit der vorläufigen nichtjüdischen Sabbatbeobachtung die Erwartung endzeitlicher Annahme der Sabbatfeier durch die nichtjüdische Welt verbindet."[21]

Die sabbathalachische Detaillierung samt kasuistischer Diskussion der Rabbinen[22] kann in der Außenansicht als übergebührliche Einschränkung der menschlichen Freihandelszone erscheinen. In der Binnenperspektive wird der so gesicherte Raum mit der Zusage von Glück verbunden. Ein biblischer Beleg, der eine große Wirkungsgeschichte haben sollte, findet sich, wie die beiden oben zitierten Stellen, im tritojesajanischen Teil des Jesaja-Buchs:

> *„Wenn du am Sabbat deinen Fuss zurückhältst und dein Geschäft nicht tust an meinem heiligen Tage, wenn du den Sabbat deine Lust nennst und das Heilige des Herrn ehrwürdig; wenn du ihn ehrst, sodass du deine Gänge nicht machst und deinem Geschäfte nicht nachgehst, noch eitle Worte redest: dann wirst du an dem*

Herrn deine Lust haben, und ich will dich einherfahren lassen über die Höhen der Erde und dich mit dem Erbe deines Vaters speisen.“

Jes 58, 13f.

Dem gottgehorsamen Verzicht aufs geliebte Geschäft fällt die Lust am Herrn von selber zu, dem Verzicht auf irdische Geschäftsgänge freie Erhebung über die Erdenniederung und ruhiger Genuß des Gelobten Landes.

Den Sabbat als geradezu paradiesischen Tag der Wonne zu erleben, bewegte die kabbalistische Sabbatmystik, aus der liturgisch das berühmte, von Salomon Alkabez (um 1540) verfaßte Lied auf die „Prinzessin Sabbat“ hervorgegangen ist[23], das bis heute in der Synagoge den Freitagabendgottesdienst eröffnet: *„Lechah dodi likrath kalah…“* – „Auf, mein Freund, der Braut entgegen, Königin Sabbat wollen wir empfangen!“, zu deren Lob es dann weiter heißt: „Der Königin Sabbat laßt uns entgegengehen, sie ist des Segens Spenderin, von Anbeginn in der Vorzeit ward sie gekrönt, des Schöpfungswerkes Abschluss, im Plane das Erste.“[24] In dieser mystischen Poesie wird der Sabbat hineingespiegelt in das Bild der Frau Weisheit, von der es im Buch der Sprüche heißt:

„Der Herr erschuf mich am Beginn seines Waltens,
als Anfang seiner Werke, vorlängst.
Von Ewigkeit her bin ich gebildet,
von Anbeginn, vor dem Ursprung der Welt.
(…)
Als er die Grundfesten der Erde legte,
da war ich als Liebling ihm zur Seite,
war lauter Entzücken Tag für Tag
und spielte vor ihm allezeit, spielte auf seinem Erdenrund
und hatte mein Ergötzen an den Menschenkindern.“

Spr 8, 22f.30f.

Im Sabbat begegnen die Frommen der Absicht der Welt, ihrem Sinn von Anfang bis Ende. Und das hat hier nicht die männliche Form des Logos, sondern die weibliche einer Königin, in der erotischen Form der geliebten Braut wie der mütterlichen einer Spenderin des Segens.

Die Praxis des Volkes sucht ihren Weg zwischen mystischem Enthusiasmus der Frommen und Langeweile der Arbeitssüchtigen:

„Was soll man am Sabbat tun? (…) … sich mit Liebe auf sein besseres Selbst, auf seine Seele, auf Gott konzentrieren. Auch spazierengehen, doch nicht wandern, nicht über zweitausend Ellen aus der Stadt herausgehen, sich nicht abhetzen und ermüden, sondern die Natur genießen; auch nachmittags, wie vielfach üblich ist, im Lehrhaus oder Bethaus zu einem rabbinischen Vortrag, einer Predigt, zum

lernen kommen; auch lesen und mindestens den fälligen Thorabschnitt und seine Kommentare; auch Kranke besuchen, vor allem aber im Hochgefühl des einen Tages besonnen und guter Dinge sein."[25]

Es soll der wohltuende Besinnungstag einer in der Schrift beheimateten Gemeinde sein.

EXKURS: „DER SABBATNACHMITTAG"

Zu den Genrebildern des jüdischen Lebens, die der bedeutendste deutsch-jüdische Maler des 19. Jh., Moritz Daniel Oppenheim (1801-1882), gemalt hat, gehört „Der Sabbatnachmittag", zuerst erschienen in der Serie „Bilder aus dem altjuedischen Familienleben" (1865), einer Serie, die im jüdischen Bürgertum der Zeit sehr beliebt war und im nichtjüdischen Bürgertum als Dokument der seltsamen Schönheit jüdischen Lebens gelesen werden konnte.

9. M. D. Oppenheim, Sabbatnachmittag, 1865, Jerusalem, Israel Museum

Es ist die Tageszeit, in der sich zwischen den synagogalen Gottesdiensten und häuslichen Mahlzeiten die sabbatliche Ruhe am sichtbarsten sammelt. Es ist das Interieur einer Bürgerstube, in der die Familie um den Tisch herum versammelt ist. Über dem Tisch hängt die achtzackige Sabbatlampe, auf dem Tisch stehen die Weinbecher, über die man den *Kiddusch,* das Wort der Heiligung gesprochen hatte, und da liegen die geflochtenen *Barches* (vom hebräischen *Berchot),* Brot, über das man den Segen gesprochen hatte, auf einer Kredenz am Rand eine Kanne mit Wasser für die vorgeschriebene Waschung der Hände. Im Sessel ruht das Familienoberhaupt, weniger im bewußtlosen Tiefschlaf als in einer Art seligem Schlummer, die Besamimbüchse mit den wohlriechenden Gewürzen in den Händen, Inbild der Ruhe von der Arbeit der Woche wie zugleich der seligen Besinnung der Lektüre des Buches, das noch offen vor ihm auf dem Tisch liegt.

Und das ist es überhaupt, was die Familie an diesem Nachmittag verbindet: das Buch. Mutter und Tochter sind beim Lesen, der älteste Sohn, dem Vater gegenüber, denkt Gelesenem nach, der Kleine vorn widmet sich statt dem geschlossenen Buch dem Wochenblatt. Die die Familie verbindende Stimmung ist bibliophil. Es ist den unterschiedlichen Büchern nicht anzusehen, was ihr Inhalt im einzelnen ist, aber sie erscheinen, wie der Ausfluß eines einzigen. M. Oppenheim inszeniert, was der Rabbiner M. Wiener schreibt:

> *„Die Sabbatstimmung, die wir hier meinen, umspielt ein merkwürdiges Leben im Geiste, das sich an diesem Tage frei ergießt. War die Tora das Buch, dem wie keinem anderen auf der Erde je geschriebenen Interesse, Gehorsam, ja hingebende Liebe gehörten, drehte sich alles jüdische Leben um dieses Werk, so erwuchs die Beschäftigung mit ihm zur köstlichsten Aufgabe.“*[26]
>
> *„Der Sabbat, wie er geschichtlich erwuchs, war der Bürge dafür, daß die Tora nicht das Vorrecht einer geringzähligen Gelehrtenklasse blieb, nicht Gegenstand der Forschung und des Gezänkes der Theologen, sondern zum wirklichen Eigen eines ganzen Volkes wurde. Jeder sollte sich mit der Tora befassen. Der Sabbat war frei von Arbeit – für die Arbeit um die Tora.“*[27]
>
> *„Der Sabbat, und der Sabbat allein, ermöglichte und erstrebte eine Demokratisierung der religiös-nationalen Bildung, die in der Geschichte des Erziehungs- und Bildungswesens einzig dasteht. Er hat das Judenvolk der Theologen, der Gesetzeskundigen geschaffen.“*[28]

Oppenheims Bild zeigt das Innenleben einer jüdischen Familie. Interieur und Kleidung sind gut bürgerlich. Das Butzenscheibenfenster ist geöffnet auf die Straße eines bürgerlichen Stadtviertels, in Frankfurt vielleicht. Das offene Fenster zur Stadt indiziert die Überwindung des Ghettos, einen

Zustand der Integration des jüdischen Lebens in das der bürgerlichen Gesellschaft. Worum die Juden im 19. Jh. zu kämpfen hatten, ihre rechtliche Gleichstellung, erscheint hier als inszeniertes Ideal. Es ist das Wunschbild der freien und unbehelligten Religionsausübung einer seit Jahrhunderten bedrängten und eingeengten Religion, Emanzipation ohne erzwungene Assimilation, offene Präsentation eines besonderen Innenlebens.

4. Neues Testament. Frühes Christentum

Die neutestamentliche Evangelienüberlieferung läßt erkennen, daß die Institution des Sabbats, sowohl in seiner kultischen wie seiner halachischen Dimension zum Umfeld der Tätigkeit Jesu von Nazareth gehört. Er geht am Sabbat in die Synagoge, um sich in die rabbinische Lehre einzumischen (Vgl. Mk 1,21, 6,2; Lk 4,16.31; 6,6; 13,10), und er gerät mit seinem therapeutischen Handeln in den kasuistischen Disput der zeitgenössischen Rabbinenschulen:

> *„Jesus heilt in eschatologischer Perspektive gerade auch am Sabbat chronisch Kranke und verletzt damit das Sabbatgebot in seiner zeitgenössischen, wohl mindestens auch pharisäischen Auslegung. Er rechtfertigt dieses Handeln durch einen Rekurs auf die schöpfungsmäßige Vorordnung des Menschen vor den Sabbat (Mk 2,27f.) (...) Ferner deutet er sein Heilen chronisch Kranker als eine von der übergreifenden Motivation ‚Gutes tun' zu verstehenden Ausweitung der Lebensrettung, die fest in den halachischen Diskussionen über den Sabbat verankert ist (Mk 3,4). Am Sabbat steht im Kontext der Gottesherrschaft der Mensch mit seinen Bedürfnissen dergestalt im Mittelpunkt, daß ihm sein als ‚Rettung' verstandenes Heilwerden nicht verweigert werden kann. Traditionell kennzeichnen im antiken Judentum Ruhe, Freude und Lobpreis den Sabbat als einen Tag besonderer Gemeinschaft mit Gott. Jesus nimmt hier eine besondere Schwerpunktsetzung vor: Er bestimmt den Sabbat seinem Wesen nach primär nicht durch die Regulierung der Arbeitsruhe, sondern durch die Gottesherrschaft (...) Jesus sichert sein Sabbatverhalten nicht näher halachisch ab. Es spricht nichts dagegen, daß er, abgesehen von seinem sabbatlichen Heilen, im wesentlichen – unpathetisch – einer im Volk beobachteten Sabbathalacha gefolgt ist."*[29]

Die Überlieferung von der Sabbatpraxis Jesu hat in der urchristlichen Entwicklung zwei Tendenzen den Weg offen gelassen. Im judenchristlichen Raum hielt man am Sabbat und einer „nicht halachisch geformte(n) Sabbatpraxis"[30] fest, während im Raum der heidenchristlichen Mission der Sabbat zu jenen gesetzlichen Institutionen gerechnet wurde, von denen man sich, wie bei der Beschneidung, durch die im Glauben an Christus gewährte Freiheit entbunden sah (vgl. Kol 2,16f.). Der für die jüdische

Identität so zentrale Sabbat, mußte zwangsläufig für die vom Judentum sich zunehmend separierenden christlichen Gemeinden an praktischer Bedeutung verlieren. Das im syrisch-palästinensischen Raum sich noch eine zeitlang haltende Judenchristentum (Ebioniten[31]) verlor sich schließlich, die heidenchristlich geprägten Gemeinden wurden zur Normalität.

Wenn es von früh an einen für die christliche Religion signifikanten Wochentag gab, so war es nicht mehr der Sabbat, sondern der erste Tag der Woche nach jüdischer Zählung, der *dies solis* nach dem späteren Muster der römischen Planetenwoche, der Tag, den sie *kyriakê, kyriakê hêmera* oder *dies dominica* oder einfach *dominica* nannten, „Herrentag", „Tag des Herrn". Anfängliche Zeugnisse für eine besondere Rolle dieses Tages im christlichen Leben finden sich schon im Neuen Testament: 1 Kor 16, 2 (*„mia sabbatôn"*, „am ersten Tag der Woche"), Apg 20,7 (*„mia tôn sabbatôn"*, am ersten Tag der Woche"), Apk 1,10 (*„kyriakê hêmera"*, „am Herrentag"), aber erst seit dem 2. Jh. wird klar erkennbar, daß es sich hier um den besonderen Gottesdiensttag der Christen handelt: „Am Herrentag versammelt euch, brecht das Brot und saget Dank..." (Did 14,1); „Und am sogenannten Sonntag (*Tê tou hêliou legomenê hêmera*) findet eine Zusammenkunft aller, die in den Städten oder auf dem Lande wohnen statt..." (Justin, Apol I 67,3-7).[32] Es ist ein reiner Gottesdiensttag ohne die Besonderheit einer Arbeitsruhe. Am frühen Morgen oder, nach getaner Arbeit, am Abend versammeln sich die Christen zum Gottesdienst. Der für die christliche Religion repräsentative Wochenfeiertag hat kein sabbatliches Gepräge.

Wenn dieser „Herrentag" dennoch von Anfang an in sabbatliche Zusammenhänge geraten ist, so hat das seinen Grund zunächst in der bei aller Trennung anhaltenden Konkurrenz mit dem Judentum, die die christlichen Theologen dazu veranlaßt, ihren ersten Tag als Überbietung des jüdischen Sabbats in Stellung zu bringen, wobei das Argumentationsproblem auch darin liegt, daß die christliche Religion die Heilige Schrift der Juden als Altes Testament in den eigenen Kanon der Gottesoffenbarung aufgenommen hat, worin nun eben dem Sabbat, wie ihn die Juden begehen, ein so großes Gewicht zukommt.

5. Konstantin d. Große

Kommt die erste sabbatliche Herausforderung des „Herrentags" aus der dem Judentum gegenüber entwickelten Apologetik und Hermeneutik, so die zweite aus der Politik. Sie beginnt damit, daß das Christentum ein politisch relevanter Faktor für das Imperium Romanum geworden ist. Es sind Religionsdekrete Kaiser Konstantins d. Gr., die dem christlichen Herrentag erstmals das Moment der Ruhe hinzufügen, von außen. In zwei Erlassen des Jahres 321 heißt es:

> *„Alle Richter, die Stadtbevölkerung und die gesamte Gewerbetätigkeit sollen am verehrungswürdigen Tag der Sonne ruhen. Nichtsdestoweniger sollen die Landleute den Anbau der Felder frei und ungehindert betreiben, da es häufig vorkommt, dass kein Tag geeigneter ist, den Getreidesamen den Furchen und die Weinstock(setzlige) den (dazu vorbereiteten) Löchern anzuvertrauen; damit nicht etwa die Gunst der momentanen Gelegenheit, von himmlischer Vorsehung beschieden, verpasst werde."*[33]
>
> *„So wie es sehr unangebracht schien, an dem durch die ihm gezollte Verehrung ausgezeichneten Sonntag sich mit Gerichtsstreitigkeiten und sträflichen Parteihändeln zu befassen, so ist es schön und erfreulich, wenn an diesem Tag die Gelübde erfüllt werden, die am meisten (zu erfüllen) sind. Und darum sollen alle die Erlaubnis haben, am Feiertag (die festo) Sklaven abzutreten und freizulassen, und diesbezügliche Verfügungen sollen nicht verboten sein."*[34]

Zusätzlich zu diesen beiden in die späteren justinianischen und theodosianischen Gesetzessammlungen aufgenommenen Erlassen berichtet Eusebius in der *Vita Constantini* von einer Anordnung, das Militär betreffend:

> *„Er lehrte sodann sein ganzes Heer, den Erlösungstag, der, wie es sich trifft, auch nach dem Licht und nach der Sonne benannt ist, mit Eifer zu ehren: den Soldaten, die Anhänger des göttlichen Glaubens waren, gab er Urlaub, ungehindert und regelmäßig zur Kirche Gottes zu gehen, solange, bis sie ihre Gebete verrichtet hätten, wobei ihnen niemand im Wege sein durfte; den Soldaten, die noch nicht Teilhaber des göttlichen Wortes waren, befahl er in einem zweiten Gesetz, an den Herrntagen vor die Stadt auf ein freies Feld zu gehen und dort auf ein verabredetes Zeichen hin alle gemeinsam ein eingeübtes Gebet an Gott zu richten."*[35]

Die konstantinische Sonntagsgesetzgebung rekurriert mit keiner Silbe auf die Institution des Sabbats. Es handelt sich nicht um eine kaiserlich verfügte Zusammenführung von heidenchristlicher mit jüdischer Religionspraxis; die für die alttestamentliche Sabbattradition elementare bäuerliche Lebenssphäre wird ausdrücklich ausgenommen. Es handelt sich auch nicht um ein Privilegrecht exklusiv für Christen. Die Bestimmungen sollen für den ganzen öffentlichen Raum gelten, für die Gerichtsbarkeit und das städtische Gewerbe (*artium officia cunctorum*) und für das Militär.

Gerade bei der Anordnung für die Soldaten scheint durch die christliche Darstellung des Eusebius das religionspolitische Konzept Konstantins durch. Es geht nicht bloß darum, den christlichen Soldaten religionstolerant die freie Ausübung ihrer Religion, die sich eben an den Sonntag geheftet hat, zu ermöglichen, sondern für alle Soldaten einen Gottesdienst anzuberaumen, den sie, „konfessionell" getrennt, alle dem einen wahren Gott des Reiches widmen, und nicht etwa die Christen dem wahren Gott, die Heiden ihren jeweiligen Göttern. Die heidnischen Soldaten werden nicht zu dem oder jenem Tempel der Stadt beordert, sondern sollen „auf freiem Feld", unter der Sonne, *sub divo*, unter freiem Himmel ihre Hände zur Gottheit erheben und nach dem Muster eines militärischen Zeremoniells ein Gebet verrichten; es handelt sich um ein *officium divinum.* Konstantins Sonntagsgesetz folgt einer monotheistischen *theologia politica,* die das, was kultisch noch getrennt ist, ideell überwölbt.

Warum wählt Konstantin für diesen Reichsruhetag den Sonntag, der ja nur nach jüdischer Zählung der erste Tag der Woche war; die seit Anfang des 3.Jh. in Rom eingeführte Planetenwoche begann mit dem Saturnstag? Stand dieser als mit dem jüdischen Sabbat zusammenfallender vielleicht für eine solche universelle Bestimmung nicht zur Verfügung, so wäre auch der Göttervater mit seinem Tag infrage gekommen, der *dies Iovis,* unser heutiger Donnerstag (*giovedi, jeudi*). Plausibel erscheint die Wahl der *dies solis* nur im Zuge der kaiserzeitlichen Solartheologie, in der „von etwa 218 an (...) der Kult des Sol invictus zum Kult des Kaisers und dann sogleich zum Reichskult wurde"[36]: „Daß der neue Kult – namentlich im Heere – sogleich rezipiert werden konnte, wurde dadurch erleichtert, daß inzwischen die Gleichung Mithras=Sol volle Gültigkeit erlangt hatte. Und es gilt, sich vor Augen zu halten, daß das Heer sich durchweg zur Mithras-Religion bekannte."[37] Konstantin stellt sich in diese die Pluralität der vielen überkommenen Götter überbietende monotheistische Solartheologie; sie ist das religionspolitisch einende Band des monokratisch zu regierenden Imperiums. Dieser *Sol invictus* hatte sich ihm in der Vision vor der entscheidenden Schlacht an der Milvischen Brücke als identisch mit dem Christus, dem Gott der Christen geoffenbart.

Was immer schon zu den diversen Festtagen gehören konnte, das Aussetzen der Gerichtsbarkeit, Unterbrechung gewerblicher Arbeit, Erfüllung von *vota* und natürlich Gebet, wurde gebündelt auf eine regelmäßig wiederkehrende *dies solis,* die so die Bedeutung des *einen* Gottes für die *salus populi* erwies. Die Begründung, mit der die Feldarbeit von dieser Ruhetagsregelung ausgenommen wird, unterstreicht gerade dieses auf die Gunst der Gottheit abhebende Verständnis des neuen festen Tages. Die Landleute sollen „den Anbau der Felder frei und ungehindert betreiben", d.h. nicht an den mechanischen Sieben-Tage-Rhythmus gebunden sein, weil sie selbst auf die Vorgänge des Himmels achten sollen, „damit nicht etwa die Gunst der momentanen Gelegenheit (*occasione momenti ... commoditas*), von himmlischer Vorsehung (*caelesti provisione*) beschieden, verpasst werde.“ Ganz im Sinne altrömischer *religio* ist hier nicht ein bestimmter Tag, sondern die Gunst der Stunde die Zeit, in der der Mensch der Gottheit begegnet, ihrer himmlischen Vorsehung.

Die Christen, für Konstantin die wichtigste religiöse Korporation, sind in dieses Sonntagskonzept einbegriffen, aber es beschränkt sich nicht auf sie. Es begünstigt ihren Gottesdienstbesuch, und da die Feier des „Herrentags“ der einzige an diesem Tag schon fest etablierte Gottesdienst ist, bahnt sich wohl an, ihn auf Dauer als den der Gottheit pflichtmäßig geschuldeten Kult dieses nun regelmäßigen staatlichen Ruhetags anzusehen. Aber das ist eine nachträgliche Konsequenz, nicht das erste Ziel der Einrichtung dieses staatlichen Ruhetages.

Die neue Einbettung der *dominica* in ein gesetzlich verordnetes Ruheambiente kommt nicht aus jüdischer Sabbattradition, aber sie gibt ihr eine Art Sabbatlichkeit. Und das bringt für die christlichen Theologen bei aller Begünstigung der eigenen Sache eine gewisse Verlegenheit mit sich. Die frühchristliche Distanznahme zur jüdischen Sabbatpraxis war begleitet worden von der theoretischen Bemühung, das in der Schrift so hochgestellte Sabbatgebot nicht einfach als erledigt beiseitezulegen, sondern zu sublimieren. Der Abschied von den halachischen Bestimmungen geschah im Sinne einer höheren Erfüllung des gesetzlich Gebotenen. Die Rettung des Sabbats schlug eine doppelte Richtung ein, eine ethische und eine eschatologische.

Die ethische Sublimierung des Sabbats wird, ähnlich wie bei der Beschneidung, darin gesehen, daß an die Stelle des „fleischlichen“ Sabbats ein „geistiger“ tritt:

> *„Das neue Gesetz will, dass ihr beständig Sabbat feiert, und ihr meint, gottesfürchtig zu sein, wenn ihr einen Tag müßig seid … Daran hat Gott kein Gefallen: (sondern) wenn unter euch ein Meineidiger oder ein Dieb sich findet, soll er (damit) aufhören, wenn einer Ehebrecher (ist), soll er seine Gesinnung ändern: dann hat er die lustreichen und wahren Sabbate Gottes gefeiert.“*
>
> Justin, Dial c. Tryphone 12,3[38]

> *„Es braucht des Befehles nicht, einen Tag der Ruhe ohne Arbeit zuzubringen, wo man täglich Sabbat feiert, d.h. im Tempel Gottes, der da der Menschenleib ist, Gott dient und allezeit Gerechtigkeit übt.“*
>
> Irenäus, Adv. haereses, Epideixis 96[39]

> *„Lassen wir die jüdischen Sabbatbräuche und schauen wir, wie beschaffen das Sabbathalten für den Christen zu sein hat. Am Sabbat soll man kein weltliches Werk verrichten. Wenn du darum von allen weltlichen Werken abstehst und nichts Weltliches treibst, sondern für geistliche Werke Zeit hast, zur Kirche kommst, den*

göttlichen Lesungen und Predigten dein Ohr leihst, über die himmlischen (Dinge) nachdenkst, Sorge um die zukünftige Hoffnung trägst, das kommende Gericht vor Augen hast, deinen Blick nicht auf Gegenwärtiges und Sichtbares, sondern auf Unsichtbares und Zukünftiges richtest: das ist Sabbathalten für einen Christen.“

Origenes, Numeri-Homilien 23,4[40]

Die Erfüllung des Sabbatgebots wird von gesetzlich festgelegten Zeiten und Werken gelöst: Sabbat ist alle Tage und besteht in einem sittlich guten und frommen Leben.

Die erwähnte Eschatologisierung knüpft an frühjüdische Tendenzen an, die die letzte Erfüllung des Sabbats für das Ende der Tage erwarten. Der neutestamentliche Hebräerbrief bezeugt solche Erwartung:

„Also bleibt dem Volk Gottes eine Sabbatruhe übrig. Denn wer in seine Ruhe eingegangen ist, ruht auch selbst von seinen Werken, wie Gott von den seinigen. So wollen wir uns nun eifrig bemühen, in jene Ruhe einzugehen.“

Hebr 4,9

In der Sicht des Hebräerbriefs verbindet sich die Ruhe im Gelobten Land (Hebr 4,8 in Bezug auf Ps 95,11) mit der des Sabbats zum Bild der Vollendung, auf die die Wanderschaft des Gottesvolkes hinläuft: Ruhe mit und in Gott. Diese eschatologische Vision wird von den patristischen Autoren der ersten Jahrhunderte aufgenommen. „Die altkirchliche Exegese hat fast durchweg die eschatologische Ruhe als ‚Sabbat‘ verstanden und umgekehrt den wahren Sabbat als die eschatologische Ruhe.“[41] Bei Origenes heißt es:

„Es wird also einen wahren Sabbat geben, an welchem Gott von allen seinen Werken ausruhen wird: der kommende Aeon, wenn Schmerz, Trauer und Seufzen entfliehen werden und Gott alles in allem sein wird. An diesem Sabbat wird Gott auch uns gestatten, mit ihm den Festtag zu halten.“[42]

Ethische und eschatologische Allegorese sind das Verfahren, mit dem die christlichen Autoren der Sabbathalacha zu entkommen suchen, ohne die Idee des Sabbats aufgeben zu müssen. Als die bessere – weil geistigere Erfüllung des Gesetzes – sehen sie sich ihren jüdischen Konkurrenten überlegen.

Die so vermeinte Überlegenheit gerät natürlich in Gefahr, wenn die äußeren Umstände die Christen doch wieder in Verhaltensformen bringen, die den überwunden geglaubten verdächtig ähneln. Und eben solches begegnet der Kirche mit der konstantinischen Ruhetagsgesetzgebung. Die christlichen Theologen des 4./5. Jh. gehen auf die religionspolitische

Offerte, den „Herrentag" als christlichen Sabbat zu verstehen, nicht gleich begeistert ein. Sie merken wohl, daß sie damit zurückfallen könnten in etwas, was sie stolz hinter sich gelassen zu haben glaubten.

6. Augustinus

Augustinus bleibt bei der Sicht der vorkonstantinischen Väter, und der antijüdische Affekt ist nicht zu übersehen:

„(...) die Juden beobachten den Tag des Sabbats knechtisch, zu Schwelgerei, zur Trunkenheit. Um wieviel besser würden ihre Frauen Wollarbeit verrichten, als auf den Söllern tanzen. Es sei ferne, Brüder, daß wir sagen, sie beobachteten den Sabbat. Geistig beobachtet den Sabbat der Christ, indem er sich von knechtlicher Arbeit enthält. Denn was heißt, sich von knechtlicher Arbeit enthalten? Von der Sünde sich enthalten. Wie beweisen wir das? Frage den Herrn: ‚Jeder der Sünde tut, ist ein Knecht der Sünde' (Joh 8,34). Also wird uns auch geistig die Beobachtung des Sabbats geboten."

In Ev. Joh. 3,19[43]

Dominant aber ist bei Augustinus der eschatologische Sinn des Sabbats, und das ist der der Ruhe. Der Bischof von Hippo ist seinem Naturell nach ein unruhiger Mensch. Gleich auf der ersten Seite seiner „Bekenntnisse" steht es geschrieben: „Unruhig ist unser Herz, bis es ruht in dir" (Conf. 1,1)[44] und auf der letzten das Gebet:

„O Herr und Gott, schenke uns nun auch den Frieden – denn du hast uns ja alles gegeben – den Frieden der Ruhe, den Frieden des Sabbats, des Sabbats ohne Abend. Denn diese ganze wundervolle Ordnung all der Dinge, die du selbst sehr gut nanntest, wird vergehen, wenn sie das ihr gesetzte Maß erfüllt hat; sie hat ja dann einen Morgen und Abend gehabt. Der siebente Tag aber hat keinen Abend und keinen Niedergang, weil du ihn geheiligt hast, auf daß er immerdar dauere. Wenn es daher heißt, du habest nach Erschaffung deiner sehr guten Werke geruht, obwohl du sie in Ruhe geschaffen, am siebenten Tage geruht, so soll uns die Stimme deines Buches verkünden, daß auch wir nach unseren Werken, die nur deshalb, weil du sie uns verliehen, sehr gut sind, am Sabbat des ewigen Leben in dir unsere Ruhe finden sollen.

Dann wirst du auch so in uns ruhen, wie du jetzt in uns wirkst, und so wird jene Ruhe deine Ruhe in uns sein, wie unsere Werke hienieden deine Werke durch uns sind. Du aber, o Herr, wirkest immerdar und ruhest immerdar; du siehst nicht die Zeit und bewegst dich nicht in der Zeit und ruhest nicht in der Zeit, und doch bewirkst du das Erkennen in der Zeit, die Zeit selbst und die Ruhe am Ende der Zeit."

Conf. 13, 35-37[45]

„Ruhe" ist, wie man sieht Augustins zeittheologischer Begriff schlechthin. Der zeitlos in sich ruhende Gott ist der Grund der Zeit und ihrer Erkenntnis, und er ist das Ziel der Zeit. Die in der Zeit gewirkten Werke vergehen nicht einfach mit der Zeit, sondern werden aufbewahrt und aufgehoben in die zeitlose Ruhe Gottes. Der Gott, der die guten Werke in uns gewirkt hat, kommt mit ihnen in uns zur Ruhe. Augustins Zeittheorie ist eine Sabbattheorie. „Sabbat" ist der Zeitname für die Ewigkeit, verstanden als Einkehr der Menschheit und ihrer Zeit in Gott.

Wie die *Confessiones* enden auch die Bücher *De civitate Dei* mit diesem Ruhm der Ruhe:

> *„(...) dieses siebente Weltalter wird unser Sabbat sein, dessen Ende nicht ein Abend sein wird, sondern als der ewige achte Tag der Tag des Herrn, der durch Christi Auferstehung geheiligt ist und das Ruhen nicht nur des Geistes, sondern auch des Leibes vorbildet. Da werden wir feiern und schauen, schauen und lieben, lieben und preisen."*
>
> De civ. Dei 22, 30[46]

Um deutlich zu machen, daß die alles beruhigende Ruhe Gottes nicht nur den unruhigen Geist, sondern auch den unruhigen Leib am Ende in sich aufnehmen wird, wird der siebte Tag des Sabbats mit dem ersten Tag, dem der Auferstehung Christi geglichen zu einem aus dem immer wiederkehrenden Siebenerrhythmus hinausspringenden achten, ewigen Tag, dem der *visio beatifica,* der ruhigen Anschauung Gottes.

Wie sich aus dem Duktus dieser Texte ergibt, hat Augustins Theologie einen sabbatlichen Sog, dessen Sehnsucht nach Ruhe in Gott das gesamte moralische und gottesdienstliche Leben durchwirkt und für ihn nicht in der halachischen Observanz eines gesonderten Tags einzufangen ist. So bindet er seine Ruhethologie auch nicht, wie es die konstantinisch-theodosianische Ruhetagsgesetzgebung hätte nahelegen können, an den besonderen „Tag des Herrn".

7. Mittelalter. Thomas v. Aquin

Doch zu Augustins Zeit, um 400 n.Chr., hat schon der Prozeß eingesetzt, in dem der „Tag des Herrn" zunehmend als christliche Erfüllungsform des alttestamentlichen Sabbats verstanden wird, mit einer „materielle(n) Sonntagkasuistik"[47]. „So nimmt es nicht wunder , daß im frühen Mittelalter der Sonntag in den neuchristianisierten Völkern eine ähnliche Position einnimmt wie der Sabbat im nachexilischen Judentum: Er wird zum Kennzeichen für die erfolgte Übernahme der Religion und mit strengen Gesetzesauflagen gesichert."[48] „Im Kap 81 der *admonitio generalis* Karls des

Großen 789 werden alle gängigen Feld- und Handwerksarbeiten von Frauen und Männern als sämtlich sonntags verboten aufgezählt."[49] Karls Interesse entspricht dem Konstantins, für das Reich eine einheitliche Feiertagsregelung zu schaffen, die kulturellen Konditionen haben sich freilich grundlegend geändert. Das Imperium ist nun eindeutig ein *Imperium christianum,* der christliche Gottesdienst ist der einheitsstiftende Kult, dessen Besuch sicherzustellen ist, wozu unter den nunmehr vorherrschend ländlichen Verhältnissen vor allem die Freistellung aller von der „knechtlichen Arbeit" gehört. Meßbesuch und Arbeitsruhe sind in der christlichen Sonntagspflicht miteinander verkoppelt.

Was sich zunächst praktisch entwickelt, wird scholastisch durchgearbeitet. Bei Thomas v. Aquin findet sich das in der Behandlung des 3. Gebots des Dekalogs (Sth 2/2 q 122 a 4). Anders als beim eschatologischen Ruheenthusiasmus Augustins interessiert ihn in aristotelischer Nüchternheit die gegenwärtige Geltung des Dekalogs. Um ihn im naturrechtlichen Sinne als ein für alle Menschen gültiges Gesetz ausweisen zu können, muß zwischen einem moralischen und zeremonialen Anteil der biblischen Gebotsformulierung unterschieden werden (*praeceptum partim morale, partim caeremoniale).* Nur im moralischen Sinne betrifft das Sabbatgebot alle Menschen, was Thomas so erläutert: Dem Menschen wohnt eine natürliche Neigung (*naturalis inclinatio)* inne, jeder notwendigen Sache (*rei necessariae),* wie z.B. der körperlichen Erholung, dem Schlaf und ähnlichen Dingen, eine gewisse Zeit zur Verfügung zu stellen. Auch der geistigen Erholung (*spirituali refectioni),* durch die der Geist des Menschen in Gott erholt wird (*mens hominis in Deo reficitur),* ist, dem Gebot der Vernunft (*dictamen rationis naturalis)* folgend, eine gewisse Zeit zu widmen, als Freizeit für die Gottheit (*vacare divinis).*

Thomas' Argumentation ist zeitanthropologisch. Es liegt in der Natur des Menschen, über seine Zeit zu verfügen, und d.h. auch, sie lebensnotwendigen Dingen zur Verfügung zu stellen. Zu diesen mit der Natur des Menschen gegebenen unerläßlichen Dingen gehört für das *animal rationale* Mensch auch die Ausrichtung des Geistes auf Gott, den Grund und Schöpfer aller Dinge. Das ist der Sinn von *religio* (vgl. Sth 2/2 q 81: *De religione*). So ist es ein für alle Menschen geltendes Gebot, Gott Zeit zur Verfügung zu stellen, *vacare Deo,* frei zu sein und Zeit zu haben für Gott und göttliche Dinge (*divinis),* Gottesfreizeit, in der der Geist des Menschen sich erholt von seiner irdischen Tätigkeit.

Dieses „Gott Zeit widmen" als Urakt der Religion bleibt in der körperlichen und sozialen Natur des Menschen nicht etwas rein Innerliches und Privates, innerer Kult im Sinne von Gebet und Andacht, sondern geht über in einen *„cultus exterior (...) per aliquod signum sensibile"*, Gottesdienst in sichtbaren Zeichen (vgl. Sth 2/2 q 81 a7). Das ist von Thomas allgemeinmenschlich gedacht; die genaue Festlegung von Zeit und Form dieses *debitus cultus* ist Sache des *praeceptum caeremoniale.* Im Alten Bund ist das der Tag des Sabbats mit seinen genauen halachischen Vorschriften. In diesen Dingen hat das biblische Sabbatgebot keine naturrechtliche Geltung, ist es also auch für Christen nicht verbindlich.

Das erste Ziel des Sabbatgebots ist für Thomas also, daß der Mensch Zeit hat für Gott in Form eines *cultus externus.* Die biblische Grundlage dafür sieht er in dem die Sabbateinhaltung bezeichnenden Wort „heiligen", was so viel heißt wie „der Gottesverehrung weihen (*divino cultu applicatur)"*.

Aber da ist im Sabbatgesetz ein zweites, das sogar als das Eigentliche erscheint, die *cessatio operum,* das Aussetzen der Arbeit. Die Frage, in welchem Sinne dies zum allgemeinverbindlichen moralischen Gehalt des Sabbatgebots und nicht schon zu seiner zeremonialen Ausgestaltung gehört, veranlaßt Thomas, über den Sinn von *opera* zu sprechen, und er zitiert geradezu definitorisch Lev 23,35: *„Omne opus servile non facietis in eo:* " – „Ihr sollt an ihm kein knechtliches Werk tun" (Sth 2/2 q 122, a 4, ad 2). Knechtschaft kann dreifach sein: Dienst der Sünde (Joh 8,34), Dienst am Nächsten (Kol 3,20.22), Gottesdienst (*Dei servitium).* Natürlich ist Gottesdienst am Tag des *vacare Deo* nicht verboten und Dienst der Sünde als diesem konträr nicht erlaubt, ja man könnte im Umkehrschluß sagen, daß alle Tätigkeiten, die den gebührenden Gottesdienst und die Teilnahme daran verhindern, im eigentlichen Sinne Sünde sind. Was aber ist mit der dazwischen liegenden menschlichen Werktätigkeit? Zunächst nimmt Thomas das biblische Faktum, daß die Priester des Alten Bundes selbstverständlich auch am Sabbat ihren kultischen Tätigkeiten nachgehen, als Argument dafür, daß nicht nur kein Kultvollzug, sondern überhaupt „keine geistige Tätigkeit" (*nullius spiritualis actus exercitium,* q 122 a 4 ad 3) gegen die Sabbatvorschrift verstößt, wobei er selbst, der mittelalterliche Predigerbruder, an so etwas wie Lesen, Schreiben, Reden denkt.

Das Problem der *opera servilia* konzentriert sich also auf *opera corporalia,* körperliche Tätigkeiten, die an sich, weil sie keine Sünde sind, dem Ziel des Sabbats nicht widersprechen. Thomas führt hier ein soziologisches Argument ein: „Tätigkeiten, auch körperliche, die zum geistigen Kult Gottes nicht dazugehören, werden knechtlich genannt, insofern sie im eigentlichen Sinne Sache von Knechten sind; insofern sie Knechten und Freien gemeinsam sind, werden sie nicht knechtlich genannt." (q 122 a 4 ad 3). Knechtliche Arbeit ist also unfreie, abhängige Arbeit. Das Sabbatgebot soll Freie und Abhängige, Knechte, Sklaven im Sinne der alttestamentlichen Sabbatvorschrift, gleichstellen. Körperliche Arbeit, die beiden gemeinsam ist, wie z.B. die Sorge für die Gesundheit (*salus corporis*) ist nicht verboten.

Thomas argumentiert hier immer noch naturrechtlich im Sinne eines allgemeingültigen Dekaloggebots. Aber es ist nicht zu übersehen, daß das in Frage stehende Anwendungsfeld die *dies Dominica* der Christen ist, auf die die *Quaestio* abschließend auch noch eingeht (q 122 a 4 ad 4). Festgehalten wird, daß das biblische Sabbatgebot nicht aus sich heraus (*ex vi praecepti legis*) den christlichen Sonntag meint, daß die besondere Sonntagspflicht vielmehr „*ex constitutione Ecclesiae et consuetudine populi Christiani*" stammt, also kirchen- und gewohnheitsrechtlich begründet ist. Wie die halachische Ausgestaltung des Sabbatgebots für die Juden, so ist kirchenrechtliche und brauchtümliche Ausgestaltung des Sonntags die jeweilige Anwendung des menschenrechtlich allgemeinen Sabbatgebots. An der Stelle des Tempel- oder Synagogengebets steht die Messe, und die Arbeitsruheregeln sind nicht so streng und formal wie im Alten Testament, sondern flexibel und dispensabel („*immutari possunt pro loco et tempore*").

Thomas kennt die moralische und eschatologische Sabbatallegorese der Patristik (q 122 a 4 ad 1), aber sie interessiert ihn eigentlich nicht, es geht ihm um das Gebot des Dekalogs in seinem Litteralsinn und die Frage, wieweit es als verpflichtendes Gesetz weiter in Geltung ist; „*Utrum convenienter tertium praeceptum decalogi tradatur*" lautet der Titel der *Quaestio.* Die mittelalterliche Dekalogauslegung findet in Thomas' Dekalogauslegung eine rechtstheoretische Systematisierung.[50]

8. Reformation

Die Lehre der Reformatoren des 16. Jh. ist, was die praktische Ausrichtung anlangt, am besten greifbar in den Katechismen. In Luthers Kleinem Katechismus heißt es zum 3. Gebot, das formelhaft lautet: „Du sollst den Feiertag halten": „Wir sollen Gott fürchten und lieben, daß wir die Predigt und sein Wort nicht verachten, sondern es heilig halten, gerne hören und lernen."[51] Die im 1. Gebot verlangte Gottesfurcht und -liebe wird hier ausgerichtet aufs Hören des Wortes Gottes, die Predigt und das Lernen. Das gilt ganz allgemein ohne Festlegung eines bestimmten Tages. Von Arbeitsruhe ist keine Rede.

Luthers Großer Katechismus ist ausführlicher.[52] Da geht es zunächst vor allem darum, das christliche Feiertagsgebot aus der alttestamentlich-jüdischen Gesetzlichkeit zu lösen: „Darümb gehet nu dis gepot nach dem groben verstand uns Christen nichts an."[53] Durch Christus, heißt es ganz paulinisch, sind wir von all dieser äußerlich-temporären Regulierung der Gottesverehrung befreit, sie hat alltäglich zu geschehen: „und zwar wir Christen sollen ymmerdar solchen feyertag halten, eitel heilig ding treiben, das ist teglich mit Gottes wort umbgehen, ym herzen und mund umbtragen."[54] Die christliche Einrichtung des Sonntag als eines besonderen Feiertags ist nicht mehr als eine pastoralpraktische Maßnahme für die breite Masse: „weil es der hauffe nicht warten kann, mus man ye zum wenigsten einen tag ynn der woche dazu aufschiessen. Weil aber von alters her der Sonntag dazu gestellet ist, sol mans auch dabey bleiben lassen, auff das es ynn einträchtiger ordnung gehe und nyemand durch unnotig newerung in unordnung mache."[55] Die für das alttestamentliche Sabbatgebot primäre Arbeitsruhe spielt für Luther nur eine untergeordnete Rolle. „Wie gehet nu solchs heiligen zu? Nicht also, das man hinder dem offen sitze und kein grobe arbeit thue odder ein krantz auffsetze und sein beste kleider anziehe, sondern (wie gesagt) das man Gottes wort handle und sich daryn ube."[56]; „(…) das feyren nicht so enge gespannet, das darümb andere zufellige arbeit, so man nicht umgehen kann, verpoten were."[57] Die Frage der Arbeitsruhe denkt Luther ganz bürgerlich, eher lustbaren Müßiggang argwöhnend als besorgt um Erholung.

Der reformierte Heidelberger Katechismus sieht die Sache nicht ganz anders.[58] Auch hier liegt der Sinn des Gebots beim gemeindlichen Hören des Wortes Gottes, das nicht ausschließlich, aber „besonders am Feiertag" zu geschehen habe; dazu kommt der Gebrauch der Sakramente und die Kollekte für die Bedürftigen. Kommemoriert wird schließlich die frühchristliche Sabbatallegorese: „Zum andern soll ich an allen Tagen meines Lebens von meinen bösen Werken feiern und den Herrn durch seinen Geist in mir wirken lassen. So fange ich den ewigen Sabbat schon in diesem Leben an." In diesem Sinne spiritualisiert findet die Arbeitsruhe als solche gar keine Erwähnung.

Anders als beim vorangehenden Bilderverbot besteht die reformierte Dekalogauslegung beim Sabbatgebot erstaunlich wenig auf der Wörtlichkeit des biblischen Textes. Während die calvinistische Bilderstürmerei gravierend in die christliche Lebenskultur eingreift, scheint man sich beim Sabbatgebot so in die herrschenden bürgerlichen Usancen einfügen zu wollen, daß man vor allem auf der Dominanz des Predigtgottesdienstes besteht.

Der beim Bilderverbot praktizierte biblizistische Rigorismus wurde hinsichtlich des Sabbatgebots erst seit dem 17. Jh. im angelsächsischen Puritanismus nachgezogen. Eine streng reformierte Ausrichtung der anglikanischen Kirche führte in England und von da ausgehend in Nordamerika zu einer rigorosen Sabbatisierung des Sonntags. „Zahlreiche Gesetze und kirchliche Verordnungen schärften eine legalistische Sonntagsbeobachtung ein, wie sie auf dem Kontinent unvorstellbar gewesen wäre. (...) die Puritaner strebten nicht nur ein absolutes Verbot von Sonntagsarbeit an, sondern auch eines der weitverbreiteten Volksbelustigungen (Theater, Tierhetzen, Bogenschießen, Tanzen)."[59] Es entsteht das, was man den „englischen Sonntag" nannte, als Inbegriff einer von der Religion verursachten Langeweile.

Die gegenüber dem puritanisch-reformierten Rigorismus eher gesetzesfreie Milde des Luthertums hatte dem kapitalistischen Zugriff der industriellen Revolution des 19.Jh. auf den Sonntag zwangsläufig weniger entgegenzusetzen.[60] Auch die katholische Sonntagsdoktrin, die im Blick auf bäuerliche Arbeitsverhältnisse immer mit witterungbedingten Ausnahmen agierte, war für die neuen Arbeitsverhältnisse, in denen „der Sonntag für die lohnabhängigen Arbeiter zum Regelarbeitstag wurde"[61] nicht ausreichend gewappnet.

9. Staatliche Gesetzgebung

Erst allmählich wurden in den christlichen Ländern des Kontinents staatliche Gesetze erlassen, und es ist bemerkenswert, daß das nun eine Sache der sozialen Fürsorge des Staates für seine Bürger wird.[62] Neben das „Motiv, den Sonntag für den Besuch des Gottesdienstes freizuhalten" kam hier das Argument zur Geltung, „dass es einen Tag der Ruhe und der Erholung geben müsse und dass dies ein Menschenrecht sei".[63]

„1919 tritt in Deutschland eine völlig neue und einmalige Lage ein: Der Schutz des Sonntags erhält Verfassungsrang. Art. 139 der Weimarer Reichsverfassung (WRV), der durch Art. 140 des Grundgesetzes (GG) fortgilt, bestimmt: ‚Der Sonntag und die staatlich anerkannten Feiertage bleiben als Tage der Arbeitsruhe und der seelischen Erhebung gesetzlich geschützt."[64] „Mit dem Sonntag als ‚Tag der Arbeitsruhe und der seelischen Erhebung' ist die Rechtslage wieder ähnlich wie zu Konstantins Zeiten vor 1700 Jahren: In einem Land, in dem 1919 noch fast alle, heute auch noch die große Mehrheit getauft ist, war der Verfassungsgeber natürlich auch christlich motiviert. Aber wie zur Zeit Konstantins kam es ihm im Augenblick der gleichzeitig 1919 durchgeführten Verselbständigung von Staat und Kirche darauf an, eine christliche Motivation gerade nicht in den Vordergrund treten zu lassen."[65]

Das erste ist die staatliche Fürsorge für die Arbeitsruhe, verstanden als körperliche Erholung. Dazu kommt die „seelische Erhebung", in der man einen Nachhall von Thomas v. Aquins „*spiritalis refectio*"(Sth 2/2 q 122, a

4 ad 1) hören könnte, aber sie wird hier, obwohl es einen religiösen Beiklang hat, nicht als ein *„vacare Deo"* festgelegt, schon gar nicht im Sinne eines kirchlichen Gottesdienstbesuchs. Die Formulierung „seelische Erhebung" klingt humanistisch-überreligiös, als staatliche Einschätzung der Menschenwürde der Bürger, die mehr sind als funktionstüchtige Arbeitstiere. Der gemeinschaftliche Gottesdienst ist eine der Möglichkeiten, diese „seelische Erhebung" zu realisieren, und wird im Umkehrschluß auch unter die Erwartung gestellt, daß er dies denn auch wirklich sei. Daß die Kirchen bei der weiteren rechtlichen Ausgestaltung des grundgesetzlich garantierten Sonntagsschutzes besonders an ihre Gottesdienste dachten und daran, daß möglichst viele Menschen die Möglichkeit haben sollten, sie ungehindert zu besuchen, liegt nahe.

10. Erosion

In den geschlossenen katholischen Milieus, vor allem auf dem Lande, bedurfte der Sonntag bis etwa in die Mitte des 20. Jh. einer solchen staatlichen Stützung nicht. „Der Sonntag von einst war ein Sonntag der kirchlichen Vorschriften. Der Pfarrer führte zumindest auf dem Land die Regie und bestimmte weitgehend den sonntäglichen Tagesablauf." [66] Der Vormittag war durch Frühmesse und Hochamt besetzt, der Nachmittag durch Christenlehre, Vespern, Volksandachten. Die freie Zeit sollte nach den Vorstellungen des Klerus möglichst mit Kult gefüllt werden. „In der katholischen Landschaft war der Sonntag wie kein anderer Tag von einer besonderen Atmosphäre umgeben, von einer Atmosphäre, die vom Religiösen und Sakralen geprägt war. Die Alltagsarbeit ruhte, und die Christen- und Bürgergemeinde schalteten im Wochenrhythmus einen Ruhetag ein, der hauptsächlich dem Lob Gottes, der Pflege der Gemeinschaft und damit der individuellen und sozialen Sinnerfahrung gewidmet war. Vom sakralen Charakter des kirchlichen Sonntags ging eine festliche Wirkung aus. (...) Die Kirchenglocken läuteten häufiger als an anderen Tagen; festlich und gepflegt gekleidete Menschen waren unterwegs auf dem Kirch- oder Spaziergang; die Hektik des Alltags ruhte."[67]

Der hier beschriebene, dem Sabbat in einem jüdischen Schtetl nicht unähnliche katholische Sonntag existiert nicht mehr. Die Entwicklung der modernen Gesellschaft hat seine idyllische Enge weggefegt. Das dem Sonntag integrierte Moment der Freistellung von der Arbeit entwickelte sich seit der Mitte des 20. Jh. zunehmend zum Drehmoment einer Freizeit, deren Gestaltung die Bürger autonom in die eigenen Hände nehmen wollten. Nicht mehr die Arbeit, sondern die Arbeitsruhe stellt sich nun den kirchlichen Instanzen als Bedrohung des Sonntags dar. „Die Konsum-

10. C. Spitzweg, Kirchgang in Dachau, um 1875, Dresden, Gemäldegalerie

und Freizeitgesellschaft, die sich aufgrund des wachsenden Wohlstandes und der verkürzten Arbeitszeit nach dem Weltkrieg ausdehnte, bedrohte die herkömmlichen Einflußbereiche der Kirche."[68] Der Sonntag wurde zum staatlich geschützten Rahmen der Ausübung einer Vielzahl individuell gewünschter Freizeitaktivitäten, für die eine wachsende Freizeitindustrie attraktive Angebote machte. Das tangierte nicht nur den vom sonntäglichen Hauptgottesdienst freigelassenen Zeitraum, sondern den Gottesdienst selbst, indem es ihn, statt ihn als Sinngrund dieses Tages zu respektieren, als konkurrierendes und für viele schließlich nicht mehr konkurrenzfähiges Freizeitangebot betrachtete. Das dem „Tag des Herrn" im Laufe seiner Geschichte zugewachsene „Sabbatliche" zeigte sich, von jeder halachischen Bestimmung gelöst, als genuiner Handlungsraum einer liberalen Konsumgesellschaft, die den Sonntag zu einem freien Wochenende ausbauen konnte. Die *dies dominica* ist so wieder zu dem geworden, was sie vorkonstantinisch war, das Randphänomen eines Tages, der zwar jetzt nicht mehr durch Arbeit gefüllt ist, aber durch vielfältige Tätigkeit, für deren Art und Maß der Staat nurmehr einen weitgesteckten und rechtlich flexiblen Rahmen absteckt.[69] Die unvermeidliche Nebenwirkung fortschreitender Liberalisierung des Freizeitangebots bedeutet ja, daß andere zu dessen Gewährleistung am Sonntag zu arbeiten gezwungen sind.[70]

Die Geschichte des abendländischen Christentums, in der die *dies dominica* und der Sabbat zusammengeführt wurden zu dieser besonderen kulturellen Form des Sonntags, und sich nun wieder trennen, aber so, daß von dem Sabbatlichen nur die Freiheit bleibt, nicht irgendeine gemeinschaftliche Form der Begehung, ist in eine unübersichtliche Übergangssituation geraten, in der die Theologie vorerst nicht mehr tun kann, als über den „Tag des Herrn" gründlicher nachzudenken.

II. SONNTAG

1. Liturgiekonstitution

Der katholisch amtlich letzte Stand des Sonntagsverständnisses findet sich im Kp. 106 der Liturgiekonstitution des 2. Vatikanischen Konzils:

> *„Aus apostolischer Überlieferung, die ihren Ursprung auf den Auferstehungstag Christi zurückführt, feiert die Kirche Christi das Pascha-Mysterium jeweils am achten Tage, der deshalb mit Recht Tag des Herrn oder Herrentag genannt wird. An diesem Tag müssen die Christgläubigen zusammenkommen, um das Wort Gottes zu hören, an der Eucharistie teilzunehmen und so des Leidens, der Auferstehung und der Herrlichkeit des Herrn Jesus zu gedenken und Gott dankzusagen, der sie ‚wiedergeboren hat zu lebendiger Hoffnung durch die Auferstehung Jesu Christi von den Toten' (1 Petr 1,3). Deshalb ist der Herrentag der Ur-Feiertag, den man der Frömmigkeit der Gläubigen eindringlich vor Augen stellen soll, auf daß er auch ein Tag der Freude und der Muße werde. Andere Feiern sollen ihm nicht vorgezogen werden, wenn sie nicht wirklich von höchster Bedeutung sind; denn der Herrentag ist Fundament und Kern des liturgischen Jahres."*[71]

Daß die Konzilsväter sich hier auf Neuland begeben haben, ist unmittelbar einem Vergleich mit dem seinerzeit gültigen Codex Iuris Canonici von 1917 zu entnehmen, wo der Sonntag der allgemeinen Kategorie der Festtage (*dies festi*) eingereiht ist (CIC 1917 Cn. 1247).Was den an diesen Tagen vorgesehenen Gottesdienst anlangt, heißt es lakonisch: *„Missa audienda est"*, „Pflicht ist es, eine Messe zu hören"; die Laien haben einer vom Priester „gelesenen" Messe beizuwohnen. Ausführlicher wird das Ruhegebot behandelt: *„abstinendum est ab operibus servilibus, actibus forensibus etc."*, d.h. untersagt sind „knechtliche Arbeiten", Gerichtsbarkeit, öffentliche Märkte und sonstiger öffentlicher Handel (CIC 1917, Can. 1248).

Mit der Liturgiereform wird der Sonntag zunächst aus der Reihe der Feste ausdrücklich herausgesetzt als *„primordialis dies festus"* und als „Fundament und Kernstück des ganzen liturgischen Jahres". Christliche Liturgie ist demnach prinzipiell Sonntagsliturgie. Der im Schema der römischen Planetenwoche übliche Ausdruck *dies solis,* von dem sich die in den germanischen Sprachen üblichen Bezeichnungen „Sonntag", *„Sunday"* etc. herleiten, fällt im lateinischen Text nicht; gebraucht wird der kirchensprachlich übliche Name *dies dominica*, was gleich semantisch aufgeklärt wird als *„dies Domini"*, „Tag des Herrn".

„Tag des Herrn" ist der Sonntag in der Sicht des Konzils, weil die Kirche an ihm das *„Mysterium paschale"* feiert; im lateinischen Text steht dieser von der neueren Liturgik forcierte Ausdruck fanalartig gleich am Anfang des Textes. Der „Tag des Herrn" hat seinen Ursprung „vom Auferstehungstag (*ab ipsa die Resurrectionis)*"; an ihm wird der Passion, Auferstehung und Herrlichkeit Christi gedacht und Gott Dank gesagt für die durch die Auferstehung Christi erlangte Widergeburt zu lebendiger Hoffnung, womit wohl die Taufe gemeint ist. „Auferstehung" soll demnach also nicht bloß der überlieferte Zeitindex des „Herrentages" sein, sondern auch seinen Festinhalt bestimmen.

Dieser Tag wird nun als der „achte Tag" (*dies octava)* gezählt. Der vom Siebenerrhythmus her zu erwartende Terminus „erster Tag der Woche", als den die Liturgie, wenn sie den Montag als *feria secunda* notiert, den Sonntag eigentlich versteht, fällt nicht. *Dies octava* ist ein ungebräuchlicher, offenbar ein mit dem herausgestellten Auferstehungssinn des Herrentages zusammenhängender Ausdruck.

Das Moment der Arbeitsruhe spielt im Beschluß des Konzils eine auffallend geringe Rolle, steht eigentlich nur in einem Nebensatz, als Ausfluß der fromm gefeierten *dies dominica:* „auf daß er auch ein Tag der Freude und Muße werde" – *„...ita ut etiam fiat dies laetitiae et vacationis ab opere"*. Die *„vacatio ab opere"*, in der die für die ältere Argumentation so wichtigen *„opera servilia"* noch anklingen, wird im deutschen Text mit „Muße" übersetzt, was ein bißchen bürgerlicher anmutet als das alte „Keine (knechtliche) Arbeit!".

2. „Tag des Herrn" und Ostern

Was vom Konzil sonntagstheologisch promulgiert wird, ist neu: „Der Sonntag hat seinen österlichen Charakter wiedergewonnen. Der großartige Artikel 106 der Liturgiekonstitution des Vatikanums II beseitigt jeden Zweifel: der Sonntag ist der Herrentag, dem Gedächtnis des auferstandenen und erhöhten Kyrios geweiht. Die erneuerte Meßliturgie erleichtert es den Gläubigen, das lange verunklärte österliche Gesicht des Sonntags wiederzuerkennen."[72]

A. Heinz, der die geschichtliche Wende solcherweise freudig begrüßt, muß in seiner sorgfältigen Untersuchung der mittelalterlichen Sonntagsliturgie freilich konzedieren: „Im Gegensatz zu dieser nun wieder klar erkennbaren österlichen Ausrichtung des Sonntags stand seine Feier ein

Jahrtausend lang eher im Zeichen des Dreifaltigkeitsmysteriums. Das Urbild des Sonntags, sozusagen der Sonntag schlechthin, war bis in die jüngste Vergangenheit im Volksempfinden eigentlich nicht der Ostersonntag, sondern der Dreifaltigkeitssonntag."[73] Daß eine große Religion ein Jahrtausend lang das Wesen ihres zentralen Festtags nicht richtig erfaßt hat, ist möglich, aber doch eine harte Einsicht.

Wie war es vorher? W. Rordorf, einschlägiger Kenner der altkirchlichen Sonntagsgeschichte, schreibt in seiner Untersuchung „Die theologische Bedeutung des Sonntags bei Augustin" von der verwunderlichen „Tatsache, daß Augustin den eigentlichen christlichen Namen für den wöchentlichen Feiertag, nämlich ‚Herrentag' zwar regelmäßig gebraucht, aber relativ selten auf die Auferstehung Christi als auf den Grund des Feierns hinweist. Und wenn er es tut, dann immer auf eine beinahe stereotype Weise: Es ist der Tag, an dem der Herr auferstanden ist."[74] Rordorf äußert den „Eindruck, diese Erklärung sei für Augustin schon so selbstverständlich, daß er darauf gar nicht näher eingeht"[75]. Daß der an sich mitteilungsfreudige Bischof von Hippo in dieser doch nicht ephemeren Sache sich so in Schweigen hüllt, bleibt dennoch verwunderlich. Wie weit also trägt Rordorfs *argumentum ex silentio?*

Wie war es vorher? W. Rordorf berichtet in seiner „Geschichte des Ruhe- und Gottesdiensttages im ältesten Christentum", „dass in den frühesten Texten zum christlichen Sonntag die Auferstehung Christi überhaupt nicht erwähnt wird; sobald sie aber als Grund für die Auszeichnung des Sonntags erscheint, hat man den Eindruck, als wäre diese Begründung erst sekundär eingetragen"[76]. So kann man den Eindruck gewinnen, daß das, was das 2. Vatikanum als das eigentliche Wesen des Sonntags promulgiert, nicht nur ein Jahrtausend, sondern von Anfang an nicht ganz klar bewußt gewesen wäre.

Nun ist W. Rordorf durchaus der Ansicht, daß die Wahl des 1. Tages der Woche als christlichen Haupttages mit der Auferstehung Christi zusammenhängt, daß aber dieser Zusammenhang nicht den Inhalt, sondern die Form der Begehung betrifft. Zunächst hält er es für wahrscheinlich, „dass der Name *kyriakê hêmera* abgeleitet ist von der Bezeichnung *kyriakon deipnon*; mit andern Worten hätte von der ‚Herrenmahlzeit' her der ganze Tag, an dem diese ‚Herrenmahlzeit' stattfand, den Namen ‚Herrentag" bekommen."[77] Dieses paulinische „Herrenmahl" (1 Kor 11,20) aber sei im Zusammenhang zu sehen mit der lukanischen Überlieferung vom Tag der Auferstehung, nämlich der Erscheinung des Auferstandenen am Osterabend (Lk 36-43), nachdem er den Emmausjüngern die Schrift ausgelegt hatte und sie ihn „beim Brotbrechen" erkannt hatten (Lk 24,35). „Es ist daran zu denken, dass diese erste Begegnung der Jünger mit ihrem auferstandenen Herrn sich *im genau gleichen Rahmen* abspielte wie das letzte Zusammensein der Jünger mit Jesus vor seiner Passion: alle Jünger (das zweite Mal fehlte Judas Iskarioth) waren ‚im Hause' (vermutlich beide Male das gleiche) am Abend versammelt, und zwar waren sie – das ist besonders wichtig festzuhalten – zu einer *Mahlzeit* versammelt."[78] Als Fazit der Rekonstruktion ergibt sich: „Wenn es sich so verhält, dass sowohl das letzte Mahl Jesu vor seinem Tod wie Ostermahlzeit, Brotbrechen und paulinisches Herrenmahl in direkter Kontinuität zueinander standen, dann muss die für unseren Zusammenhang wichtige Frage aufbrechen, ob nicht die Sonntagsfeier mit dieser ganzen Traditionskette aufs engste zusammenhängt."[79] „Man muss übrigens auch betonen, dass die Ostermahlzeit für die Tradition der Urgemeinde entschieden wichtiger wurde als die Erinnerung an die letzte Mahlzeit Jesu: man feierte das Herrenmahl nicht am Donnerstagabend, sondern am Sonntagabend. Aus dieser Terminverschiebung ersehen wir, dass das Zusammensein der Jünger mit dem Auferstandenen am Osterabend so etwas wie eine zweite Stiftung des Abendmahls bedeutet haben mußte."[80] Apg 1,3f. und Apg 10,41 belegen, daß Lukas in der Apostelgeschichte das Zusammensein des Auferstandenen mit seinen Jüngern als Mahlzeithalten und Reden vom Reich Gottes verstand. Läßt sich diese Rekonstruktion vielleicht auch nicht schlüssig beweisen, so macht sie doch plausibel, daß die für die christliche Gottesdiensttradition so elementare Haftung am 1. Wochentag wohl mit der Auferstehung des Herrn zusammenhängt, diese aber nicht als solche zum Festinhalt macht, wie es beim jüdischen Sabbat mit dem Exodus war, sondern an die Form der Erscheinung des Auferstandenen anknüpft.

Im Anschluß an die neutestamentlich faßbare Tradition heißt es Did 14,1: „Am Herrntag (…) aber versammelt euch, brecht das Brot und saget Dank, nachdem ihr zuvor eure Sünden bekannt habt, damit euer Opfer rein sei."[81] Und in Justins 1. Apologie (67,3) heißt es: „Und am sogenannten Sonntag findet eine Zusammenkunft aller, die in den Städten oder auf dem Lande wohnen, an einem Ort statt."[82] Die Zusammenkunft enthält Lesungen, eine Ansprache, Gebete, und schließlich „wird Brot, Wein und Wasser gebracht. Der Vorsteher verrichtet (…) Gebete und Danksagungen, und das Volk stimmt ein, indem es das ‚Amen' spricht. Dann findet die Austeilung statt; jeder erhält seinen Teil von dem, worüber die Danksagung gesprochen wurde, und den Abwesenden wird er durch die Diakonen gebracht."[83] Der Kontext der an kaiserliche Adressaten gerichteten Apologie Justins hat es nahegelegt, vom „sogenannte Sonnentag (*hêliou hêmera*)" zu sprechen, dem „Tag nach dem Saturnstag (*kronikê*)", und an diese Sonntagskosmologie als biblische Konvergenz anzuschließen, daß dieser „erste Tag (*prôtê hêmera)*“ der Tag sei, „an welchem Gott durch Umwandlung der Finsternis und des Urstoffes die Welt schuf, und weil Jesus Christus, unser Erlöser, an diesem Tag von den Toten auferstanden ist.“[84] Was aber von den Christen an diesem Tag gefeiert wird, ist kein großes Licht- und Schöpfungsfest oder ein wöchentliches Osterfest, sondern die auf Jesu Erscheinung am Ostertag basierende Versammlung mit Lesung, Gebet und gemeinsamem Mahl: „eben am Sonntag erschien er seinen Jüngern und lehrte sie das, was wir zur Erwägung auch euch vorgelegt haben.“[85]

„Tag des Herrn“ ist dieser Tag, weil er das Gedächtnis des Herrn Jesus Christus wachhält: „dies tut zu meinem Gedächtnis (*eis tê emên anamnêsin; in meam commemorationem)*“. Das Gedächtnis aber springt um in die Realpräsenz, wie es die Ostermahlgeschichten berichten. Der, dessen Gedächtnis man begeht, ist nicht der tot Vergangene von einst, sondern der Auferstandene und als solcher an diesem Tag lebendig gegenwärtige. Ostern ist die Bedingung dieses für die christliche Religion charakteristischen Kultes, nicht dessen permanenter Festinhalt.

Dies Sonntagsverständnis bestimmt auch die Liturgie der nachfolgenden Jahrhunderte. Der Lesegottesdienst folgt im Kirchenjahr der Gedächtnisspur des Lebens Jesu, kommemoriert, was jeweils an der Zeit ist. Was sollte es auch heißen, daß man jeden Sonntag, etwa im Advent oder in der Fastenzeit noch im Bußgewand, als Fest der Auferstehung Christi feiern sollte? Das Ordinarium der Messe ordnet die Auferstehung in die Reihe der einzelnen Heilsereignisse ein, ohne sie besonders herauszustellen; erst in der mit der Liturgiereform neu eingeführten Akklamation nach der Wandlung wird der paulinisch begründeten Verkündigung des Todes (1 Kor 11,26) der Preis der Auferstehung ausdrücklich hinzugefügt.

Ist es der frühchristlichen Genese des Sonntags wie der späteren Liturgiegeschichte nach so, daß der Vollzug des „Herrenmahles (*coena Domini)*“ selbst und nicht eine ihm noch hinzugefügte Akklamation oder Kommemoration der Auferstehung das österliche Wesen der *dies dominica* ausmacht, dann ist für die christliche Sonntagsbegehung diese Mahlfeier konstitutiv. Diese Hauptsache wird nicht bewahrt, wenn man meint, eine nicht mögliche Messe durch Wortgottesdienste oder Stundengebet ersetzen zu können.[86] Wo Priester nicht sind, ist eine laiengeleitete Kommunionfeier möglich. Wenn dies vom Gottesvolk vor Ort gegen klerobürokratische Bedenken erwartet wird, folgt der *sensus fidelium* dem Ursprung des Sonntags.[87]

3. Achter Tag

Die Liturgiekonstitution verwendet nicht die in der biblischen und auch liturgischen Tradition verankerte Bezeichnung „1. Tag der Woche", sondern spricht von der *„dies octava"*, dem „achten Tag". Da es im Siebenerrhythmus einen achten Tag zählpraktisch nicht gibt, ist an numerologische Symbolik zu denken. Ist der erste Tag der Woche der achte, so soll er offenbar den siebten übertreffen. Der erste Tag soll nicht der Anfang der Woche sein, die dann im Sabbat, den die Juden feiern, ihre Vollendung findet, sondern selbst die Vollendung der Woche. Die Rede vom „achten Tag" hat patristische Wurzeln, beginnt mit dem Barnabasbrief im 2. Jh. und setzt sich fort bei Justin (Dial c. Tryphone 41,4), Origenes (Comm. In Ps 118/11,1), Cyprian (Epistula 64, 4)[88]. Die Argumentation läuft in zwei Linien, einer ritualallegorischen und einer eschatologischen.

Die erste greift die biblische Vorschrift auf, daß die Bechneidung am 8. Tag zu erfolgen hat. Sie wird, so Justin, verstanden als „Hinweis auf die wahre Beschneidung, mit welcher wir von Irrtum und Schlechtigkeit beschnitten worden sind, durch Jesus Christus, unsern Herrn. Der erste Wochentag, obwohl er der erste von allen (Wochen-)tagen ist, wird nämlich der achte genannt" (Dial. c. Tryph. 41,4)[89]; ähnlich argumentieren Origenes und Cyprian. Die die fleischliche Beschneidung der Juden überbietende geistige der Christen bildet das Paradigma zur Überbietung des siebten von den Juden gefeierten Sabattags durch den achten der Auferstehung.

Die zweite, zuerst im Barnasbrief begegnende Argumentation setzt bei der prophetischen Sabbatkritik ein und eschatoligisiert sie: „Die jetzige Sabbate sind mir nicht angenehm, sondern (der), den ich gemacht habe, an dem ich, wenn ich das All zur Ruhe gebracht habe, den Anfang eines achten Tages machen werde, nämlich den Anfang einer andern Welt. Deswegen begehen wir den achten Tag in Heiterkeit, an dem auch Jesus aufstand von den Toten und erschien und in den Himmel aufstieg." (Barnabasbrief 15,8f.)[90] Es ist die an der Zahl acht haftende eschatologische Sabbatdeutung, die sich dann auch bei Augustinus findet. Als der achte Tag betrachtet ist der erste die liturgische Antizipation des ewigen Sabbats, der mit der Auferstehung Christi von den Toten angefangen hat.

In beiden Argumentationslinien hat die Rede vom „achten Tag" die Funktion eines Überbietungstopos, der polemisch gegen den jüdischen Sabbat in Stellung gebracht wird. Der Liturgiekonstitution ist solche apologetische Tendenz nicht zu unterstellen, zu fern ist ihr das alte *adversus Iudaeos*. Es ist vermutlich einfach patristischer Überschwang, dessen symbolische Numerologie sich freilich schwer in den gängigen biblischen und liturgischen Sprachgebrauch, der vom 1. Tag der Woche spricht, einfügen läßt. So fragt sich, ob für das Sonntagsempfinden des gläubigen Volkes mit dieser patristischen Oktavierung des Sonntags allzu viel gewonnen ist.

4. Gottesdienst

Die Form, in der der Sonntag von der Kirche begangen wird, wird üblicherweise „Gottesdienst" genannt, *„services", „diensten",* wie es in unseren Nachbarsprachen heißt. Der „Tag des Herrn" mit dem „Mahl des Herrn" hat Christusgepräge. Aber das auf die reale Präsenz des „Herrn" ausgerichtete Gedächtnis Jesu in Wort und Mahl hat die Form eines „Gottesdienstes". Es ist im wörtlichen Sinne das, was Thomas v. Aquin als Substanz des Sabbatgebots herausgearbeitet hat: *vacare Deo* in der Form eines *cultus publicus.*

Dieser Kult hat, nicht erst seit Beginn des Mittelalters durch die Bevorzugung der Dreifaltigkeitspräfation, trinitarischen Charakter. Die liturgischen Texte von den Segensformeln zu Beginn und Schluß der Messe über Gloria und Credo, in den kleinen und großen Doxologien, in die die Gebete münden, haben einen trinitarischen *cantus firmus.* Der Gott der Christen, der an der *dies dominica* zu feiern ist, ist der dreifaltige. Das ist es, was im menschheitlichen *vacare Deo* dem christlichen sein besonderes Gepräge gibt, gegenüber dem heidnisch-polytheistischen auf der einen, dem jüdisch, dann auch islamisch und philosophisch monotheistischen auf der anderen Seite. Es hebt die Beziehung zu Christus in die menschheitsbewegende Frage nach Gott. Theologiegeschichtlich ist die genaue Formulierung des *„Mysterium Trinitatis"* gewiß das Metier der intellektuellen Elite der christlichen Religion, aber das Bekenntnis zum dreifaltigen Gott war, wie die Texte der Liturgie, die Dokumente der Frömmigkeit und bildenden Kunst zeigen, durchaus eine populäre Sache der christlichen Religion; das im Namen des dreifaltigen Gottes geschlagene Kreuzzeichen ist dafür der elementarste Beleg.[91]

Die von der Liturgiekonstitution favorisierte Paschalisierung des Sonntags hat in der Liturgik dazu geführt, die österliche Christozentrik gegen die trinitarische Theozentrik auszuspielen. Doch kann dies nicht der theologischen Weisheit letzter Schluß sein. Sowohl die Geschichte der Meßliturgie wie der *sensus fidelium* raten dazu, den Dienst zu bedenken, den die Christen an diesem Tag Gott zu leisten haben. Sie feiern ja nicht sich selbst oder ihren Glauben, sondern suchen, Gott Raum zu geben und Zeit zu lassen. Sie opfern Zeit für Gott. Die in der Gottesdienstzeit liturgisch inszenierte *actuosa participatio* der Gemeinde hätte darauf zu achten, daß sie sich nicht in sich selbst erschöpft, und zubaut, was sie öffnen sollte.

So Gott die Ehre zu geben, indem man ihm ein Stück Zeit opfert, ist da, wo „Gott" für viele nichts ist, der Versuch eines Realitätsnachweises. Wenn die Auseinandersetzung mit dem Gottesunverständnis der Zeit nicht nur Sache akademischer Spekulation sein soll, steht der christliche Gottesdienst da als Statthalter des *vacare Deo.* So der Gottesdienst der christlichen Gemeinde eine öffentliche Sache ist, eine Zeit, zu der jedermann in der Kirche dazukommen kann, ein Ereignis, das sogar mit Absicht medial verbreitet wird, steht er auch der Wahrnehmung von Gottlosen jeder Art frei. Die Gemeinde muß freilich ihre primär nach innen gerichtete Versammlung vollziehen, aber Auge und Ohr der Gottlosen oder vielleicht auch Gottesfürchtigen sind ja nicht belanglos. Sogar in der kleinen Gemeinde von Korinth rechnete Paulus damit, daß „irgendein Ungläubiger oder Uneingeweihter (*idiotae aut infideles*)" in die Gemeindeversammlung hineinschneien könnte, und je nachdem, was sich da ereignet, zu der Ansicht käme „ihr seid von Sinnen" oder „auf sein Angesicht niedersinken und Gott anbeten und verkünden (würde), dass in Wahrheit Gott in euch ist" (1 Kor 14,23-25).

5. Gedächtnis

Die Meßliturgie ist mit trinitarischen Schnörkeln durchwirkt, aber in der großen Fläche ist sie ein historisches Kabinett, in dem Stücke aus unterschiedlichen Epochen vorgetragen werden. Altorientalische Sagen und Gesetzestexte werden vorgelesen, hellenistische Wundergeschichten und Brieffetzen, antike, mittelalterliche, barocke Lieder werden gesungen, römische und fränkische Gebete vorgetragen, Männer legen antike Kultgewänder an und hantieren mit altertümlichen Gesten und Utensilien. Es ist ein kulturelles Konglomerat aus drei Jahrtausenden, aus kleinen Stücken montiert.

Aber es ist kein Theater für interessierte Zuschauer, sondern ein Kultdrama von Beteiligten. Woher das Einzelne auch immer stammt, es wird anstandslos angeeignet. Heißt es in einem der altorientalischen Prophetensprüche oder einer der hellenistischen Episteln „Ihr", so sehen sich die anwesenden Gläubigen selbst angeredet. Heißt es in einem der Gesänge aus der Umgebung des Jerusalemer Königshofs, aus einem mittelalterlichen Kloster oder einer lutherischen Pfarrstube des 17. Jh. „Ich" oder „Wir", so stimmen die Gläubigen darin umstandslos ein. Die Dokumente werden als Vorlage für eigenes Sprechen benutzt, wodurch zugleich eine Jahrhunderte übergreifende Gemeinschaft derer entsteht, die sich in diese Überlieferung je und je von neuem eingefunden haben.

Nicht nur durch die objektive Koordination der einzelnen Versatzstükke der Liturgie, sondern auch und vor allem erst durch diese subjektive

Aneignung geschieht im Raum der Liturgie das, was F. Ohly vom Bau der Kathedrale gesagt hat, daß „die Sukzession der Zeit in Simultaneität verwandelt" wird, „Zeiten zur Gleichzeitigkeit versammelt"[92] werden. Die Stunde, in der die Gläubigen zusammenkommen, sammelt in sich ein Universum der Geschichte. Sie begeben sich für eine Stunde aus dem Bannkreis ihrer realen Lebenszeit in den Imaginationsraum von Weltzeit. Das kann als Flucht aus der Zeit verstanden werden oder als Zuflucht aus deren Wahrnehmungsenge, als Illusion oder Befreiung. Die liturgische Zeit steht auf jeden Fall in einer dialektischen Spannung zu der säkularen Zeit, aus der die Gläubigen kommen und in die sie wieder hineingehen. Der Versuch sie auszutragen hat in der Liturgie selbst seinen Ort in der Predigt.

Sagt man, die Liturgie sei ein historisches Konglomerat, so heißt das nicht, sie sei ohne Struktur, ohne Kriterium der Selektion und Kombination. Das Evangelium, das man nicht wie eine orientalische Geschichte entspannt im Sitzen anhört, sondern zu dem man aufsteht wie zur Botschaft eines Königs, wird jeweils begonnen mit der Einleitungsformel *„In illo tempore…"*, „In jener Zeit…". „Jene Zeit" ist natürlich die historisch fixierbare Zeit vor zweitausend Jahren, in der Jesus von Nazareth dies sagte, tat, litt. Das *„illud tempus"*, jene andere Zeit meint aber zugleich die für diese Religion maßgebende Gründungszeit. Die „Heilige Schrift", aus der hier vorgelesen wird, die mit dem Evangelium auch die anderen neutestamentlichen Schriften, ja dann auch, nicht unkompliziert, das ganze Alte Testament umfaßt, ist die Gründungsurkunde des Christentums, sein „Mythos", der im Gedächtnis zu halten ist um der Vergewisserung der eigenen Identität willen. So dient der Lesegottesdienst mit dem Höhepunkt des Evangeliums der Vergewisserung des Ursprungs und seiner zeitkritischen Kraft. Dies, die Wahrung eines konsistenten kulturellen Gedächtnisses, sollte im Umkehrschluß wohl auch das Kriterium der Auswahl und Zusammenstellung, des Vortrags und der Auslegung des liturgischen Lesekanons sein.

Der zweite Teil der Messe, das Eucharistische Hochgebet, hat seinen zeittheologischen Brennpunkt in dem die Einsetzungsworte abschließenden Satz: „Dies tut zu meinem Gedächtnis" – *„Hoc facite in meam commemorationem"*. Das *„Hoc"* *(„touto")* meint, wie die Fortsetzung im 1. Korintherbrief zu erkennen gibt, den rituellen Vollzug selbst: „Denn sooft ihr dieses Brot eßt und diesen Kelch trinkt, verkündet ihr den Tod des Herrn, bis er kommt." (1 Kor 11,26). Es ist primär rituelles, nicht textuelles Gedächtnis, Gedächtnis durch den Vollzug des Mahls selbst, nicht, wie es die neuere Liturgie mit der den Wandlungsworten angefügten Akklamation

„Deinen Tod, o Herr verkünden wir…“ nahelegen könnte, durch einen hinzugefügten verbalen Akt. Die *memoria,* die im Lesegottesdienst kanonische Breite hat, ist hier auf die Person Jesu konzentriert: *„in meam commemorationem“*. Das textuelle Gedächtnis wird im rituellen auf die Realpräsenz der erinnerten Person hingeführt. Der narrative Duktus der Wandlungsworte („In der Nacht, da er verraten wurde, nahm er beim Mahl…“) springt beim „Dies *ist* mein Leib…“ in das Präsens der realen Präsenz um. Was in der Vergangenheitsform berichtet wird, geschieht eben jetzt im hier versammelten Jüngerkreis.

Diese rituelle Kommemoration wird in den Hochgebeten der römischen Messe eingebettet in ein weiter ausgreifendes heilsgeschichtliches Gedenken, das mit der Präfation anhebt. Die Person Jesu ist in ihrer gottesgeschichtlichen Bedeutung nur zu verstehen, wenn man nicht nur in seine Lebensgeschichte, sondern auch in die Vorgeschichte des Alten Bundes, ja der Schöpfung der Welt und ihrer Vollendung („bis du kommst in Herrlichkeit“) überhaupt ausgreift. Dieses verbale Gedächtnis hat hier, anders als im Wortgottesdienst, nicht die literarische Form der Lesung, sondern der Preisung. Die Anamnese nimmt die Form des Gotteslobs an, das dem Volk vorgetragen wird und in das es einstimmt. Die dem Namen Gottes erwiesene Ehre schlägt den Weg der Geschichte ein. Erwartung wird auf Erinnerung gegründet.

Die Messe ist der Genese ihrer Texte wie deren inhaltlicher Ausrichtung nach ein Werk des Gedächtnisses, in dem die Gläubigen sich mit ihrer Herkunft ihrer Identität in der Gegenwart vergewissern. Das Besondere des Kults in der allgemeinen Erinnerungskultur liegt im kommunikativen Modus der Selbstbeteiligung an einer langen Geschichte. Damit gerät er freilich in einer Zivilisation, die auf permanente Einrichtungsmodernisierung und Erlebnisinidividualisierung ausgerichtet ist, in die Randstellung einer Verzögerung und Entschleunigung der Zeit. Ob das darin liegende sabbatliche Moment genügend Menschen anzieht, ist freilich eine pastoral bedrängende Frage.

NACHTRAG: LUDWIG UHLAND

Zum Stammrepertoire deutscher Männergesangvereine gehört bis in die Gegenwart, in der Vertonung von Conradin Creutzer, ein 1815 gedichtetes Lied von Ludwig Uhland (1787-1862)[93]:

Schäfers Sonntagslied
Das ist der Tag des Herrn!

Ich bin allein auf weiter Flur;
Noch eine Morgenglocke nur,
Nun Stille nah und fern.

Anbetend knie ich hier,
O süßes Graun! Geheimes Wehn!
Als knieten viele ungesehn
Und beteten mit mir.

Der Himmel nah und fern,
Er ist so klar und feierlich,
So ganz, als wollt er öffnen sich.
Das ist der Tag des Herrn!

Die volksmusikalische Popularität und geradezu Sprichwörtlichkeit („allein auf weiter Flur") schiebt das Gedicht des schwäbischen Romantikers in eine Sentimentalzone, die theologisch vielleicht eher zu meiden ist. Trivialen Erfolg hat jedoch nicht selten, was in seinem Ursprung Gefühle berührt, die viele Menschen zu teilen vermögen.

Ist der „Tag des Herrn" nach kirchlicher Vorstellung der Tag gemeinsamen Kirchgangs und Inbegriff von Gemeindlichkeit, so ist der hier besungene Sonntagsmensch ein entschieden Einzelner, „allein auf weiter Flur". Religion als Erfahrung von Einzelgängern ist ein typisch romantisches Phänomen. Der Raum dieser Religion ist nicht die Kirche; sie kommt frühmorgens nur von fern herüber, mit dem Ton einer Glocke. Und der Raum dieses Gottesdienstes ist nicht gemeinsamer Gesang und Predigt, sondern Stille, von ferne eingeläutete Stille. Die Kirche, die sich hier errichtet, ist keine Kirche des Wortes, wie ein schwäbischer Protestant es eigentlich zu proklamieren hätte, sondern eine des Schweigens, nicht eine des lutherischen Hörens auf die Predigt, sondern geradezu katholischen Kniens, Anbetung wie bei der Wandlung. Es ist auch eine Wandlung, aber keine sakramentale, sondern eine pneumatologische, eine Wandlung der Atmosphäre: „O süßes Graun! Geheimes Wehn!", die Morgenluft als Medium eines unbestimmten Mysteriums, von ferne erinnernd an das „leise Wehen", das der Prophet Elias am Berg Horeb wahrnahm, bevor aus ihm der Herr sprach (1 Kön 19, 12). Gerade diese Unbestimmtheit des Gegenstands der Anbetung macht den „Tag des Herrn" universell: „Als knieten viele ungesehn / Und beteten mit mir." Kann in der Kirche der Pfarrer seine Schäflein zählen, so bildet sich hier um den einsamen Beter eine unsichtbare Gemeinde von unübersehbarer Weltweite. Es ist ein Gottesdienst unter freiem Himmel, *sub divo,* wie die Alten sagten. Die Kuppel ist nicht ausgemalt mit dem christlichen Heilspersonal, sondern wie die Luft

„klar und feierlich", aber dies ist eben nicht das geschlossene Gewölbe unserer Endlichkeit, sondern „so ganz, als wollt er öffnen sich". Der Beter befindet sich im atmosphärischen Vorraum einer Offenbarung. Wie die unsichtbare Versammlung einer betenden Gemeinde erscheint der natürliche Himmel in einem „als ob".

Das Gedicht beginnt mit der Zeile „Das ist der Tag des Herrn" und endet wieder damit. Zu Beginn ist sie die Angabe der bekannten Sonntagszeit, am Ende resümiert sie eben das geschilderte Szenarium als den „Tag des Herrn": eben *dies* ist der eigentliche „Tag des Herrn". Die Kirchgänger könnten in diesem „Schäfer" einen der Ihren sehen, der notgedrungen, weil er seine Herde nicht allein lassen kann und somit erlaubterweise für sich allein vollzieht, was sie gemeinsam in der Kirche tun. Der Schäfer „allein auf weiter Flur" könnte aber auch der Vorposten einer romantischen Religiösität sein, die die für den „Tag des Herrn" grundlegende Stimmung nicht mehr im Ritual der Kirche findet, sondern allein in Gottes freier Natur.[94]

C. JAHR

I. JAHRESKREIS

Unser Leben wird nach Jahren gezählt, es währt, wie der Psalm sagt, siebzig Jahre, und wenn es hochkommt, achtzig. Ein Jahr ist ein Kreis, der immer wiederkehrt, das lineare Leben zwischen Geburt und Tod eine Abfolge von Kreisen. Das Zirkulieren verdankt sich unserer Lage im Kosmos, daß wir auf einem kleinen Planeten existieren, der im Lauf von etwa 365 Tagen einmal um die Sonne kreist. Weil er sich dabei auch noch fortwährend um die eigene Achse dreht, im Lauf von etwa 24 Stunden einmal in die Runde, ergibt sich ein Wechsel von Abend und Morgen, ein Tag. Das Jahr ist eine Abfolge von Tagen, Tag um Tag.

Auf dem solcherweise um die Sonne kreisenden Planeten gibt es, jedenfalls in unseren Breiten, nicht nur den Rhythmus von Tag und Nacht, sondern auch von Jahreszeiten, die sich eher dem Tag oder der Nacht zuneigen, größere Tageslängen haben mit längerer Sonneneinstrahlung, entsprechend größerer Helligkeit und Wärme, und umgekehrt, Frühling, Sommer, Herbst und Winter, mit den solaren Fixpunkten in der Winter- und Sommersonnenwende im Dezember und Juni und den Äquinoktien im März und September. Dies abwechslungsreiche, Arbeit und Empfindung beeinflussende Jahreszeitensystem verdankt sich einer kleinen Neigung der Erdachse in der Umlaufbahn um die Sonne.

Und weil dieser Menschenleben ermöglichende Planet selber noch einen planetarischen Begleiter hat, ergeben sich „Monde" oder „Monate", die, streng lunar gesehen, 29,530588 Tage haben Wenn man sie gleichmäßig aufs Sonnenjahr verteilt, haben sich in der Berechnung der Menschen 12 Monate ergeben mit etwas wechselnder Länge von 28-31 Tagen. Der Mond hat Phasen der Sichtbarkeit, vom unsichtbaren Neumond über das zunehmende Viertel zum Vollmond und über das abnehmende Viertel wieder zum Neumond. Das ergibt vier Einheiten, denen man aliquo modo die Woche von sieben Tagen zuordnen kann.

Das Jahr ist mit seinen Teilen ein Zeitspiegel unserer Lage im Kosmos, die nicht ganz einfach ist. Was man als vielfältige Schönheit empfinden mag, hat, wenn man es mathematisch haargenau nachzurechnen versuchte, den Astronomen seit Menschengedenken erhebliche Mühe gemacht. Die Obrigkeiten, nicht zuletzt die religiösen, waren gleichwohl an solcher

Arbeit sehr interessiert, der Kalender wegen, in denen sie ihre Menschenzeit in diesem von permanenten leichten Verschiebungen bestimmten Natursystem zu koordinieren versuchten.

Die christliche Religion ist keine Naturreligion, die die Gestirne verehrt. Sie ist eine Religion, die von geschichtlichen Ereignisssen herkommt. Aber da sie mit der Zeit das Gedächtnis ihrer Geschichte in das Raster der kosmischen Zeit einzuschreiben suchte, wurde der Kalender ihr unerläßliches Instrument. Die Feste stehen im Kalender.

Das Fest der Geburt Christi fällt in die Zeit der Wintersonnenwende und ordnet von diesem Fixpunkt aus den Weihnachtsfestkreis vom 1. Advent bis Epiphanie, und weiter geführt noch bis zum Fest der Darbringung im Tempel vierzig Tage nach Weihnachten, am 2. Februar, der Verkündigung an Maria exakt neun Monate vor Weihnachten, dem Johannesfest am Gegenpol der Sommersonnenwende.

Der andere Fixpunkt ist Ostern, lunisolar beweglich am Sonntag nach dem ersten Frühlingsvollmond zu feiern, rückwärts die vierzigtägige Fastenzeit, vorwärts die fünfzigtägige Pentekoste bis Pfingsten, das noch einmal die Terminierung von Dreifaltigkeitsfest, Fronleichnam, Herz-Jesu-Fest bestimmt. Die verschiebbare Reihe der Sonntage zwischen dem Weihnachts- und Osterfestkreis läuft heute unter dem Titel „Sonntage im Jahreskreis“, was das zirkuläre Wesen der ganzen Konstruktion noch einmal unterstreicht. Von alldem ist in der Christologie und der Gotteslehre reichlich die Rede gewesen.

Zwischen die solaren „Herrenfeste“ sind über das ganze Jahr hin die Heiligenfeste gestreut, wie Sterne mehr oder minder großer Leuchtkraft am Firmament der Zeit. Ihre Terminierung wird häufig durch den Todestag der Heiligen bestimmt, den man als Geburtstag für die himmlische Welt versteht. Im Kalender ergänzt das Sanktorale die beiden großen durch Christus bestimmten Festkreise. Exemplarisch war davon unter der Überschrift „Menschen“ in der Schöpfungslehre die Rede.

Zu handeln ist noch von den Jahreszeiten, den naturgegebenen, Frühling, Sommer, Herbst und Winter, und wie sie sich verhalten zu dem, was die Kirche aus ihrer Geschichte in den Jahreslauf eingeschrieben hat. Die Jahreszeiten gehören zum festen Repertoire der Poesie, der hohen wie der volkstümlichen, vor allem der Frühling: „Der Winter ist vergangen, / ich seh des Maien Schein“; „Nun will der Lenz uns grüßen“, „Maienzeit bannet Leid“, aber auch Sommer, Herbst und Winter. Die Musik kennt sie: Schuberts „Winterreise“, Strawinskys *„Sacre du printemps“*, Vivaldis *„Quattro stagioni“*. Die bildende Kunst bringt mit den seit dem 16.Jh. aufkommenden Landschaften auch deren Jahreszeiten ins Spiel: C.D. Friedrichs Herbst- und Winterlandschaften, Monets blühende Wiesen und Teiche, van Goghs Sommerfelder.

Wäre das Christentum eine Naturreligion, könnte sie ihre Zeiten und Räume damit schmücken und bestücken im Rhythmus der Jahreszeiten. Aber sie ist eine Religion der Geschichte, ihre Festtage haben das Stigma der Menschengeschichte, nicht das offene Flair der Natur und ihrer Prozesse. Doch fallen die Feste in den Gang der Natur, und die jahreszeitlichen Umstände kolorieren auch auf ihre Weise die historischen Umrisse.

11. P. Brueghel d.Ä., Volkszählung in Bethlehem, 1566, Brüssel, Musées Royaux des Beaux Arts

Für Weihnachten ist es nicht unerheblich, daß es mit der Wintersonnenwende in die dunkle und kalte Jahreszeit fällt. Das „Licht vom Licht", das da Mensch wird, erhält so auch eine sinnliche Evidenz, die in Bildern und Illuminationen einleuchtet. In Poesie und Kunst wird mitbedacht, daß diese Geburt „mitten im kalten Winter" geschieht.[1] Zur Zeit der Frühlings-Tag-und-Nacht-Gleiche schlägt sich die Lichtfeier der Osternacht mit ihrem *Lumen Christi* auf die Seite des auch in der Natur wachsenden Lichts.[2] Insofern färben die natürlichen Jahreszeiten auch die kirchlichen Festzei-

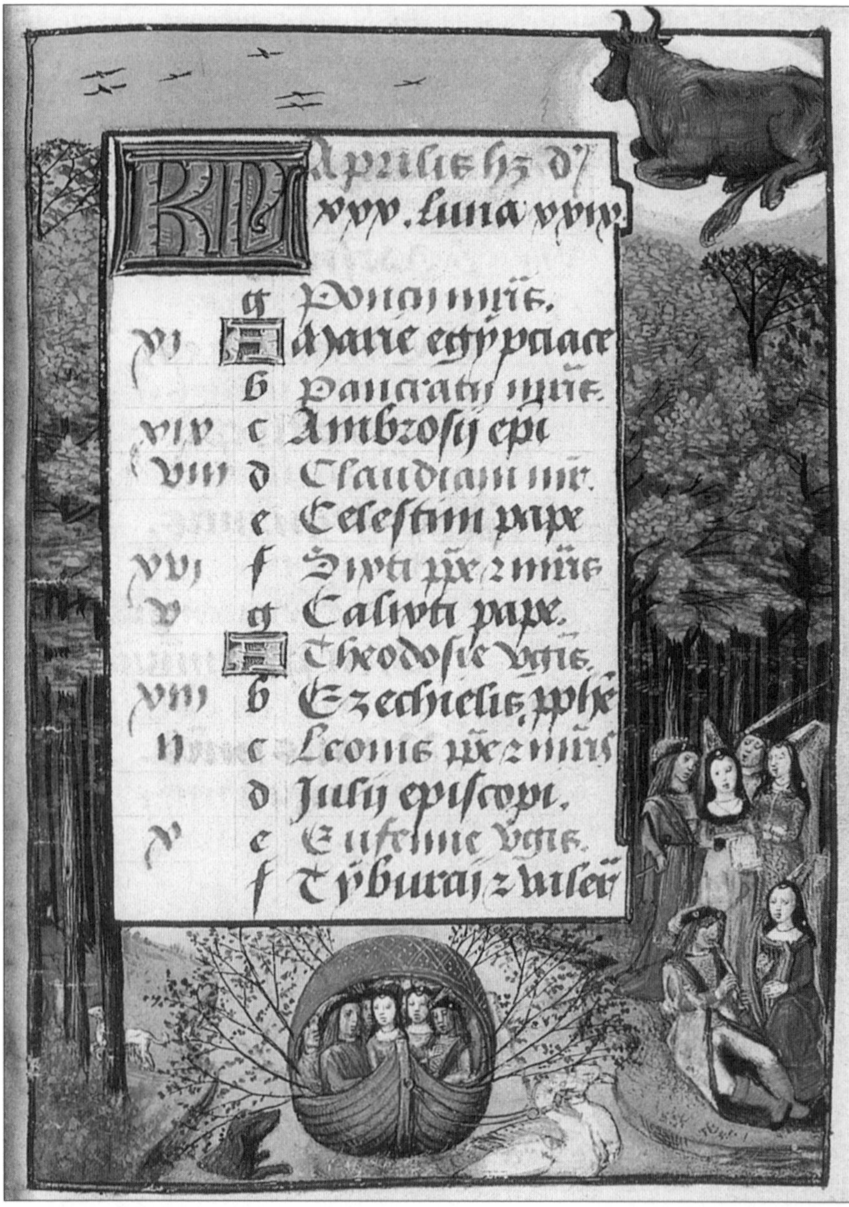

12. Kalenderblatt April, Brügger Kalendarium, um 1500, Köln, Diözesanmuseum Kolumba

ten, ohne daß sie selbst und die darin sich manifestierenden Mächte der Natur Gegenstand des Kultes wären.

In antike Vorstellungen aufgreifenden enzyklopädisch-kosmologischen Programmen begegnen Jahreszeiten- und Monatsbilder, die sich an den für die entsprechenden Zeiten charakteristischen menschlichen Arbeiten und Tätigkeiten orientieren.[3] Sie sind ein Jahresspiegel der antiken und mittelalterlichen bäuerlichen Kultur. Auch die vier im kirchlichen Kalendarium bis heute erhaltenen „Quatembertage", die in ihrem Namen – „*quattuor tempora*" – auf die vier Jahreszeiten hinweisen, stehen dem Ursprung nach wohl „im Zusammenhang mit heidnisch-römischen Ernte- und Aussaattagen"[4]; nach gegenwärtiger liturgischer Regelung werden sie in der ersten Quadragesimawoche, der Woche vor Pfingsten, der ersten Woche im Oktober und im Advent gefeiert. „Inhaltlich kreisen die liturgischen Texte (...) um Fasten und Buße, nehmen aber auch Bezug auf die Jahreszeiten, auf Aussaat und Ernte."[5] Die in den drei Wochentagen vor Christi Himmelfahrt und am Fest des Hl. Markus (25. April) vorgesehenen Bitttage, die in Verbindung mit Flurprozessionen begangen werden, sind ebenfalls geprägt durch das gerade in dieser Jahreszeit bewegende Interesse an der Bewahrung der Ernte; es ist die Zeit des Wettersegens. In den Zwischenräumen der durch die Festtage Christi und der Heiligen geschichtlich bestimmten Zeiten hat die kirchliche Liturgie also elementaren Anliegen der bäuerlichen Lebenswelt Platz eingeräumt.

Diese kulturelle Überformung der natürlichen Jahreszeiten ist natürlich dem geschichtlichen Wandel unterworfen. In der urbanen Zivilisation der Moderne ist die bäuerliche Welt zumeist agrarindustriell marginalisiert. Was einst die Hochsaison der Feld- und Gartenarbeit war, ist jetzt die des Urlaubs und der Ferien. Daß erst mit dem Ende dieser bäuerlichen Lebenswelt ein „Erntedankfest" in das Kalendarium der katholischen Liturgie eingewandert ist, gibt zu denken. Die generelle Rhythmisierung der Zeit nach Arbeits- und Freizeit bestimmt auch die Wahrnehmung der christlichen Feste, die als Einräumung von freier Zeit zur selbstbestimmten Gestaltung verstanden werden. Der Mythos, der Festtage wie Weihnachten, Ostern, Christi Himmelfahrt, Pfingsten begründete, ist nicht ganz verschwunden, aber doch so verblaßt, daß die Mitglieder der Gesellschaft ungeachtet ihrer Glaubensüberzeugungen, sie begehen können.

Im losen Verhältnis dazu gibt es so etwas wie kirchliche Jahreszeiten. Als solche haben sich ergeben die Fastenzeit, die unter dem Titel „Aschermittwoch" zu fassen ist, der Totenmonat November, der sein Gesicht von „Allerseelen" her erhält, dazwischen der Maimonat. Zuerst aber geht es bei einem Jahr, das man in einer Reihe von Jahren zählen will, darum, wo man in diesem Kreis den Anfang setzt.

II. NEUJAHR

Spricht man von *„Anno Domini"*, vom „Jahr des Herrn", oder dem „Jahr des Heils", so meint man üblicherweise das Jahr *„post Christum"*, d.h. *„post Christum natum"*, „nach Christus" oder „nach Christi Geburt". Wie bei Kalendern, die nach der Geburt oder dem Regierungsantritt eines Herrschers rechnen, wird die Geburt Christi als Geburt eines neuen Weltherrschers verstanden, dessen heilsgeschichtliche Regierungsjahre die nachfolgende Weltgeschichte regulieren. Versteht man die Zeitrechnung im Sinn solcher Zeitenwende, liegt es nahe, den Geburtstag Christi als jeweiligen Jahresbeginn zu nehmen, also Weihnachten.

Neben diesem „Nativitätsstil" hat es in der Geschichte des kirchlichen Kalenderwesens auch den „Annuntiationsstil"[6] gegeben, d.h. die Ansetzung des Jahresbeginns mit der Verkündigung der Empfängnis des Messiaskinds in der Jungfrau Maria. Diese Terminierung am 25. März rückt den Jahresbeginn in die Nähe des Frühlingsanfangs, der in vielen Kulturen als Neuanfang der Welt begangen wird, wie es auch in Schichten der Osterliturgie begegnet, mit der Verlesung der Schöpfungsgeschichte, neuem Feuer und Licht und Wasser[7], wie es auch ein Osterlied von F. Spee aufgreift: „Die ganze Welt, Herr Jesu Christ, / in deiner Urständ fröhlich ist"[8].

Eine Ansiedlung am 25. März oder zu Ostern bringt den christlichen Jahresbeginn auch in die Nähe der jüdischen Monatszählung, die den Monat Nissan, an dessen 14. Tag das Passafest zu begehen ist, als ersten Monat vorsieht: „Dieser Monat soll für euch der erste sein. Von ihm aus sollt ihr die Monate des Jahres zählen" (Ex 12,2 u.ö.). Es ist ein Jahreszählbeginn, der aber nicht durch ein besonderes Neujahrsfest ausgezeichnet wird, sondern seinen Anfangscharakter durch das in seiner Mitte zu feiernde Gründungsereignis des Exodus erhält, des Auszugs aus Ägypten, der auch eine wichtige Schicht der christlichen Osterfeier abgibt.

Das eigentliche Neujahrsfest des Judentums liegt im siebten Monat, im Herbst also. Ex 34,22 ist vom „Fest der Lese an der Wende des Jahres" die Rede. Die herbstliche Zeit der Weinlese ist unter den klimatischen Bedingungen Palästinas zugleich die Zeit der neuen Aussaat und Beginn der Jahresarbeit, für „ein Volk mit Ackerbaukultur (...) der natürliche Anfang des Jahres"[9]. Der Tag des Neujahrsfestes ist der 1. Tischri, der Neumondstag des 7. Monats, der schon Lev 23,24 und Num 29,1 als großer Festtag ausgezeichnet wird. *Rosch-haschana,* „Haupt des Jahres" ist der Festtitel des 1. Tischri. Es ist der „Tag des Gedenkens" und des Schofarblasens, dem nach zehn Bußtagen der „*Jom kippur*" folgt, der „Große Versöhnungstag".

Anders als bei Ostern und Pfingsten hat sich die christliche Liturgie an dieses jüdische Hochfest nicht angehängt. Es gibt kein großes Herbstfest im kirchlichen Kalender, das der Intensität dieser jüdischen Jahres- und Herzenswende gleichkäme. Über die Tatsache hinaus, daß es hier eben in der neutestamentlichen Geschichte keinen Anhaltspunkt gab, könnte man fragen, ob es an der eigentümlichen Jüdischkeit dieser Festtage liegt, daß die christliche Liturgie hier keinen Anschluß finden konnte. F. Rosenzweig hat im „Stern der Erlösung" angemerkt: „So stellen die gewaltigen Tage, der Neujahrstag und der Tag der Versöhnung, die ewige Erlösung mitten in die Zeit. Die Posaune, die auf der Höhe des Festes geblasen wird, macht ihn zum ‚Tag des Gerichts'. Das Gericht, das sonst in die Endzeit gelegt wird, hier wird es unmittelbar in den gegenwärtigen Augenblick gesetzt. (...) Jeder Einzelne wird nach seinem Tun und Schicksal bestimmt. Am Neujahrstag wird ihm das Urteil für das vergangene und kommende Jahr geschrieben und am Versöhnungstag, wenn die letzte Frist dieser ‚zehn Bußtage' verstrichen, gesiegelt. Das Jahr wird ganz und gar zum vollgültigen Stellvertreter der Ewigkeit. In der jährlichen Wiederkehr dieses, des ‚Jüngsten' Gerichts ist die Ewigkeit von aller jenseitigen Ferne befreit."[10] Der Ernst einer solchen liturgischen Antizipation des Jüngsten Tages hat seinen Grund wohl in der Idee des einzigartigen Bundes, in dem dieses auserwählte Volk in Gesetz und Erbarmen mit seinem Gott inmitten der Zeit ewig zusammenhängt.

In der christlichen Liturgie ist der Anfang des Kirchenjahres seit langem auf den 1. Advent festgesetzt. Die heutige durch vier Adventssonntage markierte Adventszeit ist seit dem 5./6. Jh. aus kirchlichen Fastenpraktiken, u.a. einer der vorösterlichen Quadragesima angeglichenen, mit dem 11.11. beginnenden „Martinsquadragesima", entstanden, die der Vorbereitung auf das Weihnachtsfest dienen sollten.[11]

Versteht man nicht Weihnachten selbst, sondern den 1. Advent als eine Art liturgisches Neujahr, so kommt man in eigentümliche Zeitverhältnisse. Die Zeit *post Christum natum* beginnt *ante Christum natum.* Die Adventsliturgie versteht die vier Wochen vor Weihnachten als Mimese der alttestamentlichen Erwartung des Erlösers. Das *ante* wird als ein *ad* verstanden, nicht nur chronologisch also, sondern teleologisch. Die Zeit vor der Geburt Christi hat ein Erwartungs- und Verheißungsgefälle auf die „Fülle der Zeit" hin. Das Alte Testament wird nicht auf die Tora hin fokussiert, sondern auf die messianische Prophetie hin, die in der Anordnung der Schriften des christlichen Kanon auch am Ende des Alten Testaments stehen. Die den Advent durchstimmende alttestamentliche Schrift ist der Prophet Jesaja. Alle alttestamentlichen Sonntagslesungen der Adventszeit stammen aus diesem Prophetenbuch, aber auch die ältere Liturgie, die keine alttestamentlichen Sonntagsmeßlesungen kannte, ist im Stundengebet ganz auf Jesaja ausgerichtet. Auch die Adventslieder artikulieren diesen teleologischen Ton: „Tauet, Himmel, den Gerechten, / Wolken regenet ihn herab! / rief das Volk in bangen Nächten, / dem Gott die Verheißung gab, / einst den Mittler selbst zu sehen…“[12]; „O komm, o komm Immanuel, nach dir sehnt sich dein Israel“, wo es dann im Refrain heißt: „Freu dich, freu dich, o Israel, / bald kommt, bald kommt Immanuel“[13]. Diese adventliche Relecture des Alten Testaments ist keine historische Rekonstruktion der realen Gemütslage des vorchristlichen Israel oder der auf den Messias wartenden Judenheit. Die christliche Gemeinde sucht sich selbst vielmehr in dieser gottesdienstlichen Mimese als vorchristlich zu denken und zu empfinden, um aus der imaginierten Erwartung heraus zu ermessen, was die Erfüllung bedeutet. Indem die christliche Gemeinde sich in die alttestamentliche Prophetie hineinliest und –singt, sucht sie die mit dem Namen „Advent“ genannte Ankunft zu realisieren als Eintreffen von etwas, was man ersehnt, die Geburt eines Kindes, das der verheißene Messias ist. Nur das durch alttestamentliche Schriften angeleitete Empfinden von Unerlöstheit kann den Erlöser der Welt als freudiges Ereignis begrüßen. Daraus ergibt sich die Dialektik von *ante* und *post* des vorweihnachtlichen Advents, alle Jahre wieder.

Der Advent läßt in seinen Lesungen und Gesängen aber noch eine weitere Zeitausrichtung erkennen, die endzeitliche Parusie. Das da ins Auge gefaßte Kommen ist das der Wiederkunft am Jüngsten Tag, wie z.B. in dem Lied „Wachet auf, ruft uns die Stimme“. In einem zählbaren Jahr nach Christi Geburt nicht einfach auf diese Geburt als die entscheidende Zeitenwende zurückzublicken, sondern ein weiteres Kommen zu erwarten, gibt die soteriologische Verlegenheit der christlichen Religion zu erkennen: Der erwartete Erlöser ist gekommen, und doch erscheint auch in diesem Jahr *post Christum natum* die Welt noch immer nicht in jenem erlösten Zustand, der mit der Verheißung der Erlösung als endgültiger Richtigstellung aller Weltverhältnisse verbunden ist. Weil die Christen dennoch nicht von ihrem Erlöser Jesus Christus ablassen und sich keinen Messias von anderer Art denken können, hoffen sie auf seine Wiederkunft an einem jüngsten Tag, der die Weltgeschichte beendet. Dieser in der Zeitanlage des Advent an sich mitgegebene Ausblick auf das Wiederkommen Christi spielt dennoch in der liturgischen Bewußtseinslage kaum eine Rolle, schon gar nicht in der Zuspitzung des *„et iterum venturus est iudicare vivos et mortuos"*, wie es das Gedenken des Jüngsten Tages beim jüdischen Jom Kippur bestimmt. Hier ist alles von der freudigen Erwartung des Messiaskindes bestimmt; das Lied „Wachet auf, ruft uns die Stimme" wurde in der jüngsten Version des „Gotteslob" aus dem Korpus der Adventslieder in die eschatologische Abteilung verlegt.[14]

Der eigentliche Neujahrstag ist im allgemeinen Kulturbewußtsein natürlich nicht der 1. Advent, sondern der 1. Januar, die *calendae Ianuarii.* An diesem Tag war seit 153 v. Chr. der „Tag des staatlichen Ämterwechsels", der „mit hochfestlichem Gepränge"[15] begangen wurde. Auf diesen seit längerer Zeit üblichen Tag des Amtsantritts der Konsuln verlegte im Jahre 45 v. Chr. Cäsar den Beginn des bürgerlichen Jahres. Der ältere römische Jahresbeginn waren die Kalenden des März gewesen, was noch heute den Monatsnamen September, Oktober, November, Dezember abzulesen ist, als siebtem, achtem, neuntem, zehnten Monat, vom 1. März aus gerechnet. Der Monat *Januarius* war dem doppelköpfigen Gott Janus geweiht, der als „Gott der Anfänge", als „numen des Durchgangs"[16] verehrt wurde.

13. B. Antelami (Werkstatt), Monatsbild des Januar (doppelköpfig), 1196/1214, Parma, Baptisterium

Die christliche Kirche hat die römische Zeitrechnung für ihre kalendarischen Belange übernommen und ihre Festtage in das mit dem 1. Januar beginnende Register eingetragen. Liturgisch konnte es sich mit diesem heidnisch überkommenen Tag jedoch nicht anfreunden, vermutlich der mit diesem Jahreswechsel verbundenen ausgelassenen Feierlichkeiten wegen, die es eher einzudämmen als aufzugreifen galt. Jedenfalls entwikkelte sie kein eigenes liturgisches Neujahrsformular für diesen Tag, sondern beging ihn einfach als Oktavtag von Weihnachten.

Im spanisch-gallischen Liturgiebereich tritt seit dem 6. Jh. als Festgehalt die Beschneidung des Herrn in den Vordergrund, was sich seit dem 11. Jh. auch römisch durchsetzte. Der 1. Januar wurde zum Fest der *Circumcisio,* das in Umrechnung der acht Tage des jüdischen Ritualgesetzes auf den römischen Kalender am Oktavtag von Weihnachten gefeiert wurde, so daß ausgerechnet am ersten Tag des bürgerlichen Jahres eine solche jüdische Sache christlich zu begehen war. [17] Aus der Koinzidenz dieser beiden Anlässe wurden jedoch keine theologischen Folgerungen gezogen.

Die Liturgiereform hat dieses Fest nicht belassen. Es wurde zurückverwandelt in das, was es in der altrömischen Praxis des 1. Jahrtausends gewesen war[18], ein Fest der Gottesmutter, genauer der „Mutterschaft der seligen Jungfrau Maria", *„Festum Maternitatis Beatae Mariae Virginis".* Das Neue Jahr wird nun nicht mehr intoniert mit dem Introitusvers *„Puer natus est nobis"* („Ein Kind ist uns geboren"), sondern *„Salve sancta Parens"* („Sei gegrüßt, heilige Mutter"). Nicht mehr das jüdische Kind und sein himmlischer Name, sondern die Weihnachten in ihrem Herzen bewahrende Mutter steht nun im Zentrum am ersten Tag des Jahres, freilich in Bezug auf ihren Sohn, der in der Oration des Tages als „Urheber des Lebens" tituliert wird, als Urmutter des neuen Lebens mithin.

Die Neujahrsfeste der verschiedenen Religionen feiern, oft mit dem Gedächtnis von Schöpfungsmythen verbunden, den Einschnitt in der Zeit als Anfang eines neuen Lebens, zu dem man sich Glück wünscht. Die christliche Liturgie ist sosehr von Weihnachten beansprucht, daß sie sich am 1. Januar nur indirekt darauf bezieht. Vielleicht könnte das Tagesgebet einen Gedanken zum kirchlichen Verständnis der Zeit des Menschengeschlechts beisteuern[19]:

> *„Gott, durch die fruchtbare Jungfrauschaft Mariens hast du dem Menschengeschlecht die Güter des ewigen Heiles geschenkt; wir bitten dich: laß uns die Fürsprache jener Frau erfahren, durch die wir den Urheber des Lebens empfangen durften."*

Eingelassen hat sich die Liturgie auf den Jahreswechsel in der am Silvesterabend vor Ausbruch der weltlichen Festlichkeiten abzuhaltenden Jahresschlußandacht, die nach der Liturgiereform, die die Messe auch am Abend zur nobelsten Gottesdienstform erhob, in die Form der Jahresschlußmesse übertragen wurde. Ihre traditionellen Inhalte waren „Lobpreis und Dank", „Gewissenserforschung" und „Bitten"[20]. Diesen Dreischritt des den Jahreswechsel begleitenden Gottesdienstes singt auf einprägsame Weise ein Jahreswechsel-Lied von Heinrich Bone (1847[21]):

„Das alte Jahr verflossen ist;
wir danken dir, Herr Jesu Christ;
ach, nimm sie auf, die kurze Zeit,
zum Opfer für die Ewigkeit!

Vertilge, was vom Bösen war,
des Guten Frucht mach offenbar;
die abgeschiednen Seelen all
laß kommen in der Selgen Zahl.

Im neuen Jahr nach deiner Treu
uns wieder Hilf und Gnad verleih,
daß alles, was wir fangen an,
durch deine Gnad sei wohlgetan."

Das einfache aber in seiner kommemorierbaren Poesie ambitionierteren Liedern zu diesem Anlaß[22] durchaus ebenbürtige Lied aus der Mitte des 19.Jh. enthält zum Jahreswechsel eine kleine Theologie der Zeit. Die erste Strophe dankt dem Herrn des Jahres (*anno Domini*) für das verflossene Jahr, frischt aber die in dem „verflossen" verblaßte Metapher des Flusses der Zeit auf mit einem „ach", das das schnelle Vorüberströmen der Zeit, ihre rasche Vergänglichkeit für einen Augenblick beseufzt, um „die kurze Zeit" sogleich als Opfergabe darzubringen und sie solcherweise aus ihrem puren Verrinnen in die Ewigkeit zu retten.

Die zweite Strophe denkt, wie das in den Gleichnissen Jesu auch immer wieder geschieht, die Zeit von Saat und Ernte her, dem Aussäen von gutem Samen, dem Warten auf Gedeihen, das so oder so ausfällt, dreißigfach, sechzigfach, hundertfach, oder aber auch gar nicht, weil der Boden zu hart war, Dornen und Disteln wucherten, oder über Nacht Böses dazwischenkam. In dieser landwirtschaftlichen Metaphorik denkt das Lied den Jahreswechsel. Das *„libera nos a malo"* des Vaterunser wird als Vertilgen von Unkraut gesehen, das „vom Bösen kam", das in uns kam und durch uns sich ausbreitete. Und das Gute, das schon gesät ist, soll fruchtbar zu Tage treten. Das geht über den Jahreswechsel hinüber. Die zweite Hälfte der

Strophe bedenkt noch einen anderen Acker Gottes und bittet für die ewige Seligkeit der im vergangenen Jahr Verstorbenen.

Die dritte Strophe faßt die Zukunft ins Auge, das „neue Jahr". Im Binnenreim antwortet „Treu" auf „neu". Das Neue ist das Unsichere, zu dessen Bewältigung man auf „Hilf und Gnad" Christi vertraut, auf das Mitgehen seiner Treue. Am Anfang des Jahres kommt dem Menschen zum Bewußtsein, daß er selbst ein Anfänger ist. „Weil jeder Mensch auf Grund seines Geborenseins ein *initium*, ein Anfang und Neuankömmling in dieser Welt ist, können Menschen Initiative ergreifen, Anfänger werden und Neues in Bewegung setzen."[23] So werden sie im neuen Jahr etwas anfangen, was immer es sei. Wegen der „Zerbrechlichkeit menschlicher Angelegenheiten"[24] müssen sie sich „der Hilfe und des Mithandelns ihrer Mitmenschen"[25] versichern. Für die Gläubigen ist „Herr Jesu Christ" der göttliche Mitmensch schlechthin, den sie um „Hilf und Gnad" bitten bei allem, was sie anfangen, daß es „wohlgetan" sei.

III. WEIHNACHTSZEIT

Die schon im November einsetzende „Weihnachtszeit" kann man als Säkularisierung des christlich ursprünglichen Festgehalts verstehen. Motive der kirchlichen Liturgie diffundieren zu einer Art großem Ritual der Gesamtgesellschaft, wenn man unter „Ritual" hier eine regulierte Handlungssequenz versteht, die in regelmäßiger Wiederkehr Menschen miteinander verbindet. Am hervorstechendsten ist die großflächige Ökonomisierung der „Güte und Menschenfreundlichkeit", von der in einer der Lesungen der Weihnachtsliturgie (Tit 3,4) die Rede ist, zu einer irgendwie rauschhaften Schenk- und Spendetätigkeit; Hauptindex ist das „Weihnachtsgeschäft", das im „Weihnachtsmarkt" seine heimelige Erscheinung hat. Die dazu gehörige Sozialform ist die (betriebliche, geschäftliche, kommunale, häusliche) „Weihnachtsfeier", in der so etwas wie eine kommunikative Popularisierung der familiären Urszene von Bethlehem („nur das traute, hochheilige Paar, / holder Knabe im lockigen Haar") geschieht. Integrativer Bestandteil des Rituals ist die im „Weihnachtsbaum" gipfelnde Illumination der Häuser, Straßen, Geschäfte, eine Myriadisierung des kleinen Sterns, der „überm Stall, / wo's Kindlein" war, stehenblieb. Auf Bethlehems Fluren sangen die Engel „Gloria...", was in den fest zu dieser Zeit gehörenden musikalischen Ereignissen, „Weihnachtskonzerten" und öffentlicher Beschallung unterschiedlicher Art, weite Resonanz findet.

Wenn man auf solche Weise die kulturelle Formation von Weihnachten als Säkularisierung ursprünglich biblisch-liturgisch determinierter Gehalte zu beschreiben versucht, ist damit über den Sinn dieses Prozesses freilich noch nichts entschieden. Handelt es sich um „Säkularisierung" im ursprünglich besitzrechtlichen Sinn des Wortes als einer von den Eignern als unrechtmäßig empfundenen Enteignung, als Verfallsgeschichte mithin? Oder ist es „Säkularisation" im Sinne eines wirklichen Weltlichwerdens der christlichen Botschaft, die erst in dieser Lösung von bestimmten geschichtlichen Überlieferungsgehalten menschheitsallgemein wird: „Friede auf Erden den Menschen, die guten Willens sind"? Oder ist es, schrecklich und wunderlich vermischt, eine Verbindung von beidem? Ein neues Ritual auch, das die moderne Zivilisation in dieser Form erfunden hat, um über den Winter zu kommen?

Die christliche Überlieferung mit ihren Geschichten und Bildern ist in diese Weihnachtswelt eingebettet, ohne sie zu zentrieren oder etwa zu dominieren, sie spielt auf diese oder jene Weise mit. Die neue Formation ist keine Regression in vorchristlich-heidnische Zustände, sie ist ein neues Stadium der Kulturgeschichte, das religions- oder gar gottesgeschichtlich nicht leicht zu begreifen ist, will man nicht naheliegenden Ressentiments oder Wünschen folgen. Dokumente dieser die christliche Liturgie umgebenden Weihnachtszeit bietet in reichem Maße die Literatur. In Weihnachtsgedichten und Weihnachtsgeschichten stößt man in vielen Varianten auf eine soziale, atmosphärische, epiphanische Topik, deren Verhältnis zum biblisch-liturgischen Ausgangsgeschehen theologisch noch genauer zu entdecken ist.

Eine Geschichte, in der sich exemplarisch viele Motive bündeln, stammt von Walter Benjamin (1869-1943). In einem Weihnachtsbrief des Jahres 1923 schreibt er an seinen älteren Freund Florens Christian Rang:

> *„Dann aber ist bei solchem Gruße das Merkwürdige, daß er neben allen Weihnachtserinnerungen aus der Kindheit, denen das Gewissen einen breiteren Raum zu gönnen verbietet, auf eine trifft, die zu den drei oder vier unveräußerlichen meines Lebens gehören in denen dieses sich vernehmlich in mir gestaltete. Ich weiß nicht, wie alt ich war, vielleicht sieben, vielleicht zehn Jahre. Vor der Bescherung saß ich allein in einem dunklen Zimmer und dachte an das Gedicht ‚Alle Jahre wieder' oder sagte es. Was dabei eigentlich geschah weiß ich nicht und der Versuch es auszusprechen würde nur eine Fälschung hervorbringen. Kurz, noch heute sehe ich in diesem Augenblick mich in jenem Zimmer sitzen und weiß, daß es das einzige Mal in meinem Leben war, daß ein seinem Gehalt nach religiöses Liedwort oder Wort überhaupt in mir eine unsichtbare oder nur flüchtig sichtbare Gestalt annahm."*[26]

W. Benjamin stammt aus einem Berliner bildungsbürgerlichen Haus assimilierter Juden, die die Gebräuche ihrer christlichen Umgebung übernommen hatten, auch Weihnachten mit seiner häuslichen Inszenierung. Der erwachsene Mann erinnert sich an etwas, was annähernd ein halbes Jahrhundert zurückliegt und ihm im Gedächtnis geblieben ist als eine der wenigen „unveräußerlichen" Erinnerungen des Lebens, die einzige, die sich an ein Stück religiöser Sprache heftet: „Alle Jahre wieder...". Und er offenbart dem evangelischen Freund, daß hier aus einem christlichen Liedvers so etwas wie eine Epiphanie hervorgegangen ist, die tiefbewegend, aber nicht näher zu beschreiben ist.

Anfang der dreißiger Jahre hat W. Benjamin ein Buch mit dem Titel „Berliner Kindheit um Neunzehnhundert"[27] geschrieben. In der Topographie dieser philosophischen Stadtskizzen begegnet ein Stück mit dem Titel „ Ein Weihnachtsengel"[28], das die Stelle aus dem Brief an F. Chr. Rang in einer Art narrativer Reflexion aufgreift.

Ein Weihnachtsengel
Mit den Tannenbäumen begann es. Eines Morgens, noch ehe Ferien waren, hafteten an den Straßenecken die grünen Siegel, die die Stadt wie ein großes Weihnachtspaket an hundert Ecken und Kanten zu sichern schienen. Dann barst sie eines schönen Tages dennoch und Spielzeug, Nüsse, Stroh und Baumschmuck quollen aus ihrem Innern: der Weihnachtsmarkt. Mit ihnen quoll aber noch etwas anderes hervor. Die Armut. Wie nämlich Äpfel und Nüsse mit ein wenig Schaumgold neben dem Marzipan sich auf dem Weihnachtsteller zeigen durften, so auch die armen Leute mit Lametta und bunten Kerzen in den bessern Vierteln. Die Reichen aber schickten ihre Kinder vor, um denen der Armen wollene Schäfchen abzukaufen oder Almosen auszuteilen, die sie selbst vor Scham nicht über ihre Hände brachten. Inzwischen stand bereits auf der Veranda der Baum, den meine Mutter insgeheim gekauft und über die Hintertreppe in die Wohnung hatte bringen lassen. Und wunderbarer als alles, was das Kerzenlicht ihm gab, war, wie das nahe Fest in seine Zweige mit jedem Tag dichter sich verspann. In den Höfen begannen die Leierkästen die letzte Frist mit Chorälen zu dehnen. Endlich war sie dennoch verstrichen und einer jener Tage wieder da, an deren frühesten ich mich hier erinnere. In meinem Zimmer wartete ich, bis es sechs werden wollte. Kein Fest des späteren Lebens kennt diese Stunde, die wie ein Pfeil im Herzen des Tages zittert. Es war schon dunkel, trotzdem entzündete ich nicht die Lampe, um den Blick nicht von den dunklen Fenstern überm Hof zu wenden, hinter denen nun die ersten Kerzen zu sehen waren. Es war von allen Augenblicken, die das Dasein des Weihnachtsbaumes hat, der heimlichste, in dem er Nadeln und Geäst dem Dunkel opfert, um nichts zu sein als nur ein unnahbares und doch nahes Sternbild im trüben Fenster einer Hinterwohnung. Doch wie ein solches Sternbild hin und wieder eins der verlassenen Fenster begnadete, indessen viele weiter dunkel blieben und andere, noch trauriger, im Gaslicht der frühen Abende verkümmerten, schien mir, daß

diese weihnachtlichen Fenster die Einsamkeit, das Alter und das Darben – all das, wovon die armen Leute schwiegen – in sich faßten. Dann fiel mir wieder die Bescherung ein, die meine Eltern eben rüsteten. Kaum aber hatte ich so schweren Herzens wie nur die Nähe eines sichren Glücks es macht, mich vom Fenster abgewandt, so spürte ich eine fremde Gegenwart im Raum. Es war nichts als ein Wind, so daß die Worte, die sich auf meinen Lippen bildeten, wie Falten waren, die ein träges Segel plötzlich vor einer frischen Brise wirft.

‚Alle Jahre wieder
Kommt das Christuskind
Auf die Erde nieder
Wo wir Menschen sind'

- Mit diesen Worten hatte sich der Engel, der in ihnen begonnen hatte, sich zu bilden, auch verflüchtigt. Doch nicht mehr lange blieb ich im leeren Zimmer. Man rief mich in das gegenüberliegende, in dem der Baum nun in die Glorie eingegangen war, welche ihn mir entfremdete, bis er, des Untersatzes beraubt, im Schnee verschüttet oder im Regen glänzend, das Fest da endete, wo es ein Leierkasten begonnen hatte.

Es ist ein „Stadtbild“[29], ein Bild der Stadt Berlin, dieses besonderen bürgerlichen Viertels, gesehen von diesem bestimmten Haus, dieser Stube im begüterten Vorderhaus her, ein Zeitbild, um 1900, zur Weihnachtszeit. E. Fischer hat W. Benjamin einen „Geisterseher in der Bürgerwelt“[30] genannt: „Die scheinbar unbedeutenden Dinge, an denen die meisten achtlos vorübergehn, werden für ihn zum Zeichen; sie deuten auf andres hin, sie fordern zur Deutung heraus, sie sind bedeutend. Die Fähigkeit Benjamins, im kleinsten Gegenstand den größten Zusammenhang wahrzunehmen, das Gegenständliche als Hieroglyphe aufzufassen und durch deren Entzifferung das Zuständliche, das gesellschaftlich Wirkende aufzudecken…“[31].

„Die Stadt wie ein großes Weihnachtspaket.“ – Es ist „der Blick des Allegorikers, der die Stadt trifft“[32]. Die Tannenbäume an den Straßenecken der vorweihnachtlichen Stadt lösen die Imagination eines grün versiegelten Weihnachtspakets aus. Das Paket birst eines schönen Tages. Was verborgen war, quillt hervor: der Weihnachtsmarkt, aber mit den schönen Dingen, die sich da anbieten, zugleich „die Armut“. Und wie auf dem Weihnachtsteller neben dem wohlhabenden Marzipan sich die proletarischen Äpfel und Nüsse zeigen, so jetzt zur Weihnachtszeit „die armen Leute … in den bessern Vierteln“. Die Stadt offenbart sich über die Kinder und Leierkastenspieler als Ort sozialer Klassen, von Arm und Reich.

Das drängt sich für das Kind zusammen in die Stunde vor der Bescherung („die wie ein Pfeil im Herzen des Tages zittert“), da es allein vom dunklen Zimmer des Vorderhauses in die Hinterhöfe blickt, deren Fenster ihm als emblematische Inbilder des Lebens der armen Leute erscheinen,

„der Einsamkeit, des Alters und des Darbens", aber doch „hin und wieder" „begnadet" durch das Kerzenlicht eines Weihnachtsbaumes, der „Nadeln und Geäst", wie es heißt, „opfert", um nur noch „ein nahes und unnahbares Sternbild" zu sein. Die Erfahrung des Kindes nähert sich hier dem, was Benjamin andernorts im Phänomen der „Aura" zu begreifen sucht: die „einmalige Erscheinung einer Ferne, so nah sie sein mag"[33]; „Diese Bestimmung hat für sich, den kultischen Charakter des Phänomens transparent zu machen. Das wesentlich Ferne ist das Unnahbare: in der Tat ist Unnahbarkeit eine Hauptqualität des Kultbildes."[34] Die hier gemeinte Nähe ästhetischer Erfahrung zur religiösen wird in Benjamins Weihnachtsgeschichte gestützt durch die unerwartet religiösen, ja „kultischen" Termini „begnadet" und „opfert." Es ist eine Art von Epiphanie mitten in der Bürgerwelt, aber ganz im dunklen Vorraum der offiziellen „Bescherung", die den Baum zur manifesten Glorie nahen Glanzes bringt und im gleichen Augenblick seines Geheimnisses beraubt, „entfremdet".

An der Schwelle zwischen beidem liegt noch eine Erfahrung, die der Titel der Geschichte unmittelbar im Blick hat: „Ein Weihnachtsengel". Es ist das Spüren einer „fremden Gegenwart im Raum", nun dem des Kindes selbst. Es ist nichts zu sehen, nur zu spüren, „nichts als ein Wind". Der Anhauch wird Wort in den Versen eines Weihnachtsliedes: „Alle Jahre wieder...". Die Worte des Liedes fangen den Wind auf wie ein Segel die Brise, Verse als Falten. Es ist, wie wenn sich aus diesem Zusammentreffen von fremdem Hauch und bekanntem Lied ein „Engel" bildete, die Figur eines Boten mit himmlischer Botschaft. Aber die Verse, die den Anhauch aufzufangen scheinen, beendigen ihn im gleichen Augenblick, „der Engel, der in ihnen begonnen hatte, sich zu bilden" verflüchtigt sich im Augenblick des Aussprechens schon. „Der Weihnachtsengel" ist eine allerflüchtigste Erfahrung. Vielleicht könnte man auch sagen, sie ist wie ein Traum, der in Windeseile von einem Ereignis ausgelöst wird, auf das er zuläuft, um mit ihm zugleich zu Ende zu sein. Dieses Ereignis wäre hier das Weihnachtslied, das dem Kind in den Sinn kommt. Es ist ein Lied, das nicht im Gesangbuch steht, aber zum festen Repertoire des geistlichen Volkslieds zu dieser Zeit gehört. Es ist wie ein Korn, das absichtslos ausgestreut wurde und hier in dieser Kindheitserinnerung, ja offenbar im geistigen Leben Walter Benjamins merkwürdig aufgegangen ist.

Benjamins „Der Weihnachtsengel" ist eine Geschichte der Zeit, der Jahreszeit des Winters in seiner bürgerlichen Verfassung. Und darin eingelegt ist es eine nach Zeit und Stunde und Augenblick terminierte Geschichte einer intimen Erfahrung. Die Mystik dieser Erfahrung ist keine Naturmystik des Winters und seiner Landschaft, sie ist eine Mystik der

Stadt, ihrer kulturellen Jahreszeit. Sie geht nicht zurück hinter die Phänomene der bürgerlichen Weihnachtskultur, um in ihrem kirchlichen Kern niederzuknien, sondern geht ihnen nach und auf den Grund. In dieser profanen Aufmerksamkeit erfährt sie etwas, wovon man nur träumen kann. Benjamins spät (1940) geschriebene „Geschichtsphilosophische Thesen“ enden mit den Sätzen: „Den Juden wurde die Zukunft (...) nicht zur homogenen und leeren Zeit. Denn in ihr war jede Sekunde die kleine Pforte, durch die der Messias treten konnte.“[35] Hört man in dem „Christuskind“ des Weihnachtsliedes das ursprünglich Messianische mit, so konnte die beschriebene mystische Erfahrung eine Sekunde der Annäherung sein, die sich im gleichen Augenblick aber zurückziehen mußte, weil es das Ende der Welt gewesen wäre: „Erst der Messias selbst vollendet alles historische Geschehen, und zwar in dem Sinne, daß er dessen Beziehung auf das Messianische selbst erst erlöst, vollendet, schafft.“[36] Mit der Figur des Engels verbinden sich bei Benjamin Erfahrungen des „Ephemeren“, der „Aktualität“ als flüchtiger Berührung.[37] In der Ankündigung der Zeitschrift: „Angelus Novus“ heißt es zum Schluß: „Werden doch sogar nach einer talmudischen Legende die Engel – neue jeden Augenblick in unzähligen Scharen – geschaffen, um, nachdem sie vor Gott ihren Hymnus gesungen, aufzuhören und in Nichts zu vergehen.“[38] Der Anflug des Weihnachtsengels in jener Berliner Bürgerstube um 1900 hat diese mystische Flüchtigkeit.

IV. ASCHERMITTWOCH

> *„Ich schrieb einmal eine Abhandlung über Asche, die mir nicht geringen Beifall eintrug und in welcher ich allerlei überaus Kurioses zutage förderte, unter anderem die Beobachtung, daß Asche keinerlei nennenswerte Widerstandskraft besitze. In der Tat läßt sich über diesen scheinbar so uninteressanten Gegenstand bei nur einigermaßen tieferem Eindringen manches sagen, was durchaus nicht uninteressant ist, wie z.B. das: Wird Asche angeblasen, so ist nicht das Geringste an ihr, das sich weigert, augenblicklich auseinanderzufliegen. Asche ist die Demut, die Belanglosigkeit und die Wertlosigkeit selber, und was das Schönste ist: sie ist selbst durchdrungen von dem Glauben, daß sie zu nichts taugt. Kann man haltloser, schwächer und armseliger sein als Asche? Wohl nicht leicht. Gibt es ein Ding, das nachgiebiger und duldsamer sein könnte als sie? Nicht gut. Asche kennt keinen Charakter, und von jeder Art Holz ist sie weiter entfernt als die Niedergeschlagenheit vom Übermut. Wo Asche ist, da ist eigentlich überhaupt nichts. Setze deinen Fuß auf Asche, und du wirst kaum spüren, daß du auf irgend etwas getreten bist. Ja, ja, so ist es, und ich glaube nicht, daß ich mich sehr stark irre, wenn ich der Überzeugung zu sein wage, daß man nur die Augen aufzutun und recht aufmerk-*

sam um sich herum zu schauen braucht, um Dinge zu sehen, die wert sind, daß man sie mit einiger Innigkeit und Sorgfalt betrachtet."[39]

1. Memento, homo

Seitdem die Menschen mit Feuer hantieren, ist ihnen zur Hand, was Asche ist, ein Rest, das, was übrigbleibt von dem, was sie an pflanzlichem oder tierischem Stoff in die Flammen geworfen haben, flüchtige Mineralien der Erde. Die Einäscherung von Menschen führt als Totenritual drastisch vor Augen, daß sie, auch sie, zu dieser organischen Natur gehören. Die Kirche hat den kurzen Prozeß der Kremation, die den Menschen im Nu zu einem Häuflein Asche in der Urne macht, lange Zeit verpönt, weil Leichenverbrennung propagandistisch mit materialistischer Ideologie verbunden wurde.[40] Am Resultat ändert die kirchliche Option für die Erdbestattung nichts. Der langsame Prozeß der der Erde überlassenen organischen Verwesung endet, wenn er auch auf den Eingriff menschlicher Technik verzichtet, gleichfalls in einer Mineralisierung.

So sieht es auch die Hl. Schrift, wenn Gott selbst dem Adam sagt: „Staub bist du und zum Staub kehrst du zurück" (Gen. 3,19). Sterben heißt „in den Staub hinabfahren" (Ps 22,30), und dem entgeht keiner: „Die Menschen alle sind nur Staub und Asche" (Sir 17,32). Es ist ihre animalische Lebensbedingung:

„Denn das Geschick
der Menschenkinder
ist gleich dem Geschick des Tiers;
ein Geschick haben sie beide.
Wie dieses stirbt,
so sterben auch jene,
und einen Odem haben sie alle.
Der Mensch hat vor dem Tier
keinen Vorzug.
Denn alle gehen an einen Ort;
Und alle sind sie aus Staub geworden,
und alle werden sie wieder zu Staub.
Wer weiss, ob der Odem
der Menschenkinder emporsteigt,
der Odem des Tieres aber
hinabfährt zur Erde?"

(Pred 3,19-21)

Wie auch immer es sich mit dem „Odem", der „Seele", verhalten mag, die anorganische Zukunft ist empirisch sicher, für Mensch und Tier.

Feria quarta cinerum heißt im kirchlichen Kalender der Mittwoch vor dem ersten Fastensonntag, „Aschermittwoch". Das *Caput Quadragesimae*, der Beginn der vierzigtägigen Fastenzeit vor Ostern wird namentlich unter das Zeichen der Asche gestellt. Die Asche erscheint da im Rahmen eines Rituals, das auf Trauer- und Bußgebräuche des Alten Testaments zurückgeht.

Als sie von ihrem Bruder Amnon geschändet worden war „streute Thamar Asche auf ihr Haupt, zerriß das Ärmelkleid, das sie anhatte, und legte die Hand auf ihr Haupt und ging laut schreiend davon" (2 Sam 13,19). Die Königstochter beklagt die Schande, die ihr angetan wurde, nicht nur mit lautem Klagegeschrei, sondern auch mit der Entstellung ihres ganzen Aussehens, von Gesicht und Gewand. Sie macht die Mißhandlung und den Mißstand, in den sie geraten ist, körperlich sichtbar. Für diese Körperinszenierung ist die Wendung „in Sack und Asche" redensartlich geworden. Im Buch Daniel heißt es vom Propheten: „Ich richtete mein Angesicht zu Gott, dem Herrn, und suchte zu beten und flehen in Fasten, Sack und Asche" (Dan 9,3). Angesichts des Ausrottungsbefehls des König Assuerus, von dem im Buch Esther erzählt wird, „zerriß er (Mardochäus) sein Gewand, hüllte sich in Sack und Asche, ging so in die Stadt und erhob bittere Wehklage" (Esth 4,1); und es „herrschte große Trauer unter den Juden. Sie fasteten, weinten und wehklagten, und viele hüllten sich in Sack und Asche" (Esth 4,3). „Sack" (hebr. *sak*; griech. *sakkos*) meint ein grobes Haartuch oder Haarkleid aus Ziegen- oder Kamelhaaren. „Sack" steht konträr zur schönen Welt des Luxus, wie Jesaja es den stolzen Töchtern Sions prophezeit: „Statt Balsamduft wird Moder sein, statt Gürtel Strick, statt Lockengekräusel Glatze, statt Prunkgewand gegürtelter Sack, Schandmal statt Schönheit" (Jes 3,24). „Es scheint als Kleid der Trauer (...) und der Buße (...) eine uralte Einrichtung der semitischen Welt zu sein[41]; „die gemeinsame innere Wurzel der beiden Verwendungen sind die Motive der Betrübnis und der Selbsterniedrigung"[42]; die so vorgenommene „Selbstentstellung (...) stellt eine tiefe Selbstdemütigung dar, und zwar vor Gott (...) wie vor Menschen (...), um damit Wohlwollen und Versöhnung zu erlangen und so drohendes Unheil abzuwenden"[43]. Sich in „Sack und Asche" zu kleiden kann, wie bei Thamar oder Mardochäus, ein Trauergestus sein, öffentliche Klage über erlittenes Unrecht, oder ein Gestus der Buße, der Anerkennung selbst verübten Unrechts und der Bereitschaft zur Änderung des Lebenswandels.

Die Entstellung des körperlichen Aussehens kann sich mit dem Entzug von Nahrung verbinden. Beim Fasten begegnen die beiden gleichen Motive: Es „ist ein Ausdruck des Grams angesichts von Unheil und Gefahr oder der Zerknirschung über begangene Sünden, die Gottes Mißfallen erregt haben“[44]. Wie das Gehen in Sack und Asche hat das Fasten den Charakter einer öffentlichen Demonstration vor den Augen der Menschen. Mit Beten verbunden, ist es aber zugleich der Akt einer Selbstpräsentation in den Augen Gottes: So bin ich, so sind wir in Wahrheit und bitten um Erbarmen.

Als Jesus gefragt wurde, warum seine Jünger im Unterschied zu denen des Johannes und zu den Pharisäern nicht fasteten, entgegnete er: „Können etwa die Hochzeitsgäste trauern, solange der Bräutigam bei ihnen ist? Doch es werden Tage kommen, wo der Bräutigam von ihnen genommen sein wird, und dann werden sie fasten“ (Mt 8,15). Der Spruch gibt zu erkennen, daß für die Gemeinschaft der Jesusjünger rituelles Fasten keine besondere Rolle gespielt hat; erst mit dem Verlust des Meisters und dem Gedenken seines Leidens und Sterbens scheint christlich der Gedanke eines Trauerfastens aufgekommen zu sein.

Die sich liturgisch einrichtende Kirche hat im 4. Jh. „Sack und Asche“ mit der Fastenzeit in ihr rituelles Repertoire aufgenommen, und der Aschermittwoch als *„caput ieiunii“* ist dafür seit dem frühen Mittelalter der markante Termin. „Auf diesen Tag fiel der Beginn der öffentlichen Buße. In der Kirche wurde über die Büßer gebetet, sie bekamen das Bußkleid (*cilicium*), wurden mit Asche bestreut und aus der Kirche ausgewiesen.“[45] Das alttestamentliche „in Sack und Asche“ ist übernommen, aber es ist hier kein Akt spontanen Bekenntnisses von Trauer oder Buße, sondern Instrument regulierter Kirchendisziplin. Die Gemeinde sondert die ihrer unwürdig gewordenen Mitglieder ab, markiert sie öffentlich, aber nicht, um sie auf Dauer auszustoßen, sondern, um sie durch eine angemessene Bußzeit, die Quadragesima, geläutert, zu Ostern wieder zu rekonzilieren.

Als im frühen Mittelalter dieses Institut der öffentlichen Buße in Abgang kam, verlor der Sack seine liturgische Rolle, aber man hielt an der Asche fest; „der Ritus der ‚impositio cinerum‘, der ursprünglich nur an den Büßern vorgenommen wurde, hat sich noch jetzt erhalten und bildet gegenwärtig die eindrucksvollste Zeremonie der Fastenzeit. Die Asche, welche aus den am Palmsonntag des vergangenen Jahres geweihten Zweigen gewonnen werden soll, pflegte schon im 10. Jahrhundert durch ein besonderes Gebet geweiht zu werden.“[46] Ließen seit dem 10./11. Jh. Klerus und Laienvolk insgesamt sich am Aschermittwoch Asche auf das Haupt streuen, wurde die Buße kommunalisiert.[47] Daß die Büßer nicht mehr eine markierbare Gruppe der Gemeinde waren, sondern sich an diesem Tag alle einreihten, ist ein religionsgeschichtlich bedeutsamer Vorgang.

Die alte Formel „*Memento, homo*" geht nach J.A. Jungmann zurück auf das seit dem 7. Jh. übliche Ritual der Büßeraustreibung: „Der Ritus (...) wurde der Austreibung der Stammeltern aus dem Paradiese nachgebildet. Dabei wurde Gottes Urteilsspruch über Adam verwendet."[48] Was nach dieser Rekonstruktion einen bestimmten Platz bei der „*expulsio poenitentium*" hatte, wurde als zentraler Satz beibehalten, als die Aschenbestreuung ein Ritus für alle wurde. Jeder war nun angeredet: *homo* – Mensch, angesprochen auf die allen gemeinsame Menschennatur und ihre durch den Sündenfall bedingte Hinfälligkeit. Auf den Kopf zu wird da jedem gesagt und mit Asche besiegelt, daß dieser Schädel ein künftiger Totenschädel sein wird, daß er, der jetzt noch denken kann, dies nicht vergessen, sondern sich in Erinnerung rufen möge. Mit diesem Bedenksatz wird die Aschenbestreuung ein persönliches Memorial, nicht Gedenken der Toten, wie Allerseelen, sondern Gedenken des eigenen, künftigen, unentrinnbaren Todes, *Memento mori* (vgl. Ft. 3).

Man könnte dies als einen Trauerritus von existentieller Dringlichkeit ansehen, ein gemeinsames Ritual der Trauer über die Vergänglichkeit des menschlichen Daseins, jedes einzelnen, der nach vorn kommt, um es sich auf den Kopf zusagen und zeichnen zu lassen: *Memento, homo...* Man könnte die Staubperikopen aus dem Buch Kohelet lesen: Pred 3,19-22 und Pred 12,1-8. Als Zwischengesang könnte man barocke Vanitas-Lieder singen: „Ach wie flüchtig, ach wie nichtig / ist der Menschen Leben. / Wie ein Nebel bald entstehet / und auch wieder bald vergehet, / so ist unser Leben sehet!"[49] oder Andreas Gryphius' zu gleicher Zeit (1652) entstandenes Lied: „Die Herrlichkeit der Erden / muß Rauch und Asche werden"[50] oder vielleicht Huub Oosterhuis' „*Zwart als git*" – „Schwarz wie Nacht", eine zeitgenössische Version von Pred 12,1-7[51]. Die Kohelet-Lesungen enden mit einem „Wie ist alles so nichtig. / Es ist alles umsonst" (Pred 12,8) oder mit epikureischem Schluß: „und so sah ich: es gibt nichts Besseres, als dass der Mensch fröhlich sei bei seinem Tun; das ist sein Teil" (Pred 3,22). „Lehre uns, unsere Tage zählen, daß wir ein weises Herz gewinnen" (Ps 90,12) könnte der Skopus des *Memento, homo* sein. Die barokken Vanitas-Lieder suchen nach vielstrophigem Durchgang durch die Flüchtigkeiten und Nichtigkeiten des menschlichen Daseins Halt in stoisch-christlichem Gottvertrauen. „Ach wie nichtig, ach wie flüchtig / sind der Menschen Sachen! / Alles, alles was wir sehen, / das muß fallen und vergehen. / Wer Gott fürcht', wird ewig stehen."

Als theologischer Gewährsmann eines solchen Vanitas-Rituals könnte K. Rahner gelten, der in seinem „Kleinen Kirchenjahr" Aschermittwoch ganz vom „Staub" her versteht, der der Mensch ist. Halt in diesem verwehenden Staub ist bei ihm nicht allgemeines Gottvertrauen, er findet es im Ritus selbst: „(...) nun wird uns mit dem Staub der Erde das Zeichen des Kreuzes, das Zeichen des Menschensohnes auf die Stirn gezeichnet, damit sichtbar wird, was wir sind: Menschen des Todes und Menschen der Erlösung."[52] Das Staubsein ist nicht wegzuwischen. „Das Christentum erlöst nicht vom Fleisch und Staub und nicht am Fleisch und Staub vorbei, sondern mitten durch Fleisch und Staub hindurch."[53] „Wenn uns (...) gesagt wird: ‚Gedenke, daß du Staub bist!' Dann ist uns auch gesagt, daß wir Brüder des Fleischgewordenen sind, dann ist uns alles gesagt: Nichtigkeit, die erfüllt ist von der Unendlichkeit, Tod, der des Lebens schwanger geht, Vergänglichkeit, die erlöst, Staub, der Gottes Leib ist in Ewigkeit."[54] Für K. Rahners Inkarnationstheologie, die letztlich eine Todestheologie ist, ist in diesem Ineins von Asche und Kreuz im Ritus des Aschermittwochs alles gesagt, was über den Menschen und zu ihm christlich zu sagen ist. Der hier allein aus dem *Memento, homo, quia pulvis es* heraus gedachte Aschermittwoch hätte mit Sünde und Buße vorab gar nichts zu tun, er wäre eine eigene Art Versöhnungstag des Menschen, der christlich begründeten Versöhnung mit sich selbst und dem Elend seiner Endlichkeit.

Die seit Jahrhunderten gebräuchliche, im tridentinischen Missale dokumentierte Aschermittwoch-Liturgie ist um das Motiv der Asche gebaut, aber die damit verbundene Endlichkeit und Nichtigkeit wird über die anthropologische Grundbestimmung hinaus mit dem Gedanken von Sünde und Strafe verbunden. Zu Staub werden ist nicht nur das, was das Schicksal des Menschen mit dem aller anderen Lebewesen verbindet, es ist, wie schon im Kontext der Genesis, Strafe für begangene Sünde. Der in diesen Gebeten angeschlagene Ton bringt den christlichen Aschermittwoch in die Nähe des jüdischen Jom Kippur, des großen im Herbst zu feiernden Versöhnungstages, wo man betet: „Unser Gott und Gott unserer Väter, verzeihe uns unsere Schuld an diesem Tag der Versöhnung, lösche aus und tilge unsere Frevel vor deinen Augen"[55], und: „Staub bin ich während meines Lebens, um wieviel mehr erst nach meinem Tode; siehe, ich bin vor dir wie ein Gefäß voll Schmach und Schande."[56] Aber in diese Richtung sollte der Aschermittwoch, als man an seine liturgische Reform dachte, doch nicht vertieft werden.

2. Waschen

Eine gewisse Reserve gegenüber der liturgischen Staubkonzentration macht sich auch darin bemerkbar, daß die alte Aschenkreuzspendeformel „*Memento, homo, quia pulvis es...*" nicht mehr als primär vorgesehen ist. An erster Stelle steht nun der Schriftvers Mk 1,15: „Bekehret euch und glaubt an das Reich Gottes".[57] Es ist der Satz, mit dem Jesus von Nazareth nach seiner vierzigtägigen Wüstenzeit seine Verkündigung in Galiläa beginnt, ein prophetischer Ruf zur Umkehr, der aber, anders als bei der Bußpredigt des sackbekleideten Täufers Johannes, nicht mit irgendeiner Art von Ritual verbunden ist. Im Sakramentale der Aschenbestreuung ritualisiert, gerät Jesu Umkehrruf in den Typus des Täufers und seiner Bußtaufe. In der Form der 2. Person Plural hat die Spendenformel nicht ganz die auf den Einzelnen bezogene existentielle Dringlichkeit, die dem alten „Gedenke, o Mensch, daß du Staub bist" innewohnt.

Das Staub-Memento wird zu einer Art christlichem Abzeichen. Wie mittelalterlichen Kreuzfahrern zum Aufbruch des Kreuzzugs nach Jerusalem ein Kreuz angeheftet wurde, so wird den Gläubigen nun ein schwarzes Kreuz auf die Stirn geprägt beim Aufbruch ihres vierzigtägigen Wegs zum österlichen Jerusalem. Aus dem Staubzeichen menschlicher Vergänglichkeit oder Sündentrauer wird ein Stirnmal der Christusnachfolge bis in den Tod am Kreuz (vgl. Mt 16,24 par).

Je markanter das Kreuz da gezeichnet wird, um so mehr führt es in ein Dilemma. Das Evangelium des Aschermittwochs, das für hellhörige Gläubige immer schon eine gewisse Verlegenheit mit sich brachte, ist bei der neuen Einbettung des Ascheritus in den Wortgottesdienst zur bestimmenden Botschaft geworden, und es beginnt: „Hütet euch, eure Gerechtigkeit vor den Menschen zur Schau zu stellen." Die gesamte hier als Evangelium gewählte Passage (Mt 6,1-6; 16-18) hat den Tenor der Kritik an äußeren und öffentlichen Formen der Frömmigkeit. Das Almosen „soll verborgen bleiben" (Mt 6,4), das Gebet soll hinter verschlossenen Türen geschehen (Mt 6,5f). Im Fasten soll man sich kein „trübseliges Aussehen" geben, damit die Leute es merken, sondern: „Du aber salbe dein Haar, wenn du fastest und wasche dein Gesicht, damit die Leute nicht merken, daß du fastest, sondern nur dein Vater, der auch das Verborgene sieht" (Mt 16,17f). Das war immer schon eine denkwürdige Botschaft im Kontext eines Rituals, in dem mit Eifer gerade das Gegenteil von Waschen und Salben vollzogen wurde. Geht dieses Evangelium als Botschaft dem Aschenritual unmittelbar voraus, so erscheint dies, und zwar je mehr es sichtbar herausgekehrt wird, geradezu im Widerspruch zu der gerade verkündigten Anweisung der Bergpredigt, das Haar zu waschen und das Gesicht zu salben. Es inszeniert geradezu ein Paradox, das Paradox nämlich, daß die prophetische Umkehrbotschaft Jesu eigentlich in einem priesterkultisch organisierten Bußritual nicht unterzubringen ist. Will man dabei bleiben, so kann man es, wie das Joel-Zitat („Zerreißt eure Herzen, nicht eure Kleider", Joel 2,13), nur als Mahnung lesen, daß die sichtbar vollzogene Aschenbestreuung doch zur Herzenssache gemacht werden sollte.

3. Österliche Bußzeit

Es ist ein Artikel der Liturgiekonstitution des 2. Vatikanischen Konzils (Art. 109), der für die Reform im einzelnen die Grundrichtung vorgibt.

> *„Die vierzigtägige Fastenzeit hat die doppelte Aufgabe, vor allem einerseits durch Tauferinnerung oder Taufvorbereitung, andererseits durch Buße die Gläubigen, die in dieser Zeit mit größerem Eifer das Wort Gottes hören und dem Gebet obliegen sollen, auf die Feier des Pascha-Mysteriums vorzubereiten. Dieser Doppelcharakter soll sowohl in der Liturgie wie auch in der Liturgiekatechese in helles Licht gerückt werden.“*

Spricht man von „österlicher Bußzeit“, so kann zunächst die kalendarische Bindung an das Osterfest gemeint sein. Die christliche Fastenzeit hat anders als der islamische Fastenmonat eine feste jahreszeitliche Bindung. Der Ramadan kann in der Ordnung eines reinen Mondjahres von 354 Tagen und zwölf Mondmonaten im Laufe der Jahre durch alle Jahreszeiten laufen mit der bekannten Folge für die wechselnde Länge des von Sonnenaufgang bis Sonnenuntergang einzuhaltenden Fastens. Da der Begriff „Fastenzeit“, den man in der deutschen Sprachtradition für die *Quadragesima* gebraucht, das Wesen der Sache nicht ganz zu treffen scheint, hat man im amtlichen Sprachgebrauch der deutschsprachigen Liturgie „den volleren Begriff Österliche Bußzeit“[58] einzuführen versucht.

Der Artikel der Liturgie-Konstitution definiert die Quadragesima von ihrem Ende her. Sie ist Vorbereitungszeit auf Ostern; *„componit ad celebrandum paschale mysterium“*, sie bildet und konzentriert die Gläubigen im Hinblick auf die Feier des *„mysterium paschale“*, des „Pascha-Mysteriums“, des *„Triduum paschale“*, verstanden als die mit dem Abend des Gründonnerstag einsetzenden „Drei österlichen Tage vom Leiden, vom Tod und von der Auferstehung des Herrn“, der eine „geheimnisvolle (*mysterium*) Übergang (*paschale*) vom Tod zum neuen Leben“[59].

Die Gläubigen für die liturgische Feier (*celebratio*) dieses christlichen Pascha zu disponieren, erscheint als die Grundintention der Quadragesima. Die Vorbereitung soll dadurch geschehen, daß die Gläubigen in dieser Zeit ihren religiösen Eifer steigern, indem sie intensiver „das Wort Gottes hören“ und „dem Gebet obliegen“, womit wohl in erster Linie eine extensiv und intensiv gesteigerte Teilnahme am Gottesdienst gemeint ist. Auffällig ist, daß an dieser Stelle von Fastenpraktiken bestimmter Art nicht die Rede ist; die *praxis paenitentialis* wird nach Art. 110 der zeit- und ortsbedingten Regelung überlassen; nur das „Pascha-Fasten am Freitag des Leidens und Todes unseres Herrn“ soll universalkirchlich festgehalten werden, wozu nach Ortsgebrauch der Aschermittwoch hinzukommt. Wenn es ebenfalls in Art. 110 heißt, daß die vierzigtägige Bußzeit auch eine äußere und soziale (*externa et socialis*) sein soll, ist vielleicht an die klassische Fastenpraxis des Almosengebens und ihre neueren Sozialformen zu denken. Man gelangt so also in einer gewissen Hierarchie zur klassischen Trias von Fasten, Beten und Almosen geben, deren förderliche Beziehung auf die „Feier des Paschamysteriums“ unterstellt, aber nicht näher erklärt wird.

Der Art. 110 spricht von einer *indoles duplex*, einem Doppelcharakter der Quadragesima, der „Tauferneuerung oder Taufvorbereitung (*memoriam vel praeparationem Baptismi*)“ und der „Buße (*paenitentiam*)“. Diese „*duplex indoles*“ geht historisch auf gruppenspezifische Praktiken zurück. Die Fastenzeit hatte seit dem 4. Jh. zwei Gruppen besonders im Blick, die Pönitenten, die öffentliche Buße taten, und am Gründonnerstag rekonziliert wurden, und die Katechumenen, die in der Osternacht getauft wurden. Als das Institut der öffentlichen Buße in Abgang kam und mit der Veränderung der Taufpraxis das Erwachsenenkatechumenat, wurden Züge dieser beiden Einrichtungen auf das quadragesimale Verhalten der gesamten Gemeinde übertragen. Die Gemeinde, die immer schon an der Behandlung dieser beiden Randgruppen beteiligt war, wurde nun zum Hauptträger der verlangten Einstellungen. Das 2. Vatikanum hat dies kodifiziert, indem es von den „*elementa baptismalia*“ und den „*elementa poenitentialia*“ spricht, die in der Liturgie und Katechese der Quadragesima herausgestellt werden sollen, wobei es sichtlich die „Taufmotive“ in der Liturgie der Fastenzeit besonders herausgestellt wissen möchte. Die Vorbereitung auf die Feier des „Pascha-Mysteriums“ wird also primär baptismal verstanden, und somit auf die Tauffeier der Osternacht bezogen, die also als das eigentliche Zentrum der Feier des *mysterium paschale* betrachtet wird. Die Liturgiekonstitution stellt die *elementa poententialia.* hinter die *elementa baptismalia* an die zweite Stelle.

6. Versuchung

Das Quadragesimale steht besonders im Focus der Liturgie des 1. Fastensonntags. Das immer schon für diesen Sonntag vorgesehene Evangelium ist das von der Versuchung Jesu, das neue Lektionar hat die matthäische Fassung (Mt 4,1-11) in den Lesejahren B und C durch die markinische (Mk 1,12-15) und lukanische (Lk 4,1-13) ergänzt. Daß in dieser Perikope der Gründungsmythos der vierzigtägigen Fastenzeit liegt, wird in der neuformulierten Präfation für diesen Sonntag ausdrücklich erklärt, wo es von Christus heißt:

> *„Durch vierzig Tage Verzicht auf alle irdische Nahrung hat er den Brauch der Fastenzeit grundgelegt. Alle Listen der alten Schlange hat er zunichte gemacht und uns so gelehrt, den Sauerteig der Bosheit zu überwinden, damit wir Ostern feiern mit lauterem Herzen und schließlich zum ewigen Ostern gelangen.“*

Der Präfationstext sieht die Brauchform der kirchlichen Fastenzeit begründet im vierzigtägigen Fasten Jesu. Über den puren Nahrungsverzicht hinaus ist auch von den hinterlistigen Angriffen der Schlange die Rede, womit angespielt wird auf die Versuchung durch den *diabolos* (Mt 4,1; Lk 4,3) bzw. *satanas* (Mk 1,13), der hier, wie Apk 12,9, mit der „alten Schlange“ gleichgesetzt wird. Als alttestamentliche Lesung ist im Lesejahr A Gen 2,7-9; 3,1-7a vorgesehen, die Geschichte von der Versuchung durch die Schlange im Paradies. Indem über das Fasten selbst hinaus auch die Auseinandersetzung mit dem Versucher angeführt wird, kommen die Evangelien von der Versuchung Jesu als ganze in den Status eines Prototyps der kirchlichen Quadragesima.

Nach der Matthäusfassung wird Jesus vom Geist, der bei der Taufe über ihm geschwebt war, in die Wüste getrieben, „um vom Teufel versucht zu werden“. Diese Erprobung ist das Hauptmotiv. Das vierzigtägige Fasten ist nur beiläufig und löst mit dem Effekt des Hungers am Schluß nach vierzig Tagen die eigentliche Disputation mit dem Teufel aus. Ähnlich ist es bei Lukas: „er wurde vom Geist vierzig Tage lang in der Wüste umhergetrieben, wobei er vom Teufel versucht wurde“. Die das geistbewegte Umherziehen in der Wüste immerzu begleitende teuflische Versuchung ist von Fasten begleitet. Der am Schluß einsetzende Hunger ist dann, wie bei Matthäus, der Auslöser der ersten ausdrücklichen Frage des Teufels nach Möglichkeiten der Brotbeschaffung. Bei Markus schließlich ist nur von vierzigtägiger Satansversuchung die Rede und davon, daß Jesus da in der Wüste abseits der Menschenwelt war, „bei den Tieren, und die Engel dienten ihm“; von Fasten und Hunger keine Rede, und auch nicht davon, daß er, wie bei Matthäus und Lukas, den Teufel in einer denkwürdigen exegetischen Diskussion besiegte.

Versteht man die biblische Versuchungsgeschichte als Mythos der Quadragesima, so ist diese doch nicht geradewegs deren kultische Mimese. Ein Zeitmuster ist vorgegeben, aber die Ausfüllung differiert. Die vierzigtägige Wüstenzeit Jesu scheint präformiert durch die vierzig Jahre, die das Volk Israel in der Wüste verbringen mußte und geprüft wurde, ehe es in das gelobte Land einziehen konnte, und auch durch die vierzig Tage, die

Moses auf dem Berge Sinai verbrachte, als sich der Herr ihm offenbarte, und die vierzig Tage, die Elia zu eben diesem Berge wanderte, um dort die Offenbarung Gottes zu empfangen. Von den biblischen Prototypen her ist die christliche Quadragesima also mit Prüfung, Kampf mit dem Bösen und Offenbarungsempfang verbunden.

Die Auseinandersetzung mit dem Teufel, die zweifellos im Skopus der neutestamentlichen Perikope steht und die damit verbundene dämonologische Dimension, die ja nicht nur in dieser programmatischen Perikope, sondern im gesamten messianischen Wirken Jesu eine unübersehbare Rolle spielt, sind dem gegenwärtigen christlichen Glaubensempfinden nicht leicht erschwinglich. Die Liturgie der Fastenzeit hat sie aber nicht aufgegeben.

Für das, was spätestens seit dem frühen Mittelalter unter „Fastenzeit" verstanden wurde, steht der aus dem 6./7. Jh. stammende Hymnus *„Ex more docti mystico"*, der seit über einem Jahrtausend im kirchlichen Stundengebet eine repräsentative Rolle spielt.[60] Die im Hymnus poetisch ausgebreitete Auffassung der Fastenzeit wird im Tagesgebet der Messe des Aschermittwochs bündig zusammengefaßt:

> *„Concede nobis, Domine, praesidia militiae christianae sanctis inchoare ieiuniis, ut, contra spiritales nequitias pugnaturi, continentiae muniamur auxilio."*

> *„Laß uns, o Herr, den Posten im christlichen Kampf mit heiligem Fasten beziehn, daß gegen den bösen Feind unsre Kräfte gesammelt sind."*

Die christliche Religion wird hier als *militia* ausgerufen, als Kriegsdienst, als Kampf gegen die *spiritales nequitiae.* Von *spiritualia nequitiae* ist wörtlich im Epheserbrief (Eph 6,12) die Rede, und da geht es darum, daß die christliche Existenz eine des Kampfes sei, „nicht gegen Fleisch und Blut", sondern gegen „Geisterwesen der Bosheit in den Himmeln", Mächte, die die geistige Atmosphäre der Welt beherrschen, böswillige und bösartige Gesinnungen, Machenschaften, Tendenzen. Der Kampf geht um herrschende Ideen und Mentalitäten.

Die Einberufung zu diesem Militärdienst, das Beziehen des Postens, der Stellung (*praesidia militiae inchoare*) soll durch Fasten geschehen. Der Herr (*domine*), was hier geradezu wie „Kriegsherr" klingt, wird gebeten, daß es so losgehen (*inchoare*) möchte. Das körperliche Fasten wird im zweiten Teil der Oration als *continentia* definiert, was gewöhnlich im Sinne von *abstinentia* mit Enthaltsamkeit übersetzt wird. Wörtlich heißt es, von *continere* abgeleitet, soviel wie Sich-zusammen-nehmen, die Kräfte sammeln und zusammenhalten und nicht sinnlos verausgaben. Diese körperliche Übung und Anstrengung ist aber nur ein Mittel (*auxilio*) zur Stärkung (*muniamur*) in einem geistigen Kampf, einer spirituellen, mentalen Auseinandersetzung des Einzelnen mit sich selbst, für die hier kollektiv eine besondere Übungszeit eingeläutet wird. Wo der jeweils Einzelne da in sich an eine Front gerät, muß er selbst herausfinden. Daß die Christen gemeinsam dagegen zu kämpfen hätten, wird von der Oration wohl unterstellt. Ist das, was körperlich zu unternehmen ist, nur Hilfsmittel im geistigen Kampf, so ist die Wahl der Mittel an der bestimmten Frontstellung, die man zu halten hat, zu bemessen. Nicht jeden wird direkter Nahrungsentzug geistig voranbringen, aber ohne jedweden psychosomatischen Zusammenhang würde diese Fastenzeiteröffnungsoration doch ins Leere fallen. Die österliche Zielmarke dieser vierzigtägigen „Exerzitien" zur christlichen Existenzvergewisserung wäre die definitive Abrenuntiation der Osternachtfeier: „Widersagt ihr dem Satan? – Ich widersage!".

Was man Versuchung Jesu nennt, ist am Ende, jedenfalls bei Matthäus und Lukas, ein Drama in drei Akten, an drei Orten, auf dem Boden der Wüste beginnend, dann auf den Zinnen des Tempels, schließlich auf einem sehr hohen Berg. Es ist jeweils ein kurzer Schlagabtausch der Argumente, ein exegetischer Disput. Das Tagesgebet des 1. Fastensonntags äußert den Wunsch, „durch die jährliche Übung der vierzig Tage Christi Geheimnis besser (zu) verstehen".[61] Der Verlauf der Versuchung ist eine Offenbarung des *arcanum* Christi, des Geheimnisses Jesu von Nazareth. Eine von den Evangelien des 1. Fastensonntags inspirierte Fastenzeit wäre eine auf die je eigenen Anfechtungen bezogene Realisierung dieses messianischen Geheimnisses. Was dabei en passant zu lernen wäre, ist, wie man angesichts teuflischer Einflüsterungen mit der Hl. Schrift umgeht. Wenn die Liturgiekonstitution mit der Quadragesima den Wunsch verbindet, die Gläubigen sollten „in dieser Zeit mit größerem Eifer das Wort Gottes hören" (Art 109), so gibt die Versuchungsgeschichte zu verstehen, daß es bei dem rechten Gebrauch der Schrift mit wortgottesdienstlichem Zuhören allein nicht getan ist.

7. Passionszeit

Mit dem 5. Fastensonntag, dem Sonntag *Judica,* tritt in den liturgischen Texten die Passion Jesu in den Vordergrund; nach alter Terminologie tragen die beiden letzten Sonntage vor Ostern den Namen *Dominica I/II Passionis.* Optisches Signal dieser zwei letzten Wochen vor Ostern ist die Verhüllung der Kreuze und Altarbilder im Kirchenraum; in der Liturgie des Karfreitags gibt es dann eine Zeremonie der Kreuzenthüllung. Nach alter Leseordnung endete das Evangelium des 1. Passionssonntags (Joh

8,46-59) mit dem Vers: „Da hoben sie Steine auf, um nach ihm zu werfen; Jesus aber verbarg sich und ging hinweg aus dem Tempel".

Ein verhülltes Kreuz steht im Zentrum eines im Jahre 2013 gemalten Bildes von Michael Triegel, das den Titel hat *„Deus absconditus"*(Ft. 5).[62] Triegel ist, wie Werner Tübke und Neo Rauch, der Leipziger Malerschule zuzurechnen, die, noch in DDR-Zeiten begründet, nicht nur die Maltechniken der alten Meister pflegt, sondern sich auch mit deren Sujets und Motiven kreativ auseinandersetzt. So ist es auch in Triegels *„Deus absconditus"*.

Das Kreuz – nur Hände und Füße des Gekreuzigten sind zu sehen – ist mit einem großen leichenweißen Tuch verhängt, dessen kunstvolle Drapierung an Veronika-Bilder von F. de Zurbaran (1635-1640)[63] erinnert, ohne daß hier, wie bei dem spanischen Vorbild, das Gesicht Jesu als *Veraicon* erschiene. Statt der INRI-Tafel zu Häupten ist zu den Füßen des Gekreuzigten ein Papier angebracht, mit einer Zeichnung, die den Tuchumriß aufgreift. Zu lesen ist dort die aus volkstümlichen Illustrationen bekannte trinitarische Formel: *„Pater est Deus, Filius est Deus, Spiritus Sanctus est Deus. Pater non est Spiritus Sanctus, Pater non est Filius, Spiritus Sanctus non est Filius."*[64] Mit solcher Inschrift wird das Kreuz Christi und seine Verhüllung in Beziehung gesetzt zu der Gottesfrage des Bildtitels *„Deus absconditus"*.

Das Kreuztuch wird von Schnüren gehalten, Teil, wie es scheint, einer einzigen Schnur, die das ganze Bild durchzieht und am rechten Bildrand durch die betenden Hände einer dort knienden kleinen Figur läuft, deren Gewand von der gleichen textilen Faktur ist wie das große Kreuztuch. So wie diese kleine betende Figur knien bei van Eyck und anderen spätmittelalterlichen Malern Stifterfiguren in den Bildern, aber immer mit offenem Gesicht und namentlich ausgewiesen; sie wollen als die, die dieses Bild zu ihrem Seelenheil in Auftrag gegeben haben, erkennbar darin vorkommen. Der „Stifter" hier ist vollkommen verhüllt, anonym. Auf dem Kopf trägt er einen spitzen Hut, wie er als Büßermütze in Flagellanten- und Inquisitionsbildern bei Goya vorkommt. Doch denkt man auch an einen Harlekin, der als eine Art *Mâitre de plaisir* das Ganze wie ein Puppentheater arrangiert.

Das Kreuz steht vor einem langen Tisch, der von unten her alle Figuren miteinander verbindet, eine kippende (Sarg-?)Kiste rechts mit der Statue eines auferstandenen Christus, eine kleinere Kiste daneben mit einem angebrochenen Brotlaib und einem Glas Wein, was die Assoziation des Abendmahls hervorruft, unter dem Tisch eine Schachtel mit zwei rohen Lammköpfen, die in solcher Nähe zu Kreuz und Abendmahl an die Lammopfer denken lassen, die dem Lamm Gottes am Kreuz und der Eucharistie zugrunde liegen; ihm gegenüber ein Apfel auf dem Fliesenboden, der schöne Paradiesapfel: „Lamm Gottes, du nimmst hinweg die Sünden der Welt." Am linken Rand des Bildes, dem „Stifter" gegenüber, als wäre dieser auch der Engel der Verkündigung, die Jungfrau Maria, aber vor ihr nicht, wie in Verkündigungsbildern üblich, ein offenes Buch, sondern eine Schreibmaschine älteren Modells der Marke „Ideal", ohne Papiereinzug. Was vom Szenarium her die *Mater dolorosa* unter dem Kreuz wäre, ist in ihrer Haltung die *Annuntiata*; bei mittelalterlichen Wandelaltären wurden die Hauptbilder in der Passionszeit oft dadurch verhüllt, daß die Seitenflügel vorgeklappt wurden, auf deren Rückseite die Verkündigung an Maria abgebildet war; das Fest der Verkündigung am 25. März ist ein Fest in Passionszeitnähe.

Das Bild ist kein Altarbild, wie es die mittelalterlichen Vorbilder waren. Man braucht 2013 keine Retabel mehr, vor denen ein Priester die Messe zelebriert. Es ist eine Art sakrales Puppentheater, in dem bedeutungsträchtige Requisiten der christlichen Tradition zusammengebaut sind, zusammengehalten durch die Schnur, die durch die betenden Hände dieses kleinen „Stifters" oder „Engels" läuft. Niemand hat dieses Bild gestiftet oder seine Botschaft konzipiert als der Künstler, der sich in Schweigen hüllt, aber doch nicht in ästhetischer Ironie, sondern mit betenden Händen. Er hält die Dinge, labil genug, zusammen, enthüllt das *Mysterium crucis* nicht mit einem kräftigen Zug. Die Schnur ist ein seidener Faden, dem man in Gedanken folgen kann.

Setzt man voraus, daß der Bildtitel nicht nur dieses verhüllte Kreuz meint und nicht nur, wie es mystische *theologia negativa* nahelegen könnte, den tiefschwarzen Grund, vor dem sich alles abspielt, sondern das ganze Bild, dann erscheint Gott abgründig eben in dieser *Divina Comedia* selbst, die wir nicht auf einen Nenner zu bringen vermögen. Die Hl. Jungfrau sitzt vor der leeren Schreibmaschine. Das einzig moderne, doch als solches längst wieder veraltete Requisit schwebt mehr, als daß es fest stünde auf dem Tisch. Wie eine Erscheinung taucht die Schreibmaschine aus dem Dunkel auf, die Erscheinung eines Angebots oder einer Aufforderung, zu schreiben. Aber was sollte das sein? Ein Kommentar zu dem, was es hier zu sehen gibt? Die Einverständniserklärung mit den Spätfolgen ihres seinerzeitigen „*Ecce ancilla Domini…*"? Die Jungfrau rührt sich nicht. Gesicht und Hände, denen wir eine Reaktion ablesen könnten, sind für uns unsichtbar. Auch an dieser Stelle löst sich das Rätsel des Bildes nicht auf.

Die Passionszeit zeigt sich hier als Mysterienspiel der Passion des *Deus absconditus*. Es ist eine irritierende Bildstörung der in der neueren Kirchensprache fast stereotyp gewordenen Rede vom „*Pascha-Mysterium*".

V. MAI

„Im wunderschönen Monat Mai,
Als alle Knospen sprangen,
Da ist in meinem Herzen
Die Liebe aufgegangen.

Im wunderschönen Monat Mai,
Als alle Vögel sangen,
Da hab ich ihr gestanden
Mein Sehnen und Verlangen."

In Heinrich Heines Gedicht aus dem „Buch der Lieder", von R. Schumann mit Hingabe vertont, ist der Mai die erotische Zeit des Jahres, mit Knospenspringen und Vogelgesang, Aufgang der Liebe im Herzen und Geständnis der Sehnsucht.

Es gibt gute Gründe, diese Jahreszeit zu einer Zeit des Gesangs zu machen, nicht nur des weltlichen, sondern auch des religiösen und kirchlichen. Gleichwohl sind Lieder, die das tun, im christlichen Gesangbuch eher selten. Im Gefolge biblischer Lobpsalmen können auch im Kirchenlied Phänomene der Natur auftauchen, aber gewöhnlich im allgemeinen, ohne die besondere Vibration des Frühlings. Im Evangelischen Gesangbuch begegnen Lieder mit dem Titel „Wie lieblich ist der Maien" (EG 501; M. Behm 1604) und vor allem P. Gerhardts (1607-1676) bekanntes „Geh aus, mein Herz, und suche Freud / in dieser lieben Sommerzeit" (EG 503; 1653), das mit der „lieben Sommerzeit", wie die beschriebenen Phänomene erkennen lassen, die „liebliche Maienzeit" meint, Mai, Juni, wo die Natur sich allenthalben regt. Des Brandenburger Pfarrers Lied lädt ein zum Gang durch die sommerliche Natur: „schau an der schönen Gärten Zier", geht Strophe für Strophe das Grün der Bäume und Felder, Lerche und Nachtigall, Glucke, Storch und Schwälblein, Hirsch und Reh, Bäche und Herden, Bienen und Weinstöcke, Weizenfelder durch und endet die ausgiebige Augenweide mit eigenem Aufschwung:

„Ich selber kann und mag nicht ruhn,
des großen Gottes großes Tun
erweckt mir alle Sinnen;
ich singe mit, wenn alles singt,
und lasse, was dem Höchsten klingt,
aus meinem Herzen rinnen."

Die Natur ist ein Gabentisch Gottes für den Menschen („wie sie *dir und mir* sich ausgeschmücket haben"), nicht zum direkten Gebrauch und

Verzehr, sondern zum Anschauen, ein Schaufenster der Gottesgaben. Diese Vorgabe Gottes erweckt die Sinne des Menschen zur Einstimmung. Die freudige Übereinstimmung des Menschen mit der Natur, im Sehen und Singen, ist das erste, was P. Gerhardts Lied beschäftigt bis zur 8. Strophe; die volkstümliche Rezeption des Liedes konzentriert sich auf diesen Teil.

P. Gerhardts Lied setzt dann aber noch einmal neu an: „Ach, denk ich, ist es hier so schön...“. Die nachgerade paradiesische Schönheit der Sommerzeit läßt die Gedanken zur jenseitigen Welt aufsteigen, „der Gärten Zier“ läßt an das himmlische Paradies denken: „Welch hohe Lust, welch heller Schein / wird wohl in Christi Garten sein!“ (Str. 10). Es ist die an sich schon sehr schöne und lobwürdige Natur, die die Vision einer himmlischen Steigerung aufkommen läßt. Anders als die biblische Paradiesverlustgeschichte es nahelegen könnte, ist es nicht die von Dornen und Disteln gezeichnete Natur, die die Sehnsucht nach Wiedergewinnung des Paradieses aufkommen läßt, sondern „der Gärten Zier“. „In dieser lieben Sommerzeit“ erscheint der Himmel nicht als Erlösung aus diesem von Kreuz und Pein geschundenen Jammertal, sondern als Steigerung irdischer Schönheit mit dem Sehnsuchtskoeffizienten: „O wär ich da!“ (Str. 11). Für einen streng lutherischen Theologen wie P. Gerhardt ist diese *via eminentiae* ohne kreuzestheologische Brechung ein erstaunlicher Vorgang.

Das Lied kehrt nach drei Strophen des Ausblicks auf das himmlische Paradies noch einmal in die irdischen Verhältnisse zurück: „Doch gleichwohl will ich, weil ich noch / hier trage dieses Leibes Joch...“(Str. 12). Die sommerliche Natur wird nun zur Allegorese gewendet: „daß ich dir stetig blühe“; „ich dir werd ein guter Baum“; „ich deines Gartens schöne Blum / und Pflanze“; „Erwähle mich zum Paradeis / und laß mich bis zur letzten Reis / an Leib und Seele grünen“. Die „liebe Sommerzeit“ wird internalisiert. Was in der irdischen Jahreszeitenfolge dann doch vergeht, soll in der Seele geistliche Stetigkeit gewinnen, der „Sommer deiner Gnad“ (Str. 13) im Wechsel der natürlichen Jahreszeiten anhalten, das „Herze soll sich fort und fort / an diesem und an allem Ort / zu deinem Lobe neigen“. So wird die „liebe Sommerzeit“ im Schlußteil des Liedes (Str. 12-15) zum Paradigma der christlichen Existenz unter der Sonne der göttlichen Gnade.

Die Sommerzeit wird in den evangelischen Mailiedern weitgespannt, aber „die schönste Rose, die ich mein, / die alle Welt erfreuet“, die das katholische Marienlied ausgemacht zu haben glaubt[65], kommt da nicht in den Blick. Die katholische Frömmigkeit hingegen fokussiert alles auf diese „reinste Rose, ganz schön und auserwählt“[66], „Rose ohne Dornen“, „Lilie ohnegleichen“[67], „edler Rosengart, lilienweiß“[68]. So kann im ganzen

Jahr gesungen werden, aber die Hauptzeit dieser floralen Devotion ist eben der Mai, und deren klassische Andachtsform die Maiandacht mit blumengeschmücktem Maialtar.

14. P.P. Rubens/J. Brueghel d. Ä., Madonna im Blumenkranz, um 1620, München, Alte Pinakothek

Die „Maiandacht" in jener spezifischen Form, daß an jedem Tag des Monats Mai eine eigene Marienandacht abgehalten wird, ist zu Beginn des 18. Jh. in Italien entstanden.[69] Das „älteste bisher bekannte Maibüchlein" ist im Jahre 1726 in Parma erschienen; sein Verfasser ist der Jesuit Annibale Donesi; es trägt den Titel: „Il mese di Maria: O sia il mese di Maggio consegnato a Maria Coll' Esercizio di varii fiori di Virtù". Die neue Übung verdankt ihre Entstehung den volksmissionarischen Bemühungen italienischer Jesuiten. Sie verbreitete sich zunächst in Italien, dann auch in Frankreich und in den übrigen europäischen Ländern. In Deutschland beginnt die Entwicklung, von Frankreich und Italien angeregt, zu Beginn der 1840er Jahre und erfaßt im Laufe von zwei Jahrzehnten alle deutschen Diözesen. Das Interesse an der neuen volkstümlichen Andacht wird durch päpstliche Approbation und Empfehlung nachhaltig unterstützt. Bis zur Mitte des 20. Jh. ist die Maiandacht eine für das katholische Milieu besonders typische Frömmigkeitsform.

Daß nicht nur einzelne Festtage, sondern ein ganzer Monat der Verehrung Marias geweiht sein sollte, ist ein Novum in der in Rom mit dem 7. Jh. einsetzenden Marienfestgeschichte. Nach der heortologischen Regel, daß neue Feste sich häufig alten implantieren, wäre es nicht ausgeschlossen, daß die zu Beginn des 17. Jh. in Italien neu eingeführte Maiandacht sich auf volkstümliche Frühlingsbegehungen bezog; J. Metzler glaubt das in seiner Anfang des 20. Jahrhunderts erschienenen Geschichte der Maiandacht sogar genau zu wissen: „Sie wurde den ausgearteten, weltlichen Maifestlichkeiten entgegengesetzt, welche sich zum Teil aus dem heidnischen Altertum erhalten zu haben scheinen.“[70]

Das klassische Rom kannte ein der Göttin Flora, der italischen Göttin der Blumen und Blüten geweihtes Fest, das in der kaiserlichen Zeit vom 28. April bis 3. Mai begangen wurde; es „galt der Fürbitte für alles Blühende“[71]; zu den *Ludi florales* gehörten sowohl Blütenopfer wie mimische Possen der stadtrömischen Dirnen.[72] Ein Echo davon findet sich in S. Botticellis „Primavera“ (vgl. Ft. 6). Die christlichen Schriftsteller des 4./5. Jh. beklagen die Laszivität dieser heidnischen Frühlingsfestivitäten. Maibräuche, in denen sich florale und erotische Momente mischen, gab und gibt es auch im nordeuropäischen Volksbrauchtum (Walpurgisnacht auf den 1. Mai; Maienstecken an den Häusern der Geliebten; Maibaum; Umzüge mit Maikönig und Maikönigin). Klerikale Versuche, damit verbundene Ausschweifungen einzudämmen, sind belegt. Wenn es zutrifft, daß neue Feste auf dem Grund von älteren nur florieren, wenn sie deren Emotionen und Imaginationen in irgendeiner Weise in sich aufnehmen können, so bedeutete das, daß die erotischen und floralen Momente der alten Maifeiern in die neue Form der Marienverehrung zu sublimieren waren.

Die entscheidende Quelle für die Verflechtung von Eros, Blumen und Maria ist die marianische Lektüre des Hohenlieds aus dem Alten Testament. Es handelt sich da, beim Canticum Canticorum, um Liebeslieder, die mit dem Frühling verbunden sind; 2,11f: „Sieh nur, der Winter ist dahin; / vorüber, fort ist der Regen. / Die Blumen erscheinen im Lande. / Die Zeit des Singens ist da. / Und das Gurren der Turteltaube hebt an.“ Es ist nicht nur die Zeit des Vogelgesangs und des Aufblühens, die Braut des Hohenliedes selbst wird im Bild der Taube (vgl. Hld 2,14; 5,2.12; 6,9) und der

Blumen gesehen. Für letzteres sind zwei Stellen folgenreich geworden: Hld 2,1f: „*Ego flos campi, / Et lilium convallium. / Sicut lilium inter spinas / Sic amica mea.*" – „Ich bin die Blume des Feldes / und die Lilie im Talgrund. / Wie eine Lilie unter Dornen / So ist meine Freundin." Das „*lilium inter spinas*" wurde im Mittelalter als „Rose ohne Dornen" ausgelegt, so daß sich in diesem Bild der „*rosa mystica*" das alte Symbol der Venus mit dem der Reinheit verband zum neuen Emblem der Jungfrau-Mutter. Die zweite blumentheologisch wichtige Stelle ist Hld 4,12: „Ein verriegelter Garten / ist meine Schwester und Braut, / ein verriegelter Garten / mit versiegeltem Quell." Hier steht im Text der Vulgata das berühmte „*hortus conclusus*".

Zu den Hoheliedversen kommen zwei Verse aus dem 24. Kapitel des Buches Jesus Sirach. Dort heißt es von der Weisheit: „Ich wuchs empor einer Palme gleich zu Engeddi, / Gleich den Rosenstöcken zu Jericho" (Sir 24,14) – „*quasi plantatio rosae in Iericho*" (Vg Eccl 24,18) und Sir 24,17: „Einem Weinstock gleich trieb ich liebliche Sprossen, / meine Blüten gaben köstliche und reiche Frucht" – „*et flores mei fructus honoris et honestatis*" (Eccl 24,23). Da die „*Sapientia*" der alttestamentlichen Weisheitsliteratur wie die Braut des Hohenliedes auf Maria hin gelesen wurde, war der Gedanke von den Tugendblüten und dem Rosenhag („*plantatio rosae*") mariologisch angebahnt. Hinzu kommt noch die auf Maria hin ausgelegte Jesaja-Prophetie: „Ein Reis wird hervorgehen aus dem Wurzelstock Jesse" (Jes 11,1), wie es dann im Weihnachtslied „Es ist ein Ros entsprungen" volkstümlich faßbar ist.

Die Rose-Lilie-Symbolik wie das Bild vom „*hortus conclusus*" und Rosenhag haben über den engen Bereich der Mystik hinaus in die öffentlich-allgemeine Lebenswelt der Marienverehrung hineingewirkt, durch die reichhaltige Blumenmetaphorik der Lieder wie die Motivik der bildenden Kunst (Verkündigung, Madonna im Rosenhag, Rosenkranz usw.). Das erste, bereits zitierte Maiandachtsbüchlein des Jesuiten Donesi aus dem Jahre 1726 hat als Motto den lateinischen Hohelied-Vers „*Flores apparuerunt in terra nostra*" (Cant 2,12) und gibt damit klar zu erkennen, in welche bereits ausgebildete Vorstellungswelt sich die neue Devotion implantiert.

Die Transplantation dieser Andacht nach Deutschland ist in ihrem Erfolg ohne das romantische Umfeld der ersten Hälfte des 19. Jh. nicht zu denken. In Dichtung und Kunst spielte beides eine die romantischen Gemüter bewegende Rolle: das Bild Mariens und eine Naturfrömmigkeit, die eine besondere Sensibilität für das Leben der Blumen entwickelt. Bei Brentano findet sich das eine wie das andere; bei Ph. O. Runge wird eine Mystik des Blumenlebens entwickelt, in den Tageszeiten-Bildern um weibliche Figuren herum, die als naturreligiöse Echofiguren der katholischen

Madonna lesbar sind.[73] Bei Wackenroder und Tieck, Novalis und Eichendorff, Overbeck und Schnorr von Carolsfeld findet sich die Liebe zu Marienbildern ebenso wie zur Natur im Frühling.

Aus diesem romantischen Umfeld stammt das einzige katholische Marienlied, das mit ausdrücklicher Thematisierung des Mai in einigen Diözesanteilen des neuen Gotteslob *(1975/2013)* sich erhalten hat.[74] Es trägt das Initium „Maria Maienkönigin". Verfasser des Liedes ist Guido Görres (1805-1852), einziger Sohn des für die Geschichte der katholischen Erneuerung in der 1. Hälfte des 19. Jh. bedeutsamen Joseph Görres. Das Lied „Die Maikönigin" ist in einem Band „Marienlieder zur Feier der Maiandacht" erschienen, das den Entstehungsvermerk trägt „Rom im Mai 1842". Die 1842 in Rom gedichteten, und 1843 in Maiandachten der Münchener Herzogspitalkirche zuerst ertönten Görresschen Marienlieder fanden offenbar Resonanz. In den seit dem Ende des 19. Jh. erscheinenden deutschen Diözesangesangbüchern kann das Lied eine relativ starke Position erobern; bis in die fünfziger Jahre des 20. Jh. läßt es sich in dreiviertel der Fälle belegen.[75] Erst das Einheitsgesangbuch Gotteslob (1975) bringt eine Zäsur. Das Lied findet sich nur noch, z.T. textlich verändert, in einigen Diözesananhängen. Man kann das als Indiz nehmen für den Niedergang der aus dem 19. Jh. überkommenen Maiandacht in der aufgeklärten Kirchlichkeit des späten 20. Jh. Görres hatte sein Lied von der „Maienkönigin" als Lied zum allgemeinen Gebrauch der Gläubigen gedacht, als Lied für die Andacht des Volkes. Als solches ist es vergangen, was nicht heißt, daß es in devotionalen Reservaten nicht noch in Gebrauch sein könnte.

Aber die Romantiker haben auch von einer „neuen Mythologie" und „zweiten Naivität" geträumt, in der die Poesie mit der Arbeit des Gedanken sich versöhnt hätte. Ein spätromantischer Beleg für diese intellektuelle Bemühung ist ein Maigedicht von G.M. Hopkins (1844-1889), das beginnt: „*May is Mary's month, and I / Muse at that and wonder why*". Gerald Manley Hopkins konvertierte als Zweiundzwanzigjähriger zur katholischen Kirche, wurde Jesuit, Priester. Die zitierte Frage eröffnet ein Gedicht. Das ist anzuhören, was hier im wörtlichen Sinne gemeint ist. Der Dichter Hopkins hat, den Romantikern in Deutschland vergleichbar, zu seinen Gedichten auch Poetologisches geschrieben: „Meine Verssprache will weniger gelesen als gehört werden, wie ich dir schon einmal gesagt habe; sie ist oratorisch, d.h. der Rhythmus vor allem ist es. Ich glaube, wenn du durchdenkst, was ich hier gesagt habe, wird sie Dir besser gefallen und wirst Du vielleicht dazu bekehrt werden."[76] Das im Jahre 1878, ein Jahr nach dieser Briefnotiz, entstandene Gedicht ist also vor aller Sinnentschlüsselung in seinem englischen Ton und Takt laut zu lesen, zu hören:

THE MAY MAGNIFICAT

May is Mary's month, and I
Muse at that and wonder why:
Her feasts follow reason
Dated due to season –

Candlemas, Lady Day;
But the Lady Month, May,
Why fasten that upon her,
Whith a feasting in her honour?

Is it only to being brighter
Than the most are must delight her?
Is it opportunest
And flowers finds soonest?

Ask of her, the mighty mother:
Her reply puts another
Question: What is spring? –
Growth in every thing –

Flesh and fleece, fur and feather,
Grass and greenworld all together;
Star-eyed strawberry-breasted
Throstle above her nested

Cluster of bugle blue eggs thin
Forms and warms the life whithin;
And bird and blossom swell
In sod or sheath or shell.

All things rising, all things sizing
Mary sees, sympathising
Whith that world of good,
Nature's motherhood.

Their magnifying of each is kind
Whith delight calls to mind
How she did in her stored
Magnify the Lord.

Well but there was more than this:
Spring's universal bliss
Much, had much to say
To offering Mary May.

When drop-of-blood-and-foam-dapple
Bloom lights the orchard-apple
And thicket and thorp are merry
Whith silver-surfèd cherry

And azuring-over greybells makes
Wood banks and brakes wash wet like lakes
And magic cuckoocall
Caps, clears, and clinches all –

The ecstasy all through mothering earth
Tells Mary her mirth till Christ's birth
To remember and exultation
In God who was her salvation.

Ein Tonsatz ist dem Gedicht nicht beigegeben, es ist selber einer. Im „Sprungrhythmus"[77] der Verse, dem Klang und Anklang der Worte, in Assonanzen und Reimen ist der Mai in Töne gesetzt. Was zu hören und zu sehen ist in dieser Jahreszeit, ist aufs aufmerksamste wahrgenommen: „*All things rising, all things sizing*". Und die Einzelheiten stimmen zusammen zu einem Klangbild des Frühlings: *spring*. Was sich in der Natur allenthalben ereignet, geht in der Sprache der Kunst auf: „*Growth in every thing*". „*Their magnifying of each kin*d", heißt es in der 8. Strophe. Jedes Ding, „*bird and blossom*", „verherrlicht" seine Art, bringt sie wunderbar hervor. Das hier im englischen Text gebrauchte „*magnifying*" ist das erste, worauf der Titel „*The May Magnificat*" anspielt. Im Aufbruch des Frühlings ist die Natur ein Lobpreis (*Magnificat*) ihrer selbst, und die Sprache des Gedichts hebt das hoch ins Wort, zu einem hörbaren Preis der Maienzeit.

Das Gedicht geht freilich nicht einfach vom „wunderschönen Monat Mai" aus, sondern: „*May is Mary's month*". Warum wird er Maria zugeschrieben, ausgerechnet ihr? Die Frage geht von der heortologischen Regel aus, daß die Marienfeste im Jahr nicht willkürlich plaziert sind („*Her feasts follow reason*"), und daß dabei die Jahreszeit eine Rolle spielt („*Dated due to season*"). „*Candlemas, Lady Day*" werden als Beispiele angeführt, Mariä Lichtmeß am 2. Februar, vierzig Tage nach der mittwinterlichen Geburt Christi, Mariä Verkündigung am 25. März, neun Monate vor Weihnachten. Im Verfolg dieser Regel fragt sich: Was ist mit dem Marienmonat Mai? Ist es einfach nur, weil er heiterer („*brighter*") ist als die anderen Monate oder floristisch praktischer („*opportunest*"), weil man leicht an Blumenschmuck kommt?

Das Gedicht richtet die Frage an Maria selbst und erhält als Antwort die Frage: „*What is Spring?*" Und aus dieser Frage springt, nach einem Gedankenstrich, die poetische Definition. Was da als „Magnifizierung" des Mai ausgebreitet wird, ist die Sicht Marias auf die Natur: *„Mary sees, sympathising / With that world of good, / Nature's motherhood"* (Str. 7). Ihr Blick ist der Blick der Sympathie mit der „Welt des Guten", das ist hier „die Mutterschaft der Natur". In Str. 4 wird Maria *„mighty mother"* genannt, aber das ist sie nicht einfach als Große Mutter Natur, die Pflanzen und Tiere aus ihrem Schoß hervorbringt. Sie ist es auch nicht so, wie in Botticellis mythologischer Allegorie des Frühlings (*„Primavera"*), wo eine madonnengleiche Venus dem jugendlichen Tanz des aufbrechenden Frühlings in einer paradiesischen Flora vorsteht (Ft. 6). Die Rede ist nur von ihrer Sympathie, ihrem Mitempfinden. Der skeptische Blick, den in allen Religionen gnostisch-asketische Neigungen auf die Schönheit der Welt und ihre sinnliche Faszination werfen, liegt ihr fern. Ihre Sicht ist entzücktes (*„delight"*) Mitschwingen mit allem, was sich in dieser Zeit von Natur aus lebendig tut.

Ihr Mitempfinden stammt, dem Gedicht zufolge, nicht aus einer mythischen Naturmuttermacht, sondern aus ihrem eigenen Leibempfinden. Der Frühlingslobgesang aller Dinge (*„magnifying"*) ruft ihren Lobgesang (*„magnifying"*) ins Gedächtnis, mit dem sie die Gottesgeburt in sich (*„in her stored (…) the Lord"*) pries. Die Frühlingsseligkeit der Natur (*„Spring's universal bliss"*) entspricht dem Magnificat der mit dem neuen Gotteskind schwangeren Maria.

Der ins Kirchenkalendarium übertragenen lukanischen Chronologie zufolge geht Maria nach der Verkündigung des Engels zu ihrer Base Elisabeth ins judäische Gebirge und kehrt von dort nach etwa drei Monaten zurück (Lk 1,39.56). Feiert man *„Ladys Day"* am 25. März, so wird der Mai zum Monat des Magnificat, das Maria im Hause der Elisabeth anstimmt. Diese Koinzidenz aber folgt, wie Hopkins Gedicht vor Augen stellt, einer höheren Vernunft: *„Her feasts follow reason, / Dated due to reason"*.

Der Blick geht in der 10. Strophe noch einmal ins Land, in die Landschaft der blühenden Gärten und grünenden Wälder samt Kuckucksruf: *„This ecstasy all through mothering earth"*. Diese die ganze mütterliche Erde ergreifende Verzückung ist, wie die letzte Strophe des Gedichts sagt, nicht nur eine simultane Magnificat-Ekstase von Natur und heiliger Geschichte, sondern auch ein Geheiß an Maria (*„tells Mary"*), diese Freude des Anfangs in den Monaten bis zur Geburt Christi nicht zu vergessen, ihr ursprüngliches Frohlocken (*„exultation"*) über Gott, der ihr Heiland war (*„In God, who was her salvation"*) hochzuhalten, auch im November, Dezember. Wie man den jugendlichen Enthusiasmus unter den herbst- und winterlichen Lebensbedingungen wachhalten könnte, war etwas, was den in jungen Jahren katholisch und Jesuit gewordenen Gerald Manley Hopkins nach Auskunft seiner Briefe wohl beschäftigt hat.

In Sinn und Klang der deutschen Sprache übertragen lautet das Gedicht:

DAS MAI -MAGNIFIKAT
MAI ist Marien Mond, und ich
Sinne dem nach und möchte wissen warum:
Ihre Feste sind weislich geordnet,
Den Zeiten des Jahres geziemend –

Lichtmeß, Liebfrauen-Tag;
Doch Liebfrauen-Mond, Mai,
Warum ist der ihr verknüpft
Mit einem Feiern zu Ehren ihr?

Ist es nur, weil dies, daß er lichter ist
Als die meisten, sie gewiß entzückt?
Ist es, weil er die gelegenste Zeit
Und man Blumen am raschesten findet?

Erfrag es von ihr, der mächtigen Mutter:
Ihre Antwort stellt die andere
Frage: Was ist Frühling? -
Wachstum in jedem Ding –

Fleisch und Vließ, Fell und Feder,
Gras und Grünwelt allen mitsammen;
Stern-äugig, Erdbeer-brüstig,
Die Drossel über umhegtem

Genist Günsel-blauer Eier zart
Formt und wärmt das Leben darin;
Und Vogel und Blüte schwellen
In Sode und Scheide und Schale.

Alles Sprossende, alles Wachsende,
Maria schaut es, mitempfindend
Diese Welt des Guten,
Die Mutterschaft der Natur.

Daß jedes seine Art verherrlicht,
Ruft mit Entzücken ihr ins Gedächtnis,
Wie sie, in ihr gespeichert,
Verherrlichte den Herrn.

Wohl, doch da war mehr noch als dies:
Des Frühlings Seligkeit in jedem und jedem
Trug viel, viel dazu bei,
Daß man Maria den Mai geweiht.

Wenn Blutstropfenrot-und-Schaum-geschechte
Blüte den Apfelbaumgarten erhellt
Und Dickicht und Dorf rings fröhlich sind
Mit Silber-brandender Kirsche

Und von überblauender Grau-Hyazinthe
Waldhänge und Unterholz feucht wogen wie Seen
Und zaubernder Kuckucksruf
Alles überschallt, erheitert und hämmert –

Diese Verzückung all durch die mutternde Erde
Mahnt Maria, daß sie der Freude bis hin zu Christi Geburt
Eingedenk bleibe und ihres Frohlockens
In Gott, der ihr Heiland war.

G. M. Hopkins „Mai-Magnificat" mit seinen Gedankenstrichen ist der privaten Lektüre und Betrachtung zugedacht. Ein Lied für den Gemeindegesang kann so feingerippt nicht sein.

VI. ALLERSEELEN

1. Totenmonat

„*Gaudeamus*" beginnt der Totenmonat, „*Gaudeamus omnes in Domino*"; es ist der Introitus des Festes Allerheiligen am 1. November: „Frohlocken lasset uns alle im Herrn bei der Feier des Festtags zu Ehren aller Heiligen". Die Heiligen, jedenfalls die, um die es hier geht, sind Tote. Aber irgendwie lebende Tote, man kann sie, wie die Liturgie unterstellt, um Fürsprache angehen. Die Kunst versieht sie mit Nimben, goldenen Heiligenscheinen, Zeichen, daß sie in Gott, in seiner Welt leben.

Einen Gedächtnistag aller Heiligen im Himmel am 1. November gibt es seit dem 9. Jh. Er wurde vielleicht unter irischem Einfluß im Frankenreich eingeführt und gewann von da ausgehend allgemein- kirchliche Geltung. Ein am 2. November zu feierndes Fest Allerseelen wurde dem Fest Allerheiligen zu Beginn des 11. Jh. angehängt. Es verdankt sich der förmlichen Einführung durch ein Statut des Abtes Odilo von Cluny (994-1049), wahrscheinlich abgefaßt zwischen 1024 und 1048; der Einfluß Clunys verschaffte dem neuen Fest bald große Verbreitung.[78]

„Die Relevanz der Totensorge für den mittelalterlichen Menschen kann gar nicht überschätzt werden, sie war ständig präsent und bestimmte weitgehend die sozialen Beziehungen der Lebenden untereinander wie zu den Verstorbenen."[79] Die frühmittelalterlichen Klöster spielten durch

Gebet und Meßfeier bei der institutionellen Sicherung dieser Totensorge eine zentrale Rolle. „Hier stach vor allem die Reformabtei Cluny heraus. Sie wurde mitsamt ihren Tochtergründungen zum Zentrum des mittelalterlichen Totengedächtnisses.“[80] Das an Namensnennung und nekrologische Register gebundene Gedenken der Verstorbenen, der des eigenen Klosters wie derer, die durch Spenden und Stiftungen von außen sich an das Kloster banden, wurde im Fest Allerseelen zu einem „kumulativen Gedenktag“[81] ausgeweitet, an dem aller Verstorbenen gedacht und niemand vergessen werden sollte.

Die Liturgie des Allerseelenfestes wurde eng an die des Allerheiligenfestes angebunden. Die der zeremoniellen Verknüpfung zugrundeliegende Idee war die einer die Grenze von Diesseits und Jenseits übergreifenden Heilsgemeinschaft, deren Mitglieder als Fürsprecher und Wohltäter füreinander eintraten, die Heiligen für die Lebenden, die Lebenden für die Verstorbenen, über deren endgültigen Heilsstand sie sich nicht sicher waren. In einer solchen als „Solidargemeinschaft“[82] verstandenen *communio sanctorum* entsprang die Fürbitte für die Verstorbenen dem elementaren Versuch, daß sie persönlich das allen gemeinsam zugesagte Heil erlangen, daß sie „nicht verloren gehen, sondern das ewige Leben haben“ (Joh 3,16). Aber die religiöse Imagination hat sich mit diesem Grundbegehren nicht zufrieden gegeben, sondern die jenseitigen Zustände, die man zu erreichen oder denen man zu entrinnen suchte, auch als Orte beschrieben, den Himmel und seine Seligkeiten, die Hölle mit ihren Schrecken. Das sollte der Verlockung oder Abschreckung dienen, das Gute befördern, dem Schlechten wehren, entsprang vielleicht auch dem Schrei nach gerechter Strafe für die irdischen Folterknechte, denen man sich wehrlos ausgeliefert sah, oder bloß sadistischen Phantasien. Himmel- und Hölle-Imaginationen sind religionsgeschichtlich sehr verbreitet.

Dazwischen hat die katholische Jenseitseinbildungskraft das angesiedelt, was man im Deutschen „Fegfeuer“ nennt. Die Spekulation über das Zwischen hat mit der Zeit die Jenseitstopographie um einen dritten Ort erweitert. Es geht um ein Zwischen im temporalen wie existentiellen Sinn. Der allmähliche Abschied von der Erwartung des nahen Weltendes und die Einstellung des christlichen Bewußtseins auf einen langen Lauf der Zeit ließ die Frage aufkommen, was denn mit den Toten sei in der Zwischenzeit bis zum Weltgericht, das über den Zugang zu Himmel und Hölle entscheidet. Die Dehnung der Zeit ging zusammen mit einer Expansion der Zahl der Gläubigen, in der sichtlich auch die Zahl der Mittelmäßigen zunahm, derer, die nicht ganz gut und nicht ganz schlecht waren, nicht so verderbt, daß sie höllenwürdig wären, und nicht so rein und heilig, daß sie gleich der Anschauung Gottes hätten würdig sein können. Gab es für sie noch Zeit, Zeit als Vorgang einer Veränderung?

Man hätte diese Frage abweisen können, mit dem Verweis darauf, daß der im Tod erfolgende Übergang in die Ewigkeit weitergehenden Spekulationen nach dem Maß menschlicher Zeitvorstellungen einen Riegel vorschiebe. Aber Frömmigkeit und Theologie haben sich mit solchem vernünftigen Absehen vom menschlichen Zeitempfinden nicht begnügt. In der Entwicklung des 5./6. Jh., vor allem bei Augustinus und Gregor d. Gr., wird jenes Zwischen Gegenstand theologischer Überlegungen. Dabei scheint als Motiv der ältere Gedanke der Fürbitte eine Rolle zu spielen, der Wunsch der Lebenden für die Verstorbenen und ihr Heil noch etwas tun zu können. Jenes Zwischen mußte ein Zustand oder Ort sein, der noch eine Veränderung erlaubte, auf die man in irgendeiner Weise Einfluß nehmen konnte.

Bei der Vorstellung dieses transitorischen Zustands spielte ein Passus aus dem 1. Korintherbrief eine wichtige Rolle:

> *„Gottes Bau seid ihr. Nach der mir verliehenen Gnade Gottes habe ich als ein weiser Baumeister den Grund gelegt; ein andrer aber baut darauf weiter. Doch jeder sehe zu, wie er darauf weiterbaut. Denn einen andern Grund kann niemand legen als den, der gelegt ist, welcher Jesus Christus ist. Wenn aber jemand auf den Grund Gold, Silber, Edelsteine, Holz, Heu, Stroh baut, so wird eines jeden Werk offenbar werden, denn der Tag (des Gerichts) wird es kundmachen, weil er sich in Feuer offenbart; und wie eines jeden Werk beschaffen ist, wird das Feuer erproben. Wird jemandes Werk, das er darauf gebaut hat, bleiben, so wird er Lohn empfangen. Wird jemandes Werk verbrennen, so wird er Schaden leiden; er selbst aber wird gerettet werden, doch so, wie durch Feuer hindurch."*
>
> 1 Kor 3, 13-15

Die alte, schon alttestamentliche Assoziation Gottes und seines Kommens, und so auch des Gerichts, mit Feuer wird hier von Paulus metaphorisch differenziert. Die architektonische Auffassung des Gemeindeaufbaus führt zum Bild des Hausbrands, der zum Vorschein bringt, wie beständig die Baumaterialien der einzelnen Mitarbeiter sind. Mit der Erwähnung von Gold und Silber gleitet das Bild unmerklich in die vom Alten Testament her geläufige Metaphorik des Schmelzofens über, der ein Bild ist für die Prüfung des Menschen durch Leiden: „Denn er (Gott) ist wie das Feuer des Schmelzers" (Mal 3,2; vgl. Jes 1,25; Spr 17,3; Sir 2,5; Sach 19,9). Der Tag dieser Feuerprobe ist bei Paulus der Tag des Gerichts. Die juridische Szenerie wird metallurgisch transponiert. Im Feuer Gottes zeigt sich, was Bestand hat; der Rest verbrennt oder wird ausgeschieden. Das Feuer ist kein Straffeuer, das Übeltäter auf Dauer peinigt oder einfach vernichtet, sondern Prüffeuer, das auf Rettung des Beständigen abzielt. Das Gericht ist eine Feuerprobe, Rettung durch Läuterung.

Der von Paulus auf das Jüngste Gericht bezogene Text kam den späteren Theologen zustatten, die über den Vorgang einer temporären Reinigung der Seelen der Verstorbenen nachdachten. Die postulierte Reinigung konnte keine Abwaschung sein, eine zweite nach dem Vorbild der ersten im gotteskindlichen Bad der Taufe, sie war als eine Feuerprobe zu denken, die unter Schmerzen alle Sündenlegierung wegbrannte und ausschmolz, um den wahren Goldgehalt des Lebenskonglomerats offenbar zu machen.

Die metallurgische Metaphorik einer zwischenzeitlichen Läuterung ist einleuchtend und riskant zugleich, einleuchtend, weil sie die Reinigung als schmerzhaften Vorgang vor Augen stellt; riskant, weil über das Symbol des Feuers diese temporäre Läuterung der als immerwährendes Feuer imaginierten Hölle annähert und so den Torturen ein Übergewicht gibt, das den erfreulichen Läuterungszweck in den Hintergrund treten läßt.

Die Verlagerung auf das Moment der Strafe fand eine theologische Stütze durch die frühscholastische Bußtheologie, der es darum ging, genauer zwischen Schuld und Strafe zu unterscheiden. Die Schuld (*culpa*) zu vergeben, war Sache Gottes und des in seinem Auftrag die Absolution auf Grund von Reue (*contritio*) und Bekenntnis (*confessio*) des Sünders erteilenden Priesters. Die Bußleistung, die im älteren Bußsystem vor der Rekonziliation zu erbringen war, wurde als Genugtuung (*satisfactio*) der Vergebung der Schuld nachgelagert. „Die Satisfaktion des Sünders sollte nicht nur der ausgleichenden Gerechtigkeit wegen geleistet werden, sondern auch zur Heilung der Ursachen und Folgen der Sünde beitragen. Als Folge des neuen Bußbegriffs wurde das Fegefeuer nun definiert als Ort oder Zustand, in dem der Pönitent nach der Vergebung der Schuld die Bußstrafen erleiden mußte, die abzubüßen ihm zu Lebzeiten nicht mehr möglich war. Dabei konnten ihm die Suffragien der Kirche zu Hilfe kommen, sei es durch stellvertretende Buße der Lebenden in Form von Almosen, guten Werken und Messen oder sei es durch Gewährung eines Bußnachlasses, bei dem die Kirche nach Auffassung einiger Theologen die Fegefeuerstrafen auf sich nahm beziehungsweise in Almosen umtauschte.“[83]

Die Verbindung der Totensorge mit der Bußdisziplin verstärkte das Moment der Strafe, der zu erleidenden *poenae*, deren Form man sich höllisch vorstellt. In den erst im 14. Jh. aufkommenden, aber bis ins 18. Jh. florierenden Fegefeuerdarstellungen werden die Seelen in der Regel durch nackte Menschenfiguren dargestellt, die von Flammen gepeinigt werden.[84] Mit der Idee einer metallurgischen Läuterung ist das kaum in Verbindung zu bringen. Das *purgatorium* erscheint als temporäre Hölle.

In der seit dem 12. Jh. forcierten Ausarbeitung des Fegefeuer-Komplexes kommen elementare Interessen des gläubigen Volkes an der Sorge für das Seelenheil der Verstorbenen mit klerikalen Offerten zusammen. Es sind vor allem zwei kirchliche Suffragien, die auf den katholischen Totenkult einwirken, die Messe und der Ablaß. Die Geschichte der bildlichen Darstellung dokumentiert eindrücklich den direkten Zusammenhang zwischen dem Meßopfer und der Befreiung der Armen Seelen aus dem Fegefeuer. Dieser Zusammenhang hatte auch eine ökonomische Dimension, insofern die priesterliche Dienstleistung durch Meßstipendien, Schenkungen und Stiftungen zu entgelten war. Die Priester mit der täglichen Meßfeier waren nun nicht mehr bloß Beter, sondern auch Arbeiter, die durch ihre priesterliche Tätigkeit selbst zu ihrem und ihrer Kommunitäten Unterhalt beitrugen.

Zu den älteren Vollzügen der Totensorge, Gebet, gute Werke, Meßopfer, kommt mit der Neuorientierung der Bußdisziplin der kirchenamtlich verwaltete Ablaß, der als kanonisch geregelter Nachlaß zeitlicher Sündenstrafen auch den Verstorbenen zugewandt werden konnte.[85] Als Ressource dieses Strafnachlasses fungierte der *„thesaurus ecclesiae"*, der Schatz, in dem sich alle Verdienste der Kirche sammelten und über dessen Verwendung die oberste kirchliche Autorität zu verfügen beanspruchte. Die hier rechtsförmig vorgesehene Möglichkeit, Gnade gegen Almosen, eben auch in Form von Geld einzutauschen, macht die ökonomische Dimension des Ablaßwesens erklärlich. „Ist an sich gegen ein Almosen als Ablaßwerk nichts einzuwenden angesichts des kirchlichen und traditionellen Lobs des Almosens, so werden doch tatsächlich Almosenablässe (solche gibt es schon seit dem 11. Jh.) im Spätmittelalter wegen ihres materiellen Nutzens für kirchliche Zwecke maßlos vermehrt, galten als eine beliebige und bequeme Geldquelle, die oft simonistisch mit theologischen Leichtfertigkeiten und Übertreibungen von den Ablaßpredigern ausgeschöpft wurden."[86]

Am Vortag von Allerheiligen / Allerseelen steht im Kalender „Reformationstag". Gedacht wird des 31. Oktober 1517, an dem der Überlieferung zufolge Martin Luther seine 95 Ablaßthesen an die Tür der Schloßkirche zu Wittenberg anschlug. Sollte das Ereignis, wie die neuere Forschung annimmt, so dramatisch nicht gewesen sein, und Luther seine Thesen nur unter diesem Datum an Bischöfe und kirchliche Würdenträger verschickt haben[87], so bleibt doch ein „mythischer" Zusammenhang zwischen diesem Datum und dem Festkomplex der beiden ersten Novembertage, die in der „mit Reliquien und Ablässen so reich ausgestatteten Allerheiligenkirche in Wittenberg“[88] hohen Wallfahrtsrang hatten. Luthers Thesen zielen auf das Ablaßärgernis seiner Zeit, das in der skrupellosen Finanzierung des Neubaus der Peterskirche durch die römische Kurie und der daran beteiligten deutschen Landesfürsten gipfelte. Ins rhetorische Vokabular des Ablaßpredigers J. Tetzel gehörte der Spruch: „Wenn das Geld im Kasten klingt, die Seele aus dem Fegfeuer springt“[89]. Luthers an der Vigil von Allerheiligen/Allerseelen geäußerte Kritik an der Praxis des Ablasses betraf mit der Kommerzialisierung der Buße auch das Verhältnis zu den Verstorbenen und die damit seit Jahrhunderten verbundene Idee des Fegefeuers. Die Nachfolger der Apostel und ihre theologischen Advokaten waren zu sehr in ihre irdischen Geschäftsinteressen verstrickt, als daß sie der dringenden Anfrage des Wittenberger Mönchs die christlich angemessene Aufmerksamkeit hätten widmen können. So nahm von jenem Datum an die Reformation ihren Lauf, so daß man den 31. Oktober bis in die Gegenwart als ihr Geburtsfest begeht. Wenn dieser Tag in Ländern mit evangelischer Bevölkerungsmehrheit als staatlich anerkannter allgemeiner Feiertag gesetzlich geschützt wird, so wird im Gegenüber zu Allerheiligen, das in mehrheitlich katholischen Ländern so behandelt wird, die Bedeutung, die an dieser heortologischen Schnittstelle der konfessionellen Differenz zugemessen wird, sichtbar. Sie reicht am Novemberbeginn auch in das Feld der Toten.

Von der konkreten Kritik an den Mißständen des Ablaßwesens führt der Gang ins Zentrum von Luthers Theologie[90]: Der Mensch ist gerechtfertigt durch Glauben und Gnade allein und kann mit eigenen Werken dazu nichts tun. Die Ablehnung aller Werkgerechtigkeit betrifft auch die Verstorbenen und das Verhältnis zu ihnen. Sie können durch nachgetragene satisfaktorische Leiden nichts mehr zu ihrem Heil verrichten, noch können die Lebenden durch fromme Stiftungen von Messen etc. ihnen dabei zu Hilfe kommen. Alles steht beim Einzelnen und seinem Vertrauen auf die Gnade Gottes in der letzten Anfechtung des Todes. Das Fegefeuer ist somit nicht nur ein vom geldgierigen papistischen Klerus erfundenes Ausbeutungsinstrument, es ist auch die jenseitige Bastion der Werkgerechtigkeit, die dem Glauben der Rechtfertigung aus reiner Gnade nicht standhält. Dem Sachargument entspricht es, daß in der Schrift, nach der allein zu urteilen ist, davon nichts zu lesen ist. Das „Erlöschen des Fegefeuers“ als theologischer Topos ist über Luther hinaus Gemeingut reformatorischer Theologie.[91]

Entscheidet sich für jeden einzelnen definitiv alles im Festhalten des Glaubens im letzten Streit des Todes, dann „kann jeder schon im Sterben das Ende der Welt und den Jüngsten Tag erreichen“[92]: „Es ist vor got alles auff ein mal geschehen. Es ist nicht weder vor noch hinder, jhene werden nit ee kummen an den jungsten tag dann wir."[93] Da sich aus dem irdischen Zeiterleben gleichwohl so etwas wie eine Zwischenzeit zwischen dem Tod des Einzelnen und dem Ende der Welt ergibt, bleibt die Frage, als was die Lebenden die Verstorbenen für diese Zeit ansehen sollen, doch nicht ganz abweisbar. „Die für unser zeitgebundenes Denken notwendig sich ergebende Zeitspanne zwischen Tod und Auferstehung wird von den Seelen, die auch nach Luther ohne den Leib existieren, wie im Schlaf verbracht (...). Die Seelen der Gerechten ‚schlafen und wissen bis zum Tag des Gerichts nicht, wo sie sind'." [94] Wie der Leib in der Erde zur Ruhe gebettet ist, so auch die Seele in eine Ruhe, aus der sie mit jenem zusammen unversehens am Tag des Gerichts aufgeweckt wird. Anstelle der kirchlich wie kulturell unruhigen katholischen Sorge um das Seelenheil der Verstorbenen ist eine Art seelenruhiger Anheimstellung getreten.

Das Trienter Konzil hat in seiner letzten Sitzung (1563) gegen die Reformatoren am Purgatorium festgehalten: „Es gibt einen Reinigungsort (*purgatorium*), und die dort festgehaltenen Seelen finden eine Hilfe in den Fürbitten der Gläubigen, vor allem aber in dem Gott wohlgefälligen Opfer des Altares" (DH 1820). Die knappe Sentenz hält die Substanz der seit dem frühen Mittelalter ausgebildeten Fegefeuerlehre fest. Für die katholische Frömmigkeitskultur der folgenden Jahrhunderte war dieser eine Satz entscheidender als die ihm noch vorsorglich angefügte Warnung vor nutzlosen Spekulationen und Ausmalungen, die der Erbauung des Volkes nicht förderlich seien. Er bot die kirchenamtliche Legitimationsbasis für den neuzeitlichen Totenkult der katholischen Kirche (Votivmessen für die Toten, Meßstipendien, Stiftung von Bildern, Altären, Kirchen, kirchlichen Einrichtungen, musikalischen Kompositionen usw.).

Von dieser Bedeutung des Topos im Kosmos der katholischen Religion her ist es erklärlich, daß Reformtheologen in der Mitte des 20. Jh. ihn nicht unter dem Druck biblischer, ökumenischer, aufklärungskritischer Bedenken einfach beiseitelegen, sondern ihn mit zeitgenössischen Denkmitteln hermeneutisch einzuholen versuchen. Einer der bekanntesten Versuche ist der anthropologisch ansetzende K. Rahners:

> *„Der Mensch wird erst langsam in allen Schichten seines Wesens der, der er durch die zentrale Grundentscheidung im Kern der Person (Glaube, Reue, Liebe) schon ‚ist' (und durch den Tod auf jeden Fall endgültig und unwiderruflich ist). Die Durchsetzung der Grundentscheidung in der pluralen, vielschichtigen Wirklichkeit des Menschen trifft auf einen durch frühere schuldhafte Fehlentscheidungen usw. induzierten Widerstand in der vorpersonalen Sphäre, der einerseits durch die spätere gute Grundentscheidung nicht schon ohne weiteres und immer aufgehoben*

> *ist (...) und andererseits selber gleichzeitig wieder in Widerspruch steht zur objektiven gottgewollten Struktur derjenigen Wirklichkeit, die der Mensch ist, und derjenigen, mit der er als seiner Umwelt (im umfassendsten Sinn) realontologisch und existentiell in notwendiger Kommunikation steht. Diese doppelte Widerständigkeit ist ‚Leiden' als Sündenstraffolge (...). Die unter Leid geschehende Integration der Ganzheit der menschlichen Wirklichkeit in die durch die Gnade getragene und informierte, im Tod vollendete Grundentscheidung steht hinsichtlich ihrer Dauer unter all den Bedingungen, die mit den Wirklichkeiten gegeben sind, die sie tragen (natürlicher und übernatürlicher Art), und damit unter der Verfügung Gottes. Gott kann also in der verschiedensten Weise als Durchführung seines erlösenden und erbarmenden Ratschlusses in Christo die Ausreifung des vollendeten Menschen erleichtern und beschleunigen. Und von daher eröffnet sich die Möglichkeit, in fürbittendem Gebet vor Gott ebenso wie für die Lebenden, so auch für die Verstorbenen um die Hilfe Gottes in Christo zu bitten."*[95]

K. Rahners Anthropologie des Fegefeuers arbeitet mit der Differenz von Einheit und Pluralität des Menschen, der Einheit, die er in einer existentiellen Grundentscheidung im Kern der Person realisiert, die dann in einem langen schmerzlichen Prozeß gegen Widerstände in seiner gesamten individuellen und sozialen Wirklichkeit „durchgesetzt" werden muß. Dieser Durchsetzungsprozeß wird auch als Vorgang der „Integration" oder „Ausreifung" gekennzeichnet. Dieser moderne anthropologische Ansatz erhält eine todestheologische Zuspitzung, insofern der Tod als Endentscheidung des Menschen über sich verstanden wird. Aber was für die Grundentscheidung während des Lebens gilt, gilt gleicherweise für die definitive Ratifikation im freien Akt des Todes: sie muß noch „durchgesetzt" werden. Der Prozeß dieser postmortalen Durchsetzung und Ausreifung des einzelnen Menschen ist das Purgatorium. Das Wie und Wielang dieser „Ausreifung" ist dem Heilsratschluß Gottes zu überlassen, was die Möglichkeit eröffnet, sich fürbittend einzumischen. Die Beteiligung der Lebenden am Heilsgeschick der Verstorbenen ist hier viel vorsichtiger formuliert als es bei der Seelenmess- und Ablaß-Praxis gemeinhin unterstellt wurde. Metaphorologisch bemerkenswert ist die Umkehrung der bei Paulus aufgelesenen metallurgischen Vorstellung. Es geht nicht mehr um Reinigung von „unedlen" Bestandteilen, sondern um Integration von widerständigen Schichten. Kalorisch gesehen, tritt an die Stelle des Schmelz- der Kachelofen, der von einem inneren Glutkern her sich nur langsam in seiner Gänze erwärmt. Diese Fegefeuervorstellung setzt entschieden individualanthropologisch an. Darin ist sie modern und unterscheidet sich von der sozialanthropologischen Sicht, die im frühen Mittelalter bei der Sorge für die Toten ihre Grundmotivation in dem fand, was man „Solidargemeinschaft" genannt hat, dem Willen, als Kommunität das Heil zu erlangen.

Die Fegefeuerspekulation ist von der Frühscholastik an von der Frage begleitet, nicht nur wie man sich jene *„purgatio"* vorzustellen habe, sondern auch, wo. In dem dem Sentenzenkommentar (In Lib. IV. Sent., dist. 21 q 1) entnommenen Supplement der Summa theologica des Thomas v. Aquin wird bei der Erörterung dieser Ortsfrage ein Ort in höllennaher Tiefe unter uns wie in himmelsnaher Höhe über uns mit Probalitätsargumenten versehen.[96] Gänzlich abgewehrt wird eine Theologenmeinung (Hugo von St. Viktor), die besagt: *„quod in his locis puniuntur in quibus commiserunt culpam* (...) *ergo in hoc mundo"*[97]; d.h. der Ort für die Bestrafung ist dort, wo die Schuld begangen wurde, also in dieser Welt, was so viel heißen könnte wie, die negativen Folgen des Handelns eines Menschen, der gestorben ist, bleiben (wie die positiven) dort wirksam, wo einer gehandelt hat, als Erbe und Hinterlassenschaft im näheren oder weiteren Umkreis seines irdischen Lebensortes, in der sozialen Reichweite seiner Taten; und die Seele, die diesem irdischen Handlungskreis durch den Tod entzogen ist, seine negative Bestimmung bereut, aber an ihr nichts mehr zu ändern vermag, sie also nur ausleiden kann, wäre auf die Hilfe der Menschen angewiesen, die hier etwas zu ändern vermögen. Eine solche Rationalisierung des Fegefeuers würde das Verhalten zu den Verstorbenen in die Richtung einer Solidargemeinschaft bewegen, die die gesamte Menschheit als solidarisches Gemeinschaftsunternehmen von Lebenden und Toten begreift. In einem solchen Kontext wäre „Allerheiligen/Allerseelen" ein universaler, und in diesem Sinne „katholischer" Gedenktag dessen, was Lebende und Tote zusammen zu erleiden und zu tun haben.

Die moderne Hermeneutik des Fegefeuers ist freilich Indiz dafür, daß dieser Topos seine originäre, mit bestimmten Imaginationen und religiösen Praktiken verbundene Plausibilität eingebüßt hat. Die historische wie ökumenische Betrachtung hat gezeigt, daß das Verhältnis zu den Toten im Raum der Christenheit nicht notwendigerweise mit der Vorstellung des Fegefeuers verbunden ist. Ist, so könnte man fragen, das Fest Allerseelen hinfällig, wenn der Gedanke des Fegefeuers darin nicht beherrschend ist?

Der Monat November hat, wohl durch die jahreszeitlichen Naturgegebenheiten gestützt, als ganzer den Charakter eines Totengedenkmonats. Die evangelische Tradition hat den entsprechenden Gedenktag in möglichst weitem Abstand zum katholischen Allerseelen postiert; der letzte Sonntag im Kirchenjahr trägt den Namen „Totensonntag" und wurde unter diesem Titel im Jahre 1816 vom preußischen König als allgemeines

16. Officium defunctorum, handgeschriebenes Chorbuch, 1.H. 17. Jh. München, Theatinerkirche

15. Totenmesse, Turiner Stundenbuch, 15.Jh., Turin, Museo civico

Kirchenfest zur Erinnerung an die Verstorbenen eingeführt, wobei die Erinnerung an die Kriegsgefallenen wie die Verstorbenen der königlichen Familie treibendes Motiv waren. Der letzte Sonntag im Kirchenjahr trägt im evangelischen Kalender auch den Namen „Ewigkeitssonntag". In der Konkurrenz der beiden Titel, die auch mit unterschiedlichen liturgischen Formularen (Lesungen, Liedern) ausgestattet wird, verbirgt sich eine kleine eschatologische Differenz. Während der „Totensonntag" ausgerichtet ist auf das „Gedächtnis der Entschlafenen", dominiert im Konzept des „Ewigkeitssonntags" die Thematik der Wiederkunft Christi.[98] Während der von der liturgischen Bewegung favorisierte „Ewigkeitssonntag" das spezifisch Christliche hervorzuheben sucht, kommt der ursprünglich vom staatlichen Kirchenregiment eingeführte „Totensonntag" dem allgemeinen Totengedenken näher; als ein solcher Trauer- und Gedenktag ist er auch mit bestimmen Veranstaltungsauflagen staatlich geschützt und als evangelisches Äquivalent zu Allerheiligen/Allerseelen mit Besuch und Schmückung von Gräbern verbunden.

Zwischen den konfessionellen Totengedenktagen am Anfang und Ende des Monats November liegt ein säkularer, der nach dem 1. Weltkrieg vom „Volksbund Deutscher Kriegsgräberfürsorge" zum Gedenken der gefallenen deutschen Soldaten eingeführte „Volkstrauertag". Der Tag konnte deutschnational oder auch nationalistisch (während der Nazizeit als „Heldengedenktag") verstanden und begangen werden; als staatlicher Feiertag ist er heute dem Gedenken der Toten zweier Weltkriege und den Opfern der Gewaltherrschaft aller Nationen samt Mahnung zu Versöhnung und Frieden gewidmet.

Im Feld des für den Monat November charakteristischen Totengedenkens werden mit den unterschiedlichen Gedenktagen unterschiedliche Akzente gesetzt, die man als Varianten eines möglichen Verhältnisses der Lebenden zu den Toten lesen kann. Das gesellschaftlich-allgemeine Interesse am Verhältnis zu den Toten wird in unserer Kultur nicht einheitlich-gemeinschaftlich ritualisiert, sondern in der Differenz von katholisch, evangelisch, säkular-staatlich bei wechselseitiger Tolerierung begangen.

Wenn eine Subkultur den Sinn und Gehalt ihres Totengedenkens verändert, wie das hinsichtlich des Totensonntags und des Volkstrauertags angemerkt wurde, so zeichnen sich darin tiefergreifende Mentalitätsverschiebungen ab. Eine solche Veränderung hat sich im katholischen Totenkult, der sein Jahreshauptfest in Allerseelen hat, in jüngerer Zeit ereignet. Der kleine Satz des 2. Vatikanischen Konzils: „Der Ritus der Exequien soll deutlicher den österlichen Sinn des christlichen Todes ausdrücken" (Liturgiekonstitution Art. 81) hat weitreichende Folgen gehabt, die dem

Allerseelenfest ein neues liturgisches Formular und damit eine neue Sinnrichtung verliehen haben. Um zu verstehen, was sich hier mit den Taubenfüßen der liturgischen Reform vollzogen hat, sind das alte und das neue Proprium des Festes genauer in Augenschein zu nehmen.

2. Seelenmesse

Es gibt den Brauch, Sonntage nach dem ersten Wort ihres Introitus zu benennen, in der Fastenzeit *Invocabit, Reminiscere, Oculi, Laetare,* im Advent *Gaudete.* Nach diesem Muster wäre „Allerseelen" das Fest *Requiem. „Requiem"* ist das erste Wort seines Introitus: *„Requiem aeternam dona eis, Domine"*. Wenn mit diesem Stichwort üblicherweise die ganze Totenmesse bezeichnet wird, „ein Requiem", das gefeiert oder gesungen wird, dann legt das nahe, hierin auch das Leitmotiv dieser Totenliturgie insgesamt zu sehen.

Das Proprium der Messe von Allerseelen ist vergleichsweise reichhaltig, insofern es, Weihnachten vergleichbar, drei Meßformulare anbietet[99]. Durch ein Indult Papst Benedikt XV. aus dem Jahre 1915 wurde es den Priestern erlaubt, an diesem Tage drei Messen zu zelebrieren, deren Formulare sich in den Orationen und Lesungen unterscheiden.[100] Gemeinsam sind ihnen die Gesangsteile Inroitus, Graduale, Traktus, Sequenz, Offertorium, Communio. Zusammen mit den Ordinariumsgesängen Kyrie, Sanctus und Agnus Dei bilden diese Gesangstexte den Grundstock der Vertonung der Totenmesse, die in der ursprünglichen gregorianischen wie späteren vielfältigen polyphonen Fassung dem „Requiem" eine starke kulturelle Resonanz verschafft haben.

Da die für Allerseelen vorgesehenen Meßformulare auch bei der Beerdigung wie bei den zahleichen Votivmessen *pro defunctis* in Gebrauch waren, kommt diesem Textcorpus eine erhebliche Bedeutung für den katholischen Totenkult zu. Das gilt auch diachron, insofern der Grundstock der Texte seit dem frühen Mittelalter in der Totenliturgie gebraucht wurde und mit dem tridentinischen Missale von 1570 für vierhundert Jahre universalkirchliche Geltung erlangte. Der historische Befund legt nahe, in den Gesangstexten die Sinnbasis von Allerseelen zu suchen, möglicherweise, musikalisch gesprochen, als Durchführung des im Introitus angeschlagenen Themas.

Der Introitus besteht aus der Antiphon und den Eingangsversen von Ps 64 (65), 2f, die wohl vor allem wegen des Abschlusses (*„ad te omnis caro veniet"*) totenliturgisch von Interesse waren. Die Antiphon lautet:

> *„Requiem aeternam dona eis, Domine: et lux perpetua luceat eis."*
> *„Herr gib ihnen die ewige Ruhe, und das ewige Licht leuchte ihnen."*

Als Herkunftsangabe wird in den liturgischen Büchern 4 Esdr 2,34 u. 35 angegeben. Es handelt sich um keine biblische Quelle, sondern um eine um 200 n. Chr. entstandene apokryphe christliche Apokalypse. Dort lauten die einschlägigen Verse[101]:

> *„Deshalb sage ich euch, ihr Völker (= Heiden), die ihr hört und versteht: Erwartet Euren Hirten! Er wird euch die ewige Ruhe geben, denn sehr nahe ist der, welcher am Ende der Welt kommen wird. Seid bereit für die Belohnungen des Reiches, denn immerwährendes Licht wird euch leuchten für ewige Zeit.“*

Es handelt sich um ein Verheißungswort an die Heiden, die baldige Wiederkunft Christi und das Ende der Welt als Gabe von ewiger Ruhe und immerwährendem Frieden zu erwarten. Diese noch naheschatologisch geprägten Verse werden totenliturgisch aus ihrem geschichtlichen Kontext gelöst und mit den Grundmotiven von Ruhe und Licht in eine Bitte für die Verstorbenen umgebaut.

Wer in Auswahl und Bearbeitung der Tradition den Wunsch nach Ruhe so entschieden ins Zentrum rückt, denkt von der Unruhe aus, empfindet angesichts des Todes die Unruhe als zentrales Lebensthema. Leben ist Bewegung, Tätigsein und in diesem Sinne, heilsam oder nicht, ständige Unruhe. Aber es kennt selbst den Wechsel von Unruhe und Ruhe, ist nicht ständige Unruhe. Abends legen sich die tätigen Menschen zur Ruhe, Arbeit geht nicht ohne die Regeneration von Ruhepausen, immer wieder zwischendrin, und regulär am Ende der Woche als Sabbat, Sonntag. Aus der Hektik des Tages sehnt man sich nach Ruhe und scheut sie zugleich als Langeweile. Still schlafende Menschen ähneln Toten: *dormientes* ist der Name für Verstorbene, die „Entschlafenen“. Wer die Ruhe in den Fokus des Totengedenkens stellt, berührt ein ebenso elementares wie ambivalentes Lebensthema.

Aber was bedeutet diese Ruhebitte für die Verstorbenen eigentlich? Hat man die Toten nicht zur letzten Ruhe gebettet, eine definitive Nachtruhe, aus der sie nicht mehr aufstehen können oder müssen, wie sonst jeden Morgen? Die Beerdigung ist ein letztes Geleit zum Grab, in dem das zeitlebens unruhige Lebewesen Mensch seine letzte Ruhe findet.

Wenn angesichts dieser erzielten Ruhe weiter um Ruhe gebetet wird, scheint es einen Unruheherd zu geben, der mit dieser Bettung des Leichnams nicht einfach erloschen ist. Was beunruhigt die Hinterbliebenen, daß sie für die Entschlafenen um Ruhe bitten? Wenn man das Gesamtkorpus der Liturgie heranzieht, geht es um die *„animae“*, die Seelen; das Fest heißt „Aller*seelen*“. Die Seele ist, was immer man noch weiter von ihr sagen kann, individuelles Lebensprinzip; man denkt auch bei Allerseelen an Einzelne, die man mit Namen benennen kann.

Diese Seele, so scheint es, ist damit, daß man den Leib auf dem Friedhof zur Ruhe gebettet hat, nicht auch schon vollends zur Ruhe gekommen. Jedenfalls denken die Hinterbliebenen, die diesen Menschen in ihrem Leben kennengelernt haben, es so. Die Seele ist nicht einfach tot, sondern irgendwie lebendig, und weil Leben Unruhe heißt, irgendwie unruhig. Wenn die Lebenden das so denken, meinen sie vielleicht, daß zwischen ihnen und den Entschlafenen nicht alles zur Ruhe gekommen ist, sondern etwas weiterarbeitet, unabgeschlossen, unruhig.

Die Bitte ist freilich im Kontext der Seelenmesse nicht so etwas wie kommunikative Trauerarbeit, in der die Hinterbliebenen ihre eigene seelische Unruhe zur Ruhe bringen, sozusagen „bestatten", was eine sinnvolle Arbeit sein kann, wenn die Lebenden nicht in fortwährender Unruhe, in Schuldgefühlen und Trauerängsten weiterleben wollen.

In den Seelenmessen mag es auch, *in obliquo*, darum gehen, aber die Bitte geht da nicht primär um die eigene temporäre Beruhigung, sondern um die ewige der anderen, *„requies aeterna"*. Ewige Ruhe erbitten könnte heißen, für die immer noch unruhigen Seelen der Toten so etwas zu erbitten, wie es der Leib bereits erreicht hat, allmähliche Rückkehr dieser dem Leib nachhängenden Seele in die anorganische Ruhe der Materie, nicht unruhiges Weiterleben, auch nicht in der Form erneuter Reinkarnation in diesem oder jenem Lebewesen, sondern Auflösung ins All, die alles vergessende Anonymität der Materie: *requies aeterna*.

Aber der Bitte um die ewige Ruhe wird in der Allerseelenantiphon gleich angefügt: *„et lux perpetua luceat eis"*, als sollte gleich der Vorstellung gesteuert werden, diese Ruhe meine das Dunkel der leblosen Materie, in das ja der Leib hinabgesenkt wurde. „Licht" meint „Leben", *„lux perpetua"* „ewiges Leben". Und damit kreiert das Gebet ein Paradox, wenn Lebendigkeit nun einmal *per definitionem* Bewegung und Unruhe bedeutet. Die Idee oder Hoffnung dieses Paradoxons ist offenbar, daß es als Vollendung des menschlichen Daseins für ewig eine klare Ruhe geben könnte, helles Wachsein, das zugleich schönster Schlaf wäre, Ausruhen in einem stillen Licht, ewiger Augen-Blick. Und daß man dies für die anderen, die schon gestorben sind, wünscht, wie man es sich auch als Vollendung des eigenen Lebens denken könnte.

Der mit der Antiphon angeschlagene Eingangsakkord von Allerseelen läuft wie eine Art *basso continuo* durch das ganze „Requiem". Das Graduale wiederholt die Antiphon wörtlich, verbindet sie nur mit einem anderen Psalmvers: *„In memoria aeterna erit iustus: ab auditione mala non timebit"* – „In ewigem Gedächtnis bleibt der Gerechte: von schlimmer Kunde hat er nichts zu fürchten" (Ps 111/112,7). Die *requies aeterna* wird da weiter interpretiert als Unvergessen-sein, als ewiggültige Achtung, ein Ansehen, unbesorgt um üble Nachreden und Nachrufe. Wenn den Toten Ruhe und Licht gewünscht wird, so damit auch der Status eines *iustus*, eines für immer Gerechtfertigten. Es ist das Konstrukt eines Gedächtnisses, das keinen Namen vergißt, das jeden einzelnen für immer aufbewahrt, dessen Dauer und Intensität nicht abhängt von der *memoria* der jeweiligen Familie und Sippe, dem zeitlichen Gedenkvermögen der Freunde und Verwandten, eines Volkes vielleicht oder sogar der Menschheit insgesamt. Wenn es in Todesanzeigen bei der Versicherung der Hinterbliebenen bisweilen heißt, daß nur wer vergessen ist, tot sei, so wird hier ein göttliches Menschheitsgedenken gegen das Totsein in Anspruch genommen.

Die Communio nimmt die Introitus-Verse noch einmal auf unter Erweiterung des Licht-Verses: „Das ewige Licht leuchte ihnen, o Herr, / Bei deinen Heiligen in Ewigkeit: denn du bist mild." – „*... cum sanctis tuis in aeternum: quia pius es.*" Das verweist auf den weiteren Kontext der Esdras-Stelle, wo in den Versen 31f. von der Barmherzigkeit des Herrn die Rede ist und in den Versen 38ff. von der unzählbaren Menge der Heiligen. Die für die Toten erbetene Einkehr in Licht und Ruhe ist nicht isoliertes Einzelglück, sondern Zusammenkunft; das „*cum sanctis*" erinnert an den engen Zusammenhang der beiden Feste Allerheiligen und Allerseelen. Die wachsende Einkehr der Menschheit in die Ruhe Gottes ist kein natürlicher Prozeß wie das Verwesen des Leichnams in der Erde; sie verdankt sich der Milde, dem freundlichen Erbarmen des Schöpfers der Welt (*quia pius es*), der seine Menschengeschöpfe nicht vergißt und verlorengehen läßt, sondern für immer in sich aufbewahrt. Weil es *pietas* ist, hat man darum zu bitten, nicht damit zu rechnen.

Ein kurzes Echo des Requiem-Themas begegnet beim Agnus Dei, wenn es in der Totenmesse statt des üblichen „*miserere nobis*" und „*dona nobis pacem*" heißt „*dona eis requiem*", „*requiem sempiternam*" und das „*Ite Missa est*" am Schluß ersetzt wird durch „*Requiescant in pace*". Die Totenmesse klingt aus in dem einzigen Wunsch: „Sie mögen ruhen in Frieden", was natürlich den Wunsch impliziert, einst möchte auch für die, die jetzt so beten, so gebetet werden.

Die Gesänge des Requiem repetieren aber nicht einfach litaneiartig das Thema der Introitus-Antiphon, sie erweitern es auch durch andere Themen. Das geschieht zunächst in dem nach dem Graduale an Stelle des Alleluja-Verses stehenden Traktus:

> „*Absolve, Domine, animas omnium fidelium defunctorum ab omni vinculo delictorum. Et gratia tua illis succurrente mereantur evadere judicium ultionis. Et lucis aeternae beatitudine perfrui.*"

„Befreie, o Herr, die Seelen aller verstorbenen Gläubigen von jeder Fessel der Schuld. Deine Gnade komme ihnen zur Hilfe, auf daß sie entrinnen dem Rachegerichte. Laß sie genießen des ewigen Lichtes Glückseligkeit."

Es geht noch einmal um die *lux aeterna,* die hier als ewige Lichtseligkeit bezeichnet wird. Was die Seelen der Verstorbenen daran hindert, stracks in den göttlichen Lichtgrund zu gelangen, sind die *„vincula delictorum"*, die Fesselung, nicht durch den Leib, wie man platonisierend denken könnte, sondern durch die in leiblicher Lebenszeit begangenen Vergehen, die man bis zu seinem Verscheiden nicht abstreifen konnte. Der Herr wird nun gebeten *„Absolve"*, „Löse", befreie die Seele aller verstorbenen Gläubigen von dieser Fesselung durch ihre schlechte Vergangenheit. Im Hintergrund steht das Gericht, von dem die Schrift (Mt 25,31-46 u.ö.) und das Glaubensbekenntnis (*iudicare vivos et mortuos*), unmißverständlich sagen, daß es allen und jedem einzelnen bevorstünde. Die Beter der Totenmesse möchten, daß die Toten, für die sie einstehen, dem allesamt entkommen und ins Reich des Lichts gelangen. Was sie, auch an den Kriterien von Mt 25,31-46 gemessen, zu Lebzeiten zustande gebracht haben, reicht dazu nicht aus. Gottes Gnade muß ihnen entgegenkommen (*gratia tua illis succurente*), sie befreien und aufnehmen. Der Traktus der Totenmesse spielt die Ansprüche der göttlichen Gerechtigkeit an die Menschen nicht herunter, beschönigt das Mißlingen nicht nach der Regel *„de mortuis nihil nisi bene"*. Er setzt auf das Überwiegen der Milde des Schöpfers, der sich seiner schwachen Geschöpfe erbarmt und sie so, wie sie nun einmal geworden sind, hinüberzieht in sein ewiges Licht.

Das Offertorium ist durch das Thema des Lichts (*lux sancta*) mit den übrigen Gesangstexten verbunden, faßt aber primär die Kehrseite ins Auge. Der Adressat dieses Gebets (*Domine*) ist deutlicher als in den anderen Gesangstexten Jesus Christus.

„Domine Jesu Christe, Rex gloriae libera animas omnium fidelium defunctorum de poenis inferni et de profundo lacu: libera eas de ore leonis, ne absorbeat eas tartarus, ne cadant in obscurum; sed signifer, sanctus Michael repraesentet eas in lucem sanctam: Quam olim Abrahae promisisti et semini ejus. Hostias et preces tibi, Domine, laudis offerimus; tu suscipe pro animabus illis, quarum hodie memoriam facimus: fac eas, Domine, de morte transire ad vitam. – Quam olim Abrahae promisisti et semini ejus."

„Herr Jesus Christus, König der Herrlichkeit, bewahre die Seelen aller verstorbenen Gläubigen vor den Qualen der Hölle und vor den Tiefen der Unterwelt. Bewahre sie vor dem Rachen des Löwen, daß sie nicht hinabstürzen in die Finsternis. Vielmehr geleite sie Sankt Michael, der Bannerträger, in das heilige Licht. Das Du

> *einstens dem Abraham verheißen und seinen Nachkommen. Opfergaben und Gebete bringen wir zum Lobe Dir dar, o Herr; nimm sie an für jene Seelen, deren wir heute gedenken. Herr, laß sie vom Tode hinübergehen zum Leben. – Das Du einstens dem Abraham verheißen und seinen Nachkommen.“*

Das eindringliche *„libera“* ist hier nicht im Sinne von „befreie aus“, sondern von „bewahre vor“ zu verstehen. Der „Herr Jesus Christus“ selbst, der König der in der Höhe gedachten Herrlichkeit (*rex gloriae*), soll die Seelen bewahren vor dem Absturz in die Unterwelt (*inferni*), vor dem Meeresschlund (*profundo lacu*), dem alles verschlingenden Teufelsrachen (*de ore leonis*; vgl. 1 Petr 5,8), daß der Hades (*tartarus*) sie nicht verschlingt (*absorbeat*), sie nicht ins Obskure fallen (*cadant in obscurum*). Die in einer Kaskade von Bildern anvisierte Lebensgefahr ist die einer *mors aeterna* der Seele, daß sie, wie der Leichnam in der Erde, für immer versinken und verschwinden, verloren sein könnte in einem namenlosen Abgrund. Der „König der Herrlichkeit“ wird bemüht, die Seelen der Gläubigen vor dem spurlosen Verschwinden zu bewahren, daß sie verloren sind, als wären sie nie gewesen und alles umsonst.

Wenn es heißt *„de poenis inferni“*, also von den „Strafen“ der Unterwelt die Rede ist, dann meint das, daß die Seelen nicht schuldlos in diese äußerste Gefahr geraten sind, daß die Mächte der Finsternis sie vielmehr in etwas hineinziehen, dem sie sich zu Lebzeiten bedrohlich zugeneigt hatten. Aber die Peinen werden hier nicht peinlich beschrieben, wie es sadistische Seelsorge zur Abschreckung der Lebenden in der Geschichte des Christentums übergenug getan hat. Es geht hier nicht darum, hartnäckige Sünder durch Drohvisionen zur Umkehr zu zwingen, ehe es zu spät ist, sondern die Seelen der schon Verstorbenen vor aller infernalischen Pein, die ihnen droht, zu retten, und zwar alle, *„animas omnium fidelium defunctorum“*. Von den *„infideles“* ist hier nicht die Rede, Allerseelen ist wie Allerheiligen zunächst ein Familienfest. Wie im Totenkult überhaupt die Familie als primärer Träger auftritt, so auch hier die *familia Dei,* die Kirche, die sich als eine Art Solidargemeinschaft gibt. Wenn die Lebenden für alle Verstorbenen beten, so doch, weil sie keinen verlorengegeben haben, alle ihnen noch rettbar erscheinen. Die „Hölle“ wenn man dies als den Inbegriff der angeführten Abgrundbilder nehmen will, wird als dunkle Möglichkeit beschworen, nicht als Ort schon vollzogenen Schreckens vorausgesetzt.

Gegen die Macht der Finsternis, die die Menschen in diese Verlorenheit herabzuziehen sucht, wird der *„signifer sanctus Michael“* aufgeboten, der Anführer (*signifer*) des himmlischen Heeres, der nach der Imagination der Apokalypse den Drachen tötet und hinabstürzt (Apk 12,7; 20,2f). Er soll die Seelen retten, indem er sie ins rechte Licht stellt, das heilige Licht Gottes (*repraesentet eas in lucem sanctam*). „Der Typus Michaels als (...) Seelengeleiter ist (...) vom Bild des Teufelsbezwingers nicht zu trennen, seine beiden Hauptfunktionen übt er meist zusammen aus."[102] Die biblisch gestützte Vorstellung, daß der *„Rex gloriae"* Christus durch Intervention eines Engels die Seelen rettet, gibt zu verstehen, daß es hier um eine geistige Auseinandersetzung geht, den Kampf um die letzte Bestimmung der Menschenseele.

Diese wird hier, wie in den anderen Gesangstexten, als Licht verstanden, und Licht als Leben. Das hebt der zweite Teil des Offertoriums heraus, der erkennbar macht, daß es hier um einen Begleitgesang zur Gabendarbringung (Offertorium) geht: *„Hostias et preces"* werden zum Lob dargebracht, mit den Bitten Opfergaben, *„pro animabus"*, „für die Seelen, deren wir heute gedenken", und das sind an Allerseelen die aller Gläubigen. Die Bitte lautet hier *„fac eas de morte transire at vitam"*, was in der Logik des gesamten Textes nicht heißen kann, daß sie, die Seelen, gestorben seien und nun zum Leben erweckt würden, sondern daß sie, der Gefahr ewigen Todes entrissen, in das Licht, das Leben ist, hinübergehen.

Von *lux* und *vita* heißt es *„quam olim Abrahae promisisti et semini eius"*. Bezug genommen wird bei dem erhofften Geschick der Seelen auf eine alte, alttestamentliche Verheißung. Gemeint sein könnte die an den Namen Abrahams geknüpfte Landverheißung und Segensverheißung für alle Völker (Gen 12,1-3; 14,5f; 22,17f). Unmittelbar wörtlich ist der Bezug auf die Schlußverse des *Magnificat.*

> *„Er hat sich Israel seines Knechtes angenommen,*
> *zu gedenken der Barmherzigkeit,*
> *wie er geredet hat zu unsern Vätern,*
> *zu Abraham und seiner Nachkommenschaft in Ewigkeit*
> *(Abraham et semini eius in saecula)."*
>
> Lk 1,55

Verdeutlicht wird die damit verbundene Erwartung noch im Schluß des *Benedictus*, des Lobgesang des Zacharias (Lk 1,68-79), wo es in den Versen 71-75 heißt:

> *„Errettung von unsern Feinden und aus der Hand aller, die uns hassen, Barmherzigkeit zu erweisen unsern Vätern und zu gedenken seines heiligen Bundes, des Eides, den er Abraham unsrem Vater, geschworen hat, uns zu verleihen, dass wir erlöst aus der Hand unsrer Feinde, ohne Furcht ihm dienen in Heiligkeit und Gerechtigkeit vor ihm alle unsre Tage."*

Die religionspolitische Erwartung dieser Verse wird im Kontext der Totenliturgie „transzentralisiert", die „Barmherzigkeit", die „Erlösung aus der Hand unserer Feinde" zu furchtlosem Gottesdienst alle Tage wäre dann die Bewahrung vor der infernalischen Macht der Tiefe zum Dasein im ewigen Licht.

In unmittelbarerem eschatologischen Zusammenhang erscheint Abraham im Neuen Testament, wo Jesus im Disput mit den Sadduzäern über die Auferstehung auf den Gott Abrahams, Isaaks und Jakobs verweist: „Er ist nicht ein Gott von Toten, sondern von Lebendigen" (Mt 22,32) und, wo es in Mt 8,11 heißt: „Viele werden von Morgen und Abend kommen und sich mit Abraham, Isaak und Jakob im Reich der Himmel zu Tische setzen". Wenn im lukanischen Gleichnis vom „Reichen Prasser und armen Lazarus" davon die Rede ist, daß Lazarus nach seinem Tod in den „Schoß Abrahams" (*eis ton kolpon Abraam*) getragen wird, dann wird man „hierbei in erster Linie an das Mahl der Seligen, bei dem Lazarus den Ehrenplatz einnimmt, zu denken haben"[103], also das himmlische Gegenbild gegen das irdische Luxusmahl des Prassers. Die Rede vom „Schoß Abrahams" als Ort endzeitlicher Rettung teilt die christliche Überlieferung mit der des frühen Judentums.[104] Das „Kolpos-Motiv" war vor allem im christlichen Ägypten beliebt. Daß nach Lk 8,22f der Schoß Abrahams als „Ort der angenehmen Kühle" galt, „während der Reiche in der Hitze des Hades schmachtet", verweist auf den „Gedanken vom Refrigerium, der Erquickung der Toten im Jenseits, (der) seit alters in der ägyptischen Religion eingewurzelt"[105] ist. Die „altkoptischen Züge"[106], die man am Text des Offertoriums ausgemacht zu haben meint, könnten auf die Spur von altägyptischen Jenseitsvorstellungen führen, die hier in der christlichen Liturgie des Mittelalters neu kontextualisiert worden wären, und als in diesem Sinne „archaische" der Beachtung wert wären.

Im theologischen Umkreis des hier anstehenden liturgischen Textes, des Offertoriums, ist der „Schoß Abrahams" ein verbreiteter Topos der Jenseitsimagination; in der bildenden Kunst erscheint z.B. in den Gerichtsszenen der romanischen Westfassaden, häufig als Gegenbild zu dem alles verschlingenden Unterweltsrachen, ein sitzender Abraham mit kleinen Seelen-Eidola auf seinem Schoß. Das Panorama ist das des Jüngsten Gerichts, nicht das des Fegefeuers.

Das Offertorium der Totenmesse steht in der neueren Liturgik nicht im besten Ruf. Es handelt sich um einen „massiven archaischen Jenseitsvorstellungen verhafteten Text", dem vor allem anzukreiden sei, daß er „zwischen der Hölle der ewigen Verdammnis und dem läuternden Fegfeuer" nicht hinreichend differenziere; Fürbitten könnten „nur denen eine Hilfe sein, die im Purgatorium der Erlösung zur ewigen Anschauung Gottes noch entgegensehen, nicht aber jenen, die keine Rettung mehr erhoffen dürfen“ [107]. Aber werden mit solchen Bedenken vielleicht spätere Vorstellungen eines eigentlichen Purgatoriums in einen Text hineingetragen, der an einen mittleren Aufenthaltsort noch gar nicht denkt, der die Seelen der Verstorben nur in der Gefahr sieht, letztendlich in einen Abgrund abzustürzen und verschlungen zu werden in eine finstere Tiefe, und mit aller Kraft Christus anfleht, daß sie doch zu ihm ins Gotteslicht gelangen? Von einer „Infernalisierung des Läuterungsortes“ kann hier eigentlich keine Rede sein.

Der längste der Gesangstexte der Totenmesse, die Sequenz *„Dies irae“* nach dem Traktus, ist zugleich das historisch späteste Stück, es begegnet seit der Mitte des 13. Jh. Seiner literarischen Form nach die Gerichtsmeditation eines einzelnen Beters, wurde das *Dies irae* erst im späten Mittelalter und allgemeinverbindlich erst seit dem Missale Romanum von 1570 in das Proprium der Allerseelenliturgie eingefügt. Erst die hinzugefügten Verse *„Pie Iesu Domine, dona eis requiem“* binden den Text in die für das Fest Allerseelen maßgebende Fürbitte für alle Verstorbenen ein. Da an anderer Stelle das *Dies irae* bereits ausführlich besprochen wurde, kann im vorliegenden Zusammenhang darauf verwiesen werden.[108] Die Bedenken der neueren Liturgik gehen hier in die gleiche Richtung wie beim Offertorium. Die Einsicht, daß es sich beim *Dies irae* um ein dramatisch-dialektisches Dokument existentieller Gnadentheologie handelt, in dem die Seele sich durch Untergangsängste, statt sie zu leugnen, durchkämpft zum *„Jesu pie“*, kommt gegen die Einwände gegen „dieses düster wirkende Gesangsstück mit seinem von der Heilsangst vor dem göttlichen Gericht geprägten Text“[109] nicht auf.

Die priesteramtlichen Orationen bilden in der Partitur der Totenmesse eine eigene Stimme, die das in den Gesangstexten Entfaltete akzentuiert. Die älteste und seit dem frühen Mittelalter verbreitetste Oration ist das Tagesgebet der 1. Messe des tridentinischen Missales:

> *„Fidelium Deus, omnium Conditor et Redemptor: animabus famulorum famularumque tuarum remissionem cunctorum tribue peccatorum; ut indulgentiam, quam semper optaverunt piis supplicationibus consequantur:“*
>
> *„Gott, Schöpfer und Erlöser aller Gläubigen, schenke den Seelen Deiner Diener und Dienerinnen Nachlaß aller Sünden, damit sie die stets ersehnte Verzeihung durch fromme Fürbitten erlangen:“*

Gott wird angerufen als der, um den selbst es in dieser Totensache gehe. Er hat diese gläubigen Menschen geschaffen und erlöst, es sind seine

Diener und Dienerinnen. Die Fürbitte erinnert Gott an seine eigene Verbundenheit mit den Menschenseelen. Die Sünde als eigenmächtige Trennung der Menschen von ihrem Schöpfer ist dazwischengekommen, aber sie kann gegenüber dem durch Schöpfung und Erlösung begründeten Bund nicht das Übergewicht haben. Die Oration plädiert auf Nachlaß aller Sünden und beruft sich dabei nicht auf doch auch vorhandene Tugenden und Verdienste, sondern auf die Grundoption des Lebens der Verstorbenen, daß sie Vergebung, und d.h. ein trotz aller Vergehen versöhntes Verhältnis mit Gott immer gewünscht hätten (*indulgentiam, quam semper optaverunt*). Die „fromme", d.h. treue (*piis*) Fürbitte setzt sich ein für den ewigen Bund zwischen Gott und den Menschen. Es geht um die Vergebung aller Sünden (*cunctorum peccatorum*), nicht nur, wie es die späteren scholastischen *Purgatorium*-Theorien ausdenken, die läßlichen oder nur die Sündenstrafen (*reatus culpae*), sondern die Sünden selbst, alle, alles, was noch zwischen der Seele eines Verstorbenen und ihrem Schöpfer stehen sollte.

Die ebenfalls alten Texte der Secreta (*Hostias, quaesumus, Domine*) und Postcommunio (*Animabus, quaesumus, Domine*) gehen in die gleiche Richtung. Aus den neueren Orationen ist noch das Tagesgebet der 2. Messe hervorzuheben, weil es das älteste Totengebet der Messe, das *Memento mortuorum* des *Canon Romanus* aufgreift:

> *„Deus, indulgentiarum Domine: da animabus famulorum famularumque tuarum refrigerii sedem quietis beatitudinem et luminis claritatem."*
>
> *„Gott, Du Herr der Erbarmungen, gewähre den Seelen Deiner Diener und Dienerinnen den Ort der Erquickung, die Seligkeit der Ruhe und die Klarheit des Lichtes."*

Den bekannten Motiven der Ruhe (*quies/pax*) und des Lichtes (*lux*) wird hier der „Ort der Erquickung (*refrigerii sedem*)" hinzugefügt. Daß „Abrahams Schoß" im Anschluß an Lk 18,24 als Ort der Kühle und Frische verstanden wurde, ist bereits erwähnt worden; *„refrigerium"* kann auch den weiteren Sinn eines Mahles haben, das man zur Erfrischung zu sich nimmt.[110] Mit diesen Prädikaten wird das ersehnte ewige Leben als Ort der Glückseligkeit beschrieben.

Die Präfation schlägt in der Partitur der Totenmesse insofern eine andere Richtung ein, als sie sich nicht für die Verstorbenen, das Heil ihrer Seele, fürbittend einsetzt, sondern den Dank der mit ihr einsetzenden Eucharistie zu begründen sucht. Sie lautet:

> *„... Christum Dominum nostrum. In quo nobis spes beatae resurrectionis effulsit, ut, quos contristat certa moriendi conditio, eosdem consoletur futurae immortali-*

tatis promissio. Tuis enim fidelibus, Domine, vita mutatur, non tollitur, et, dissoluta huius incolatus domo, aeterna in caelis habitatio comparatur.“

„...Christus, unseren Herrn. In ihm ist uns die Hoffnung seliger Auferstehung aufgeblitzt: Uns, die das sichere Todeslos verdüstert, tröstet zugleich die Verheißung künftiger Unsterblichkeit. Deinen Gläubigen, Herr, wird ja das Leben verwandelt, nicht genommen. Und: Wenn das Haus unserer irdischen Pilgerschaft zerfällt, ist uns in den Himmeln eine ewige Wohnung bereitet.“

Der Dank bezieht sich auf Jesus Christus, in dem die „Hoffnung seliger Auferstehung“ aufgeleuchtet ist, kurz aufgeblitzt (*effulsit*), *„nobis“*, „uns“; es geht hier also um die Lebenden angesichts des Todes, um ihre Lebensaussicht. Mit dem Prädikat *„beatae“* steht nicht die noch entscheidungsoffene Auferstehung zum Gericht im Blick, sondern gleich die zur ewigen Seligkeit. Das ist als Aussicht in Christus, seiner Auferstehung aufgeblitzt.

Das Folgende ist im lateinischen Text ein Konsekutivsatz (*ut*), der die so entstandene neue Situation beschreibt. Sie ist gespalten. Der Tod ist nicht einfach verschwunden. Die Menschen bleiben die *mortales*. Das Todeslos ist sicher (*certa*) und diese fatale Unabänderlichkeit verdüstert das Dasein, trübt es ein und betrübt es (*contristat*). Das wird nicht überspielt, als solle man sich damit stoisch-gelassen oder auferstehungsfröhlich gleich abfinden oder anfreunden. Es steht als dunkle Wand da. Aber dieselben, die sich in dieser tristen Lebenslage vorfinden, sollen (*„consoletur“* – Konjunktiv!) Trost und Ermutigung erfahren durch die Zusage (*promissio*) einer künftigen Unsterblichkeit. „Sterblich / unsterblich“, das ist es, was man im Blitz der Auferstehung Christi zu sehen bekommt.

Der Anschlußsatz (*„Tuis enim fidelibus...“*) sucht dieses Verhältnis von *mortalitas* und *immortalitas* zu verdeutlichen. Im Tod endet das Leben, und es endet nicht, weil es verwandelt wird (*mutatur, non tollitur*). Die erhoffte *immortalitas* ist eine andere Art Leben.

Die letze Mutation des Lebewesens Mensch, die hier ins Auge gefaßt ist, wird in der Präfation als eine Art Wohnungswechsel aufgefaßt. Der zugrundeliegende Text ist 2 Kor 5, 1-10. Paulus arbeitet da mit dem in der Antike verbreiteten Bild des Leibes als Haus der Seele. Die Formel *„oikia tou skênous“* „,Zeltwohnung“ (2 Kor 5,8) unterstreicht die Vergänglichkeit und Vorläufigkeit dieser Behausung. Der Abbruch dieses Hauses, die Auflösung (*dissoluta*) des Leibes ist nicht das Ende dessen, der da gewohnt hat. Ihm wird, wie die Präfation sagt, „eine ewige Wohnung in den Himmeln bereitet“. Paulus spricht von einem „Bau von Gott“ (*oikodomos ek theou*), „einem nicht von Menschenhand gemachten, ewigen Haus in den Himmeln (*oikian acheiropoiêton aiônion en tois* ouranois)“, einer „Behausung im Himmel (*oiktērion ex ouranou*)". Aber das sind bei Paulus, anders als Joh 14,2, wo von den „vielen Wohnungen in meines Vaters Haus" die Rede ist, Bilder für den Leib. Die Erwartung geht darauf, daß die aus der aufgelösten irdischen Wohnung ausgezogene Seele nicht „nackt" (2 Kor 5,3) und unbehaust bleibt, sondern neu „eingekleidet" und „überkleidet" wird. Die von Paulus anvisierte Mutation ist nicht die Heimkehr der Seele in ein Reich des reinen Geistes, sondern die Gewinnung einer neuen, nicht mehr von organischer Auflösung bedrohten Leiblichkeit. Die Seele wird immer, so oder so, inkorporiert gedacht und gewünscht. Die erhoffte *immortalitas* soll nicht bloß die einer unsterblichen Seele sein, sondern des ganzen Menschen, was einen neuen Leib verlangt, einen andern als den alten, und doch, wie es scheint, irgendwie in Kontinuität damit, wenn es am Schluß der Perikope heißt, daß man vor dem Richterstuhl Christi verantwortlich sei für das, was man „im Leibe" getan hat. Die prägnanten Sätze der Präfation nehmen also, wie man sieht, einen weiträumigen paulinischen Gedankengang auf.

Eine vierte Ebene der Partitur der Allerseelenmesse bilden die Lesungen, Epistel und Evangelium. Während sich bei den Gesängen und Orationen früh ein relativ konstantes Repertoire herausbildet, scheint der Spielraum bei den Schrifttexten größer zu sein.[111] Bei den Episteln sind es vor allem Stücke aus dem 15. Kapitel des 1. Korintherbriefs und 1. Thessalonicherbriefs (1 Thess 4,13-18), der Apokalypse (Apk 14,13), bei den Evangelien Perikopen aus dem Johannesevangelium (Joh 5,21-24; 6,37-40; 6,51-55; 11,22-27). Rückblickend wird die thematische Abweichung des Lektionars nicht nur konstatiert, sondern auch gerühmt: „Es fällt deshalb positiv auf, dass die Verkündigung der Auferweckung von den Toten in der Allerseelenmesse des Mittelalters durchaus einen weiten Raum einnahm und damit einen gewissen Gegensatz zur sonst feststellbaren Atmosphäre des Totengedächtnisses jener Zeit darstellt."[112]

Das bis zur Liturgiereform amtliche Formular der drei Messen sah als Evangelien johanneische Perikopen vor, die von der Auferstehung der Toten am Jüngsten Tag sprechen (Joh 5,25-29; Joh 6,37-40; Joh 6,51-55); Joh 5,25-29 wird diese Auferstehung als Weltgerichtstermin verstanden: „Und es werden hervorgehen, die Gutes getan haben, zur Auferstehung des Lebens, die aber Böses verübten, zur Auferstehung des Gerichtes." Die Thematik der Episteln ist gestreuter. 1 Kor 15,51-57 spricht von Auferstehung der Toten und ihrer leiblichen Verwandlung als endzeitlichem Sieg über den Tod. Apk 14,13 heißt es: „Selig sind die Toten, die im Herrn sterben. Von nun an, spricht der Geist, sollen sie ausruhen von ihren Mühen, denn ihre Werke folgen ihnen nach", das *„requiscant a laboribus suis"* greift das Ruhe-Thema des Requiems auf.

Eine einzige Lesung ist dem Alten Testament (2. Makk 12,43-46) entnommen und nur sie bezieht sich auf die Grundoption der Totenmesse, die Fürbitte für die Verstorbenen, indem sie davon spricht, daß „es ein heiliger und heilsamer Gedanke (sei), für die Verstorbenen zu beten, damit sie von ihren Sünden erlöst werden". Diese Lesung ist dem deuterokanonischen 2. Makkabäerbuch entnommen, das im 1. Jh. v. Chr. in Ägypten auf Griechisch verfaßt wurde. Der liturgische Zuschnitt der Perikope übergeht den Anlaß, der Judas Makkabäus, den Heerführer der Juden gegen die syrische Besatzungsmacht, dazu bringt, im Jerusalemer Tempel für die gefallenen Soldaten beten und opfern zu lassen. Es ist eine Entdeckung, die man bei der Bestattung der Leichen machte:

> *„Da fanden sie bei jedem der Gefallenen unter dem Leibrock Amulette der Götzen von Jamnia, die das Gesetz der Juden verbietet. So ward es allen klar, daß jene deswegen gefallen waren. Sie priesen alle den Herrn, den gerechten Richter, der das Verborgene ans Licht bringt. Alsdann wandten sie sich zum Gebet und flehten, daß die begangene Sünde gänzlich vergeben werden möchte."*
>
> (2 Makk 12,40-42)

Die im Anschluß daran vom Heerführer anberaumte Kollekte für ein Sühnopfer im Jerusalemer Tempel dient der kultamtlichen Ratifikation dieses privaten Gebets über den Gräbern. Das Gebet gilt denen, die in den Augen der Welt tapfere Religionskrieger, heimlich aber Götzendiener waren. Der allsehende Richter Gott hat die Heimlichkeit aufgedeckt und die Wahrheit offenbar gemacht. Aber, und das ist das Entscheidende, das ist nicht das Ende; man kann für die so Verstorbenen noch etwas tun, indem man sich mit Gebet und Opfer um Vergebung an Gott wendet. Das wäre, wie der Text ausführlich sagt, „überflüssig und töricht" gewesen, wenn man nicht „an die Auferstehung der Gefallenen" (2 Makk 12,44) geglaubt hätte, Auferstehung, heißt das, zu einem künftigen Gericht, in dem erst endgültig über das Heil der Gefallenen wie aller Menschen entschieden wird. Anders als einer christlichen Todestheologie, die davon ausgeht, daß im Augenblick des Todes alles entschieden ist, zum Heil oder Unheil, geht dieser frühjüdische Text, den die christliche Totenliturgie zum Zeugen anruft, davon aus, daß erst mit der Auferstehung als allgemeinem Weltgericht auch über Heil und Unheil jedes Einzelnen definitiv entschieden wird, und bis dahin die Lebenden für die Verstorbenen sich noch Gott gegenüber einsetzen können, damit alle zum Heil gelangen.

Die Durchsicht des für das Requiem signifikanten Repertoires hat ergeben, daß die seit dem 11./12. Jh. in der kirchlichen Eschatologie immer mehr in den Vordergrund drängenden Fegefeuer-Vorstellungen darin keine Rolle spielen, was den Befund am Schluß von J. Bärschs großer Allerseelen-Monographie bestätigt: „Bemerkenswerter Weise drang die von Fegfeuer- und Austauschgedanken motivierte (...) Allerseelen-Memoria nicht zur Ausbildung eigener, ‚neuer' Formulare für Officium und Messe (...), die Allerseelenliturgie (...) griff (...) für die Auswahl der Lesungen, Gesänge und Gebete (...) auf die schon vorhandene, aus karolingischer Zeit stammende Kompilation für das Totengedächtnis zurück."[113] Eine allfällige Erosion der Fegefeuer-Vorstellung müßte folglich nicht unbedingt das liturgische Formular der Totenmesse in Mitleidenschaft ziehen.

3. Auferstehungsamt

Das klassische „Requiem", das in seiner Grundanlage vom frühen Mittelalter an den katholischen Totenkult, nicht nur an Allerseelen, bestimmt hatte, wurde nach dem 2. Vatikanum zur Reform freigegeben. Das Motiv war, wenn man das Urteil der Liturgiker richtig deutet, eine im alten Textrepertoire des Requiem wahrgenommene düstere, von Gerichtsangst geprägte Atmosphäre, die man nicht mehr ertragen mochte. Aus der Retrospektive des 20. Jh. dominiert in diesen Texten, die weit über ein Jahrtausend die Totenmemoria bestimmt haben, „ein düsteres, von Sündennot und Gerichtsangst geprägtes Bild"[114]. Der Eindruck, der hier resümiert wird, ist der der Väter der Liturgischen Bewegung, die dem 2. Vatikanischen Konzil die Richtung angab. „Am überlieferten Totengottesdienst hat die Liturgische Bewegung schon früh den düsteren Ton bemängelt. Er entstammt einer Zeit, die den Tod nicht mehr im frühchristlichen Licht der Auferstehungshoffnung zu sehen gewohnt war."[115] So lautet J. A. Jungmanns Kommentar zu Art. 81 der Liturgiekonstitution, der dieser Sicht gesamtkirchliche Geltung verschafft: „Der Ritus der Exequien soll deutlicher den österlichen Sinn der christlichen Todes ausdrücken."[116]

Der Komparativ („deutlicher") hat der Totenmesse, der von Allerseelen wie der Messe zur Beerdigung, schließlich ein neues Formular gebracht, das man nicht mehr als Variante des alten Requiem ansehen kann. J. Bärsch faßt auf der letzten Seite seiner Allerseelen-Monographie die neue Tendenz wie folgt zusammen:

> *„Wenn nach dem II. Vatikanischen Konzil und der von ihm initiierten Liturgiereform der Gedenktag Allerseelen nicht nur weiterhin einen Platz im liturgischen Kalender behauptet hat, sondern in seiner Rangstufe sogar erhöht wurde, so dass er bei Okkurrenz nunmehr auch die Sonntagsfeier bestimmen kann, spiegeln sich darin zwei bedeutende Komponenten christliche Totengedenkens: Zum einen nimmt die Kirche auf diese Weise das allgemein menschliche Empfinden ernst und räumt dem Gedächtnis der Toten eine Zeit und einen Ort ein, stellt die Verstorbenen in*

> *den Mittelpunkt und verleiht ihnen eine unverbrüchliche Würde. Zum anderen hat der Gedenktag Allerseelen in seinem Gehalt und seiner Gestalt teil an der von der Liturgiekonstitution geforderten Neubetonung des österlichen Sinns des christlichen Todes, der in den gottesdienstlichen Feiern im Umkreis von Sterben und Tod beherrschend sein soll.*"[117]

Wenn im Unterschied zu der älteren Auffassung, die Sonntagsfeier und Totengedenken strikt auseinanderzuhalten suchte[118], beides hier zusammengeführt werden kann, so hat das seinen Grund eben darin, daß dieses Totengedenken selbst nun sonntäglich konzipiert wird, d.h. im Sinne des Sonntags als dem, wie man sagt, „Wochen-Pascha" her zu verstehen. Was dieser „österliche Sinn des christlichen Todes" konkret bedeutet, ist dem neuen Meßformular von Allerseelen zu entnehmen.

Die seit 1915 übliche Meßtrination wurde in der Reform beibehalten, obwohl ihre Realisation unter nachkonziliaren Bedingungen eher eine marginale Rolle spielen dürfte, praktisch werden die drei neuen Meßformulare vielleicht als Alternativen am Allerseelentag wie bei Beerdigungsgottesdiensten angesehen. Im vorliegenden systematischen Zusammenhang wird das Gesamtkorpus der Meßtexte als Dokument verstanden, dem das gegenwärtige Verständnis von Allerseelen und katholischem Totenkult überhaupt zu entnehmen ist.

Der Textbestand des alten Requiems wurde nahezu vollständig aufgegeben; geblieben ist die alttestamentliche Lesung 2. Makk 12,43-45, wohl, weil es der eindeutigste biblische Beleg für das Gebet für die Verstorbenen war. Als Eröffnungsvers der 2. Messe begegnet der alte Introitus-Vers: „Herr, gib ihnen die ewige Ruhe". Aber nicht *requies* ist das Leitmotiv der neuen Liturgie, sondern *resurrectio.* Der Eröffnungsvers der 1. Messe setzt gleich damit ein: „Wie Jesus gestorben und auferstanden (*resrurexit*) ist, so wird Gott auch die in Jesus Entschlafenen mit ihm vereinen" (1 Thess 4,14). Statt des alten Motivpaars *requies-lux* zieht sich das von *resurrectio-vita* durch die Gebete, Gesänge und Lesungen, um dort auf vielfältige Weise biblisch orchestriert zu werden.

Die neutestamentlichen Perikopen, Zitate, Anspielungen beziehen sich überwiegend auf paulinische (1 Thess 4,13-18; 1 Kor 13,12; 1 Kor 15,20.54; Röm 8,11.14-23.34; Phil 3,20f.) und johanneische (Joh 11,17-27; 14,1-6) Texte. Die synoptische Eschatologie mit ihrer engen Verbindung von „Totenauferstehung, Parusie, Gericht und ewigem Leben"[119] (vgl. Mk 13 par; Mt 25) spielt im Repertoire der neuen Totenliturgie keine Rolle. Der in einer Antiphon vorgesehene Vers Mt 25,34 spricht, unter Ausblendung des Gerichtskontextes von Mt 25, nur von denen, die ob ihrer guten Taten das Reich des Vaters in Besitz nehmen dürfen. Die als Evangelium der 3.

Messe vorgesehene Geschichte von der Auferweckung des Jünglings von Nain (Lk 7,11-17) dürfte in Sarg- und Grabnähe nur bei entsprechenden thaumaturgischen Aussichten tröstlich sein. Die Geschichte von der Auferweckung des Lazarus (Joh 11,17-27) ist anders als die Parabel vom armen Lazarus totenliturgisch nicht einfach zu handhaben, da sie gleich mit drei Konzepten von Auferweckung arbeitet, der realen aus der Grabhöhle, der künftigen („Ich weiß, daß er auferstehen wird bei der Auferstehung am letzten Tag", Joh 11,24), und einer christologisch-präsentischen („Ich bin die Auferstehung und das Leben. Wer an mich glaubt, wird leben, auch wenn er stirbt, und jeder, der lebt und an mich glaubt, wird auf ewig nicht sterben", Joh 11,25). Es ist nicht ganz klar, wie das alles auf die Toten bezogen werden soll, derer man in dieser Messe gedenkt. Die Aussicht der wunderbaren Lazarus-Erweckung ähnelt der des Jünglings von Nain. Die futurische Normaleschatologie vertagt die Sache auf das Ende der Zeit. Die präsenzeschatologische Variante würde besagen, daß die Toten als Christusgläubige gar nicht gestorben sind, der Tod gar keine relevante Zäsur in der bleibenden Christuszugehörigkeit ist, also weder zu beklagen noch durch Wundertaten zu korrigieren ist. Wie diese drei von Johannes narrativ verknüpften Vorstellungen sachlich miteinander kompatibel sind und was sich daraus genau als frohe Botschaft zum Totengedenken ergibt, ist nicht leicht auszumachen. Die johanneischen Perikopen zeigen, daß das Postulat, die Totenliturgie „österlich" zu gestalten, leichter gesagt als getan ist, und zwar deswegen, weil das als Instanz beschworene Neue Testament selbst keine in sich vollkommen konsistente Eschatologie zu bieten hat. Das gilt wie für die johanneischen Texte auch für die paulinischen.

Geben im alten Requiem die Gesangstexte die Grundtonart an, so nach neuer Hochschätzung des Wortgottesdienstes die Lesungen. Läßt man die neu vorgesehenen alttestamentlichen Lesungen (Hiob 19,1.23-27 und Jes 25,6a.7-9), weil sie der Auferstehungsthematik nur sekundieren, außer Betracht, so ergibt sich ein Ensemble von Texten, die in ihren eschatologischen Imaginationen divergieren. Eine gewisse Konvergenz läßt sich in der Ausrichtung auf eine futurische Zeitkonzeption finden. Die Hoffnung auf (auch leibliche) Erlösung richtet sich für die Lebenden und Toten auf das mit der Wiederkunft Christi verbundene Ende der Zeit. Bemerkenswert ist, daß der in allen Teilen des Neuen Testaments mit der Wiederkunft Christi verbundene Topos des Gerichts bei der liturgischen Lesungsselektion ausgespart bleibt. Was im Requiem als Folie der Heilshoffnung allgegenwärtig ist, ist, vielleicht weil es den Kern des Anstoßes am alten Ritual bildete, ganz in Wegfall gekommen.

Die Orationen der Messe (Tagesgebet, Gabengebet, Schlußgebet) pflegen aufs knappste die Intention zum Ausdruck zu bringen, mit der sich die Gemeinde an Gott wendet. Im vorliegenden Fall sind es bei drei Messen neun an der Zahl, in denen sich alles finden lassen müßte, was den Liturgen gegenwärtig beim Totengedenken am Herzen liegt.

Das erste Tagesgebet läßt gleich eine signifikante Differenz zum Requiem von ehedem erkennen:

> *„Allmächtiger Gott, wir glauben und bekennen, daß du deinen Sohn als Ersten von den Toten auferweckt hast. Stärke unsere Hoffnung, dass du auch unsere Brüder und Schwestern auferwecken wirst zum ewigen Leben."*

Die Beter beten nicht für die Verstorbenen, sondern für sich selbst, um Stärkung ihrer aus dem Glauben und Bekenntnis zur Auferstehung Christi erwachsenden Hoffnung auf die Auferweckung der Toten zum ewigen Leben. Während der Glaube offenbar (indikativisch) feststeht, scheint die Hoffnung stärkungsbedürftig.

Die übrigen acht Orationen halten sich insofern in der alten Tradition, als sie Gebet „für" die Verstorbenen, „deine Diener und Dienerinnen", „unsere Brüder und Schwestern" sind. Erbeten wird für sie die Aufnahme in die Herrlichkeit Gottes/Christi, das Schauen der Herrlichkeit, das als „Schauen von Angesicht zu Angesicht" verstanden wird, und weiterhin als „Freude des Himmels" und „ewige Freude", als „letzte Vollendung". „Herrlichkeit" und „Freude" treten als Vollendungsbegriffe an die Stelle von Ruhe und Licht im alten Requiem. Vor allem der Terminus „Herrlichkeit" folgt dem biblischen Sprachgebrauch, der „Herrlichkeit" (*kabôd, doxa)* als Ausdruck der aufstrahlenden Machtsphäre Gottes versteht. Daß sie in diesem Sinne zu Gott gelangen und so zu ihrer eigenen Vollendung und ewigen Freude, wünschen die Lebenden für die Toten. Der Erwartungshorizont schwankt zwischen der Auferstehung des ganzen Menschen am Jüngsten Tag und Möglichkeiten einer zwischenzeitlichen Läuterung. Da das neue Proprium im Unterschied zum alten den Begriff „Seele" meidet, bleibt die personale Referenz der Bitten etwas unsicher. Wenn im Schlußgebet der 1. Messe gebetet wird: „Führe sie vom Tod zum Leben, aus dem Dunkel zum Licht, aus der Bedrängnis in deinen Frieden", so könnte mit Tod, Dunkel und Bedrängnis das mit dem Tode endende irdische Leben gemeint sein, aus dem die Toten am Ende der Tage auferweckt werden, oder jene postmortale Seelennot, die Gesänge und Gebete des alten Requiem im Auge haben. Aufs Ganze gesehen, läßt sich sagen, daß die reichhaltige Aufnahme neutestamentlicher Auferstehungstexte in das Repertoire der Totenmesse die Ambitionen der Lebenden hinsichtlich der Verstorbenen vielleicht heller, aber nicht unbedingt klarer macht.

Neben der für das Fest „Allerseelen" bemerkenswerten Aussparung des Terminus „Seele" ist auffällig, daß die Vorstellung des Gerichts wie im Lektionar, so auch in den Gebeten und Gesängen des neuen Propriums keine erkennbare Rolle spielt. Wenn es dafür pastorale und pastoralgeschichtliche Günde gibt, so ist doch zu bedenken, daß hier ein Topos verschwunden ist, der in den neutestamentlichen Schriften mit der Auferweckung der Toten eng verknüpft ist. Wenn das Glaubensbekenntnis die endzeitliche Wiederkunft Christi mit dem Weltgericht verbindet *(„Et iterum venturus est cum gloria, iudicare vivos et mortuos")*, folgt es einer im Neuen Testament gängigen Vorstellung (vgl. Mt 25,31-46; Apg 17,31; 2 Tim 4,1; 1 Petr 4,5; Apk 11,18). Jesus Christus ist auf Grund seiner Auferweckung und Erhöhung zur Rechten Gottes zum Richter der Welt eingesetzt, als der er am Ende der Zeiten öffentlich erscheinen wird. In der christologischen Inanspruchnahme des göttlichen Richteramts zeigt sich ein elementarer Zusammenhang des Neuen mit dem Alten Testament. Der Gott Jesu bleibt der Gott der Tora, der das Leben und Treiben der Menschen nicht, als wäre er das mit dem Lauf der Welt identische Schicksal, einfach sein und gehen läßt, sondern Gerechtigkeit einfordert, zur Verantwortung ruft und zieht. Das paulinische Gnadenkerygma legt das nicht beiseite, sondern setzt es und die daraus resultierende Einsicht ins Sündersein voraus: „(...) wir alle müssen vor dem Richterstuhl Christi offenbar werden, damit jeder empfange, je nach dem er im Leibe gehandelt hat, es sei gut oder böse" (Röm 5,10; vgl. Röm 2,1-16).

Gericht im äußersten Horizont als Weltgericht ist eine Funktion der Gerechtigkeit, die im Raum der Bibel zum Wesen Gottes gehört. Daß die Drohung mit dem göttlichen Gericht vom prophetischen Appell zum Machtinstrument moralischer Disziplinierung von Untertanen umschlagen kann, zeigt die Religionsgeschichte. Was, im Gefolge Nietzsches, als Rachegelüst und Ressentiment der irdisch Zukurzgekommenen denunziert wird, kann doch auch der letzte Appell wehrlos Ausgelieferter an eine Instanz sein, die dem Recht des Stärkeren nicht gefügig ist. Die Vision eines Jüngsten Gerichts schlicht als Instrument perverser Daseinsverdüsterung zu betrachten, heißt, ihre politisch-moralische Bedeutung zu unterschätzen.

Es ist bemerkenswert, daß, wo der Apostel Paulus vom Richterstuhl Christi spricht, mehrmals das Urteilen und Richten von Menschen über Menschen zur Debatte steht: „Du aber, was richtest du deinen Bruder? Oder auch du, was verachtest du deinen Bruder? Denn wir alle werden vor den Richterstuhl Gottes treten müssen (...). Also wird jeder von uns für sich selbst vor Gott Rechenschaft geben müssen" (Röm 14,10.12; vgl. Röm 2,1-16; Jak 4,12). Die Suspension menschlichen Endgerichts gilt nicht nur für das zwischenmenschliche Urteilen, sondern auch für das Urteil des Einzelnen über sich selbst:

> *„Mir aber ist es etwas ganz Geringes, dass ich von euch gerichtet werde oder von einem menschlichen Gerichtstage; doch auch ich selbst richte mich nicht – denn ich bin mir nichts bewußt, aber darum bin ich nicht gerechtgesprochen –, vielmehr ist es der Herr, der mich richtet. Darum richtet nicht vor der Zeit, bis der Herr kommt, der auch das Verborgene der Finsternis ans Licht bringen und die Ratschläge der Herzen offenbar machen wird; und dann wird das Lob einem jeden zuteil werden von Gott."*
>
> 1 Kor 4,3-5

Weil man sich selbst nicht durchschaut, den Abgrund des eigenen Herzens und seine tiefsten Absichten nicht kennt, plädiert der Apostel dafür, das Gericht auch über sich selbst zu vertagen auf den Jüngsten Tag und es letztinstanzlich einem Anderen zu überstellen, dem Herrn, der in alles Licht zu bringen vermag und offenbar macht, was wir vor uns und einander wissentlich oder unwissentlich verbergen. Das Lob mißt sich an der Wahrheit, die uns in ihrer Gänze verborgen ist. Steht der Topos vom Jüngsten Tag im Kontext einer solchen kritischen Suspension vorzeitiger Abschlußurteile, so stellt sich die Frage, was es bedeutet, wenn man ihm totenliturgisch aus dem Wege geht.

Zu Allerseelen steht nicht persönlich dieser oder jene gerade Verstorbene im Blick wie bei der Beerdigung; es geht um alle. Das Totengedenken von Allerseelen ist liturgisch eng mit dem Heiligenlob von Allerheiligen verknüpft; der Gang zu den Gräbern findet in der Regel am Nachmittag von Allerheiligen statt. Der große Gottesdienst der Gemeinde ist an Allerheiligen, nicht an Allerseelen. Das kann es nahelegen, die beiden Festgedanken ineinander zu schieben.

Der in der neueren Theologie aufgekommene Gedanke einer „Auferstehung im Tod" legt die Konsequenz nahe, daß die Toten bereits auferstanden sind, sofern der Augenblick ihres Todes als die Endentscheidung über ihr Dasein aufgefaßt wird und in diesem Sinne als partikuläres Gericht, das man *grosso modo* als glücklichen Ausgang zu verstehen hat.[120] Dem theologischen Konstrukt einer „Auferstehung im Tod" folgend, könnte man folglich, was auch geschieht, die Totenmesse als „Auferstehungsamt" feiern, das einschließlich Allelujagesang und Osterliedern freudigen Charakter haben kann, nicht mehr, wie einst, in karfreitäglichem Schwarz, sondern in österlichem Weiß zu feiern, sofern man unterstellt, daß der hier und jetzt Verstorbene, im Sarg oder Grab Liegende auferstanden ist, oder man zu Allerseelen das *in bonam partem* von allen Verstorbenen annimmt. Die Totenmesse würde nicht nur wie das Osterhochamt die Auferstehung Christi, sondern die aller Verstorbenen feiern, was selbstverständlich auch am Sonntag möglich ist. Allerseelen würde sozusagen mit Allerheiligen zu einem Festgehalt verschmelzen.

Eine solche Verschiebung ist möglich, sie gerät freilich in Widerspruch zu alldem, was in den liturgischen Formularen als Fürbitte für die Verstorbenen festgehalten wird. Bitten für die Verstorbenen können nur Sinn haben, wenn, jedenfalls in der Sicht der Hinterbliebenen, für das Heil noch etwas offensteht, sei es im Sinne des für die Zukunft zu erwartenden Jüngsten Gerichts, sei es im Sinne einer Purgatoriumsvorstellung. Der Sinngehalt und die emotionale Konnotation von „Auferstehung im Tod" und „Auferstehungsamt" sind im Unterschied zum alten Requiem freudig, transponieren das Gefühl trauernden Verlustes oder der Sorge alsbald in den Ausdruck freudiger Dankbarkeit.

Die nachkonziliäre Reform der Totenliturgie hat nicht Teile des alten Requiems verändert, sondern den ganzen Bau. Angesichts der Bedeutung, die dem Tod und seiner rituellen Behandlung in jeder Religion zukommt, wie angesichts der epochalen Reichweite des alten Requiems hat diese Reform revolutionären Charakter. Der von der Idee, die Totenliturgie „österlicher", „frühchristlicher", „biblischer" zu formieren, geleitete Versuch hat das Textrepertoire erweitert und, was vor allem am Umgang mit den klassischen Topoi der Seele und des Gerichts zu sehen ist, inhaltlich umakzentuiert. Die in der Textanalyse zutage getretene konzeptuelle Inkohärenz hängt mit eschatologischen Konfusionen zusammen. Ein Ritus kann gedanklich und imaginativ komplex sein, wird man von ihm aber zu einander ausschließenden Vorstellungen und Einstellungen genötigt, tangiert das seine Glaubwürdigkeit.

Eine wissenssoziologische Untersuchung der katholischen Totenliturgie nach dem 2. Vatikanum ist zu folgendem Ergebnis gekommen:

> *„Der Soziologe kann nicht zu theologisch-inhaltlichen Fragen Stellung nehmen. Das Problem, ob die Vorstellung eines zwischenzeitlichen Weiterlebens der Seele in Himmel, Hölle, Fegefeuer oder die Auferstehung des ganzen Menschen erst am Ende der Zeiten mit all den angesichts einer Entscheidung für diese Alternative letztlich notwendigen Änderungen in der gegenwärtigen kirchlichen Praxis (hier sind vor allem die Heiligenverehrung sowie die Tatsache, daß nahezu jede Messe für das Seelenheil von potentiell im Fegefeuer weilenden Verstorbenen gefeiert wird, zu*

nennen) zu favorisieren ist, gehört nicht in den Kompetenzrahmen seiner Wissenschaft. Aber er kann darauf hinweisen, daß allein dezidierte Antworten auf die Frage nach dem ewigen Leben sowie ihre Umsetzung in die Liturgie verhindern, die Funktion und damit die Attraktivität der Religion aufs Spiel zu setzen, die darin bestehen, daß Religion Sicherheit in bezug auf dieses vielleicht wichtigste unter ‚den letzten Problemen des menschlichen Lebens', das Schicksal des Menschen nach dem Tode anzubieten hat. [121]

Die dieser Schlußfolgerung vorangehende wissenssoziologische Analyse testiert, daß ein Gemisch eschatologischer Vorstellungen religiöse Glaubwürdigkeit aufs Spiel setze. Wenn eine außenstehende Perspektive der theologischen Analyse des Textcorpus der neuen Allerseelen-Liturgie so sekundiert, reicht das zu der Hypothese, daß die gegenwärtige Totenliturgie nicht das letzte Wort sein kann.

Wie aber soll man weiterkommen? Restaurative Instanzen werden sagen, daß man, wie sie es immer schon gesagt hätten, zum Requiem des alten Missales zurückkehren solle. Der anhaltende hochkulturelle Rang der Requiem-Kompositionen könnte dem beispringen. Aber so einfach ist es nicht. Die emotionale Kraft des alten Requiem hängt am gregorianisch gesungenen Latein, das auch den gemeinen Gläubigen bis in die Mitte des 20. Jh. so weit vertraut war, daß die Totenmesse in dieser Form im gewöhnlichen Gesangbuch stand. Davon hat sich die europäische Zivilisation inner- wie außerkirchlich so weit verabschiedet, daß eine rein in diesem Raum sich bewegende Liturgie gar nicht mehr möglich ist, was nicht heißen muß, daß Elemente und Motive daraus nicht zukunftsträchtig sein könnten.

Wenn das Postulat des Soziologen lautet, daß nur „dezidierte Antworten", was die letzten Dinge anlangt, die Glaubwürdigkeit der Religion retten könnten, stellt sich die Frage, wie man angesichts der disparaten Meinungen der Theologen dazu kommen könnte. Das kirchliche Lehramt wird vielleicht gern bereit sein, dem sowieso beargwöhnten theologischen Pluralismus durch Dekret ein Ende zu bereiten. Der umsichtige Soziologe hat freilich gleich hinzugefügt, daß die verlangten „dezidierten Ansichten" der „Umsetzung in Liturgie" bedürften. Aber Liturgie ist ein Kunstwerk aus Texten, Musik, Gesten, das man nicht geradewegs als Umsetzung eschatologischer Katechismussätze haben kann. Sie muß aus Materialien der Überlieferung gewonnen werden, wenn die Kontinuität nicht abreißen soll, und muß doch ein neues, heute stimmiges Gefüge finden. Poetische Dogmatik kann sich dem nicht entziehen und kann doch nicht mehr sein als ein Laboratorium.

4. Requiem aeternam

STUFENGEBET. ABSOLUTIO AD TUMBAM
Aus der Tiefe rufe ich, Herr, zu dir,
Höre, o Herr, meine Stimme.
Laß deine Ohren achthaben auf mein Flehen.
Wolltest du Herr der Sünden gedenken,
Herr, wer würde dann noch bestehn?
Aber die Sünden finden Vergebung bei dir,
daß man in Ehrfurcht dir diene.
Ich vertrau auf den Herrn,
meine Seele vertraut auf sein Wort.
Meine Seele harrt auf den Herrn,
mehr als die Wächter aufs Morgenrot.
Mehr als die Wächter aufs Morgenrot
soll Israel harren des Herrn.
Denn bei dem Herrn ist Barmherzigkeit,
und reiche Erlösung bei ihm.
Erlösen wird er sein Volk von all seinen Sünden.

Psalm 129

Mir aber ist es etwas ganz Geringes, dass ich von euch gerichtet werde oder von einem menschlichen Gerichtstage; doch auch ich selbst richte mich nicht – denn ich bin mir nichts bewußt, aber darum bin ich nicht gerechtgesprochen –, vielmehr ist es der Herr, der mich richtet. Darum richtet nichts vor der Zeit, bis der Herr kommt, der auch das Verborgene der Finsternis ans Licht bringen und die Ratschläge der Herzen offenbar machen wird; und dann wird das Lob einem jeden zuteil werden von Gott.

1 Kor 4, 3-5

Was ich gewollt hab
was ich getan hab
was mir getan ward
was ich vertan hab

was ungesagt blieb
was unversöhnt blieb
was nicht erkannt ward
was ungenutzt blieb

all dies Beschämende
nimm es von mir

und daß ich dies war
und kein andrer –

dies, dieser Rest vom

Erdenstaub:
das war mein Leben

hier bin ich

Der allmächtige Gott erbarme sich unser, er lasse uns die Sünden nach und führe uns zum ewigen Leben.

INTROITUS

Requiem aeternam dona eis, Domine: et lux perpetua luceat eis.
Lux aeterna luceat eis, Domine, cum sanctis tuis in aeternum: quia pius es.

Herr gib ihnen die ewige Ruhe, und das ewige Licht leuchte ihnen.
Das ewige Licht leuchte ihnen, o Herr, bei deinen Heiligen in Ewigkeit: denn du bist mild.

Kyrie eleison. Kyrie eleison.
Gott, Schöpfer und Erlöser aller Gläubigen, schenke den Seelen Deiner Diener und Dienerinnen Nachlaß aller Sünden, damit sie die stets ersehnte Verzeihung erlangen.
Christe eleison. Christe eleison.
Gott, Du Herr der Erbarmungen, gewähre den Seelen Deiner Diener und Dienerinnen den Ort der Erquickung, die Seligkeit der Ruhe und die Klarheit des Lichtes.
Kyrie eleison. Kyrie eleison.
Befreie, o Herr, die Seelen aller verstorbenen Gläubigen von jeder Fessel der Schuld. Deine Gnade komme ihnen zur Hilfe, auf daß sie entrinnen dem Strafgericht. Laß sie genießen des ewigen Lichtes Glückseligkeit.

GEDENKEN UND DANK

Wir gedenken der verstorbenen NN

In memoria aeterna erit iustus: ab auditione mala non timebit.
In ewigem Gedächtnis bleibt der Gerechte: von übler Nachrede hat er nichts zu fürchten.

Ps 111/112,7

Selig sind die Toten, die im Herrn sterben. Von nun an, spricht der Geist, sollen sie ausruhen von ihren Mühen, denn ihre Werke folgen ihnen nach.

Apk 14,13

Lied
Nun danket alle Gott mit Herzen Mund und Händen,
der große Dinge tut an uns und allen Enden,
der uns von Mutterleib und Kindesbeinen an
unzählig viel zugut bis hierher hat getan.

Der ewigreiche Gott woll uns in unserm Leben
ein immer fröhlich Herz und edlen Frieden geben
und uns in seiner Gnad erhalten fort und fort
und uns aus aller Not erlösen hier und dort.

LESUNGEN. FRAGEN

1 .Lesung
Der Mensch, vom Weibe geboren, ist kurzen Lebens und voller Unruhe. Wie eine Blume geht er auf und welkt, schwindet dahin wie ein Schatten und hat nicht Bestand. Für einen Baum gibt es doch eine Hoffnung: wird er gleich umgehauen, er kann wieder treiben, und seine Schosse hören nicht auf. Wenn seine Wurzel auch alt wird in der Erde und sein Stumpf im Staub erstirbt, vom Duft des Wassers schlägt er wieder aus und treibt Zweige wie ein frisches Reis. Der Mensch aber stirbt und ist dahin, der Mensch verscheidet – und wo ist er?

Hiob 14,1-10

Zwischengesang
Wie Schiffe aus dem Nichts daher,
getrieben über's Wasser,
durch Sturm und Stille abgefahrn,
gesunken tief im Hafen.

Wie Häuser schief und ausgewohnt,
abseits von allen Wegen,
gerissen Fundament und Grund,
durchs Dach fällt Schnee und Regen.

So sind die Toten, taub und tief
versunken in den Furchen,
gepflügt, gedüngt, doch nicht gekeimt,
die Ernte ungeboren.

Ob sie vielleicht vor Tag und Tau
auf Reiherflügeln schweben,
nicht Menschen mehr, nicht Mann und Frau?
Wie soll ich Antwort finden?

Evangelium
An jenem Tage kamen Sadduzäer zu ihm, welche sagen, es gebe keine Auferstehung, und fragten ihn: Meister, Mose hat gesagt: ‚Wenn jemand ohne Kinder stirbt, soll sein Bruder dessen Frau heiraten und seinem Bruder Nachkommen verschaffen.' Es waren aber bei uns sieben Brüder. Und der erste starb, nachdem er geheiratet hatte; und weil er keine Nachkommen hatte, hinterliess er seine Frau seinem Bruder. Ebenso auch der zweite und der dritte bis zum siebenten. Zuletzt aber von allen starb die Frau. Welchem nun von den sieben wird sie in der Auferstehung als Frau

1. G. Dou (1613-1675), Stilleben mit Leuchter und Taschenuhr, Dresden, Gemäldegalerie Alte Meister

2. Georges de La Tour (1593-1652), Das Neugeborene, Rennes, Musée des Beaux-Arts

3. Joos van Cleve, Der Heilige Hieronymus („Cogita mori“), um 1520-25, Düsseldorf, Museum Kunstpalast

4. Z. Kopljar, K9 Compassion (Times Square), 2004, Kultumdepot Graz

5. M. Triegel, „Deus absconditus“, 2013, Leipzig, Galerie Schwind

6. S. Botticelli, La Primavera, 1520, Florenz, Uffizien

7. F. Hodler, Die Lebensmüden, 1892, München, Neue Pinakothek

8. Juan de Valdes Leal, In ictu oculi, 1671, Sevilla, Hermandad de la Santa Caridad.

9. E. Quarton, Ein Engel rettet eine Seele vor dem Teufel (Detail aus Krönung Mariens), 1453-54, Musée de Villeneuve-lès-Avignon

angehören? Sie haben sie ja alle gehabt. Da antwortete Jesus und sprach zu ihnen: Ihr irrt, indem ihr die Schriften nicht kennt noch die Kraft Gottes. Denn in der Auferstehung heiraten sie nicht und werden nicht verheiratet, sondern sie sind wie Engel im Himmel. Was aber die Auferstehung der Toten betrifft, habt ihr nicht gelesen, was euch von Gott gesagt ist, welcher spricht: ‚Ich bin der Gott Abrahams und der Gott Isaaks und der Gott Jakobs'? Er ist nicht ein Gott von Toten, sondern von Lebendigen.

Mt 22,23-32

GLAUBENSBEKENNTNIS

Aber es wird jemand sagen: Wie werden die Toten auferweckt? Und mit was für einem Leib kommen sie? – Es wird gesät in Verweslichkeit, es wird auferweckt in Unverweslichkeit; es wird gesät in Unehre, es wird auferweckt in Herrlichkeit; es wird gesät in Schwachheit, es wird auferweckt in Kraft; es wird gesät ein natürlicher Leib, es wird auferweckt ein geistiger Leib. – Wenn aber dies Verwesliche angezogen hat Unverweslichkeit und dieses Sterbliche angezogen hat Unsterblichkeit, dann wird eintreffen das Wort, das geschrieben steht: ‚Der Tod ist verschlungen in Sieg'? Tod, wo ist dein Sieg?

1 Kor 15,35.42-44.54f.

Ich glaube an Gott, den allmächtigen Vater...

GABENBEREITUNG

Lesung

Am folgenden Tage gingen die Leute des Judas Makkabäus, da es hohe Zeit war, hin, um die Leichen der Gefallenen zu bergen und sie bei ihren Verwandten in den Gräbern ihrer Väter beizusetzen. Da fanden sie bei jedem der Gefallenen unter dem Leibrock Amulette der Götzen von Jamnia, die das Gesetz der Juden verbietet. So ward es allen klar, daß jene deswegen gefallen waren. Sie priesen alle den Herrn, den gerechten Richter, der das Verborgene ans Licht bringt. Alsdann wandten sie sich zum Gebet und flehten, daß die begangene Sünde gänzlich vergeben werden möchte. (...) Dann veranstaltete er eine Sammlung unter seinen Leuten und brachte zweitausend Drachmen Silber zusammen. Diese sandte er nach Jerusalem, damit ein Sündopfer dargebracht würde. Das war eine sehr schöne und edle Handlung, weil er an die Auferstehung dachte. Denn hätte er nicht an die Auferstehung der Gefallenen geglaubt, so wäre es überflüssig und töricht gewesen, für die Verstorbenen zu beten.

2 Makk 12,39-44

Offertorium

Opfergaben und Gebete bringen wir zum Lobe Dir dar, o Herr; nimm sie an für jene Seelen, deren wir heute gedenken. Herr, laß sie vom Tode hinübergehen zum Leben. – Das Du einstens dem Abraham verheißen und seinen Nachkommen.

Lied
Wir weihn der Erde Gaben
dir, Vater, Brot und Wein;
das Opfer hocherhaben wird Christus selber sein.
Er schenkt dir hin sein Leben,
gehorsam bis zum Tod,
uns Arme zu erheben
aus tiefer Schuld und Not.

PRÄFATION

In Wahrheit ist es würdig und recht, dir immer und überall dankzusagen, heiliger Herr, allmächtiger Vater, ewiger Gott: durch Christus, unsern Herrn. In ihm ist uns die Hoffnung seliger Auferstehung aufgestrahlt: Wohl bedrückt uns das sichere Todeslos, doch die Verheißung seliger Unsterblichkeit richtet uns auf. Es wird ja, Herr, den Gläubigen das Leben nur verwandelt, nicht genommen. Und wenn dies Haus irdischer Pilgerschaft zerfällt, gibt es himmlische Unterkunft in Ewigkeit...

KANON

Totenstille
Einsetzungsworte
In der Nacht, da er ausgeliefert wurde...

VATER UNSER

AGNUS DEI

Agnus Dei, qui tollis peccata mundi, dona eis requiem.
Agnus Dei, qui tollis peccata mundi, dona eis requiem.
Agnus Dei, qui tollis peccata mundi, dona eis requiem sempiternam.

Lied
O Lamm Gottes, unschuldig
am Stamm des Kreuzes geschlachtet,
allzeit erfunden geduldig,
wiewohl du warest verachtet,
all Sünd hast du getragen,
sonst müssten wir verzagen,
gib deinen Frieden, o Jesu.

SEGEN

Herr, gib uns Lebenden deine Gnade und den Verstorbenen die ewige Ruhe.
Herr, gib ihnen die ewige Ruhe, und das ewige Licht leuchte ihnen.
Laß sie ruhen in Frieden. Amen.

Lied
Wir sind nur Gast auf Erden
und wandern ohne Ruh
mit mancherlei Beschwerden
der ewigen Heimat zu.

Die Wege sind verlassen,
und oft sind wir allein.
In diesen grauen Gassen
will niemand bei uns sein.

Nur einer gibt Geleite,
das ist der Herre Christ,
er wandert treu zur Seite,
wenn alles uns vergißt.

Gar manche Wege führen
aus dieser Welt hinaus.
O dass wir nicht verlieren
den Weg zum Vaterhaus.

Und sind wir einmal müde,
dann stell ein Licht uns aus,
o Gott, in deiner Güte;
dann finden wir nach Haus.

+

Erläuterung
Die vorstehende Partitur einer Totenliturgie folgt dem Aufbau der Messe, löst sich aber von der heute üblichen Form einer Gemeindeveranstaltung, d.h. sie beginnt nicht mit einer formellen Begrüßung, sondern, wie die alte Messe, an den Stufen des Altares oder *Ad tumbam* mit dem das Angesicht Gottes suchenden Psalm *De profundis.* Schuld verbindet die Lebenden mit den Toten, was sie einander schuldig geblieben sind. Die paulinische Lesung gibt der Vorstellung von der Auferstehung als einem alles menschliche Richten zurückstellenden Gerichtstag einen liturgischen Ort. Wo das Stufengebet das Confiteor vorsieht, steht hier der bekenntnisförmige Text „Was ich gewollt hab…“, den Huub Oosterhuis für eine Totenliturgie geschrieben hat[122], zu beten von den Lebenden und im Namen der Verstorbenen.

Der Introitus beginnt wie in der alten Tradition mit der (gesungenen) lateinischen Antiphon *„Requiem aeternam“* und dem das gleiche Thema fortführenden Communio-Vers *„Lux aeterna“* samt deutscher Übersetzung. In den Gesang des Kyrie sind zwei Orationen und der Traktus der alten Allerseelenmesse eingebettet.

Die Totenmesse kennt kein Gloria. An seiner Stelle steht hier „Gedenken und Dank“ mit Gedenkversen aus Ps 111 und Apk 14 (Graduale und Lesung der 3. Messe aus dem alten Requiem), sowie dem Lied „Nun danket alle Gott“ (Gotteslob/2013, Nr 405), mit dem Schlußvers „und uns aus aller Not / erlösen hier und dort“.

Der Lesungsteil sieht Texte vor, die die Frage nach dem Tod mit der Frage nach dem Wie eines jenseitigen Lebens verbinden. Die Lesung aus dem Buch Hiob bedenkt das Eingebettetsein des Menschen in die organische Natur. Ein Lied von H. Oosterhuis treibt als Zwischengesang die Frage nach dem Wo der Toten weiter.[123] Mit dem Evangelium, das von einem Disput Jesu mit Leugnern der Auferstehung erzählt, kommt die Frage der leiblichen Auferstehung ins Spiel.

Die ist ein Stück des christlichen Credos. Dem Apostolischen Glaubensbekenntnis wird ein Lesestück aus dem großen Auferstehungskapitel des 1. Korintherbriefs (Epistel der 1. Messe des alten Requiems) vorausgeschickt.

Fürbitten sind an dieser Stelle nicht mehr vorgesehen, weil sie schon ins Kyrie eingebettet sind.

Die Gabenbereitung wird mit einer Lesung, einer Antiphon (Teilstück des alten Offertoriums) und einem Kichenlied (Gotteslob/2013, Nr. 187, Str. 1) weiter als üblich ausgeführt. Anlaß dazu bietet die Lesung aus dem 2. Makkabäerbuch (alttestamentliche Lesung im alten wie neuen Meßformular von Allerseelen), die im Zusammenhang der Auferstehung nicht nur von Gebet, sondern auch von Opfer spricht.

Die Präfation muß keinen hohen Ton anschlagen, eröffnet aber die Eucharistie mit der prägnanten Kommemoration eines wichtigen paulinischen Textes (2 Kor 5,1-9).

Der Kanon wäre vor allem als Stille zu hören, in die die Einsetzungsworte fallen.

Der Kanonstille folgt der Kommunionteil. Dem Vaterunser folgt das (gesungene) Agnus Dei, das die alte Form der Friedensbitte für die Verstorbenen haben sollte, gefolgt von einem Kirchenlied aus dem 16. Jh, das mit dem Tod das unschuldige Hingeschlachtetsein so vieler Toter ins Gedächtnis ruft (Gotteslob/2013, Nr. 203).

Auf den Kommunionteil folgt nur noch der Segen für Lebende und Verstorbene. Den Abschluß bildet das in neuerer Zeit zum bekanntesten Beerdigungslied gewordene „Wir sind nur Gast auf Erden“ (Gotteslob/2013, Nr.505), das den eigenen Tod der hier Singenden in Betracht zieht.

Die hier vorgestellte Partitur ist als eine im liturgischen Medium ausgearbeitete eschatologische Versuchsanordnung anzusehen, die auf ihre theologische Stimmigkeit und situative Tragfähigkeit hin zu prüfen ist.

D. LEBEN

17. Lebensrad, 1735, Verdings b. Klausen

I. GEBURT

1. Natalität

„In Nativitate Domini“ ist der lateinische Name von Weihnachten, „Geburt des Herrn“. Der liturgischen *opinio communis* nach ist das *„Triduum paschale“, das „Mysterium paschale“,* Tod und Auferstehung mithin, der Gipfel des Kirchenjahres und Treibsatz allen liturgischen Handelns und theologischen Denkens. Das Herz des gemeinen Volkes schlägt eher bei Weihnachten, *In Nativitate Domini.* Die volkstümliche Weihnachtsfröhlichkeit umschwärmt das Kind: „Ein Kind, geborn zu Bethlehem, / des freuet sich Jerusalem“; „Gott wird ein Kind“; *„O Jesu parvule“;* Zu Bethlehem geboren ist uns ein Kindelein. / Das hab ich auserkoren, / sein eigen will ich sein“. (Ft. 2)

H. Arendt, die große jüdische Philosophin, hat da das Kernstück ihrer Anthropologie gefunden. Anders als ihr Lehrer M. Heidegger, der in seinem Werk „Sein und Zeit“ die Analytik des Daseins ganz auf das „Sein zum Tode“ abstellte[1], geht sie aus von der „Geburtlichkeit“, der „Natalität“. Eine ganze Schule der Theologie ist Heideggers „Sein und Zeit“ gefolgt. Die Daseinsanalytik des „Seins zum Tode“ korrespondierte einer am Tod Jesu festgemachten Soteriologie. Geboren werden war als Inkarnation die Annahme unseres sterblichen Fleisches.

H. Arendts Handlungstheorie folgt der Weihnachtsspur:

> *„Das Wunder, das den Lauf der Welt und den Gang der menschlichen Dinge immer wieder unterbricht und von dem Verderben rettet, das als Keim in allem sitzt und als ‚Gesetz‘ seine Bewegung bestimmt, ist schließlich die Tatsache der Natalität, das Geborensein, welches die ontologische Voraussetzung dafür ist, daß es so etwas wie Handeln überhaupt geben kann. (Daher liegt die spezifisch politisch-philosophische Bedeutung der Geschichte Jesu, deren religiöse Signifikanz natürlich die Auferstehung von den Toten betrifft, in dem Gewicht, das seiner Geburt und Gebürtlichkeit beigelegt wird…). Das ‚Wunder‘ besteht darin, daß überhaupt Menschen geboren werden und mit ihnen der Neuanfang, den sie handelnd verwirklichen können kraft ihres Geborenseins. (…) Daß man in der Welt Vertrauen haben und daß man für die Welt hoffen darf, ist vielleicht nirgends knapper und schöner ausgedrückt als in den Worten, mit denen die Weihnachtsoratorien die ‚frohe Botschaft‘ verkünden: ‚Uns ist ein Kind geboren‘.“*[2]

Diese Weihnachtsanthropologie ist eine der Schöpfung:

> *„Wegen dieser Einzigartigkeit, die mit der Tatsache der Geburt gegeben ist, ist es, als würde in jedem Menschen noch einmal der Schöpfungsakt Gottes wiederholt und bestätigt.“*[3]

Und die Schöpfungsanthropologie ist eine der Kreativität und der Freiheit:

> *„Weil jeder Mensch auf Grund des Geborenseins ein initium, ein Anfang und Neuankömmling in der Welt ist, können Menschen Initiative ergreifen, Anfänger werden und Neues in Bewegung setzen.*[4]

Der Geburtstag ist, folgt man H. Ahrendt, eine Art Schöpfungsgedenktag, bezogen auf die Einzigartigkeit dieses einzelnen Menschen. Es ist kein kirchlicher Feiertag, setzt doch die Kirche den Anfang ihrer Mitgliedschaft in die Taufe. Es ist ein Menschheitsfeiertag, der als solcher aber wohl eine religiöse Note haben kann. So lautet die erste Strophe eines „Täglich zu singen" überschriebenen Gedichts von M. Claudius[5]:

> *„Ich danke Gott und freue mich*
> *Wie's Kind zur Weihnachtsgabe,*
> *Daß ich bin, bin! Und daß ich dich,*
> *Schön menschlich Antlitz habe"*

Es ist kindliche Daseinsfreude („bin, bin!") und Dankbarkeit, sich so gegeben zu sein. Was hier als tägliches Lied vorgeschlagen wird, kann man sich als passenden Introitus für den Geburtstag denken, zu singen von dem, der ihn begeht, ehe die Freunde und Verwandten kommen, um einzustimmen, also zu gratulieren, daß dieser besondere Mensch zur Welt gekommen ist und schon so und soviel Jahre darin seine ureigene Spur hinterlassen hat.

Wenn zur Gratulation auch der Glückwunsch gehört, dann im Wissen, daß das bis hierhin glücklich durchgekommene Menschenleben nicht von selbst weiterläuft, sondern bei allem Enthusiasmus der Freiheit mit der Widrigkeit der Welt zu rechnen hat. Daß man da gut durchkommt, wünschen die, die am Geburtstag Glück wünschen für das neue Lebensjahr. Denn die Menschheitsüberlieferung kennt ja nicht nur jenes frohgemute Daseinsfreudelied des „Wandsbeker Boten", sondern auch Hiobs Klage. Der, dem bisher alles über die Maßen geglückt war, wird von der vollen Wucht des Unheils getroffen. Da kommen die Freunde nicht zur Gratulationscour, sondern setzen sich sieben Tage und sieben Nächte schweigend hin, um mitzutrauern.

> *„Darnach öffnete Hiob seinen Mund*
> *und verfluchte den Tag seiner Geburt*
> *Und Hiob hob an und sprach:*
> *Vernichtet sei der Tag,*
> *da ich geboren ward,*

und die Nacht, die sprach:
Empfangen ist ein Knabe
……
Warum starb ich nicht bei meiner Geburt,
verschied nicht, als ich
aus dem Mutterschoss kam?“

(Hiob 3, 1f.11)

Als die Gäste dann doch meinen reden zu müssen, im Namen Gottes, verdunkeln sie nur weiter sein Geschick. Und es dauert lange, im Hiobbuch dreiunddreißig Kapitel, bis Gott selbst redend die Sache wendet. Dann erscheinen alle Verwandten und Bekannten, um zu feiern, daß alles gut überstanden wurde (Hiob 42,11). „Und der Herr segnete Hiob hernach mehr als zuvor (….). Darnach lebte Hiob noch 140 Jahre, und er sah seine Kinder und Kindeskinder, vier Geschlechter. Und Hiob starb alt und lebenssatt“ (Hiob 42,12.16f.) – Glückliche Geburtstage in Fülle nach überstandener Lebenskrise. Zwischen Glück und Fluch und Glück spannt so die Schrift den Bogen der Natalität.

Hiobs Geschichte ist ein merkwürdiges Beispiel für Verse, die sich in einer Hymne Hölderlins finden:

„Ein Rätsel ist Reinentsprungenes. Auch
Der Gesang kaum darf es enthüllen. Denn
Wie du anfingst, wirst du bleiben,
So viel auch wirket die Not,
Und die Zucht, das meiste nämlich
Vermag die Geburt,
Und der Lichstrahl, der
Dem Neugebornen begegnet.“[6]

2. Schutzgeist

In einem etwas abgelegenen Winkel seiner *Summa theologica* denkt der Hl. Thomas nach über das, was, theologisch gesehen, zur Geburt eines Kindes gehört. Dieser Winkel ist die Engellehre der *Pars prima,* genauer die *Quaestio* 113 *De custodia bonorum angelorum,* also die Frage, die sich mit den Schutzengeln beschäftigt. Thomas fragt sich da in acht Artikeln durch, ob Menschen von Engeln beschützt werden, ob einzelnen Menschen einzelne Engel zugeordnet sind, ob jeder Mensch einen Schutzengel habe, wann diese *custodia* anfängt und ob sie irgendwann endet usw.

Die *Quaestio* geht davon aus, daß der Mensch ein schutzbedürftiges Lebewesen ist, und daß Gott ihn nicht nur erschafft, sondern als *„universalis instructor“* (Sth 1 q 113 a 1 ad 2), als der also, der den Weltlauf begleitet und ordnet, auch darum besorgt ist, ihn vor Gefahren zu bewahren. Das ist Sache seiner Providenz (*providentia*), der Vorsehung, was hier nicht nur Vorherwissen, sondern auch Fürsorge meint.

Weil aber die Menschen Singularitäten sind, muß auch die göttliche Providenz ihnen gegenüber singulären Charakter annehmen. Das ist der Ort der Schutzengel. Thomas bezieht sich auf den Hl. Hieronymus, der in Auslegung von Mt 18,10 schreibt: „Groß ist die Würde der Seelen, denn jede hat, vom Anfang ihrer Geburt an (*ab ortu nativitatis*) einen zu seinem Schutz delegierten Engel" (Sth 1 q 113 a 2 cp). „Das heißt, daß einzelnen Menschen einzelne Engel zum Schutz abgeordnet werden (*deputantur*). Der Grund dafür ist, daß der Schutz der Engel in gewisser Weise eine Ausübung der göttlichen Vorsehung hinsichtlich der Menschen ist" (Sth 1 q 113 a 2 cp.). Weil die Menschen je und je so einzigartige Wesen sind, kann sich Gottes Vorsicht nicht mit allgemeiner Übersicht begnügen, sondern muß sozusagen jeden einzelnen Lebenslauf für sich im Blick behalten. Das geschieht „*mediantibus angelis*" (Sth 1 q 113 a 1 ad 2), durch das Medium der Engel, die zur Unterscheidung von anders deputierten höheren Engeln als *angeli custodes* bezeichnet werde, als „Schutzengel". „Der in diesem Leben befindliche Mensch (*in statu istius vitae constitutus*) ist gewissermaßen auf einem Weg (*quasi in quadam via*), auf dem er sich ausrichtet nach dem Vaterland (*patriam*). Auf diesem Weg drohen dem Menschen viele Gefahren, sowohl von innen wie von außen (...). Und wie Menschen, die einen unsicheren Weg gehen, Schützer (*custodes*) mitgegeben werden, so wird auch für jeden Menschen, solange er ein Wanderer (*viator*) ist, ein Schutzengel abgeordnet (*deputatur*)" (Sth 1 q 113 a 4 cp.).

Einen solchen Schutzengel zu haben, ist für Thomas allgemeine Menschensache, nicht, wie er ausdrücklich hervorhebt, etwas spezifisch Christliches, als ob der Schutzengel einem erst bei der Taufe zuflöge (vgl. Sth 1 q 113 a 5): „Was für den Menschen von Gott vorgesehen ist (*providetur*), insofern er eine Geistnatur (*naturam rationalem*) hat, wird ihm gewährt von da an, wo er durch seine Geburt (*nascendo*) eine solche Natur annimmt" (Sth 1 q 113 a 5 cp).

Die im Anschluß an patristische Zeugnisse entwickelte scholastische Lehre von den Schutzengeln ist keine amtliche Lehre der Kirche, aber sie hat die Frömmigkeit erreicht. Es gibt nach einer längeren heortologischen Vorgeschichte seit 1670 am 2. Oktober ein gesamtkirchliches „Fest der heiligen Schutzengel". Seit dem 17. Jh. begegnet verbreitet, vor allem in der Volkskunst, das Bild eines Engels, der das ihm anvertraute Kind an der Hand nimmt und gegen Gefahren beschützt.[7] Volkstümlich ist bis in die säkulare Gegenwart die Redeweise, man habe „einen guten Schutzengel gehabt", wenn man einer Gefahr glücklich entronnen ist.

Als mit der Singularität des Menschen verbundene Geistwesen sind die Schutzengel höchstpersönlich, aber anonym. Anders als die Heiligen, mit deren Patronat die kleinen Kinder bei der Taufe versehen werden, haben die mit der Geburt zugestellten Engel keine Eigennamen. Sie sind anrufbar, in Gebeten und Liedern, aber nicht mit Namen. Sie haben, wie von Engeln ja auch generell als *virtutes* oder *potentates* die Rede ist, die Wirkungsform einer höheren Macht oder Kraft, die mitgeht, die man auch anrufen kann. Im Unterschied zu den Heiligen ohne Namen, Gesicht, Geschichte, sind sie pränominale, pronominale Geistwesen, deren Geschichte eben das Mitgehen mit der Geschichte des einzelnen Menschenlebens ist, von der Geburt bis zum Tod. Der Schutzengel ist nicht, wie das Gewissen, in erster Linie eine Urteilskraft, sondern eine Schutzmacht , die den *homo viator* in seiner gefährdeten Individualität in Obhut nimmt, seinen je eigenen Weg ins „Vaterland" aller Menschen finden läßt.

Wenn diese Devotion vor allem in der Neuzeit aufgekommen ist, so kann man das als typisch barocke Zerstreuung der Frömmigkeit verstehen oder als kirchliche Konzessionsform volkstümlichen Aberglaubens, aber vielleicht auch als typisch neuzeitliches Interesse am Individuum, wie es sich auf andere Weise bei Luther oder in den Exerzitien des Ignatius v. Loyola findet.

Da es sich, wie Thomas betont, um ein allgemein menschliches Phänomen handelt, könnte man annehmen, daß sich Spuren davon auch in außerchristlicher Erfahrung finden. Von Schutzgeistern, nicht nur im allgemeinen oder kommunalen Sinne, ist auch in der heidnischen Antike die Rede. In der griechischen Religion verbindet sich das Wort *daimon* mit der „Vorstellung einer Schutzgottheit, unter der das Leben eines einzelnen Menschen oder bestimmte Abschnitte seines Lebens stehen"[8]; im Lateinischen ist der in unseren Lehnworten „Genie", „Genialität" weiterlebende „*genius*" „der Schutzgott, der den Menschen begleitende daimon, den man sich von seinem Schützling getrennt vorstellt"[9]. Es handelt sich dabei um gegenüber den der Natur oder der Polis zugeordneten hohen Gottheiten um niedere, dem einzelnen Menschen zugeordnete übernatürliche Mächte; „der Genius entsteht und vergeht mit dem lebenden Menschen"[10]. Solche Erfahrung scheint in der christlichen Schutzengelvorstellung monotheistisch (*providentia*) aufgefangen zu sein.

Im deutschsprachigen Kirchenlied reimt sich „Engel" auf „Mängel". Ein von dem Berliner evangelischen Aufklärungsdichter G.W. Burmann stammendes und seltsamerweise ins katholische Gesangbuch geratenes Lied hat als erste und letzte Strophe:

Du, mein Schutzgeist, Gottes Engel,
weiche, weiche nicht von mir,
leite mich durchs Tal der Mängel
bis hinauf, hinauf zu dir!
....

Sei in dieser Welt voll Mängel
Stets mein Freund, mein Führer hier;
Du, mein Schutzgeist, Gottes Engel,
weiche, weiche nicht von mir![11]

Es ist das „Tal der Mängel", die „Welt voll Mängel", wo der einzelne Mensch von seiner Geburt an sich bewegt und seine Bahn zieht. Das so konditionierte Mängelwesen Mensch bedarf des Schutzes. Den besorgt er sich auf unterschiedliche Weise selbst. Im Nachdenken über den von der Ankunft in der Welt an unsicheren Weg des *homo viator* ist die Idee eines persönlichen Schutzengels aufgekommen. Es ist ein Vorschlag zur Sortierung der menschlichen Erfahrung.

3. Taufe

Die Kirche zeigt am Anfangen des Lebens ein hochgradiges moralisches Interesse, aber es gibt kein Fest der Geburt, das das Zum-Licht-der-Welt-Kommen eines Kindes als solches feiert. Das einschlägige Ritual ist die Taufe, aber dabei geht es um eine Art zweiter Geburt, eine Wiedergeburt, die aber nicht notwendig in unmittelbarem zeitlichen Zusammenhang mit der ersten steht. Im Neuen Testament werden Erwachsene getauft, die ihre natürliche Geburt jahrelang hinter sich haben, und im Johannesevangelium fragt der alte Ratsherr Nikodemus angesichts der mit dem Eingehen ins Reich Gottes verknüpften Idee einer anderen Geburt: „Wie kann ein Mensch geboren werden, wenn er alt ist? Kann er etwa zum zweitenmal in den Leib seiner Mutter eingehen und geboren werden?" (Joh 3,4).

Ins unmittelbare Zeitverhältnis zur natürlichen Geburt tritt diese zweite nur, wo man von der Kindertaufe ausgeht, die auch nach neuestem Kirchenrecht zwar nicht, wie im Codex Iuris Canonici von 1917 *„quam primum"*[12], „baldmöglichst" zu erfolgen habe, aber doch *„intra priores hebdomadas"*[13], „in den ersten Wochen" nach der Geburt. Ein wie auch immer näher zu bestimmender Bezug der zweiten zur ersten Geburt wird in dieser kanonischen Zeitbindung festgehalten. So ist im vorliegenden Zusammenhang nur von der Kindertaufe die Rede. Die aber wurde im Zuge der Liturgiereform des 2. Vatikanums reformiert, ist also insofern auch als Dokument eines Zeitwandels anzusehen.

In der Liturgiekonstitution des 2. Vatikanischen Konzils findet sich die knappe Anweisung: „Der Ritus der Kindertaufe soll überarbeitet und der tatsächlichen Situation der Kinder angepaßt werden; überdies sollen im Ritus selbst die Rolle der Eltern und Paten und ihre Pflichten deutlicher hervortreten" (Art. 67). Die hier unterstellte ungenügende personelle Konditionierung besteht darin, daß man das seit der Spätantike entwikkelte Ritual der Erwachsenentaufe einfach auf die praktisch zur Realität gewordene Kindertaufe übertragen hatte. Das für die Vorbereitung auf die Erwachsenentaufe übliche lange Katechumenat wurde in seinen liturgisierten Elementen (Skrutinien, Abrenuntiationen, Exorzismen) kontrahiert zum Eingangsteil der Kindertaufe. Wollte man der Lebenssituation der Kleinkinder Rechnung tragen, so mußte als erstes dieser Vorbau eines ritualisierten Katechumenats verändert werden. Wollte man in Anschlag bringen, daß die Hauptperson dieses Rituals ein unmündiges Kind war, betraf das, wie der Konzilstext im Nachsatz betont, das Rollengefüge der Taufliturgie insgesamt, insbesondere den Anteil der Eltern und Paten.

Die reformierte Liturgie der Kindertaufe hat dem Rituale von 2007 zufolge fünf Teile: Eröffnung, Wortgottesdienst, Tauffeier, Ausdeutende Riten, Abschluß.[14] Gleich die Eingangsrubrik (Nr. 32) läßt eine grundlegende dramaturgische Veränderung erkennen. Als Tauftermin soll nach Möglichkeit der Sonntag als Auferstehungsgedächtnistag der Kirche gewählt werden. Und war die Taufe bis dahin ein um das Seelenheil des Täuflings besorgtes Sakrament im kleinsten Kreis von Priester, Paten, ein wenig Familie, die Mutter lag im Kindbett, so sollte es nun eine öffentliche Gemeindesache sein: „Jede Taufe ist eine Feier der Kirche. Deshalb ist es angemessen, dass die Taufe mit der Pfarrgemeinde gefeiert und in der Gottesdienstordnung bekannt gegeben wird" (Nr. 32). [15] Diesem Ideal entspricht es auch, daß möglichst nicht, „heilsindividualistisch", Kinder einzeln getauft, sondern gleich die Kinder mehrerer Familien zur Taufe gebracht werden.

Der soziale Hintergrund dieser Form der Kindertaufe ist das, was pastoralsoziologisch „nachkonziliar gemeindlich-familiaristische Kirchenbildung" genannt wurde[16]. Bildet nach dem neuen Rituale die Gemeinde als ganze den erwünschten „Chor" im sakramentalen Drama, so sind doch Eltern und Paten die Hauptakteure, wobei gegenüber dem alten *Ordo baptismi parvulorum*[17] der Vorrang der Eltern, die nun beide als anwesend unterstellt werden, bemerkenswert ist. Der alte *Ordo* war ganz auf die *pa-*

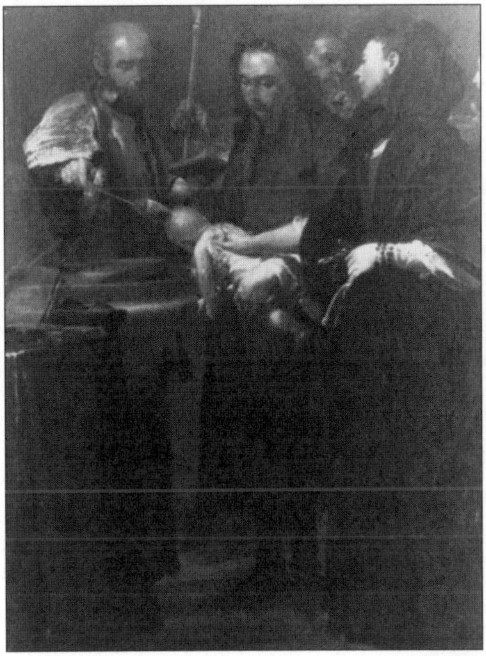

18. G. M. Crespi, Die Taufe, um 1712/15, Dresden, Gemäldegalerie

19. Meister Bertram (1340-1414/15), Darstellung im Tempel (Grabower Altar), Hamburg, Kunsthalle

trini eingestellt, die Paten. Sie allein werden dort befragt, wenn es hinsichtlich der Absichten und Überzeugungen des Täuflings etwas zu fragen gibt. Sie halten das Kind über dem Taufbecken. In der neuen Taufliturgie sind es die Eltern, die primär das Sagen haben. Sie werden zu Beginn gefragt: „Welchen Namen haben Sie Ihrem Kind gegeben?" und „Was erbitten Sie von der Kirche Gottes für N.?" (Nr. 35). Sie werden zuerst als Erziehungsberechtigte angesprochen (Nr. 36). Sie halten nun das Kind über dem Taufbecken. Sie werden am Schluß mit einem besonderen Segen bedacht. Die Paten rücken, wo sie beteiligt werden (Nr. 37: Befragung zum Patenamt, Nr. 55: Absage an das Böse; Nr. 57: Glaubensbekenntnis) an die zweite Stelle. Indem die alte Liturgie als einzige Akteure die Paten vorsah – die Eltern kommen gar nicht vor –, inszenierte es die Taufe als leichte Brechung des kleinfamiliären Kokons. Die Eltern mußten für diesen bedeutsamen Akt ihr neugeborenes Kind kurzzeitig aus den Händen geben; jemand anders agierte als Vormund, mit seinem eigenen Vornamen häufig auch als Taufnamengeber.

Hielte man daran fest, daß der Pate, und nicht Vater und Mutter, das Kind beim Akt der Taufe trüge, so könnte man darin auch ein Zeichen sehen dafür, daß dies Kind aus den Händen derer, die es gezeugt und geboren haben, weggegeben wird für den Augenblick, in dem der Priester über ihm den Namen des dreifaltigen Gottes anruft. Die Paten symbolisierten so für einen kurzen rituellen Augenblick, daß dies Kind nicht Eigentum der Eltern ist. In diese Richtung geht die vorsichtige Frage der Liturgiehistorikerin L. Larson-Miller: „Könnte die Schwerpunktlegung auf das Kind und die Beglückwünschung der Familie in den heutigen Riten vielleicht positiv beeinflusst werden, wenn dem gegenüber die Benennung ‚Christ' und das mittelalterliche Bewusstsein der Opfergabe, das heißt der Darbringung des Kindes für Gott in der Taufliturgie betont werden?"[18] Das Wort „Darbringung" erinnert an die bekannte biblische Szene der „Darbringung Jesu im Tempel", deren Darstellung in der bildenden Kunst auf bewegende Weise den Moment zeigt, in dem Maria im Tempel ihr Kind aus den Händen und in die Hände des Hohenpriesters oder des greisen Simeon gibt, die für die Gottzugehörigkeit des Kindes stehen, um es von daher wieder neu zu empfangen.

Die vom Konzil gestellte Aufgabe, die Rolle der Eltern und Paten deutlicher hervorzuheben, hat tiefengrammatische Folgen in der dem Taufakt vorgeschalteten Skrutinien nach sich gezogen, wo es, an Eltern und Paten gerichtet, nun heißt: „Widersagt ihr dem Satan...? Glaubt ihr an Gott...?", und sie antworten: „Ich widersage! Ich glaube!" Der alte *Ordo baptismi* kannte hier nur die 1. Und 2. Person Singular: „ Widersagst Du? – Ich widersage? Glaubst Du? – Ich glaube?" Der Adressat der Frage war mit ausdrücklicher Nennung seines Namens der Täufling: „N., widersagst du dem Satan?" Wenn die Paten antworteten „Ich widersage. Ich glaube", so war dieses Ich ein vormundschaftliches; sie sprachen im Namen des unmündigen Kindes, stellvertretend für das *infans*, das angesprochen worden war, aber keine Antwort geben konnte.

Im neuen Ritus sind die Adressaten der Fragen offenbar die Eltern und Paten selbst, und wenn sie mit „Ich widersage! Ich glaube!" antworten, so kann das nur heißen: Ich, Vater, Mutter, Pate persönlich widersage und glaube. Sie werden für sich selbst gefragt und sprechen für sich selbst, nicht mehr vormundschaftlich Das ist in der Dramaturgie der Taufe eine gewichtige Veränderung. Es geht nicht mehr in der Tradition der alten Skrutinien um die zum Empfang der Taufe erforderliche Erfragung des Widerwillens und Glaubens des Täuflings, sondern um die Einstellung der längst getauften Eltern und Paten.

Warum werden sie so befragt? Man hätte, wenn man die alten Skrutinien als einem unmündigen Kind unzumutbar ansah, sie einfach als unrealistisch fallen lassen können. Dazu war aber die bis in die frühchristliche Zeit zurückreichende Tradition vielleicht doch zu stark. Die Umadressierung an mündige Erwachsene, die nun in eigener Sache sprechen, modifiziert deren Rolle in der Dramaturgie der Taufe. Der Zelebrant expliziert in einer kleinen Ansprache des Eingangsteils den Eltern und Paten ihren Part: „Liebe Eltern, Sie möchten, dass Ihre Kinder getauft werden. Das bedeutet für Sie: Sie sollen ihre Kinder im Glauben erziehen und sie lehren, Gott und den Nächsten zu lieben, wie Jesus es vorgelebt hat. Sie sollen mit ihnen beten und ihnen helfen, ihren Platz in der Gemeinschaft der Kirche zu finden. Sind sie dazu bereit?" (Nr. 36); in ähnlicher Weise werden die Paten nach ihrer Bereitschaft zur Beteiligung an der christlichen Erziehung befragt. Von dem „Ich bin bereit" her erklärt sich das spätere „Ich widersage", „Ich glaube" als Teil eines katechetischen Examens. Katecheten werden nach dem persönlichen Glaubensfundament der Erziehungsarbeit befragt, zu der sie sich bereit erklärt haben. Der Wunsch, sein Kind taufen zu lassen, bedeutet in der kirchlichen Interpretation des Taufritus Bereitschaft zu christlicher Erziehung. Der Tag der Taufe ist der Tag der Einschulung in den christlichen Bildungsprozeß, den vornehmlich die Eltern und mit ihnen die Paten zu tragen haben. Das in der altkirchlichen Taufpraxis der Taufe vorgelagerte Katechumenat wird dem Taufakt nun nachgelagert. Während man für jenes bewährte klerikale Gemeindekatecheten hatte[19], stehen der Kirche hier fürs erste nur Eltern und Paten zu Gebote, deren Kompetenz zu sichern ist. Hält der alte *Ordo baptismi* rituelle Relikte des überholten Erwachsenenkatechumenats fest, so wird nun der Kindertaufritus selbst katechetisch programmiert. Der Täufling ist von diesem ersten Augenblick seines christlichen Daseins an vor allem eines, Zögling, der aufzuziehen ist im christlichen Glauben, und seine Eltern sind Erzieher. Die alte Überzeugung, daß Glaube und Taufe zusammengehören, wird hier zum Bildungsprogramm, für dessen Durchführung die Kirche primär die Eltern gewinnen und qualifizieren möchte. Dem der Kindertaufe leicht anzuhängenden Verdacht, hier werde rein *opere operato,* ohne Willen und Verstand, geradezu magisch, einem Kind das Seelenheil erwirkt, begegnet ein die Taufe zum Start- und Angelpunkt nehmendes Projekt der Familienkatechese.

Im Horizont der Katechisierung werden die Eltern und, ihnen beigeordnet, die Paten, zu den dialogischen Hauptakteuren der Taufliturgie. Dennoch geht es um das Kind, das zwar nicht mehr durch eine vormundschaftliche Stimme mitspricht, aber doch das eigentliche Subjekt des Sakraments ist, freilich ein bloß passives, reiner Empfänger, Objekt verschiedener sakramentaler Verrichtungen, die es über sich ergehen läßt.

Was vollführen da die Erwachsenen mit dem Kind? Im Zentrum ist es das Übergießen mit Wasser oder (neuerdings nach ostkirchlichem Vorbild auch erlaubt) das Eintauchen ins Wasser. Der für den Vollzug des Sakraments essentielle Wasserritus ist gerahmt von drei präbaptismalen (Kreuzzeichen, Exorzismus, Salbung mit Katechumenenöl) und vier postbaptismalen (Salbung mit Chrisam, Taufgewand, Kerze, Effata) Riten, die man als Auslagerung von Sinngehalten der Taufe verstehen kann.

Der Taufritus selbst hat die im matthäischen Taufbefehl grundgelegte triadische Struktur. Das Kind wird dreimal übergossen oder eingetaucht: „N., ich taufe dich im Namen des Vaters – und des Sohnes – und des Heiligen Geistes.“ Daß ein so relativ simpler Vorgang etwas höchst Heilsbedeutsames sein sollte, war bereits um 200 n.Chr. die Ausgangsfrage des ersten theologischen Traktats über die Taufe gewesen. Der nordafrikanische Laientheologe Tertullian fragt sich da zu Beginn seiner Schrift *„De baptismo“*: „So wird denn auch die Erlangung des ewigen Lebens schon des Umstandes halber für um so unglaublicher gehalten, weil der Mensch in so großer Einfachheit, ohne Pomp, ohne irgend welche ungewöhnliche Vorkehrungen, ohne Aufwand in das Wasser hinabsteigt, und unter dem Aussprechen von ein paar Worten untergetaucht, gar nicht oder nicht viel reiner wieder herauskommt.“[20]

Tertullian geht der Frage im Blick auf das Element des Wassers nach: „Warum hat dieser Stoff verdient, zu einem so hohen Dienste begnadigt zu werden?“[21] Die Frage führt ihn zu einer in der Schöpfungsgeschichte einsetzenden Phänomenologie des Wassers mit dem Ergebnis: „Folglich erlangt jedes Wasser vermöge der Prärogative seines Ursprungs die geheimnisvolle Wirkung, zu heiligen durch die Anrufung Gottes."[22] Die patristische Tauftheologie baut diesen phänomenologischen Ansatz zu einer Typologie aus, die alle Wasservorkommen der Hl. Schrift als figuratives Vorspiel der christlichen Taufe liest, von der Schöpfungsgeschichte, der Sintflut, dem Durchzug durch das Rote Meer, der Heilung Naamans im Jordan bis zur Johannestaufe, dem Teich von Bethesda und der Seite Jesu, aus der Blut und Wasser hervorkommt.[23] Diese Wassertypologie ging liturgisch in die Taufwasserweihe der Osternacht ein und wurde von daher in den neuen Taufritus (Nr.54) übernommen.[24]

Die Tauffeier im engeren Sinne beginnt also mit einem Lobgesang auf das Wasser, der das zuhandene Taufwasser in einen weiträumigen heilsgeschichtlichen Rahmen stellt. Der Lobgesang ist hier, wie in der Osternacht, der Auftakt der Taufwasserweihe, deren abschließende Weiheformel man als tauftheologisches Konzentrat des vorliegenden Ritus ansehen kann:

> *„Wir bitten dich, allmächtiger Gott, schau gnädig auf deine Kirche und öffne ihr den Brunnen der Taufe. Dieses Wasser empfange vom Heiligen Geist die Gnade deines eingeborenen Sohnes. Die Menschen, die du als dein Abbild geschaffen hast, reinige im Sakrament der Taufe von der alten Schuld. Aus Wasser und Heiligem Geist geboren, lass sie auferstehn zum neuen Leben.*
>
> *Der Zelebrant berührt das Wasser mit der rechten Hand und spricht:*
> *Durch deinen Sohn steige herab in dieses Wasser die Kraft des Heiligen Geistes, damit alle, die durch die Taufe mit Christus begraben sind in seinen Tod, mit ihm zum Leben auferstehn."*

Der zweigeteilte Text verschmelzt, wie man sieht, die drei neutestamentlichen Hauptideen der Taufe: Waschung, Wiedergeburt, Tod und Auferstehung. Die physische Berührung des Wassers mit der Hand erhebt das Gebet in den Rang eines Sakramentales; die Osternachtliturgie hat an dieser Stelle die Einsenkung der Osterkerze. Die Begleitsätze „öffne ihr den Brunnen der Taufe" und „steige herab die Kraft des Heiligen Geistes" legen nahe, daß dieser Vorgang als Befruchtungsvorgang zu verstehen ist.[25] Rituell gesehen, wäre somit die johanneische Idee der Wiedergeburt die tragende Taufidee, in die die paulinische von Tod und Auferstehung, sowie die allgemeine einer Abwaschung der Schuld eingebaut wären.

Die hier formulierte Tauftheologie bezieht sich auf den Taufbrunnen als Ort der Taufe. Was davon für die Taufe des kleinen Kindes der maßgebende Sinngehalt sein soll, ist damit noch nicht gesagt. Die paulinische Dramatik des Untertauchens als Sterben und Auferstehen, für die der Taufbrunnen ein Grab ist, scheint für die Infusionstaufe eines gerade glücklich geborenen Kindes ein wenig hypertroph. Die vom rituellen Vorgang selbst her naheliegende Idee der Abwaschung zieht die Frage nach sich, was denn der Schmutz sei, von dem dies frischgebadete Kind gereinigt werden soll. Das Ritual spricht von „der alten Schuld" (Nr. 53), „der Schuld Adams" (Nr. 65). Während die Katechisierung der Taufe ihren ganzen Sinngehalt in die Zukunft wirft, kommt hier die Vergangenheit ins Spiel, eine Vergangenheit, die das Kind, von diesem Vater gezeugt, von dieser Mutter geboren, genetisch mit dem ganzen Menschengeschlecht verbindet. Im Glück der Geburt denkt man nicht gleich daran, daß da nicht nur wunderbare Anlagen vererbt wurden. Die christliche Religion hat sich in diese Genetik der Mängel mit ihrer Idee einer von Adam her im *Genus humanum* wirkenden Erbsünde eingemischt. Die Idee eines *peccatum originale,* das man sich unfreiwillig, allein durch seine Mitgliedschaft in diesem Menschengeschlecht zugezogen hatte, diente als Stütze der Kindertaufe.[26] Eine Sünde, die man sich vor aller eigene Schuld erst ermöglichenden Freiheit zugezogen hatte, konnte und sollte auch durch einen Akt abgewaschen werden, der allem Freiheitsgebrauch vorausging. Wer bei der Kindertaufe auf die Idee der Abwaschung abhebt, stößt somit unweigerlich auf die Idee der Erbsünde. Und es ist die Frage, ob die kirchliche Taufe in die Feier des Familienglücks der Geburt nicht nur die zukunftsorientierte Idee einer katechetischen Erziehungspflicht einbringen will, sondern auch den Gedanken einer jedem Menschenkind anhaftenden Dunkelheit der Herkunft, die die religiöse Tradition als eine Art Makel und Verunreinigung beschrieben hat. Ohne die Unterstellung einer wie auch immer gearteten Unreinheit wäre freilich die Idee der Taufe als Abwaschung hinfällig.

Bleibt die johanneische Idee einer zweiten, neuen Geburt, einer Wiedergeburt aus Wasser und Geist. Aus der Nähe zur ersten, natürlichen Geburt liegt dies nahe. Aber worin liegt ihr Wesen und ihre Differenz zur ersten? Der Kirchenvater Justin hatte um die Mitte des 2.Jh. hier die Differenz von Freiheit und Notwendigkeit gesehen:

> *„Da wir bei unserer ersten Entstehung ohne unser Wissen nach Naturzwang aus feuchtem Samen infolge gegenseitiger Vereinigung unserer Eltern gezeugt wurden und in schlechten Sitten und üblen Grundsätzen aufgewachsen sind, so wird, damit wir nicht Kinder der Notwendigkeit und der Unwissenheit bleiben, sondern Kinder der freien Wahl und der Einsicht, und auch der Vergebung unserer früheren Sünden teilhaftig werden, im Wasser über dem, der nach der Wiedergeburt Verlangen trägt und seine Vergehen bereut hat, der Name Gottes des Allvaters und Herrn ausgerufen."*[27]

Aber dieses frühchristliche Freiheitspathos kann für die heutige Kindertaufe nicht geradewegs aufrechterhalten werden, geschieht den unmündigen Kindern die zweite Geburt doch so unwissend und unfreiwillig wie die erste. Aber der von Justin eingebrachte Gedanke der Freiheit enthält doch einen Wink, dem man nachgehen könnte.

Die Idee der Wiedergeburt ist im Neuen Testament mit der Idee einer neuen Kindschaft verbunden und diese mit der Idee der Freiheit (vgl. Röm 8,14-21; Gal 3,25-4,1). Der im Neuen Testament gebrauchte Begriff ist *teknon,* und *teknon* bezeichnet, anders al *pais,* das auf das Alter abhebt, „das Kind unter dem Gesichtspunkt der Abkunft“[28]. Wenn aus der Taufe, als Wiedergeburt verstanden, *tekna theou* hervorgehen, so wird dem Kind in sakramentaler Realität eine andere Herkunft zugesprochen als die, die es von seiner Eltern her mitbringt, Herkunft aus dem Himmel, nicht aus der Zeugungskette des Menschengeschlechts, von Gott, nicht von seinen Eltern her. Die Gotteskindschaft ist eine kritische Idee, die mit der Gottunmittelbarkeit jedes einzelnen seine Individualität gegenüber jeder Einbindung in irdische Herkunfts- und Abhängigkeitsverhältnisse herausstellt. Die Wiedergeburt ist nicht die Leugnung der ersten, natürlichen Geburt, sondern der Einspruch dagegen, dieses neue Lebewesen nur als Abkömmling seiner Eltern und Träger dieses Erbguts anzusehen. Bei aller sichtlichen Abhängigkeit, das Kind ist von Gott her ein einmalig neuer Anfang der Menschheit. Das wird dem kleinen Kind, das da vollkommen abhängig getragen wird, zugesagt und versprochen. Es ist jetzt und für immer zu achten als ein freies Wesen, das niemandem auf Erden gehört. Angesichts dessen, was Kindern angetan wird, hierzulande und allüberall, wozu sie gebraucht und mißbraucht werden, ist der mit dem Gottesnamen signierte kategorische Imperativ der Taufe nicht inaktuell. Die Idee der Gotteskindschaft kann als kritische Instanz gegenüber elterlichen Allmachtswünschen, aber auch als Entlastung von Allzuständigkeitsängsten angesehen werden, als Begründung eines die Fragilität der eigenen Bemühungen tragenden Gottvertrauens.

An diese Taufidee der Freiheit der Kinder Gottes kann sich die einer Abwaschung anschließen. Der mit der Anrufung des Gottesnamens über dem Täufling proklamierte Anfang ist zugleich die Reinigung von aller nicht selbst gewollter, aber dunkel ererbter, nach Art einer Infektion zugezogener Störung dieser Beziehung des Menschen zu seinem Schöpfer.

Aber vielleicht ist ein solcher abstammungskritischer Heilsindividualismus doch nicht ganz im Sinne derer, denen die Verwaltung der Sakramente obliegt. Unterschwellig hat auch das kirchenamtliche Verständnis der Kindertaufe familienkritische Züge („Keine Familienfeier!“[29]). Sie zielen dahin, die natürliche Familie einzubinden in die als größere „Pfarrfamilie" verstandene Kirche und die pädagogischen Ambitionen der Eltern im Sinne kirchlicher Glaubenserziehung zu lenken. Taufe soll die natürlichen Familien liturgisch und katechetisch eingemeinden in die *familia Dei.* Die Fokussierung der Taufe auf das Seelenheil des Einzelnen erscheint da als „heilsindividualistische" Verkennung der Bedeutung der Heilsgemeinde. Nicht gottunmittelbare Freiheit, sondern Inkorporation in die neue Bindung ist der Weg des Heils. Freilich hat der Taufakt selbst einen höchst existentiellen Charakter. Der Täufling wird nun doch höchstpersönlich bei seinem eigenen Namen gerufen: „N., ich taufe dich", und der Name, der über ihm angerufen wird, ist der Name des dreifaltigen Gottes, nicht der der Kirche. Die Idee der Freiheit und die der Inkorporation sind einander ergänzende, aber auch miteinander konkurrierende Ideen. Die Kinder Gottes können sich auch, vom Tauftitel ermutigt, gegen Ansprüche und Zugriffe der Mutter Kirche wenden.

Dem zentralen Wasserritual gehen drei kleine rituelle Handlungen voraus. Das erste ist, noch im Eröffnungsteil, das Kreuzzeichen, das zunächst der Zelebrant und dann, auf dessen Einladung, Eltern, Paten, Geschwister dem Täufling auf die Stirn zeichnen: „N. und N. , mit großer Freude empfängt euch die Gemeinschaft der Glaubenden. Im Namen der Kirche bezeichne ich euch mit dem Zeichen des Kreuzes." (Nr. 39). Das Kreuzzeichen wird verstanden als „Begrüßungsritus". Der alte *Ordo baptismi* kannte das Kreuzzeichen auf Stirn und Herz ebenfalls an der Schwelle der Kirche. Es war dort kombiniert mit einem dreifachen Anhauchen des Kindes mit den Worten: „Weiche von ihm, böser Geist und gib Raum dem Heiligen Geiste, dem Tröster." Es war ein apotropäischer Ritus, der ein Moment der Taufe selbst herausstellte, daß sie nämlich *sphragis* sei, ein Siegel, das dem Täufling ein unauslöschliches Merkmal (*character indelebilis*) verleiht. In der neuen Umdeutung zu einem kommunikativ freudigen Begrüßungszeichen ist dieser apotropäische Siegelcharakter nicht mehr erkennbar.

Der zweite präbaptismale Ritus, bei dem der Zelebrant die Hände über die Kinder ausstreckt, ist ein Gebet zum „Schutz vor dem Bösen", das auch als „Exorzismus-Gebet" bezeichnet wird (Nr. 49). Das Begleitgebet lautet:

> *„Herr, allmächtiger Gott, du hast deinen eingeborenen Sohn gesandt und durch ihn den Menschen, die in der Sünde gefangen waren, die Freiheit der Kinder Gottes geschenkt. Wir bitten dich für diese Kinder. In unserer Welt sind sie vielfältigen Versuchungen ausgesetzt und müssen gegen Nachstellungen des Teufels kämpfen. Durch die Kraft des Leidens und der Auferstehung deines Sohnes befreie sie von der Erbschuld und der Verstrickung in das Böse. Stärke sie mit der Gnade*

Christi und behüte sie allezeit auf dem Weg ihres Lebens durch ihn, Christus, unsern Herrn.“

Die von den Exorzismen des alten Erwachsenenkatechumenats vorausgesetzte Vorstellung, daß der „unreine Geist (*immunde spiritus,* Nr. 12), der „verfluchte Wirrgeist“ (*maledicte diabole,* Nr. 12) im Menschen selbst Wohnung genommen haben könnte, kann sich der neue Ritus im Blick auf die Kinder nur im Sinne der Infektion durch die Erbschuld denken. Die Verscheuchung des Bösen wird hier also identisch mit der Abwaschung der „alten Schuld“. Ein Exorzismus im strengen Sinn des Wortes hat hiernach im Denkzusammenhang einer Kindertaufe eigentlich keinen Platz mehr. Das Gebet „Schutz vor dem Bösen“ unterstreicht das apotropäische Moment, das für das dem Bösen in der Welt gegenüber wehrlose Kind ja auch am einleuchtendsten ist.

Der dritte präbaptismale Ritus ist die „Salbung mit Katechumenenöl“ (Nr. 50), deren Name bereits auf die Herkunft aus dem Erwachsenenkatechumenat verweist. An die Stelle der Salbung kann alternativ auch eine Handauflegung treten (Nr. 51). Der pastoralliturgische Kommentar zu diesem Akt plädiert eigentlich für diese Alternative: „Weil das Kind keinen monate- oder jahrelangen Weg der Vorbereitung vor sich hat, können bei der Kindertaufe anstelle der Salbung auch einfach die Hände aufgelegt werden.“[30] Man könnte auch sagen, diese Salbung mit Katechumenenöl ist ein aus liturgischem Beharrungsvermögen festgehaltenes Ritualmoment, das eigentlich in der Anlage des neuen Ritus entbehrlich ist.

Wie im alten *Ordo baptismi* folgen auf die Wassertaufe zwei Riten, die ihren Ursprung in der altkirchlichen Immersionstaufe haben: die „Salbung mit Chrisam“ und die „Bekleidung mit dem weißen Taufgewand“. Im altkirchlichen Brauch salben der Bischof bzw. seine Diakone die nackt aus dem Taufwasser Gestiegenen am ganzen Leib, wie es auch im profanen Badegebrauch üblich war, und dann ziehen sie wieder Kleider an, wie es sich gehört. Wenn diese beiden Riten in eine in Form der Infusion praktizierte Kindertaufe übernommen werden, übersteigt natürlich der Symbolwert den der praktischen Evidenz.

Im neuen Kindertaufritus „salbt der Zelebrant jedes einzelne Kind auf dem Scheitel“ (Nr. 65). Das einleitende Deutewort lautet: „Aufgenommen in das Volk Gottes, werdet ihr nun mit dem heiligen Chrisam gesalbt, damit ihr für immer Glieder Christi bleibt, der Priester, König und Prophet ist in Ewigkeit“ (Nr. 65). Es ist ein theologisch gedrängter Text. Zunächst wird eine taufliturgisch neue Idee eingespielt, die Aufnahme in das Volk Gottes. Wie das Kind durch seine Geburt eine bestimmte Nationalität erwirbt, so durch die neue Geburt eine neue, nicht mehr nationale „Staatsbürgerschaft“ als Angehöriger des weltweiten Volkes Gottes. Wie in der Ekklesiologie des 2. Vatikanums wird die Idee des Gottesvolkes unmittelbar verbunden mit der des Leibes Christi, worauf die Bezeichnung „Glieder Christi“ verweist. Wie die Idee des Volkes Gottes hebt auch die des Leibes Christi die angeborenen Unterschiede auf und transformiert sie in Unterschiede der Mitgliedschaft in einer vielgliedrigen Kooperative, die als Organismus gedacht ist, in dem unterschiedliche Begabungen zum Wohl des Ganzen zusammenwirken (vgl. 1 Kor 12, 14-31).

Was mit dem „Christus“, in den man da eingegliedert wird, gemeint ist, verdeutlicht ein Relativsatz: „der Priester, König und Prophet ist in Ewigkeit“. Diese ämtertheologische Trias wird hier eingeführt, weil darin die Idee der Salbung steckt. Zur alttestamentlichen Weihe von Priestern gehörte die Salbung mit Öl (vgl. Ex 24,1 u.ö.). Am bedeutsamsten war die Salbung bei der Inthronisation eines Königs, der von daher den Titel „Gesalbter (*maschiach*)“ erhält. Metaphorisch wurde das Gesalbtsein auf die Berufung eines Propheten angewandt, wie Jes 61,1: „Der Geist Gottes ruht auf mir, da mich der Herr gesalbt hat; er hat mich gesandt, den Elenden frohe Botschaft zu bringen...“. Lk 4,18 wird dieser Vers auf Jesus von Nazareth bezogen. Er ist es, den, wie Apg 10,38 sagt, „Gott mit heiligem Geist und Kraft gesalbt hat“. Der geistbegabte Prophet offenbart sich dann als König, als der letzte und wahre „Gesalbte“, den man erwartete, hebräisch *maschiach* / Messias, griechisch *christos.*: „Du bist der Christus“ (Mk 8,29). Was im messianischen Erwartungshorizont Israels ursprünglich ein Titel war, wurde außerhalb dessen mehr und mehr Teil seines Eigennamens: Jesus Christus. Die Apostelgeschichte berichtet, daß in Antiochien die Jünger des Jesus von Nazareth zuerst *„christianoi“* genannt wurden, *„christiani“* „Christen“, die „zu Christus Gehörigen, die Christus-Leute“[31]. Daß bei dieser Zugehörigkeit ein verbindendes Gesalbtsein anfänglich bewußt war, zeigt 2 Kor 1,21f.: „Der uns aber Festigkeit gibt auf Christus hin (*eis Christon*) und uns gesalbt hat (*chrisas hêmas*), ist Gott.“ „Mit *chrisas* ist die in der Taufe geschehende Übereignung *eis Christon* gemeint, die der in allem handelnde Gott vollzieht.“[32] Der Sinn von Salbung als „Christianisierung“ geht der erst nachneutestamentlich bezeugten realen Taufsalbung voraus.

Im Kindertaufritus kommt diese Beziehung mit dem Fremdwort „Chrisam“ für Salböl wieder hoch, und das Deutewort des Rituals sucht die ursprüngliche Beziehung wieder herzustellen, indem es die christologische Trias Priester, König, Prophet ins Spiel bringt, aber der darin eingelagerte Sinn von Salbung kommt in dieser Apposition sprachlich nicht zum Vorschein. Vielleicht müßte die Formel Ballast abwerfen und auf die hochgeladene Drei-Ämter-Christologie verzichten, um sich auf den ursprünglichen Salbungssinn zu konzentrieren. In den „Mystagogischen Katechesen“ des Kyrill von Jerusalem findet sich der Satz: „Durch diese heilige Salbung (*chrismatos*) gewürdigt, werdet ihr Christen (*christianoi*) genannt.“[33] „In this particular mystacogical explanation Cyril is, of course, playing on the similarity between the words ‚chrism (*chrisma*)‘, ‚*Christ (christos)*‘, *and ‚Christian (christianos)*‘.“[34] Bei den möglichen Antworten auf die zu Beginn der Kindertaufliturgie gestellte Frage, was man hier eigentlich mit dem Kind wolle, ist als eine der möglichen Antworten vorgesehen: „Dass es ein Christ wird.“ (Nr. 35). Von diesem Namen aus wäre ein Sinnzusammenhang herzustellen, wenn man Christus, Christsein und Chrisam in eine hörbare Folge zu bringen versuchte.

Der zweite postbaptismale Ritus ist die „Bekleidung mit dem weißen Taufgewand“ (Nr. 66). Der Deutetext des neuen Rituales lautet:

> *„N. und N., in der Taufe seid ihr eine neue Schöpfung geworden und habt – wie die Schrift sagt – Christus angezogen. Das weiße Gewand sei euch ein Zeichen für diese Würde. Bewahrt sie für das ewige Leben.“ (Nr. 66).*

In der Mitte der Formel steht ein Verweis auf die Hl. Schrift: „Und habt – wie die Schrift sagt – Christus angezogen“. Die Zitationsformel gibt an, woher die hier eingespielte Symbolik genommen ist – Gal 3,27 – und gibt zugleich zu erkennen, daß man bei dieser Sache offenbar eines solchen ausdrücklichen Hinweises bedarf.

Die patristische Mystagogie hat die Stelle Gal 3,27 aufgenommen als biblische Ressource, dem nun einmal praktisch gegebenen Vorgang des Kleideranlegens einen höheren Sinn zu verleihen. Kyrill v. Jerusalem denkt die Taufe als Sterben und Auferstehen, und das Kleid der Täuflinge ist ein Bild „des verherrlichten Leibes Christi. Das strahlende Weiß der Taufkleider macht die Täuflinge Christus ähnlich, von dem es, vorgreifend auf die Auferstehungsleiblichkeit, in der Verklärungsgeschichte heißt: „Seine Kleider aber waren weiss wie das Licht“ (Mt 17,2)“[35]. Im Westen schlägt der Mailänder Bischof Ambrosius um die gleiche Zeit kleidertheologisch einen anderen Weg ein. Bei ihm wird das ganze zum Dekor eines Hochzeitsfestes. Die in weiße Gewänder gekleideten Neophyten zeigen die in der Taufe erworbene Reinheit der Seelen. „In ihnen spiegelt sich die Kirche als die ‚Schöne‘“[36], die als strahlende Braut es Christus angetan hat. Die patristische Mystagogie läßt Möglichkeiten erkennen, erspart aber nicht zeitentsprechende Sinnarbeit.

Die heutige Kindertaufliturgie ist in der Kleiderfrage nicht patristisch-enthusiastisch. Sie hebt ab auf die „Würde“, die neue Taufstandeswürde offenbar, die lebenslang zu bewahren ist. „Würde bewahren" klingt angesichts eines kleinen Kindes etwas altväterlich, läßt von den auch im Kindesalter umlaufenden Kleiderfreuden jedenfalls nichts erkennen. Vielleicht genügt es, an ein Kleid himmlischer Gnade zu denken, das dem kleinen Menschenkind von Anfang an übergeworfen wird.

Der dritte postbaptismale Ritus ist die „Übergabe der brennenden Kerze". Im alten *Ordo baptismi* (Nr. 25) galt dieser Ritus dem Täufling selbst:

> *„Empfange das brennende Licht und untadelig bewahre deine Taufe. Halte die Gebote Gottes. Wenn dann der Herr zur Hochzeit kommt und mit ihm alle seine Heiligen am himmlischen Hof, dann kannst du ihm entgegen gehen, und du wirst leben in Ewigkeit."*

Der Text orientiert sich an der biblischen Geschichte von den Klugen Jungfrauen, die genügend Öl dabei haben für die Lampen in der Nacht, wenn der Bräutigam plötzlich kommt. Die Hochzeitsidee wird hier eschatologisch verstanden und beim Licht fällt vor allem ein, daß man es, wie das Feuer in alten Kulturen, sorgsam hüten muß.

In der neuen Liturgie ist der Adressat der Lichtübergabe nicht mehr der einzelne Täufling, es sind die Eltern und Paten, die Taufgemeinde:

> *„Wo es möglich ist, nimmt der Zelebrant die brennende Osterkerze. Er lädt zum Entzünden der Taufkerzen ein:*
> *Z: Empfangt das Licht Christi.*
> *Der Vater oder jemand anderes aus jeder Familie entzündet die Taufkerze an der Osterkerze. Dann spricht der Zelebrant:*
> *Z: Liebe Eltern und Paten, Ihnen wird dieses Licht anvertraut. Christus, das Licht der Welt, hat Ihre Kinder erleuchtet. Sie sollen als Kinder des Lichtes leben, sich im Glauben bewähren und dem Herrn und allen Heiligen entgegengehen, wenn er kommt in Herrlichkeit.*
> *Das Licht kann an die anderen anwesenden Kinder und die übrige Gemeinde weitergegeben werden."* (Nr. 67f.)

Der Übertragungsmodus gleicht dem der Osternacht, wo von der Osterkerze aus das Licht weitergegeben wird. Die neue Oster- und Gemeindeorientierung der Taufe schafft sich hier Raum. Der zweite Teil der Lichtansprache nimmt aus dem alten *Ordo baptismi* in verkürzter Form die ethische Dimension der Lichtbewahrung auf „(Sie sollen als Kinder des Lichtes leben ..."). Im ersten Teil („Ihnen wird dieses Licht anvertraut...") meldet sich erneut die familienpädagogische Sorge. Eltern und Paten werden ermahnt, das Licht ja nicht ausgehen zu lassen.

Erleuchtung wird als Wirkung der Taufe festgehalten: „Christus, das Licht der Welt, hat Ihre Kinder erleuchtet." In der Apologie des Justin (gest. um 165 n.Chr.) wird die Taufe zum ersten Mal *„phôtismos"* genannt: „Es heißt aber dieses Bad Erleuchtung, weil jene, die das an sich erfahren, im Geist erleuchtet werden."[37] Die Erleuchtung ist eine Sache geistiger Erkenntnis, Licht der Vernunft in einem höheren Sinn. Das später danach benannte „Photizomenat"[38] ist eine Stufe des Erwachsenenkatechumenats, also der auf geistiges Verständnis ausgerichteten Glaubensunterweisung. Kann man von solcher „Erleuchtung" im Fall der Kindertaufe sprechen? Das allen sichtbare Zeichen ist hier der von der Osterkerze als dem Sinnbild Christi zur einzelnen Taufkerze laufende Ritus. Er ließe sich deuten mit dem einfachen Satz: „Christus, das Licht der Welt, gibt dir Anteil an seinem Licht. Sei selbst dein Leben lang ein Licht, das die Welt erhellt."

Der vierte postbaptismale Ritus trägt den Titel „Effata-Ritus" (Nr. 69). Er ist neu an dieser Stelle und nur *ad libitum* vorgesehen. Sein alter Ort im *Ordo baptismi* war präbaptismal. *„Ephatha"*, die griechische Transkription eines aramäischen Wortes, bedeutet so viel wie „Tu dich auf", „Öffne dich". Es gehört wie *Amen* zu den überlieferten Eigenworten Jesu und findet sich im Neuen Testament nur an einer Stelle im Markusevangelium (Mk 7,34). Der Prophet aus Nazareth agiert da als Wunderheiler, der bei den Leuten messianisches Staunen hervorruft. Er ist ein Wohltäter, der es in göttlicher Geisteskraft vermag, Menschen die volle Kommunikation mit ihren Mitmenschen zurückzugeben.

Dieses *„Ephatha"* hat die Kirche in ihren Taufritus übernommen. Sein präbaptismaler Kontext im alten *Ordo baptismi* war exorzistisch; es folgte auf ein exorzistisches Gebet und leitete die Abrenuntiation an den Satan und all seine Werke ein. Die Liturgie folgte damit den neutestamentlichen Heilungsgeschichten, in denen die Heilung von Stummen zumeist als Dämonenaustreibung verstanden wird (vgl. Mt 9,32f.; 12,22; 15,31 u.ö.), doch hebt der liturgische Kontext überraschenderweise nicht auf die Stummheit ab. Der Priester nimmt Speichel auf seinen Finger und berührt damit Ohren und Nase, nicht den Mund. Zur Berührung der Ohren wird das *„Ephatha, quod est Adaperire"* gesprochen, zur Berührung der Nase: *„In odorem suavitatis"*- „Zu lieblichem Wohlgeruch", eine wörtliche Anspielung an Eph 5,2, wo vom Wohlgeruch des Opfers Christi die Rede ist: der exorzistische Kontext meint wohl, daß der Täufling nicht mehr den üblen Gestank und Pesthauch des Satans einatmen soll, sondern Sinn habe für den Duft Christi.

Der „Effata-Ritus" ist im neuen Rituale an das Ende der postbaptismalen Riten gewandert (Nr. 68). Aus dem alten exorzistischen Kontext herausgenommen, bekommt er die Funktion einer abschließenden Ausdeutung der Taufe:

„Z: N. und N., der Herr lasse euch heranwachsen, und wie er mit dem Ruf ‚Effata‘ dem Taubstummen die Ohren und den Mund geöffnet hat, öffne er auch euch Ohren und Mund,
(hier berührt der Zelebrant Ohren und Mund des ersten Kindes)
Dass ihr sein Wort vernehmt und den Glauben bekennt zum Heil der Menschen und zum Lobe Gottes.
Bei den übrigen Kindern spricht der Zelebrant bei der Berührung von Ohren und Mund:
Effata! – Der Herr öffne dir Ohren und Mund.“

Der Ritus wird ausdrücklich als Analogie zur Heilungstat Jesu gedeutet. Statt der Nase kommt wirklich biblisch der Mund ins Spiel, wenn auch der biblische Speichel nicht mehr vorgesehen ist. Der rituellen Öffnung der Sinne wird eine bestimmte Absicht unterlegt, mit den Ohren das Wort Gottes zu hören und mit dem Mund den Glauben zu bekennen. Das ist kirchlich gedacht und liegt wohl in der katechetischen Ausrichtung der gesamten Tauffeier auf eine erhoffte Teilnahme an Gottesdienst und gemeindlicher Glaubensbezeugung. In der dem Ritus zugrundeliegenden biblischen Geschichte diente die Heilung nicht der Gewinnung eines neuen Jüngers, sondern war eine selbstlose Wohltat an einem kranken Menschen, der mit seiner neuen Kommunikationsfähigkeit einfach in die Welt entlassen wird. Ob die Taufe am Ende solch eine Öffnung haben kann, die daran denkt, daß hier jemand anfängt, von dem man hofft, daß er ein offener Mensch und ein mündiger Christ wird?

Im alten *Ordo baptismi* wird der Täufling, nachdem er die Taufkerze empfangen hat, mit einem kurzen Friedensgruß entlassen. Im neuen Rituale wird der Abschluß ausgebaut mit einer ausdrücklichen Inszenierung des Vaterunser-Gebets und einem in einer Vielzahl von alternativen Segensformeln artikulierbaren Segen über Mütter, Väter, Paten. Die neue familienkatechetische Formatierung der Taufliturgie wird damit noch einmal deutlich unterstrichen und damit auch die gemeindliche Erwartung, was die Zukunft anlangt.

II. TOD

1. Alterserscheinung

Als im 11. Jh. ein Anonymus dichtete *„Media vita in morte sumus“* und man ihm im 15. Jh auf deutsch nachdichtete „Mitten wir im Leben sind mit dem Tod umfangen“, und M. Luther das im 16. Jh. aufgriff und zu einem wichtigen Sterbelied der Neuzeit machte (EG 518; Gotteslob/ 2013, 503), war der Tod eine allgegenwärtige Sache, die Sterblichkeit der Kinder hoch und die der Mütter im Kindsbett, der Männer in den Kriegen, dazu Hungersnöte und Epidemien, gegen die man wenig Mittel hatte, usw. Das ist, auf das ganze Erdenrund betrachtet, am Beginn des 3. Jahrtausends immer noch so. Aber wenn einem Kontinent wie Europa eine lange Friedenszeit beschieden ist, in der die Gesellschaft prosperiert, die Entwicklung von Medizin und Ernährung den Menschen zugute kommt, wird der Tod verstärkt zu einer Sache des hohen Alters. Heimtückisch Erkrankte wissen immer noch von „*Media vita in morte sumus*" ein Lied zu singen, aber die Zahl derer, für die der Tod eine Alterssache ist, ist gegenüber dem Anfang des 2. Jahrtausends erheblich gewachsen.

Das ist das unter demographischem Druck expandierende weite Feld der Gerontologie, die sich dem Alter und dem Altern widmet, interdisziplinär, wie es der biologisch, medizinisch, psychisch, sozial komplexe Gegenstand verlangt. Die praktische Theologie ist daran schon aus Gründen des institutionellen Engagements der Kirche beteiligt, mit ethischer und pastoraler Reflexion. Als Hintergrund der neuen praktischen Brisanz ist auch die Kulturgeschichte des Alters von Interesse und als Ergänzung zur wissenschaftlich-allgemeinen Analyse die Schicksale individuierende Literatur.

Die Gründungsanlage der christlichen Religion drängt nicht gerade zu einer Theologie des Alters, ist doch Jesus von Nazareth nicht wie Buddha achtzigjährig unter dem Bodhibaum friedlich entschlafen, sondern als junger Mann am Kreuz gewaltsam hingerichtet worden. Vorleben, wie man im jahrelangen Altern mit Gott zusammenbleibt, konnte er nicht. Der schmerzhafte Weg auf den Tod zu beschleunigte sich auf einen Tag, vom nächtlichen Angstschweiß in Gethsemane bis zum Todesschrei auf Golgatha. Die christliche Frömmigkeit hat allen Schmerz mit dieser Passion in Beziehung zu bringen gesucht, in den Stationen des Kreuzwegs, in den Sieben Worten Jesu am Kreuz, in den Fünf Wunden des Gekreuzigten auch den Auffang zu finden versucht für die Leiden und Beschwerden des Alterns.

Anders als beim Messias Jesus, dessen Lebenslauf früh gewaltsam abgebrochen wurde, ist bei den Vätern Israels, bei Abraham, Isaak, David, davon die Rede, daß sie lange lebten auf Erden und „lebenssatt" starben, was wohl nicht nur im Sinne von Überdruß gemeint ist, sondern auch als Ausschöpfen und Auskosten alles dessen, was in ihnen als Lebenskraft angelegt war, im Gegenbild zu einem frühen, schnellen Tod. In den sagenhaften Stammbäumen von Adam bis Abraham (vgl. Gen 5,1-32; 11,10-32) ist von den ungeheuren Lebensspannen bis zu jenem sprichwörtlich gewordenen Methusalem von 969 Jahren (Gen 55,27) die Rede. Für die geschichtliche Zeit aber gilt als Maß, was in Ps 90,10 zu lesen ist: „Unser Leben währet siebzig Jahre, / und wenn es hochkommt, sind es achtzig Jahre, / und das meiste daran ist Mühsal und Beschwer; / denn eilend geht es vorüber, / und wir fliegen dahin." Was das bedeutete, ist einer kleinen Episode der Davidsüberlieferung zu entnehmen, wo bei der Rückkehr des Königs nach dem gescheiterten Aufstand Absaloms von einem alten Getreuen erzählt wird:

> *„Auch der Gileaditer Barsillai war von Rogelim herabgekommen und zog mit dem König nach dem Jordan, um sich von ihm am Jordan zu verabschieden. Barsillai aber war sehr alt, ein Mann von achtzig Jahren. Er hatte den König mit Speise versorgt, während er in Mahanaim weilte, denn er war ein sehr reicher Mann. Nun sprach der König zu Barsillai: Du musst mit mir kommen, und bei mir in Jerusalem will ich in deinen alten Tagen für dich sorgen. Barsillai aber antwortete dem König: Wie lange habe ich denn noch zu leben, dass ich mit dem König nach Jerusalem hinaufziehen sollte? Ich bin jetzt achtzig Jahre alt; wie kann ich da noch unterscheiden, was gut und was schlecht ist? Oder kann dein Knecht noch schmecken, was er ist und was er trinkt? Oder kann ich noch der Stimme der Sänger und Sängerinnen lauschen? Warum soll dein Knecht dem Herrn und König noch zur Last fallen? Denn nur ein wenig hat dein Knecht dem Könige gedient. Warum will der König mir so reich vergelten? Lass doch deinen Knecht umkehren, dass ich in meiner Stadt beim Grabe meines Vaters und meiner Mutter sterbe."*
>
> 2 Sam 19, 32-38

Was in dieser kleinen Geschichte mit altersweiser Gelassenheit angenommen wird, kann den Menschen jedoch auch in seiner ganzen Bitterkeit überfallen. Das aus der Mitte des dritten vorchristlichen Jahrhunderts stammende Buch Kohelet endet mit einem Gedicht, das das Altwerden als reine Plage ins Auge faßt:

> *„Sei deines Schöpfers eingedenk in den Tagen deiner Jugend,*
> *ehe die bösen Tage kommen*
> *und die Jahre sich einstellen,*
> *von denen du sagen wirst:*
> *‚Sie gefallen mir nicht',*
> *ehe die Sonne sich verfinstert*
> *und das Licht und der Mond und die Sterne,*
> *und nach dem Regen immer wieder die Wolken kommen –*
> *wenn die Wächter des Hauses zittern*
> *und die starken Männer sich krümmen,*
> *wenn die Müllerinnen feiern,*
> *weil ihrer wenig geworden sind;*
> *wenn dunkel werden, die durch die Fenster lugen;*

wenn die Tore auf die Gasse geschlossen werden,
wenn der Ton der Mühle leise wird
und höher als Vogelgezwitscher,
alle Laute verstummen;
wenn man sich fürchtet vor der Anhöhe
und vor dem Schrecknis auf ebenem Pfad.
Dann blüht der Mandelbaum,
das Heupferd ist satt,
der Kapernstrauch gibt seine Frucht,
während der Mensch in sein ewiges Haus geht!
Auf der Straße gehen schon die Klagefrauen herum.
Ehe der silberne Strick zerreißt
Und der goldene Leuchter zerspringt.
Ehe das Rad bricht und in den Brunnen stürzt,
und der Eimer an der Quelle zerschellt.
Der Staub kehrt zur Erde zurück, wie er war,
der Odem aber kehrt wieder zu Gott, der ihn gegeben.

Pred 12, 1-7

Die poetisch gefaßte Mahnung ist an junge Leute gerichtet, wie es einige Verse vorher heißt: „Freue dich, Jüngling, in deiner Jugend, / sei guter Dinge in der Blüte des Lebens!" (Pred 11,9). Die Ermunterung der Jugend, nur ja nicht die ihr eigene Zeit zu verpassen und vor der Zeit zu altern, ist für die Alten ein leerer Appell, ist doch das, was man da leben soll, unwiederbringlich vorüber. Was für die Alten bleibt, ist Nostalgie, daß es nicht mehr ist, oder Bitterkeit, daß es niemals war.

Für Kohelet ist das Alter „die bösen Tage" und die „Jahre, von denen man sagt: ‚Sie gefallen mir nicht'." Der Prediger Salomo hängt einem gerontologischen Pessimismus an, der das Bemühen, die Härte des Alters mit Seniorenaktivitäten zu behübschen, wohl mit seinem *„Nichtigkeit, nur Nichtigkeit, alles Nichtigkeit" (Pred 1,2; 12,8)* kommentieren würde. So könnte man dies frühjüdisch-skeptische Gedicht, weil es die Jugend meint und nicht Jugend im Alter, als gerontologisch unerheblich beiseitelegen. Oder enthält diese „berühmte Allegorie des Alters"[39] , aus dieser oder jener moralpädagogischen Adressierung gelöst, immer noch eine Einsicht?

Was die Jahre sind, die mir nicht gefallen, wird in einer Art Rebus beschrieben, einem Bilderrätsel, das man zu entschlüsseln hat. Es beginnt mit dem, worüber man immer zuerst spricht, wenn es um Atmosphäre und Stimmung geht, mit dem Wetter. Vor Augen steht ein bedeckter, Sonne, Mond und Sterne bedeckender, lichtloser Himmel, aus dem es unablässig regnet. Der nach der Sintflut der Erde versprochene belebende Wechsel von Sommer und Winter, Tag und Nacht (Gen 8,22), ist ausgesetzt, überführt in ein bleibendes Grau in Grau ohne Aussicht auf einen Regenbogen, der den Durchbruch der Sonne anzeigte (Gen 9,13-15). Was für die Natur weiter gilt, bleibt dem Leben des einzelnen Menschen, sagt das erste Rätselbild, versagt. Er altert aussichtslos. Es hellt sich nicht mehr auf.

Von der einleitenden Meteorologie springt das Bilderrätsel ins Haus: „wenn die Wächter des Hauses zittern, / und die stolzen Männer sich krümmen". Der Mensch ist das Haus, und die Wächter, die es nach außen hin beschützen, sind Arme und Hände. Sie fangen an, zitternd ihren gewohnten Dienst zu versagen. Und die Beine, die starken Männer, die das Haus wie Säulen tragen zu aufrechtem Stand und Gang, knicken ein und krümmen sich. So zwischen Haus und Leib hin- und hergedacht, enträtseln sich die „Müllerinnen", die „feiern, weil ihrer wenig geworden sind", als die Zähne, die zwischen Ober- und Unterkiefer die Nahrung mahlen; „wenn dunkel werden, die durch die Fenster lugen" – es sind die Augen, die durch die Lidschlitze nach draußen blicken und nun das Licht nicht mehr aufzunehmen vermögen. Von den Augen geht die Logik des Rebus um die Ecke zu den Ohren: „wenn die Tore auf die Gasse geschlossen werden", man schwerhörig oder taub wird für die Töne der Außenwelt. Und noch einmal um die Ecke gedacht zum Mund, nun aber, den Ohren entsprechend, als Sprachorgan: „wenn der Ton der Mühle leise wird / und höher als Vogelgezwitscher", die Stimme die gewohnte Verständlichkeit verliert, dünn wird, vielleicht ganz verstummt.

Das Bilderrätsel präsentiert den Körper des Menschen stückweise als Haus, als Haus im Verfall. Der Mensch baut ab, sichtbar an den Hauptorganen, die ihren Dienst versagen. Was in der Jugend in einem harmonischen Organismus zusammenspielt, fällt in eine Mechanik auseinander, die überall Schwach- und Bruchstellen erkennen läßt. Für die Darstellung dieser am Versagen der Organe erfahrenen „Zerstückelung" des Körpers ist die Stückelung des Bilderrätsels das angemessene Verfahren.[40] Bei W. Benjamin findet sich der Satz: „Allegorien sind im Reiche der Gedanken was Ruinen im Reiche der Dinge."[41] Die Allegorie des Alters im Buch Kohelet führt den alternden Menschen als eine Art Körperruine vor. Das allegorische Bilderrätsel wäre dann keine zufällige, sondern geradezu eine paradigmatische Form zur Beschreibung des Alters.

Auf der Folie dieser frühjüdischen Allegorese erscheint die moderne Geriatrie als grandioser Reparaturbetrieb, der in seiner hohen Spezialisierung auf die Zerstückelung eingeht, um dem Verfall hier und da Einhalt zu gebieten, bei Gebiß oder Gehör, Gesicht, Gelenk oder Gedärm. Wie bei alten Häusern kann sich natürlich die Frage stellen, ob diese oder jene Reparatur noch lohnt angesichts des Zustands des Ganzen, zu erwartender Lebensdauer insgesamt und möglicher Folgen und Nebenwirkungen im einzelnen. Das dabei von den Modernen eingeführte Regulativ der „Lebensqualität" würde beim Prediger Salomo vielleicht in die Kategorie der zeitüblichen Nichtigkeiten rutschen.

Sein Schlußgedicht ist mit der Haus-Körper-Allegorie nicht am Ende. Vers 5 spricht ohne bildliche Verschlüsselung von motorischen Problemen außer Hause, der Schwierigkeit, Steigungen und unliebsame Überraschungen unterwegs zu bewältigen. Der zweite Halbvers (12,5 b) ist auch für jüngere Exegeten schwer zugänglich.[42] Übersetzt man[43]: „Wenn der Mandelbaum blüht und die Heuschrecke sich mühsam hebt und wenn die Kaper versagt", und deutet in Fortsetzung der früheren Körper-Allegorie den blühenden Mandelbaum auf die weißen Greisenhaare, ist man gedrängt, auch die sich mühsam hebende Heuschrecke und die versagende Kaper in dieses Paradigma einzubeziehen, sie also im Sinne versagender geschlechtlicher Potenz zu deuten, was zweifellos ein für manchen gravierendes Altersleiden darstellt. Denkt man aber nicht mehr so in Bild und Gleichnis und folgt der oben gewählten Übersetzung[44], so würde die meteorologische Spur von 12, 2 wieder aufgenommen: Das Jahr der Natur geht weiter mit Mandelblüte, Ende der Heuschreckenzeit und Kapernernte im Frühjahr und Sommer, aber der Mensch geht nicht mehr mit mit der sich wiederbelebenden Natur, sondern scheidet ab in sein „ewiges Haus". Altern heißt zulaufen auf den Tod.

Das wird dann noch in eindrücklichen Hausbildern vorgeführt: die silberne Schnur zerreißt, der goldene Leuchter fällt von der Decke und zerspringt; das Brunnenrad bricht und der Schöpfeimer zerschellt. Das langsame Vergehen endet in einem plötzlichen Riß und Bruch und Sprung, der aller Lebensbemühung ein definitives Ende bereitet. Das Haus des Körpers, das im Alter als Ruine erscheint, ist nicht zu retten, es zerfällt zu „Staub, (der) zur Erde zurückkehrt" (Pred 12,7). Der Atem, der den Körper lebenslang beseelte, kann die Teile nicht mehr zusammenhalten, er kehrt „zu Gott zurück, der ihn gegeben hat" (Pred 12,7). Der Pred 3,19-21 noch geäußerte Zweifel, ob „der Odem der Menschenkinder" wirklich nach oben steigt oder wie der der tierischen Artgenossen mit dem Körper in der Erde verschwindet, wird hier am Schluß dahin überwunden, daß die Erde nur das „ewige Haus" des Körpers ist, nicht auch der Seele.

Kohelets Altersdenken bleibt gerade in seiner Bilderrätselhaftigkeit ganz unverblümt. Die Allegorie dient geradezu dazu, sich nichts vorzumachen. Seine Skepsis ist sicher nicht die Haupttonart der auf Aktivierung aller Lebenskräfte ausgerichteten modernen Gerontologie. Deren Optimismus entspricht, wenn auch nicht mit diesseitiger, sondern mit jenseitiger Aussicht, der christliche Auferstehungsglaube, der das Wiedererblühen des Mandelbaums nicht nur für die Vegetation, sondern auch für den todverfallenen Menschen verspricht.

Aber das Schlußgedicht des Buches Prediger ist eine Stimme der Schrift und als solche weiter anzuhören. So hat es H. Oosterhuis verstanden, als er daraus ein heutigentags zu singendes Lied gemacht hat[45] :

Schwarz wie Nacht wird das Licht,
erdedunkel Sonne und Mond
und die Sterne.

Der das Haus bewahrt, flieht aus dem Haus,
und herrenlos bleibt es zurück.

Bäume von Männern zittern wie Ried.
Tonlos wird ein wenig gesungen.

Ach Oliven, ihr schmeckt mir nicht mehr,
ihr Mandelbäume blüht nicht für mich.

Fort, fort in dein ewiges Haus,
ruft am Weg schon der Totengräber.

Auf, in unsre bleibende Wohnung,
rufen die Toten den Lebenden zu.

Ein Schnitt, und die silberne Schnur zerspringt.
In Stücke fällt die Lampe aus Gold.

Staub wird Staub und Lehm wird Lehm,
alles kehrt zu seinem Ursprung zurück.

Der Atem strömt in das Atemmeer,
zu ihm, der lebt.

Schwarz wie Nacht wird das Licht,
erdedunkel Sonne und Mond
und die Sterne.

Pred. 12, Vers. 1-7

Was bei Kohelet ein *Memento mori* in der Form einer Allegorie des alternden Körpers ist, seiner Glieder, der zitternden Hände und sich krümmenden Beine, des zahnlosen Mundes, der erblindenden Augen, des nachlassenden Gehörs, der verstummenden Stimme, wird bei Oosterhuis zur Metapher empfundener Todesnähe. Der Horizont ist nicht mehr die Ermunterung junger Leute, angesichts trüber Altersaussichten ihr jugendliches Glück nicht zu verpassen, es ist vielmehr die Lage der Alten selbst, die zur Klage wird: „Ach, Oliven, ihr schmeckt mir nicht mehr. / Ihr Mandelbäume blüht nicht für mich!"

Das allegorische Detail ist ausgekämmt. Es bleibt der Gesamteindruck, seiner nicht mehr Herr zu sein, verwahrlost; daß man ins Zittern gerät beim kleinsten Windstoß, und die Stimme versagt zum Singen. Der berauschende Aufbruch der Natur geschieht, mag geschehen an sich, aber er geschieht nicht für mich. Die jugendliche Erheiterung des Lebens, die der Frühling dem von der Natur affizierbaren Menschen zuspielt, zieht spurlos vor den Augen des Alten vorüber, berührt ihn nicht mehr. Mit den herbstlichen Oliven ist es nicht anders; der Geschmack am Leben ist verschwunden. Der unwiederbringliche Verlust wird der Natur selbst geklagt: „Ach, Oliven...Ihr Mandelbäume...".

Der Abschied von Augenlust und Gaumenlust ist ein Moment der allgemeinen Weltverdunkelung, von der die erste und die letzte Strophe sprechen, des Abschieds vom Licht der Gestirne, zu dem man kam, als man, geboren, das Licht der Welt erblickte. Wie ein Sog in die Tiefe ist es, der Ruf der Totengräber und der Toten. Der Lebensfaden hält schließlich nicht mehr, ein Schnitt, und die schöne Lebenslampe liegt zerschellt am Boden, mit dem Bruch des Schöpfrads zerspringt der Krug.

Oosterhuis' Lied bleibt in der eschatologischen Logik des Kohelet: das Ende des Körpers im lichtlosen Erdboden – „Staub wird Staub und Lehm wird Lehm"; der Aufflug des Odems in die freie Atmosphäre des Schöpfers der Welt – „Der Atem strömt in das Atemmeer." Die einfache Beobachtung, daß der Mensch mit dem letzten Atemzug verscheidet aus dem Lande der Lebenden; daß der Atem, dessen Ein und Aus den Menschen am Leben gehalten hatte, eingeht in das Atemmeer der Atmosphäre, bekommt hier mit Pred 12,7 und der biblischen Anthropologie überhaupt (vgl. Gen 2,7; Ps 104,29; Apg 17,25) noch eine theologische Unterlage: „Zu ihm, der lebt."

Oosterhuis gibt dem Lied am Ende nicht die Hoffnungswendung der christlichen Beerdigungsliturgie, wo dem „Staub bist du, und zum Staube kehrst du zurück" gleich hinzugefügt wird: „Der Herr aber wird dich auferwecken am Jüngsten Tage." Es ist nur der Atem, der wieder zu Gott zurückkehrt, der ihn gegeben hat. Das Lied schlägt am Ende nicht um in ein lebensfreudiges Alleluja, es behält, mit seinem Refrain, den Ton der Klage bei, der Klage, daß dem Menschen sein schönes Erdenleben so abhanden kommt. „Klagen hat seine Zeit, / und Tanzen hat seine Zeit" (Pred 3,4).

Die Poesie kondensiert den nörgelnden Griesgram, der sich im Alter über alles legen kann, auf die harte Substanz der Klage. Die Klage bleibt

Klage, löst sich nicht auf in gelassenes Einverständnis mit dem, was nun einmal nicht zu ändern ist, wie es stoische Mannhaftigkeit angesichts des Schicksals empfiehlt. Die Klage springt auch nicht, wie es in biblischen Klagepsalmen wohl geschieht, schließlich in eine erfreuliche Wendung des Geschicks über oder rafft sich zu lutherisch-männlichem Glauben auf, wie man im Kirchenlied singt: „Was helfen uns die schweren Sorgen, / was hilft uns unser Weh und Ach? / Was hilft es, daß wir alle Morgen / beseufzen unser Ungemach? / Wir machen unser Kreuz und Leid / nur größer durch die Traurigkeit."[46] Nein: „Klagen hat seine Zeit, / und Tanzen hat seine Zeit" (Pred 3,4).

Was so seine Zeit hat, muß dennoch nicht die einzige Stimme bleiben. Es gibt ein Gedicht von Philippe Jaccottet, das an Kohelets Altersallegorie von Ferne anklingt:

„So haben wir gelebt, gekleidet in einen Blättermantel;
Dann wurde er löchrig und ging langsam in Fetzen.

Darüber kommt der Regen unerschöpflich,
und verstreut die Sonnenreste im Schlamm.

Lassen wir das:
Bald schon brauchen wir nur noch das Licht."[47]

Die Erfahrung des Alters ist die des Herbstes, der Entblätterung des schönen Sommerkleides der Bäume, des Regens, der die blattgrün gesammelte Sommersonne in den braunen Erdenschlamm spült: „Lehm wird Lehm. Alles kehrt zu seinem Ursprung zurück". Aber dann, anders als bei Kohelet, nicht die Vertiefung der Altersklage, sondern ein entschlossenes: „Lassen wir das." Keine weitere Lamentation, sondern Konzentration auf das, was es im unaufhaltsamen Verfall festzuhalten gilt: das Licht.

Was dies in der Winterzeit des Lebens bedeutet, verfolgt ein diesem Gedicht hinzugefügtes Prosastück:

„Ja: das Licht ist es, was um jeden Preis bewahrt werden muß. Wenn die Augen beginnen, nichts mehr zu erkennen, oder nichts mehr als Geister, nichts mehr als Schatten und Erinnerungen, dann muß man Klänge hervorrufen, die es erhalten, strahlend im Ohr. Wenn dieses versagt, muß man es mit den Fingerspitzen weitergeben, wie einen Funken oder eine Wärme. Versuchen muß man zu glauben, daß von diesem Körper, der immer kälter und zerbrechlicher wird (und von dem man sich oft lieber abwenden würde), wohl bald und pfeilschnell eine unsichtbare Gestalt davoneilen wird, und unsere gewohnten Vögel, das Rotkehlchen, die Meise, wären nur deren ausgelassene oder furchtsame Reflexe in dieser Welt.

Ist einmal zusammengefaltet das Licht dieser Welt,
wer wird uns hindern, weiter die unsichtbare Dienerin zu lieben,
betraut mit der Sorge um diese Stapel und Falten?"[48]

Das Licht ist um alles in der Welt festzuhalten. Es bleibt nicht einfach, man hat im Versagen und Erkalten des Körpers darum zu kämpfen. Es ist nicht nur eine Sache der Augen. Wenn sie versagen, muß man es in Klängen finden. Wenn das Gehör versagt, bleibt noch der Tastsinn, die Fingerspitzen. Das Bewahren des Lichts ist ein Weitergeben, und seien es nur Funken oder ein Wärmestoß. Das Licht zu bewahren, heißt für den Dichter Jaccottet nicht bloß, es für sich als Lebenslicht zu schützen, sondern, so weit und solange es geht, eine ausstrahlende Quelle des Lichts zu sein.

Und dann folgt ein Glaubensbekenntnis, nein, nur der Ansporn zum Versuch, über das zunehmende Erkalten und Zerbrechen des Körpers hinauszuglauben. Die Rede ist von einer „unsichtbaren Gestalt", die noch in diesem Körper ist, sein Lichtleben offenbar beflügelt, aber „bald und pfeilschnell ... davoneilen wird". Die Seele, möchte man sagen, die Seele! Aber der Dichter sucht nicht nach einem Begriff, sondern nach einem Bild. Und wie in den herbstlichen Bäumen das Altern, so sieht er nun in den kleinen Wintervögeln, der Meise, dem Rotkehlchen, „ausgelassene oder furchtsame Reflexe", weltlichen Widerschein dessen, was da im letzten Augenblick dem Menschen widerfährt. Wohin der Flug geht, davon spricht das Gedicht nicht. Die Vorsicht der möglichen Erfahrung ist nicht so zielsicher, daß sie gleich bekennen könnte: „Die Heimat der Seele ist droben im Licht".

Die bei den Vögeln endende Lichtreflexion kommt in wenigen Schlußversen noch einmal auf das Licht selbst zurück. Was ist das, diese Stapel und Falten? Ist es die Schichtung und Faltung der Materie, in die nicht nur dies einzelne Lebewesen Mensch, sondern schließlich auch die ganze vom Licht der Sonne lebende organische Welt eingehen wird? Und was ist dann, wenn das geschieht? „Was wird uns hindern, weiter die unsichtbare Dienerin zu lieben?", fragt Jaccottet. In der „unsichtbaren Dienerin" kommt noch einmal die „unsichtbare Gestalt" ins Spiel, von deren vogelgleichem Abschied zuvor die Rede war. In der neuplatonischen Metaphysik, die dem Dichter nicht unbekannt ist, ist von der Weltseele die Rede, die den Kosmos zu betreuen, nicht aufhört. Es ist in der späten Nachfolge solchen Denkens bei Jaccottet eine das Licht „um jeden Preis" festhaltende Liebe. Die Theologen würden wohl von der *lux aeterna* sprechen, aber das Gedicht öffnet nur eine Bahn.

2. Ars moriendi

Ars ist, wenn man dem mittelalterlichen Sprachgebrauch folgt, Kunst als Fertigkeit und Geschicklichkeit, ein Können, das man lehren und lernen kann. In diesem Sinne wird seit dem späten Mittelalter auch von *Ars moriendi* gesprochen. Man stirbt nicht einfach, sondern kann lehren und lernen, wie man das macht, Anweisungen geben, wie man es am besten anstellen soll. Klassischem Verständnis nach ist *Ars moriendi* die Bezeichnung einer Literaturgattung, die am Ende des 14. Jh. entstand und im 15. Jh. ihre große Blüte erlebte.[49] Es handelt sich um lateinisch und volkssprachlich verfaßte pastorale Schriften, die dem Vorgang des Sterbens gewidmet sind. Durch ihre praktische Orientierung unterscheiden sie sich von theologischen Traktaten, die Wesen und Sinn des Todes erörtern.

Als Gründungsautor der im späten Mittelalter in zahlreichen Versionen verbreiteten Gattung gilt einer der einflußreichen Theologen der Zeit, Johannes Gerson (1363-1429); er war Kanzler der Universität Paris, bedeutender Theologe auf dem Konzil von Konstanz, auf Reform des kirchlichen Lebens bedachter Schriftsteller. Zu seinen pastoralen Werken gehört ein kleines, von ihm selbst in französischer wie lateinischer Sprache abgefaßtes Sterbebüchlein.[50] Als Adressat sind dem Vorwort der Schrift zufolge alle gedacht, die mit Menschen zu tun haben, *„qui in mortis articulo constituti sunt“*, also mit der Frage befaßt sind, wie sie sich gegenüber einem, der auf den Tod zugeht, verhalten sollen. Darüber hinaus ist es allen „Katholiken“ zugedacht, „die sich die Kunst und Kenntnis, gut zu sterben, aneignen wollen (*omnibus catholicis ad artem et notitiam bene moriendi conquirendam*)“. Adressaten sind also nicht bloß und vielleicht nicht einmal in erster Linie Kleriker, zu deren seelsorglicher Amtspflicht die Betreuung der Sterbenden gehört, sondern alle Gläubigen, die in diese Situation geraten. Es handelt sich also um so etwas wie eine Elementarprofessionalisierung auch von Laien für eine christliche Grundaufgabe, ein *„opus misericordiae“*, das für Gerson an der Spitze aller guten Werke steht. So wie jeder Kranke, schreibt Gerson im Vorwort seiner Schrift, zur körperlichen Versorgung gute und verläßliche Freunde braucht (*„veraces fidelesque amici“*), so bewährt sich auch in der Sterbensnot ein treuer Freund (*„in hoc (...) extrema mortis necessitate probatur amicus“*). Ob dieser Freund oder diese Freundin Kleriker oder Laie ist, aus dem Kreis der Familie oder der Bekannten stammt, ist gleich. Es geht darum, daß er diesem da, dessen letztes Stündlein geschlagen hat, in Freundschaft verbunden ist und beistehen möchte. Dieser grundlegenden freundschaftlichen Hilfsbereitschaft möchte Gerson selbst mit seinen Handlungsanweisungen, eben einer *ars*, zu Hilfe kommen. Das *opusculum breve* verbreitete sich rasch, wurde übersetzt und überarbeitet. Was es zu bieten hatte, entsprach offenbar den Bedürfnissen des 15. Jh., einer Zeit, die über das normale Maß hinaus mit Epidemien (Pest) und Kriegen konfrontiert war und in der Ausbildung persönlich-praktisch augeübter Religion einen Weg der Reform klerikalkirchlicher Mißstände suchte.

Neben der von J. Gerson ausgehenden Texttradition und auch mit ihr verwoben, spielt im 15. Jh. ein Sterbebüchlein eine Rolle, das gewöhnlich als „Bilder-Ars" bezeichnet wird.[51] Das Neuartige liegt vor allem im Medium Bild; es handelt sich um eine elfteilige Bildfolge, die in Blockbuchform, als Kupferstichfolge oder als Miniatur in künstlerisch unterschiedlichen Varianten überliefert ist. Den Illustrationen sind kurze Texte beigefügt, und das Vorwort bezieht diese mediale Doppelung auf den anvisierten Leserkreis: „Damit (...) diese Materie allen nützlich sei und niemand von deren Betrachtung ausgeschlossen werde, sondern daraus heilsam zu sterben lerne, wird sie einerseits durch Text, der nur einem Gebildeten, und andererseits durch Bilder, die allen, dem Laien und dem Gebildeten, zugleich dienlich sind, vorgelegt. Beide beziehen sich aufeinander und verhalten sich wie ein Spiegel, in welchem Vergangenes und Künftiges gleichsam gegenwärtig geschaut wird."[52] Der medialen Besonderheit entspricht eine thematische. Es geht um fünf für die Situation des Sterbens charakteristische Versuchungen, weswegen man diese Betrachtungen auch die „Ars moriendi der fünf Anfechtungen" nennt. Dem Bild einer *tentatio* wird jeweils das der entsprechenden Überwindung (*inspiratio)* gegenübergestellt, so daß sich einschließlich eines den Augenblick des Todes darstellenden Bildes eine elfteilige Folge ergibt. Es ist, könnte man sagen, ein Drama in fünf Akten, für dessen eindrückliche Darstellung eben das Medium des Bildes sich besonders geeignet erweist.

Das Grundszenarium ist immer das gleiche; es ist das Bett, in dem der kranke Mensch liegt. Der Sterbende sieht sich oder der Bildbetrachter sieht ihn im Bild gespiegelt. In diesem Sinne sind die Bilder ein *speculum morientis.* Es geht um ihn, um ihn allein und sein Geschick. Mit einer noch zu besprechenden Ausnahme, sind die das Bett umgebenden Komparsen nicht die realen Personen der Umgebung des Sterbenden, sondern imaginäre Figuren: mißgestaltete Teufel auf der einen Seite, Engel, Heilige, Christus, Gottvater auf der anderen Seite. Das auf zwei Realitätsebenen operierende Bild wird aber nicht dadurch vereinheitlicht, daß die Komparserie als Vision oder Halluzination des Sterbenden erscheint. Die Einheit des Bildes ist vielmehr eine didaktische. Was um das Bett herum agiert, stammt aus einer Art Bildgebungsverfahren, das Bewegungen im Innern des Menschen extrapoliert, figuraliter faßt und sichtbar macht. So

20. Bilder-Ars (Erste Versuchung), um 1450, 11 Kupferstiche von Meister E.S.

21. Bilder-Ars (Erste Eingebung), um 1450, 11 Kupferstiche von Meister E.S.

umschwärmen mißgestaltete kleine Dämonen das Bett und bedrängen den sterbenden Menschen. Die diffuse Versuchung, die im Innern des Menschen ihr quälendes Unwesen treibt, wird als „Besessenheit", d.h. als etwas Teuflisches, das von außen in den Menschen sich einschleicht, dingfest gemacht. So wabert es nicht mehr undefinierbar im Innern, sondern wird als behandelbar identifiziert.

Der dämonologischen Diagnostik des ersten Bildes korrespondiert dann die Therapie des jeweils zweiten. Als Arzt fungiert ein Engel, den man als den Schutzengel des Sterbenden ansehen kann; er ist im Spiel der „Bilder-Ars" sozusagen die himmlische Maske des Autors bzw. dessen, der sich als Helfer der Sterbenden dessen Worte zueigen macht. Als Medizin gegen die Versuchung verabreicht er eine *inspiratio*, eine „gute Eingebung", die die teuflische Erkrankung der Seele vertreibt, die Quälgeister verscheucht. Die Zusammensetzung des himmlischen Medikaments erscheint als Figuration jeweils im Hintergrund. Mit einem Ensemble heiliger Gestalten bringt der Engel die Einbildungskraft als Therapie ins Spiel. Heilsgeschichtliche Exempel werden zur Anwendung gebracht. Sie sollen den Sterbenden gegen die teuflische Infektion stärken.

Die erste Anfechtung betrifft den Glauben als „die Grundlage allen Heils": „Aus diesem, Grunde bemüht sich der Teufel, der Feind des gan-

22. Bilder-Ars (Zweite Versuchung), um 1450, 11 Kupferstiche von Meister E.S.

23. Bilder-Ars (Zweite Eingebung), um 1450, 11 Kupferstiche von Meister E.S.

zen Menschengeschlechts, mit allen Kräften, den Menschen in seiner letzten Bedrängnis gänzlich davon abzubringen“[53], indem er ihm einflüstert, daß alles ganz anders ist, als er glaubt und zu glauben gelernt hat. Im Bild schirmen die Teufel ihn ab von der Imagination des Glaubens (Gottvater, Christus, Maria), zeigen auf den heidnischen Götzendienst, in dem die (königliche) Macht sich selbst auf den Sockel stellt und anbetet, auf die Disputation, die alles mit Vernunftgründen in Zweifel zieht, auf einen Mann, der einem andern zum Suizid rät. In der zugeordneten *inspiratio* gelingt es dem Engel, die Welt des Glaubens, Gottvater, Christus, den Hl. Geist als Taube auf dem Gesims, Maria, den gehörnten Moses und die endlose Schar der Heiligen mit ihren Nimben wieder in den Vordergrund zu rücken.

„Zweitens versucht der Teufel den kranken Menschen durch Verzweiflung, die gegen Hoffnung und Vertrauen gerichtet ist, die ein Mensch zu Gott haben muß.“[54] Der Teufel versucht den Menschen zur Verzweiflung zu treiben, indem er ihm alle Sünden seines Lebens in Erinnerung ruft und vorhält: „Du (...) hast stolz, geizig, unkeusch, gefräßig, jähzornig, neidisch und träge gelebt...“[55] Alles, was falsch gewesen ist in seinem Leben, was er versäumt und vertan hat, kommt ihm auf diabolische Weise in den Sinn, und daß es nun zu spät ist, es noch einmal neu und anders

24. Bilder-Ars (Dritte Versuchung), um 1450, 11 Kupferstiche von Meister E.S.

25. Bilder-Ars (Dritte Eingebung), um 1450, 11 Kupferstiche von Meister E.S.

anzufangen. Das ganze Leben hätte anders gehen müssen, jetzt ist es verspielt und umsonst. Im Bild ist der Kranke förmlich eingekreist von Quälgeistern, die ihm Unzucht, Meineid, Raub, Mord und Geiz präsentieren. Im Hintergrund erhebt ein gehörnter Dämon eine Tafel mit dem Register aller begangenen Sünden. Gegen die Enge der Lebensverzweiflung mobilisiert die *inspiratio* des Engels die Hoffnung mit ermutigenden Exempeln der biblischen Geschichte: den Schlüsselverwalter Petrus mit dem Hahn der Verleugnung, die große Sünderin Maria Magdalena, den Schächer am Kreuz, der es noch im letzten Augenblick schafft, den vom hohen Roß gestürzten Verfolger-Apostel Paulus. Das im Lauf des Lebens Mißlungene wird nicht zum Troste klein- und schöngeredet, sondern als eingestanden gerettet in Bilder der Reue und Bekehrung, denen der Sterbende sich mit seiner Hoffnung anschließen solle.

„Drittens versucht der Teufel den kranken Menschen durch Ungeduld, die aus seiner großen Schwäche entsteht."[56] Die „Bilder-Ars" hat hier vor allem die im Auge, denen große Schmerzen zu schaffen machen und die sich fragen, womit sie das alles verdient haben. Das Bild zeigt, wie das innere Murren, Aufbegehren und Hadern mit dem Geschick sich nach außen kehrt als zornige Ungeduld gegen die, die ihn versorgen. Der

26. Bilder-Ars (Vierte Versuchung), um 1450, 11 Kupferstiche von Meister E.S.

27. Bilder-Ars (Vierte Eingebung), um 1450, 11 Kupferstiche von Meister E.S.

Fledermausteufel unter dem Bett goutiert die von der Wut des Sterbenden ausgehende Zerrüttung der Hausgemeinschaft. Der Engel bringt statt der irdischen Familie die himmlische *familia Dei* ans Bett: Gottvater selbst, der mit Geißel und Pfeil zu verstehen gibt, daß man die schreckliche Pein, die man erleidet, aus seiner Hand als Weg zu ihm annehmen soll, was neben ihm sein Sohn, der Schmerzensmann mit Rute und Geißel leibhaftig als Weg des Heils bestätigt; dazu kommen die die Passion an ihrem Leib weiter austragenden Märtyrer, Barbara mit dem Turm, Katharina mit Rad und Schwert, Laurentius mit dem Rost und der Stephanus der Steinigung. Die Geduld, zu der hier aufgerufen wird, ist keine stoische *apatheia,* sondern der Versuch, den eigenen Schmerz einzufügen in die christliche Schmerzgeschichte. Der von Schmerzen Gepeinigte soll, meint die „Bilder-Ars", statt zu Hadern und zu Toben, sich beruhigen lassen durch die intensive Vorstellung derer, die durch das Ertragen ähnlicher Schmerzen in die ewige Ruhe gelangt sind. Sie versteht diesen Weg der Geduld als Weg der Liebe, in der Gott und der Mensch in äußerster Not zusammenkommen und -bleiben können.

Nachdem die ersten drei Versuchungen sich gemeinchristlich an den drei Kardinaltugenden Glaube, Hoffnung und Liebe orientieren, fassen

28. Bilder-Ars (Fünfte Versuchung), um 1450, 11 Kupferstiche von Meister E.S.

29. Bilder-Ars (Fünfte Eingebung), um 1450, 11 Kupferstiche von Meister E.S.

die beiden letzten standestypische Versuchungen ins Auge. „Viertens versucht der Teufel den kranken Menschen durch das Wohlgefallen an sich selbst, welches die geistliche Überheblichkeit ist, indem er Fromme, Ordensleute und Vollkommene ganz besonders anfeindet."[57]

Im Bild inszenieren die Teufel das Krankenbett zu einer Art Krönungszeremonie. Der Zweifel, Verzweiflung, Ungeduld siegreich überwindet, läuft in die teuflische Falle der Selbstgerechtigkeit, die sich pharisäisch über all die anderen Zöllner und Sünder erhebt, die sich mit der Mißernte ihres Lebens herumplacken. Der Stolz aber ist insofern besonders teuflisch, als er das Wesen des Teufels selbst ausmacht, die *superbia*, zu sein wie Gott. In der zugehörigen *inspiratio* sind es gleich drei Engel, die den Kranken zur Demut mahnen; einer von ihnen zeigt auf die kleinen Teufel, die diesmal in höllische Flammen stürzen, darunter, gut erkennbar, ein tonsurierter Mönch. Die Trinität im Hintergrund präsentiert die demütige Magd Maria und den Wüstenvater Antonius, der ob seiner asketischen Meisterleistungen allen Grund zum Ruhm gehabt hätte und sich doch nicht überhob.[58]

„Die fünfte Versuchung des Teufels bezieht sich auf die Habsucht, womit er dabei mehr die Weltleute und die fleischlich Gesinnten angreift.

Diese besteht aus einer allzu großen Beschäftigung mit zeitlichen und äußerlichen Angelegenheiten, so mit Ehefrauen, weltlich gesinnten Freunden, materiellem Reichtum und andern Dingen, denen sie in ihrem Leben einen allzu hohen Wert beigemessen haben."[59] Es geht nicht darum, daß Weltleute sich überhaupt nicht um Weltdinge zu kümmern hätten, sondern um ein All-zu-sehr. Die paradigmatische Sterbefigur ist ein Mann; aber wenn nicht nur Männer sterben, wäre bei der übermäßigen Anhänglichkeit an die Welt natürlich auch an die entsprechende weibliche Version zu denken. Daß ein Mensch sich dadurch bestimmt, was er hat und sich erworben hat, als Mitmenschen oder als Hab und Gut, ist naheliegend und, wie man weiß, beherrschendes Thema der Nachrufe und Leichenpredigten. Im Bild zeigen die Teufel auf Haus und Hof, Vieh und Weinkeller, Freund und Familie. Die *avaritia*, die die scholastische Tradition unter die Kapitalsünden zählt, ist für die „Bilder-Ars" weniger die Gier, noch mehr zu haben, als die Weigerung, die weltlichen Dinge, deren man ohnehin bald verlustig gehen wird, innerlich zu lassen. Gegen die „Einflüsterungen des Teufels", durch die er den Kranken „zu verspotten und zu vergiften sucht"[60], erinnert der Engel an Jesu Sprüche von „freiwilliger Armut"[61] und die „Armut Christi, wie er am Kreuz für dich hing"[62]. Das Bild zeigt den nackten Christus am Kreuz und Maria, die ebenso unter dem Kreuz wie am Kopfende des Bettes steht. Im Hintergrund erscheint ein alter Mann mit Stab und Schafen und drei schönen jungen Frauen, einem jungen Mann noch dahinter, alle ohne Heiligenschein. Wahrscheinlich ist Hiob da als Exempel gemeint, der seine Söhne und all seinen Besitz verlor, dazu seine Frau, als sie ihn im Elend verspottete, und seine alten Freunde, die ihn mit ihren frommen Reden nur noch tiefer ins Unglück stürzten: „Nackt bin ich gekommen aus meiner Mutter Schoß, nackt kehre wieder dahin zurück" (Hiob 1,21); der, als Gott selbst ihm erschien, all seinen Verlust annahm, und dann, wie es am Schluß des Hiobbuchs heißt, noch 14000 Schafe bekam, sieben Söhne und drei Töchter, eine schöner als die andere. Was damals im Lande Uz geschehen sein soll, wird in der „Bilder-Ars" als alttestamentlicher Beleg genommen für den Spruch Jesu: „Jeder, der verlassen hat Haus und Brüder oder Schwestern, Vater oder Mutter, Weib oder Söhne und Äcker um meines Namens willen, wird das Hundertfache empfangen und das ewige Leben besitzen" (Mt 19,29).[63]

Die Schlußbetrachtung der „Bilder-Ars" greift Gersons Vorschläge auf, dem Kranken, so noch Zeit ist, Gebete vorzubeten und Bilder Christi und Marias zu zeigen. Im zugehörigen Bild toben die kleinen Teufel über ihre Niederlage im Todeskampf, während sich im Hintergrund das Bild des

30. Bilder-Ars (Schlußbild), um 1450, 11 Kupferstiche von Meister E.S.

Gekreuzigten erhebt mit der Schar der Heiligen, die den Sieg davongetragen haben. Der gute Engel steht nicht mehr ermutigend vorn am Bett, sondern nimmt im Hintergrund die gerettete Seele als kleines Eidolon auf in die himmlische Herrlichkeit.

Unmittelbar am Bett, wo in den vorhergehenden Bildern der Engel stand, steht nun ein Mann mit Kutte, der dem Sterbenden die Sterbekerze reicht. Mit dieser Figur kommt der Verfasser auf sich zu sprechen und auf das, was er mit seinem Büchlein eigentlich sucht, einen Menschen, der wie ein guter Engel dem Sterbenden beisteht: „Da alles Heil des Menschen in der Stunde des Todes auf dem Spiele steht, soll ein jeder in weiser Voraussicht darauf bedacht sein, sich um einen frommen, gläubigen und geeigneten Gefährten oder Freund zu kümmern, der ihm an seinem Ende treu beistehe, ihm zuspreche und Mut gebe, im Glauben standhaft zu bleiben, geduldig, fromm, zuversichtlich und beharrlich zu sein, und der für ihn bei seinem Todeskampf ergeben und fromm Gebete spreche.“[64]

Aber der Autor weiß auch, daß so jemand schwer zu finden ist: „Aber ach, wie wenige sind es, die im Tod ihren Nächsten treuen Beistand leisten.“[65] Man kann in dieser Äußerung auch eine verhaltene Kritik an der zeitgenössischen Seelsorgepraxis sehen; im Medium der allen zugänglichen Bilder werden jedenfalls erklärtermaßen auch Nutzer des Büchleins unter den literarisch ungebildeten Laien gesucht. Das Vorwort der „Bilder-Ars“ resümiert die Ratschläge der Gersonschen *Ars moriendi* und erinnert daran, daß man den Kranken zum Empfang der Sterbesakramente veranlassen soll. Ob das aber gelingt, und wo es im Vollzug der ganz in sich geschlossenen Übungen der *Ars moriendi* seinen Platz haben soll, die geradezu als subjektive Realisation dessen erscheinen, was man sonst im Ritus des Sakraments empfängt, bleibt offen.

Man kann die „Bild-Ars“ wie das „*opus breve*“ Gersons lesen als Dokumente einer spätmittelalterlichen Frömmigkeit, die der Fortschritt der Zivilisation inzwischen hinter sich gelassen hat. Was die kirchliche Seelsorge da einst bearbeitet hat, ist in die kompetenteren Hände der palliativen Medizin und psychotherapeutischen Behandlung gelangt, was auch die Pastoral akzeptiert, wenn sie sich als ethische Assistenz der Medizin versteht und selbst pastoralpsychologisch professionalisiert. Man kann das aus dem Mittelalter auf uns Gekommene auch lesen als möglichen Beitrag zu einem offenen Gespräch der Gegenwart, als Beitrag z.B. zu jener „Ars moriendi nova“, als deren repräsentative Pole sich „Suizid“ und „Hospiz“ zu erkennen gegeben haben.

3. Suizid und Hospiz

Sieht man in der Moderne nach, was unter dem Titel einer *Ars moriendi* subsumiert wird, so begegnen zwei dominante Stichworte: „Suizid“ und „Hospiz“.[66] Ist Suizid „der Akt, durch den ein menschliches Wesen freiwillig schafft, was es für eine wirkende und wirksame Ursache seines eigenen Todes hält“[67], so ist etwas wie *ars* damit im Ansatz gegeben. Wer sich selbst umbringen will, „Hand an sich legen“, „sich etwas antun“ will, muß wissen, wie das geht, welche Art von inszeniertem Unfall oder Medikamenteneinnahme aller Wahrscheinlichkeit nach zum Tode führt. Versteht man unter *ars moriendi* die *ars seipsum occidendi*, so gerät man, wie die zur Übersetzung von Suizid üblichen Begriffe „Selbstmord“ und „Freitod“ erkennen lassen, auf ein Gebiet, in dem es nicht nur um technische Fragen wirksamer Tötung, sondern auch um moralische und juristische Fragen geht, um Fragen der Legitimität und Legalität der Ausübung einer solchen *ars*, insbesondere, wenn man andere dazu als Helfer braucht und beizieht.

Die beiden großen Meinungsbildner der abendländischen Christenheit, Augustinus und Thomas v. Aquin, haben das Urteil über den Suizid für Jahrhunderte geprägt.[68] Im 1. Buch *De civitate Dei*[69] verfolgt Augustinus in einer ganzen Folge kasuistisch angelegter Erörterungen das moralische

Problem der Erlaubheit des Suizids, in deren Mitte der Satz des Dekalogs steht: „Du sollst nicht töten!" In seiner Zusatzlosigkeit gilt er, der Auslegung des Kirchenvaters zufolge, nicht etwa den Lebewesen überhaupt, Pflanzen und Tieren etwa, sondern dem Menschen, dem Menschen aber überhaupt: „Weder einen anderen noch dich selbst sollst du töten. Denn wer sich selbst tötet, tötet eben auch einen Menschen."[70] Und als biblisches Zentralexempel für den Verstoß gegen dieses göttliche Gebot dient eben Judas. Augustinus' umständliche kasuistische Erörterung von allerlei Grenz- und Ausnahmefällen, dient der Verteidigung des Selbsttötungsverbots gegen Überlegenheitsansprüche der heidnischen, vor allem von der Stoa geprägten Moral, die mit dem Beleg herausragender Fälle im Suizid den Erweis souveräner Freiheit und mannhaftes Mutes sah.

Da für Thomas v. Aquin der Dekalog kein christliches Sondergesetz ist, sondern menschheitliche Gültigkeit hat, übersetzt er die augustinische Ausdehnung des biblischen Tötungsverbots in eine naturrechtliche Argumentation. In der *Summa theologica* widmet sich ein Artikel der Thematik *„Utrum liceat seipsum occidere"* (Sth 2/2 q 64 a 5). Daß es ganz und gar verboten sei (*omnino illicitum*), sucht er mit drei Argumenten zu erweisen. Der erste Grund liegt darin, daß der, der sich selbst tötet, gegen die natürliche Neigung (*inclinationem naturalem*) eines jeden Seienden verstoße, auf sich zu bestehen, sich so zu lieben, daß es sich selbst zu erhalten sucht. Wer sich selbst tötet, verstößt gegen ein Grundgesetz der Natur. Das zweite Argument entlehnt Thomas der Nikomachischen Ethik. Für Aristoteles, der Thomas als *der Philosophus* gilt, ist der Mensch zu definieren als *zôon politikon*, als, wie Thomas übersetzt, *pars communitatis*. Weil er seinem Wesen nach der Gemeinschaft gehört, begeht er gegen sie ein Unrecht (*iniuriam)*, wenn er sich ihr durch selbstsüchtige Selbtstötung entzieht. Das dritte Argument ist, in eher platonischer Tradition, ein unmittelbar theologisches. Der Mensch hat sich das Leben nicht autonom gegeben, er hat es erhalten; er ist nicht *sui iuris*. Das Leben ist ein dem Menschen von Gott verliehenes Geschenk (*quoddam donum)*, zu verstehen als anvertraute Leihgabe, die er zu verwalten und dem Geber, dem Herrn über Leben und Tod, schließlich wieder zurückzugeben hat.

Wo I. Kant in der „Metaphysik der Sitten" „Von der Selbstentleibung" handelt[71], steht der alte augustinisch-thomasische Satz noch unzweifelhaft fest: „Die Selbstentleibung ist ein Verbrechen (Mord)"[72], und die *triplex ratio* der scholastischen Tradition ist noch voll bewußt: Der Selbstmord kann als „Übertretung seiner (des Menschen) Pflicht gegen andere Menschen" und „endlich auch gegen Gott betrachtet werden, dessen uns anvertrauten Posten in der Welt der Mensch verläßt, ohne davon abgerufen zu sein". Kant aber konzentriert sich ganz auf das erste thomasische Argument, „daß der Mensch doch zur Erhaltung seines Lebens, bloß durch die Qualität als Person verbunden sei, und hierin eine (und zwar strenge) Pflicht gegen sich selbst anerkennen müsse"[73]. Die ontologische Argumentationsform des Thomas wird in die tranzendentalphilosophische einer formalen Pflichtenlehre übertragen: „Das Subjekt der Sittlichkeit in seiner eigenen Person zernichten, ist eben so viel, als die Sittlichkeit selbst ihrer Existenz nach, so viel an ihm ist, aus der Welt vertilgen, welche doch Zweck an sich selbst ist; mithin über sich als bloßes Mittel zu ihm beliebigen Zweck zu disponieren, heißt die Menschheit in seiner Person (homo noumenon) abwürdigen, der doch der Mensch (homo phaenomenon) zur Erhaltung anvertraut war."[74] Das Argument bezieht sich auf die Formulierung des Kategorischen Imperativs in der „Grundlegung zur Metaphysik der Sitten", in der es heißt: „Handle so, daß du die Menschheit, sowohl in deiner Person, als in der Person eines jeden andern, jederzeit zugleich als Zweck, niemals bloß als Mittel brauchest."[75] Der Selbstmord ist nicht irgendein Verbrechen, es greift die im Kategorischen Imperativ formulierte Sittlichkeit selbst an und sucht sie aus der Welt zu schaffen.

Augustinus – Thomas v. Aquin – I. Kant, das ist eine klare und starke Linie der abendländischen Einschätzung des Suizids als Mord. Wenn sie in jüngerer Zeit ihre allgemeine Akzeptanz verloren hat, so stellt sich das als Indiz einer epochalen Zäsur dar. Daß eine Veränderung auch das kirchliche Milieu selbst erreicht hat, zeigt sich darin, daß das Lemma „Selbstmord" auch in der theologischen Nomenklatur durch das wertneutrale „Suizid" ersetzt wird.[76] Das mit der Selbsttötung verbundene Feld hat sich der empirischen Betrachtung der Moderne als zu weit und komplex dargestellt, als daß es mit der Kategorie „Mord" einfach zu erfassen wäre.[77] Die klassische moralische Erörterung des Phänomens hat sich aufgefächert in eine Vielzahl psychologischer, medizinischer, juristischer Diskurse, die der Vielschichtigkeit der realen Erfahrung Rechnung zu tragen suchen.

Zur wissenschaftlichen Pluralisierung der Aspekte kommt die weltanschauliche der Standpunkte und Optionen: „Wir leben in einer *nachchristlichen* Situation, in der zahlreiche Elemente der antiken Lebenskunst – zugegebenermaßen nicht selten (aber längst nicht immer) in trivialer Verwandlung – sich wieder Gehör verschaffen. Menschen wollen (idealiter) Autoren ihrer Lebensführung sein, und diese Souveränität hat unter anderem zur Folge, dass sie ihr Sterben nicht gänzlich Dritten aushändigen wollen. Sie entziehen sich zunehmend der moralischen Maßgabe des christlichen Paradigmas und nehmen für sich in Anspruch, den Sterbeprozess zum Gegenstand individueller Wertungen und selbstgewählter Prozeduren zu machen.“[78] Wo die Individualisierung der Moralvorstellungen fortschreitet, konzentriert sich die für alle relevante Debatte auf das staatliche Recht, das den Rahmen setzt, in dem die unterschiedlichen Lebensweisen in Achtung und Frieden miteinander auskommen können. Nachchristliche Anwälte der Autonomie verlangen selbstverständlich: „Die medizinische Hilfe beim Suizid und die tätige Sterbehilfe auf Verlangen dürfen nicht unter allen Umständen verboten bleiben“[79], während die Kirche einer solchen „nachchristlichen“ Tendenz aus ihrer Tradition heraus selbstverständlich Widerstand zu leisten sucht, auch mit dem konsequentialistischen Argument, was eine solche restlose gesetzliche Freigabe sozialpsychologisch bedeuten könnte: Die mit dem Nachlassen moralischen Konsenses einhergehende Juridifizierung veranlaßt dazu, das, was legal ist auch als legitim anzusehen, in dem Sinne, daß man das, was keinen rechtlichen Sanktionen unterliegt, auch moralisch tun darf, ja dann, wenn seine Unterlassung allen Beteiligten nur lästig und beschwerlich ist, auch tun sollte. So gerät der hinfällige Mensch unter den Erwartungsdruck, anderen nicht zur Last zu fallen.

Über dieses in der ethischen Debatte geübte defensive Engagement hinaus liegt der offensive Beitrag von Theologie und Kirche nicht mehr in der moralischen Ächtung, sondern in der Prävention. Suizid erscheint weiterhin als Übel, dem man aber nicht durch moralische oder kirchenrechtliche Sanktionen, sondern durch ärztlich-psychotherapeutische und pastorale Hilfe begegnen soll.[80]

Spricht man von einer „Ars moriendi nova“[81], so erscheint als symbolischer Antipode zum Suizid das „Hospiz“ in dem Sinne, wie es seit den siebziger Jahren des 20. Jh. als „Einrichtung des guten Sterbens“[82] sich entwickelt hat. „Das Hospiz präsentierte sich (...) als ein institutioneller Lösungsvorschlag angesichts der öffentlichen Kritik des Sterbens im Krankenhaus.“[83] „Der Tenor der Kritik richtet sich aber nicht gegen einzelne medizinische Verfahren, sondern ist allgemeiner auf der Ebene des Existenziellen angesiedelt. Die Forderung lautet: Dem Sterben müsse wieder Humanität und Würde verliehen werden, und die Person des Sterbenden und sein Wille müssen anerkannt werden.“[84] „Die zuwendende und an die Persönlichkeit des Patienten gerichtete Pflege ist die Spezialität des Hospizes.“[85] Sie ist „auf den Erhalt der Würde und auf die Aufrechterhaltung der Pietät“[86] ausgerichtet. „Das Hospiz ist darauf spezialisiert, bürgerliche Identität, wo es nur möglich ist, anzuerkennen und wiederherzustellen.“[87] Die enge Verbindung von identitätswahrender Pflege mit palliativmedizinischer Betreuung gehört zum Konzept der Hospizbewegung. „Im Gegensatz zur kurativen Medizin mit dem Ziel der Heilung von Erkrankungen konzentriert sich die Palliativmedizin auf die Linderung von Symptomen und die ausschließliche Verbesserung der Lebensqualität, wenn die Lebenserwartung des Patienten kurz ist."[88] Stationären und ambulanten Hospizdienst übergreifend kann formuliert werden: „Alles zu versuchen, damit es einem schwerstkranken Menschen möglich ist, zu Hause zu sein und zu sterben, ist Kernauftrag der Hospizbewegung."[89] Dieses „Zuhause sein" kann man verstehen als möglichst weitgehende Fortsetzung der vertrauten Lebensverhältnisse, von biographischer Kontinuität und sozialer Geborgenheit.

Bei den Initiatoren, Trägern, Mitarbeitern spielen christliche Grundorientierungen eine nicht zu übersehende Rolle. Hospizarbeit stellt sich dar als „Werk der Barmherzigkeit" und tätige Nächstenliebe. Die *triplex ratio,* die bei Thomas v. Aquin als Argument gegen die Erlaubtheit des Suizids formuliert wurde, wird gewissermaßen vom Feld der moralischen Sanktion in das der karitativen Motivation umgesetzt: Der moribunde Mensch soll spüren, daß er, wie immer es um ihn gesundheitlich steht, lebens- und liebenswert ist; daß die Gemeinschaft, zu der er gehört, ihn als Mitglied achtet und pflegt; daß das individuelle Leben eines jeden das Geschenk unantastbarer Menschenwürde ist.

Das Hospiz ist wie die Auswirkungen, die seine Idee auf Institutionen der Alten- und Krankenpflege überhaupt gehabt hat, eine durch die urbanen Lebensverhältnisse der Moderne provozierte Form der Nächstenliebe. Aber die, die diese Institution tragen und in Anspruch nehmen, sind nicht notwendigerweise im konfessionellen Sinn Christen. Die „Identität", die man zu achten und zu wahren sucht, ist nicht zwangsläufig religiös geprägt. Es ist eine formale Kategorie, die durch biographisch unterschiedliche Prägungen gefüllt sein kann, und Achtung kann dementsprechend nur heißen, daß nicht eine fremde Identität in der letzten Lebensphase aufgedrängt wird. Kann das Hospiz „Identität" nur als regulativen Begriff nehmen, so ist es für den schwerkranken Menschen eine mit der Individualität seines einmaligen Lebens gefüllte Realität. Der im jeweils konkreten Leben geübten *Ars vivendi* soll ein letzter Lebensraum ermöglicht werden. Das ist nun die Stelle, an der sich die *Ars moriendi nova* mit jener *Ars moriendi* des späten Mittelalters, von der sie ihren Namen geborgt hat, berührt.

P.L. Landsbergs philosophischer Traktat über den Suizid, von dem die Rede war, gelangt wie andere neuere Traktate auch, zu dem Ergebnis, daß die von Augustinus und Thomas v. Aquin bis zu I. Kant vorgetragenen Vernunftargumente gegen den „Selbstmord" letztlich nicht durchschlagend seien. Seine Folgerung daraus aber lautet, daß der christliche Widerstand sich eben als spezifisch christlich motiviert zu erkennen geben müsse: „Einem leidenden Menschen, der die Versuchung des Selbstmords erfährt, können wir einzig sagen: Erinnere dich daran, was Christus und die Märtyrer erduldet haben. Du mußt dein Kreuz tragen wie sie. Du wirst nicht aufhören zu leiden, aber das Kreuz des Leidens selbst wird dir süß werden durch eine unbekannte Kraft, die aus der göttlichen Liebe kommt.“[90] Die christliche Stellung zum Schmerz kommt, heißt das, letztlich allein aus der Person Christi, von der geschrieben steht: „Mußte nicht der Messias leiden, um so in seine Herrlichkeit einzugehen?“ (Lk 24,26). Das ist in der philosophischen Phänomenologie des 20. Jh. ein Echo der in der *Ars moriendi* artikulierten spätmittelalterlichen Schmerz-Theologie.

Im Zusammenhang des „Hospizes“ ist von der zu wahrenden „Identität“ des Sterbenskranken die Rede. Die in den spätmittelalterlichen *Ars moriendi*-Schriften verteidigte „Identität“ ist eine entschieden christliche, die sich als eine in nachvollziehbaren Übungen ausgearbeitete *Ars* präsentiert. Die Christlichkeit aber besteht nicht in einem Set moralischer Grundsätze und allgemeiner Regeln, sondern in der Referenz auf den christlichen „Mythos“ als ein Ensemble von Geschichten und Gestalten. Der hochgradigen Individualität des Sterbens begegnet nicht ein allgemeingültiges System, sondern ein Einzelner, der auf Bilder einer Gemeinschaft von Einzelnen verweist, die als Vorbild und Hilfe ins Spiel kommen. Sie hat ihren Grund und ihr Zentrum in der Offenbarung eines persönlichen Gottes in der Person eines Einzelnen, der gekreuzigt wurde, gelitten hat und gestorben ist. Dies hervorzuheben, könnte man als den nominalistischen Zug in der spätmittelalterlichen *Ars moriendi* ansehen.

Je stärker sich die christliche Ethik unter dem Universalitätsanspruch der Aufklärung auszubilden sucht, um so mehr muß die partikuläre Besonderheit der Geschichte als Motivationsgrund in den Hintergrund treten. Das färbt auf den Begriff dessen ab, was christliches Leben bedeutet. Was im Spätmittelalter als *Ars moriendi* konzipiert wurde, gründet auf einem Begriff von *Ars vivendi*, der den lebendigen Verkehr mit all den in den Himmel aufgenommenen Figuren und Geschichten einschließt, die von einem guten Engel in der letzten Not gegen den „Feind des Menschengeschlechts“ und die Schar seiner Quälgeister ins Feld geführt wird. Ohne dieses biographische Kontinuum der eigenen Lebensabsicht könnte das, was sich als geistliche Hilfe anbietet, auch religiöse Ausbeutung der Altersschwäche sein. Erscheint die alte *Ars moriendi* heute befremdlich, so zieht das auch die Frage nach der Formierung einer heutigen *Ars vivendi* nach sich. Das Überkommene ist nicht einfach zu imitieren, aber es hat Fragerecht.

4. Versehgang

„...sanft entschlafen nach andächtigem Empfang der heiligen Sterbeakramente“; „starb nach schwerer Krankheit, versehen mit den Gnadenmitteln unserer heiligen katholischen Kirche“ – Solche auf Totenzetteln und in Todesanzeigen bis in die Mitte des 20. Jh. gebräuchliche Formeln sind inzwischen so gut wie verschwunden. Sie bezogen sich auf das, was man „Versehgang“ nannte, weil der Priester dabei das Haus eines Sterbenskranken aufsuchte, um ihm die Sakramente der Buße, der Letzten Ölung und der Kommunion zu spenden, die als „Gnadenmittel“ verstanden wurden, mit denen die Kirche ihre Glieder versah, den schweren Gang des Todes zu bestehen. Die dabei gespendete Kommunion wurde als „*Viaticum*“, als „Wegzehrung der im Herrn Sterbenden“ verstanden.

Daß die genannten Formeln aus dem religiösen Sprachgebrauch verschwunden sind, verdankt sich nicht einer größeren Dezenz in solch pri-

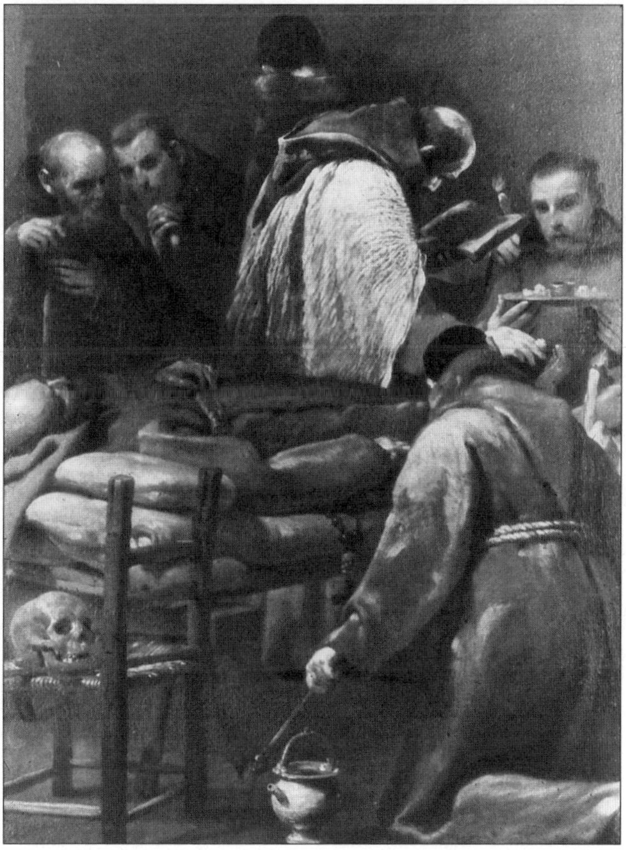

31. G.M. Crespi, Die letzte Ölung, um 1712/15, Dresden, Gemäldegalerie

vaten Dingen, sondern ist Indiz einer tiefreichenden Veränderung, die mit dem 2. Vatikanischen Konzil eingeleitet wurde. Im Zug der liturgischen Reform verlor das alte Triple der Sterbesakramente seinen Verbund, was vor allem daran lag, daß das, was man als „Letzte Ölung" (*Extrema unctio*) bezeichnete, umdefiniert wurde. Beichte und Eucharistie sind lebensbegleitende Sakramente, die beim Sterbenden nur zu einer letzten Anwendung kommen, die *Extrema unctio* hat das „*in extremis*" bereits im Begriff. Mochte es Salbungen auch bei anderen Sakramenten, der Taufe, Firmung, Priesterweihe, geben, diese war für den „*exitus vitae*"[91],vorbehalten, wie Thomas v. Aquin sagt, „*infirmantibus (...), qui sunt in statu exeuntium...*", „Kranken, die im Zustand des Abscheidens sich befinden, weil die Krankheit dazu angetan ist, den Tod herbeizuführen und man diese Gefahr zu befürchten hat" (Sth Suppl. q 32 a 32 cp.).

Die Auseinandersetzung auf dem 2. Vatikanum drehte sich um diese Terminierung. Die Liturgiekonstitution formuliert das in Art. 73: „Die ‚Letzte Ölung', die auch – und zwar besser –‚Krankensalbung' genannt werden kann, ist nicht nur ein Sakrament derer, die sich in äußerster Lebensgefahr befinden. Daher ist der rechte Augenblick für ihren Empfang sicher schon gegeben, wenn der Gläubige beginnt, wegen Krankheit oder Altersschwäche in Lebensgefahr zu geraten." Die terminologische Verschiebung meint eine terminliche, die terminliche aber eine inhaltliche, weil der reguläre Empfänger des Sakraments nun nicht mehr der Sterbende sein soll, sondern der Schwerkranke. Mit dem Empfänger verändert sich aber auch die erwartete Wirkung des Sakraments, von der Hilfe beim Sterben zur Hilfe in der Krankheit, von der Stärkung beim *transitus* in das andere Leben zur Stärkung für den *reditus* in dieses. In der nomenklatorischen Veränderung verbirgt sich etwas sachlich Weiterreichendes: „Bei der Krankensalbung handelt es sich um die Liturgiefeier, die sich hinsichtlich des Verständnisses und ihrer Ausprägung durch die nachkonziliäre Reform am einschneidensten verändert hat."[92] Einschneidende Veränderungen haben manchmal epochalen Zuschnitt.[93] So ist es auch hier. Wie bei nicht wenigen liturgischen Reformen der neueren Zeit gilt das frühe Mittelalter als Beginn einer Verfallszeit, hinter die man zurückkommen möchte: „Vom frühen Mittelalter an wurde die Krankensalbung mit der Buße und der Eucharistie als Viaticum verbunden"[94], d.h. sie wurde zum Sterbesakrament.

Wer die nicht besonders reichlichen Zeugnisse aus den vorangehenden Jahrhunderten ansieht, muß feststellen, daß das Interesse dort vor allem bei der Weihe der Öle liegt, also bei der „Herstellung" geweihter Materie, ihrer Segnung durch den Bischof.[95] Wie Wasser, Salz oder Kerzen zu heilsamem Gebrauch gesegnet werden, so auch das Öl zu allerlei Salbungsgebrauch, bei der Taufe, bei der Priester- oder Kirchweihe, und natürlich, dem allbekannten therapeutischen Nutzen entsprechend, in der Anwendung bei Krankheit, indem man sich damit einrieb oder es trank. Krankensalbung war also eine Art kirchlich aufgehöhte Heilpraxis, auch übrigens im Wettbewerb mit allerlei heidnischem Wunderheilwesen, ohne rechtliche Regelung der Anwendung.

Seit dem frühen Mittelalter kommt diese offene Kirchenpraxis in den Horizont von zwei Erwartungen. Zum einen war es die seit dem 8./9. Jh. ansteigende Sorge um das Seelenheil der Verstorbenen.[96] Die eschatologische Dramatisierung des Todes forcierte auch die Wahrnehmung der „letzten Todsgefahr". Die Salbung mit Öl wurde zur Stärkung nicht gegen heilbare Krankheiten, sondern gegen den finalen Heilsverlust, der dem aus dieser Welt Scheidenden drohte.

Die zweite Herausforderung kam aus der seit dem 11. Jh. einsetzenden Scholastik, deren intellektuelle Durchforstung des kirchlichen Heilshaushalts eine genauere Bestimmung der Sakramente mit sich brachte. Über Spender und Empfänger, Materie und Form, Einsetzung und Wirkung war genauer Auskunft zu geben. Die der Praxis der Sterbesakramente folgende Theorie bestimmte die *unctio infirmorum* zm *„ultimum remedium"* (Sth Suppl. q 32 a 2 cp.), das die Kirche nur denen gewährt, die im Hinübergang von dieser Welt in die andere sich befinden. „Die Krankenkommunion mit der feststehenden Trias von Buße, Viaticum und Letzter Ölung wurde (…) als Initiation zum ewigen Leben verstanden."[97] Als Sakrament ist die *unctio extrema unctio.* Sie verleiht nicht Kranken erneut die Gesundheit, sondern wie die Taufe durch äußere Reinigung eine innere bewirkt, so die *extrema unctio* durch einen äußeren Heilungsakt eine innere Heilung: *„per medicationem sacramentalem exteriorem facit sanationem interiorem"* (Sth Suppl. q 30 a 2 cp.), und diese *sanatio* ist die restlose „Vergebung der Sünden, sofern davon nach dem Sakrament der Buße noch etwas zurückgeblieben ist (*remissio peccatorum quoad reliquias peccati*)" (Sth Suppl. q 32 a 1 cp.). Die Materie dieses Sakraments ist das als Heilmittel übliche Olivenöl, mit dem die fünf Sinne als *„prima origo peccati"*, als sinnliche Stellen, an denen die Sünde bei uns sinnlichen Geistwesen Zugang findet, gesalbt werden. (vgl. Sth Suppl. q 32 a 6 cp.). Die Form sind die dabei gesprochenen Worte, die, dem Heilszweck des Sakraments entsprechend, auf die Vergebung der Sünden zielen: „Durch diese heilige Salbung und durch sein gütigstes Erbarmen vergebe dir der Herr, was du durch Sehen / Hören / Riechen / Tasten / Schmecken und Reden gesündigt hast."

Was die Scholastik unter ihren sakramententheologischen Prämissen als Konstrukt der *extrema unctio* entwickelt hat, ist eine klare Sache. Und doch wollte die liturgische Reform sie verlassen. Es war das Konstrukt der mit dem Frühmittelalter einsetzenden Epoche, aber, was davor war, war nicht so prägnant, daß man logischerweise dahin zurückkehren mußte. Was an der mittelalterlichen Entwicklung des Sakraments mißfiel, wird unter die Stichworte „Spiritualisierung und Eschatologisierung"[98] gefaßt; gemeint ist das Absehen von aller Ausrichtung auf die körperliche Gesundung und die Finalisierung, nicht auf eine Fortsetzung dieses Lebens, sondern auf sein Ende und die damit verbundenen „Letzten Dinge". Als „Krankensalbung" (*unctio infirmorum*) sollte das Sakrament dem elementaren Wunsch des Kranken nach Gesundung entsprechen und nicht, was man auch pastoralpsychologisch vor allem vermeiden wollte, als Ankündigung des nahen Todes. Es sollte in das irdische Leben und seine körperlichen Befindlichkeiten einwirken, statt sich ins Geistig-Jenseitige zu flüchten. Es handelt sich hier um eine deutliche Option zugunsten der vorletzten gegenüber den letzten Dingen. Der liturgiegeschichtliche Wetterwechsel weist auf einen größeren eschatologischen Klimawandel.

Zentrales Argument für die Neuausrichtung des Sakraments aber war, daß die bisherige Praxis nicht seinem biblisch gewollten Sinn entspräche. Ein eigentliches Einsetzungswort Jesu, wie es die scholastische Definition des Sakraments eigentlich vorsieht, gibt es nicht; als biblischer Referenztext wird Jak 5,14f. beigezogen: „Ist jemand krank, so lasse er die Ältesten der Gemeinde zu sich rufen, und sie sollen über ihm beten und ihn im Namen des Herrn mit Öl salben! Und das Gebet des Glaubens wird den Kranken retten, und der Herr wird ihn aufrichten, und wenn er gesündigt hat, wird ihm vergeben werden." Vom Salben mit Öl zum Zweck der Heilung ist auch bei der Aussendung der zwölf Apostel Mk 6,13 die Rede: „Da zogen sie aus und predigten, man solle Busse tun, und trieben viele Dämonen aus, salbten viele Kranke mit Öl und heilten sie." Zur Tätigkeit der Jesusjünger gehört wie zu der Jesu selbst therapeutisches Handeln (vgl.z.B. auch Apg 3,6.16; 4,10), das nach Mk 6,13 auch mit dem Gebrauch von Heilöl verbunden sein kann. An der zitierten Jakobusbriefstelle handelt es sich nicht mehr um solche charismatische Heilungstätigkeit, sondern um institutionsgebundene; die *presbyteroi*, die Ältesten der Gemeinde, werden zu dem Kranken gerufen, damit sie über ihm beten und ihn „im Namen des Herrn", d.h. in seinem Auftrag, vor allem aber in seiner Kraft wieder genesen lassen. Das mit der Salbung selbst verbundene „Gebet des Glaubens" wird den Kranken körperlich retten (*sôsei*) und aufrichten (*egeirei*), von seinem Krankenlager, oder auch seelisch. „Dem Gebet der Presbyter ist eine rettende, d.h. heilbringende Wirkung für den Leib des Kranken verheißen."[99] Als „etwas Akzessorisches"[100] kommt die Sündenvergebung hinzu, soweit sie erforderlich ist. Das entspricht der auch in der charismatischen Tätigkeit der Jesusbewegung bezeugten Verbindung.

Nimmt man den Jakobus-Text als „Einsetzungsworte" des Sakraments, so kann es sich bei ihm nur um eine auf Wiedergesundung gerichtete Krankensalbung handeln und nicht um eine solche Genesung geradezu ausschließende „Letzte Ölung". Es ist diese biblische Fundierung, die als Angelpunkt der liturgischen Neubestimmung fungiert. Von ihr ausgehend wurde nicht nur die liturgische Einbettung der Salbung, sondern auch der sakramentale Akt selbst neugestaltet. Materie und Form wurden neu festgelegt[101]:

> *„Dann nimmt der Priester das heilige Öl und salbt den Kranken auf der Stirn und auf den Händen. Er spricht bei der Salbung der Stirn:*
> *Durch diese heilige Salbung helfe dir der Herr in seinem reichen Erbarmen, er stehe dir bei mit der Kraft des Heiligen Geistes:*
> *A.: Amen.*
> *Bei der Salbung auf den Händen:*
> *Der Herr, der dich von Sünden befreit, rette dich, in seiner Gnade richte er dich auf.*
> *A.: Amen."*

Die bis zur Refom zur *„necessitas sacramenti"* (Sth Suppl. q 32 a 6 cp.) gerechnete Salbung der fünf Sinne wurde aufgegeben. Die vermutlich zunächst pastoralpraktisch veranlaßte Reduzierung wird, dem bischöflichen Einleitungswort zum Rituale zufolge, anthropologisch motiviert: „Die Salbung, die künftig auf Stirn und Hände beschränkt ist, meint in der neuen Doppelbezeichnung den Menschen in seiner Ganzheit als denkende und handelnde Person."[102] Vielleicht war dabei noch im Gedächtnis, daß in der *Summa theologica* des Thomas v. Aquin die Fünf-Sinne-Salbung ausdrücklich anthropologisch besprochen wurde (Sth Suppl. q 32 a 6 cp.). Nach der dort vorgetragenen Handlungstheorie sind für das gute wie das schlechte Handeln des Menschen drei *principia* maßgebend, die *vis cognoscitiva,* die Erkenntnis, die *vis appetitiva,* das Begehren, und die *vis motiva (exsequens),* die Ausführung. Dieser Handlungstheorie zufolge könnte es sinnvoll erscheinen, die Stirn als Ort der Erkenntnis, die Nieren (*renes)* als Sitz des Begehrens, sowie Hände und Füße als Organe der Ausführung zu salben.

Die liturgische Tradition ist freilich eine andere, und die *Summa theologica* findet dafür eine subtile handlungstheoretische Begründung: Das *„primum principium"* unseres Handelns ist die Erkenntnis (*vis cognoscitiva*), alle Erkenntnis aber hat bei uns leibhaftigen Wesen seinen Ursprung in den Sinnen: *„omnis autem nostra cognitio a sensu ortum habet."* Die Sinnlichkeit aber ist konkret die der fünf Sinne (*loca quinque sensuum)*. Sie sind die Kontaktstelle des Geistes zur Welt, durch die auch das Böse einfließen kann. Da das Sakrament der *extrema unctio* auf die Vergebung der Sünden zielt, geht es bei der Salbung der fünf Sinne um alle durch Augen, Ohren, Nase, Mund, Hände begangenen Verfehlungen, wie es im Ritus heißt: *„quidquid deliquisti per oculos etc."*. Die „Letzte Ölung" bewegt sich auf einem Aktionsfeld der Sünde, das vom Sakrament der Buße, das auf die *conscientia* setzt, auf Wissen und Gewissen, das Bekenntnis der erinnerbaren Taten, Reue des Herzens, Zusage der Besserung und Wiedergutmachung, nicht erfaßt wird. Sie setzt beim Körpergedächtnis des Menschen an, was *in extremis,* wo die hohe Bewußtheit, die das Bußsakrament verlangt, oft nicht mehr zu Gebote steht, situationsgerecht sein könnte. Es ist, könnte man sagen, ein Sakrament der versagenden Sinne; versagend einmal in dem Sinne, daß im Vorgang des Sterbens die Sinne, mit denen wir den Kontakt zur Außenwelt halten, ihren Dienst allmählich versagen: Hören und Reden gehen zu Ende, Nahrung ist nicht mehr aufnehmbar, die Augen brechen, die Haut wird kalt. Versagend zum andern in dem Sinne, daß dem Menschen an seinen Sinnen in Erinnerung gerufen wird, daß er durch sie und mit ihnen versagt hat, gesündigt hat nicht nur allgemein „in Gedanken, Worten und Werken", wie es im Sündenbekenntnis heißt, sondern mit Augen, Ohren etc.

Die Verheißung des Sterbesakraments wäre dann wohl, daß diese dem Körper selbst eingelagerten Sündennarben am Ende durch vorsichtige Berührung und Einsalbung mit etwas Olivenöl geheilt werden könnten. Dieser Ritus war bis in die *Collectio rituum,* die bis zur Liturgiereform gültig war, nur lateinisch vorgesehen, also in die weiße Magie einer sakralen Fremdsprache gehüllt, die sich auf der halbbewußten Ebene des Körpergedächtnisses hielt.[103] Das war so nicht haltbar, als man das Sakrament vom Ziel einer letzten Sündenvergebung umstimmte auf eine vorletzte Gesundung. So sinnendetailliert hätte sich die priesterliche Hantierung verdächtig einer alternativmedizinischen Parallelaktion zur professionellen Arbeit der Ärzte für Augen, Ohren, Nase, Hals, Haut angenähert. Da die sakramentale Heilungsabsicht so konkret nicht gemeint war, mußte der Ritus geändert werden, mit ihm aber auch die Anthropologie. Indem nur die Stirn als Sitz der *vis cognoscitiva* und die Hände als Organ der *vis exsequens* (die in der *Summa theologica* als drittes Vermögen vorgesehene *vis appetitiva* wird hier nicht berücksichtigt) gesalbt weden, wird der Mensch „in seiner Ganzheit als denkende und handelnde Person"[104] angesprochen. Die neue Krankensalbung, die ihrem Anspruch nach somatischer sein soll als die der „Spiritualisierung“ verdächtige *Extrema unctio* ist in ihrer Ausführung weniger leibhaft.

Nicht nur die „Materie“ des Sakraments wurde geändert, auch die „Form“, d.h. die die Salbung begleitenden Worte. Das Begleitwort der Stirnsalbung spricht allgemein von Hilfe und Beistand, vom „reichen Erbarmen des Herrn“ und der „Kraft des Heiligen Geistes“. Erst der Begleitspruch zur Salbung der Hände nimmt ausdrücklich Bezug auf den Jakobustext, indem er das „rette dich“ und „richte dich auf“ von dort als Intention der Salbung aufgreift. Was im Jakobus-Brief nur konditional vorgesehen ist – „und wenn einer Sünden hat, wird ihm vergeben werden“ – wird hier in eine Apposition zu „der Herr“ übertragen; die Vergebung wird nicht direkt zugesprochen. Die logische Beziehung zwischen der Apposition und dem deprekativen Wunsch der Rettung und Aufrichtung bleibt offen: Ist die Sündenbefreiung die Ursache der Rettung und Aufrichtung, wurzelt die Krankheit also in einer tieferliegenden Sünde?

Die der Salbung vorangehenden Fürbitten beginnen mit einer Anrufung Christi: „Du bist in die Niedrigkeiten unseres Menschenlebens gekommen, um unsere Krankheiten zu heilen“. Den Evangelien zufolge handelt es sich dabei um eine messianische Tätigkeit, bei der, z.T. in ausgesprochener Konkurrenz zu den Ärzten (vgl. Mk 5,26; Lk 8,43), körperliche Krankheiten auf wunderbare Weise real geheilt wurden. Die nachfolgenden Fürbitten verstehen das in den Salbungsworten Angesprochene als „Beistand (...) in den Gebrechlichkeiten unseres Lebens mit nie erlahmender Kraft“ und „Linderung“ der „Schmerzen“, Stärkung in der „Schwäche“. Diese Ausführungsbestimmungen lassen darauf schließen, daß es sich bei der vom Sakrament erhofften Heilung nicht unmittelbar, wie bei Jesus von Nazareth und auch im Jakobusbrief, um körperliche Genesung handelt, sondern um psychischen Umgang mit der Krankheit.

Das „Einführungswort“ der Bischöfe legt eine psychosomatische Tiefenwirkung des Sakraments nahe: „Der gläubige Christ, der in der Tiefe seiner leibseelischen Kräfte von der Krankheit getroffen ist, soll durch die Salbung und das Gebet des Glaubens im Namen des Herrn gerettet und aufgerichtet werden.“[105] Wie diese „Tiefe“ anthropologisch genauer zu verstehen ist, bleibt offen, mit dem Hinweis darauf wird die anstehende Krankheit jedenfalls existentiell so dramatisiert, daß ihre Heilung in der „Tiefe“ ansetzen kann und soll. Implizit wird damit die beim Empfänger des Sakraments vorauszusetzende Schwere der Krankheit nicht medizinisch, sondern psychologisch bestimmt, als „Krisensituation“[106]. Ist „Betroffenheit“ im Sinne von „Erschütterung“ und „Verunsicherung“ gemeint, so liegt die vom Sakrament erwartete Heilung wohl in der Erwirkung neuen Gottvertrauens und innerer Zuversicht. Das „Gebet des Glaubens“, von dem im Anschluß an Jak 5,15 gesprochen wird, wäre somit eine vom Glauben des Spenders ausgehende Mitteilung von Glauben an den Empfänger. Der Konnex eines glaubensstarken Zuspruchs mit der Wiedergewinnung eines durch die Krankheit erschütterten Urvertrauens, ist psychologisch nachvollziehbar. Die im alten wie neuen Ritus vor der eigentlichen Salbung vorgesehene Handauflegung[107] mutet für diese vertrauensbildende Maßnahme sinnfälliger an als die sakramental zentrale Salbung auf Stirn und Hände.

Das Dilemma der neuen Formatierung als „Krankensalbung“ liegt darin, wie die von den biblischen Texten her geweckte Erwartung körperlicher Heilung mit der realen Effizienz des Sakraments in Einklang gebracht werden kann. Die klassische Sakramentenlehre (*opus operatum; signum efficax; efficiunt, quod significant)* baut ja darauf, daß das Sakrament aus sich heraus die beanspruchte Wirkung erzielt. Rechnet man dazu die wirkliche körperliche Gesundung, und nicht, wie bei der „Letzten Ölung“, nur die geistliche der Sündenvergebung, setzt sich das Sakrament empirischer Prüfung aus, was bei vermehrt negativem Ergebnis die Ehre des Sakraments gefährden kann.

Dagegen werden theologische Sicherungsversuche unternommen, z.B.: „In der Perspektive dieser Weihe des Kranken an Christus wird die fundamentale Gnade der Krankensalbung eine spezielle Hilfe und Unterstützung für den Kranken sein, zum Überwinden der Krankheit in ihrer Bedeutung für die individuelle Heilsgeschichte des Christen: seine Krankheit wird aufgenommen in den Sieg Christi über Krankheit und Tod als Folgen der Sünde. Nach dem Willen Gottes und dem Wohl des Kranken wird diese sakramentale Verbindung der Krankheit mit dem Christusmysterium die leibliche Gesundung bedeuten oder den Krankheitszustand zu einem höheren Heilsmittel umformen. Der Kranke wird genesen, oder seine Krankheit wird nicht länger ein Hindernis sein für das christliche Leben und auch nicht länger der schmerzliche Weg zum Tod, weil sie fortan in Christo zum Instrument des Heils umgebildet wird. In diesem Sinne wirkt die Krankensalbung immer das Heil, aber in Abhängigkeit von der persönlichen Glaubensteilnahme.“[108] Mit diesem theologischen Konstrukt ist die Krankensalbung gegen empirischen Einsprüche immunisiert, weil sie in jedem Fall heilswirksam ist, sei es in der Form der realen Gesundung, sei es dadurch, daß die Krankheit, statt geheilt zu werden, selbst zu einem Heilmittel wird. Das *opus operatum* wird aber doch in seinem geistlichen Teil schlußendlich an das *opus operantis* („persönliche Glaubensteilnahme") gebunden. Der Sinn des Sakraments liegt bei ausbleibendem Gesundungserfolg eben darin, daß der Kranke zum Glauben gebracht wird, daß ihm persönlich die verbleibende Krankheit in jedem Fall zum Heile dient. Die paulinische Maxime, daß „denen, die Gott lieben, alle Dinge zum besten dienen" (Röm 8,28) wird im Medium sakramentaler Salbung auf die Situation des Kranken appliziert.

Die Umwidmung der tausendjährigen *extrema unctio* zur „Krankensalbung" wurde auf dem 2. Vatikanischen Konzil und in der liturgischen Reform danach vor allem von „Liturgiewissenschaftler(n) und Pastoraltheologen"[109] betrieben und getragen. Maßgebende Dogmatiker neigten und neigen immer noch eher zu einer Vertiefung des Sterbesakraments.[110] So läßt sich resümieren: „Weder in der Vergangenheit noch in der Gegenwart ist eine einheitliche Auffassung von diesem Sakrament gegeben."[111] Die Differenzen gründen nicht nur in einer unterschiedlichen Nähe zur pastoralen Praxis, sie verweisen über historische Argumentationen hinaus auf sakramententheologische, soteriologische und eschatologische Divergenzen, die zeitekklesiologisch nicht ausgetragen sind.

6. Sterbelieder

Wer mit katholischem Auge das Evangelische Gesangbuch besichtigt, ist überrascht, wie reich das Regal „Sterbelieder" bestückt ist[112], und fragt sich, wie all dies poetisch hochwertige Gut, vornehmlich barocker Herkunft, heute gebraucht wird, ob man es wirklich singt, in kleinen Kreisen vielleicht, oder nur aufbewahrt als kostbaren Schatz zum privaten Gebrauch, wie es sich verhält zu dem, was das gemeine Kirchenvolk oder sogar die Pfarrer über die „Letzten Dinge" denken, und dem, was an den Hohen Schulen in der Abteilung „Eschatologie" gelehrt wird: „Valet will ich dir geben, / du arge, falsche Welt, / dein sündlich böses Leben / durchaus mir nicht gefällt. / Im Himmel ist gut wohnen...".[113]

Die Theologie dieser Sterbelieder zu bedenken, ist ein weites, frömmigkeitsgeschichtlich fruchtbares Feld. Hier muß es bei einer kleinen Parzelle bleiben, die besondere Aufmerksamkeit verdient, weil sie erst in allerjüngster Zeit ökumenisch geworden ist. Das um 1555 in Nürnberg entstandene und im evangelischen Liederschatz seit langem fest verankerte Lied „O Welt, ich muß dich lassen"[114] hat Aufnahme gefunden in das katholische Gotteslob (2013):

O Welt, ich muß dich lassen,
ich fahr dahin mein Straßen

ins ewig Vaterland.
Mein Geist will ich aufgeben,
dazu mein Leib und Leben
legen in Gottes gnädig Hand.

Mein Zeit ist nun vollendet,
der Tod das Leben endet,
Sterben ist mein Gewinn.
Kein Bleiben ist auf Erden;
das Ewge muss mir werden,
mit Fried und Freud ich fahr dahin.

Auf Gott steht mein Vertrauen,
sein Antlitz will ich schauen
wahrhaft durch Jesum Christ,
der für mich ist gestorben,
des Vaters Huld erworben
und so mein Mittler worden ist.

Das Lied hat ursprünglich neun Strophen[115], aber es war schon im Evangelischen Gesangbuch dreistrophig geworden; auf die letzten sechs lutherische Glaubens- und Gnadentheologie weiter ausbreitenden Strophen hatte man verzichtet.

Das Lied wird gesungen auf die ursprünglich weltliche Weise des Lieds „Innsbruck, ich muß dich lassen". Das ist ein vom habsburgischen Hofkomponisten Heinrich Isaac stammendes Lied (um 1495), das auf herzbewegende Weise den Abschied vom „liebsten Buhl" ausbreitet: „Innsbruck, ich muß dich lassen, / ich fahr dahin mein Straßen / in fremde Land dahin, / mein Freud ist mir genommen, / die ich nit weiß bekommen, / wo ich im Elend bin." Das „Elend" ist die freudlose Fremde (*ali lanti*), aus der man sich nach der Heimat zurücksehnt: „bis daß ich wiederkumm" (Str. 3). Die Melancholie des weltlichen Liedes wird, von der Melodie getragen, in die geistliche Kontrafaktur hinübergespielt, obgleich die Topographie sich verkehrt hat. Der Weg geht nun gerade nicht ins Elend: „ich fahr dahin mein Straßen / ins ewig Vaterland". Doch bleibt der Interjektion „O Welt" ein Hauch jener Trauer erhalten, die im ursprünglichen „Innsbruck" liegt. Die Welt ist nicht schlechthin das „Tränental", die „Welt und Sünd", die „schnöde Welt"[116].

Ist das Lassen der Welt so auch ein Abschied, der nicht ganz leicht fällt, so ist die Grundstimmung doch invers: „mit Fried und Freud ich fahr dahin". Das ist ursprünglicher Luther-Ton, geradewegs ein Zitat aus einem Luther-Lied des Jahres 1524, in dem der Reformator das *Nunc dimittis*, den

Lobgesang des greisen Simeon (Lk 2,29-32) in ein jedem Christenmenschen zugedachtes Sterbelied umgedichtet hat.[117] „Nun entläßt, du, o Herr, deinen Knecht in Frieden", heißt es im biblischen Text; das „in Fried" durch „Freud" zu ergänzen, ist typisch lutherische Glaubensfreudezutat.

Das Lassen der Welt, das Ver- und Loslassen ist ein Weg aus der Zeit, kein Wechseln in einen anderen Zeitraum, sondern Ende aller Zeit. Es ist eigentlich nichts *nach* dem Tod, sofern *nach* ein zeitliche Kategorie ist, sondern Vollendung der hingebrachten Lebenszeit, Aufhebung der Zeit in „das Ewge". Der Verlust des Lebens, das ein einziger Zeitvollzug ist, wird nun als „Gewinn" verbucht: „Sterben ist mein Gewinn". Das ist biblisches Zitat: „Christus ist mein Leben und Sterben ist mein Gewinn" (Phil 1,21). Paulus schwankt an dieser Briefstelle, ob es besser sei, zu leben oder zu sterben. Er gesteht seine „Lust (...), abzuscheiden und bei Christus zu sein, denn das wäre bei weitem das bessere" (Phil 1,23). Wo Christus für ihn das Leben schlechthin ist, kann es nur den Wunsch geben, da zu sein, wo er ist, jenseits des Todes, in der ewigen Welt Gottes. Aber über dieses nachgerade suizidale Begehren siegt dann doch die apostolische Verantwortung: „im Fleisch zu verbleiben, ist nötiger um euretwillen (...), zu eurer Förderung und Glaubensfreude" (Phil 1,24f.). Wo dieses Argument, die Welt noch nicht zu verlassen, entfällt, weil das Ende geradewegs vor der Tür steht, wird der Tod für den Christusverbundenen zum reinen Gewinn: endlich bei Christus!

Aber solche Gewinnaussicht verhehlt nicht, daß dies kein leichter Übergang ist. „Mein Geist will ich aufgeben, / dazu mein Leib und Leben / legen in Gottes gnädig Hand." Der Liedvers zieht die letzten Worte Jesu am Kreuz zusammen. Mt 27,50 heißt es: „Jesus aber schrie nochmals mit lauter Stimme und gab seinen Geist auf", und Lk 23,46 wird dem lauten Schrei der Psalmvers (Ps 31,6) unterlegt: „Vater, in deine Hände empfehle ich meinen Geist". Im Lied ist der Todesschrei Jesu besänftigt in einen vertrauensvollen Übergang. Davon ist dann in der 3. Strophe die Rede: „Auf Gott steht mein Vertrauen...". „mein Straßen" führt nicht in einen finstren Abgrund, in dem ich verschwinde, sondern in das „Vater-land" („des Vaters Gunst erworben"). Daß dem so ist, ist vermittelt durch den „Mittler" „Jesus Christ". Daß da am Ende aller Zeit ein Gesicht ist („sein Antlitz will ich schauen"), und daß es väterlich ist, vertrauenerweckend, weiß man durch „Jesus Christ", und das ist der Gekreuzigte, der so am Kreuz seinen Geist aufgegeben und sein Leib und Leben in Gottes gnädig Hand gegeben hat. Durch ihn hinduch sieht der Beter, was ihn erwartet, wenn er die Welt lassen muß.

Das Sterbelied „O Welt, ich muß dich lassen", in das man sich wohl längst vor seinem Tod eingesungen haben muß, wenn es im Sterben helfen soll, ist ein durch und durch christliches Lied und als solches anfechtbar. – „Und alle haben sie gesungen: Freu dich sehr, o meine Seele. Und, wie es weiter heißt in diesem Lied: Gib, daß ich mit Fried und Freud mög von hinnen fahren heut. Mit Fried und Freud. Wie geht das eigentlich zu, daß man das alles so einfach dahersingen kann? Nehmen sie den Leib, Gut, Ehr, Kind und Weib. Laß fahrn dahin?"[118] So steht es in Johannes Bobrowskis (1917-1965) Roman „Levins Mühle", der im Litauen der Vorkriegszeit spielt, einer Welt, in der deutsche Protestanten und polnische Katholiken, Juden und Zigeuner zusammenleben. Im inneren Dialog einer Beerdigungsszene werden da alte und bekannte Lieder zitiert („Freu dich sehr, o meine Seele"[119] und die letzte Strophe von M. Luthers „Ein feste Burg"[120]) und in Frage gestellt. Das könnte die heute übliche Frage sein, ob solche Lieder nicht überholt seien, abgeschafft gehörten, ersetzt vielleicht durch neue geistliche Lieder. Aber das ist in Bobrowskis Roman die Frage nicht. Es geht nur um das schwer verständliche Faktum, daß man das alles so einfach mit- und dahersingen kann, ohne daß einem die ungeheuerlichen Dinge, die da behauptet oder verlangt werden, den Atem verschlagen. Wenn hierin eine Aufforderung liegt, dann nicht die, jene alten Lieder zu tilgen und zu meiden, sondern sie zu bedenken, möglicherweise bedenklich zu finden. In solchem Gebrauch kommen sie an vielen Ecken und Enden der Dichtung J. Bobrowskis vor. Es ist bezeugt, daß er „zu den alten Sterbeliedern... eine besondere Vorliebe besaß", zu Liedern wie „Mit Fried und Freud fahr ich dahin" oder „Was Gott tut, das ist wohlgetan".[121]

Bei der erwähnten Beerdigung wird nun ein neues Lied gesungen, ein Lied nicht aus alter barockprotestantischer Überlieferung, sondern ein neues Lied, eines das Johannes Bobrowski gedichtet hat. Im Roman singt es der alte Jude Weiszmantel, vom Zigeunerfreund Habedank auf der Geige begleitet, auf der Trauerfeier nach einer Beerdigung. Als Lied, als Weiszmantels „neuestes Lied" wird das Gedicht da eingeführt, und es wird sogar beschrieben, wie es melodisch verläuft: „Eine Vierteltaktweise, die tief anfängt und mit jeder Taktzeile eine Stufe höher steigt, innerhalb der Zeile allerdings mit regelmäßigen Quartsprüngen nach unten, aber eben immer um eine Tonstufe höher kommt, ein Lied also, das keiner mitsingt, nur Habedanks Geige."[122] Es ist ein Sterbelied, aber nicht, wie die alten, ein Gemeindelied, sondern ein „Lied, das keiner mitsingt", ein Lied, das von einem einzelnen vorgesungen wird, ein persönliches Bedenklied. Bevor es in den Roman aufgenommen wurde, war es als selbständiges Gedicht erschienen unter dem Titel „Dorfmusik"[123]:

Letztes Boot darin ich fahr
keinen Hut mehr auf dem Haar
in vier Eichenbrettern weiß
mit der Handvoll Rautenreis
meine Freunde gehn umher
    einer bläst auf der Trompete
    einer bläst auf der Posaune
Boot werd mir nicht überschwer
hör die andern reden laut:
dieser hat auf Sand gebaut

Ruft vom Brunnenbaum die Krähe
von dem ästelosen: wehe
von dem kahlen ohne Rinde:
nehmt ihm ab das Angebinde
nehmt ihm fort den Rautenast
    doch es schallet die Trompete
    doch es schallet die Posaune
keiner hat mich angefaßt
alle sagen: aus der Zeit
fährt er und er hats nicht weit

Also weiß ichs und ich fahr
keinen Hut mehr auf dem Haar
Mondenlicht um Brau und Bart
abgelebt zuendgenarrt
lausch auch einmal in die Höhe
    denn es tönet die Trompete
    denn es tönet die Posaune
und von weitem ruft die Krähe
ich bin wo ich bin: im Sand
mit der Raute in der Hand

Von einer letzten Fahrt ist hier die Rede, von der letzten Fahrt, der „Fahrt aus der Zeit". In der Antike gibt es dafür das Bild der Totenbarke. Im griechischen Mythos fährt der Fährmann Charon die Seelen der Toten über den Unterweltsfluß („Styx", „Acheron") in den Hades; den Toten legt man ein Geldstück („Obolus") in den Mund als Fährgeld (vielleicht eine Art Vorläufer der Abendmahlsoblate, die Christgläubigen als Wegzehrung mitgegeben wird). Dies ist der mythische Hintergrund, aus dem im Gedicht der Sarg als Boot erscheint. Aber da ist kein Fährmann mehr, der das Ruder dieser letzten Fahrt noch selbst fest in der Hand hat: es ist eher ein nächtlich treibendes Boot, dem man gut zureden muß („werd mir nicht überschwer"), in dem der Tote liegt, barhäuptig, weiß und bleich, kein Ruder, nur die Raute („Rautenreis“, „Rautenast“) in der Hand. In Litauen, jener Gegend, in der vieles spielt, was J. Bobrowski geschrieben hat, gilt die Raute als Heil- und Zauberkraut.[124] Im Gedicht ist das Rautenbukett ein „Angebinde“, eine Grabbeigabe, die der Tote selbst fest in der Hand hält. Wie das Totenboot so hat auch die Raute antike Wurzeln.

Mit Todesnachen und Lebensraute hat das Gedicht einen heidnisch-mythischen Untergrund, und dennoch ist es ganz und gar nicht archaisierende Beschwörung des Mythos, als wenn wir dahin zurück könnten oder sollten. Es ist ein jetztzeitiges Gedicht. Die Gegenwärtigkeit des Gedichts ereignet sich im Zueinander und Gegeneinander der Stimmen, die in ihm laut werden. Die Grundstimme ist die des „Ich“, das spricht, das die anderen Stimmen wahrnimmt und reflektiert. Es ist ein merkwürdiges „Ich“, das da spricht, ein lebender Toter, einer, der seine Beerdigung erlebt. Aber das entbehrt hier aller makabren Phantastik; es klingt wie ganz natürlich, daß der, der da zu Grabe getragen wird, zwar nichts mehr tun kann im Kreis der Lebenden, aber doch das, was die andern tun, wahrnimmt.

Die aggressivste Gegenstimme ist „vom Brunnenbaum die Krähe“. Ein „Brunnenbaum“ sieht aus wie ein Galgen; ästelos, kahl erscheint er als wahrer Baum des Todes im Gegenspiel zu dem Lebenszweig der Raute. Auf den zielt dann auch das „wehe“ der Krähe, dessen krächzender Urlaut in das „nehmt ihm ab“, „nehmt ihm fort“ übertragen wird.

Die Adressaten dieses Todesvogelaufrufs scheinen „die andern“ zu sein, von denen es zum Schluß der 1. Strophe heißt: „hör die andern reden laut: / dieser hat auf Sand gebaut“. Sie sollen, ruft die Krähe, ihr Urteil über den da doch handgreiflich vollstrecken, indem sie ihm das lächerliche Angebinde entreißen. Aber: „keiner hat mich angefaßt“. Warum legen sie nicht Hand an ihn? Warum lassen sie ihn gewähren trotz des vernichtenden Urteils „dieser hat auf Sand gebaut“? Was meint dieses Urteil überhaupt? Die sprichwörtliche Redensart geht zurück auf den Schluß der Bergpredigt, wo von dem törichten Mann die Rede ist, der sein Haus auf Sand baute, und der Regen fiel, die Wasserströme kamen, die Winde wehten und rüttelten an dem Haus, es fiel ein, und sein Sturz war groß (Matth. 7,26f). Das also reden „die andern“ laut: ein Narr wird hier zu Grabe getragen, einer, der sein Leben auf Unhaltbarkeiten gründete.

Worin besteht seine Narretei? Auskunft geben könnten seine Freunde. Aber die sagen nichts, „gehn umher“ und „einer bläst auf der Trompete / einer bläst auf der Posaune“ - ein kleiner friedlich-freundschaftlicher Posaunenchor, wie bei Beerdigungen üblich. Nur aus einem Echo, das ihr geblasener Choral im Reden „der andern“ auslöst, kann man ahnen, welchen Gesangbuchtext man zu ihren Tönen wohl dazu denken darf. „Dieser hat auf Sand gebaut" - das läßt an einen bestimmten Choral denken: „Wer nur den lieben Gott läß walten", dessen erste Strophe schließt: „Wer Gott, dem Allerhöchsten, traut, / der hat auf keinen Sand gebaut."[125] Die Freunde sprechen es nicht aus, sie bringen es nur zum Klingen, unaufdringlich und unbeirrbar: „der hat auf keinen Sand gebaut."

Der im „Boot" hört den Kontrapunkt der Stimmen um sich, über sich und zieht in einer Art Reprise sein Fazit daraus („Also weiß ichs und ich fahr"...). Das Krähen-Wehe ist nicht verstummt, aber es ertönt nur noch „von weitem", mit einer kleinen, aber entscheidenden Modulation kommen auch „die andern" zu ihrem Stimmrecht: „ich bin wo ich bin: im Sand", ja, aber: „mit der Raute in der Hand". Ältester mythischer Zauberglaube, daß doch ein Kraut gewachsen sei gegen den Tod, wird evoziert und nicht im nachhinein als heidnisch abgeurteilt oder negiert. Der konstant (durch alle Strophen) festgehaltene Rautenzweig verbindet sich hier im Gedicht mit dem ebenso konstanten *cantus firmus* der Freunde. Unausgesprochen weht über dem alten heidnischen Kraut der neue Name „Wer Gott, dem Allerhöchsten, traut". Heidnisches und Christliches wird nicht vage-regressiv verschmolzen, sondern im Zeichen des Lebens entschieden verbündet. So eigentümlich wehr- und zwanglos ist das Gedicht wohl deshalb, weil die überlieferte Hauptstimme in der freien Exposition der Gegenstimmen nicht untergeht, sondern an stiller Kraft gewinnt. Auf diese Weise ist es eine von weither in unserer städtisch-säkularisierten Zivilisation mit ihren vielen Gegenstimmen erklingende „Dorfmusik".

7. Krise der Beerdigung

„Als wir ankamen auf dem kleinen Friedhof, im Talgrund neben einer Kapelle, zu der wir nie zuvor hinabgestiegen waren, hob in der schlammigen Erde ein Bagger noch das Grab aus. Einige Leute waren da, Unbekannte, auch Freunde, aber noch keine Familienmitglieder, so daß wir daran dachten, vor der Kälte und dem immer weiter fallenden leichten Schnee Schutz zu suchen in der Kapelle, die nicht mehr benutzt wurde und deshalb auf noch trostlosere Weise kalt wirkte. (...) Offenbar war wirklich nichts vorbereitet, organisiert; von einer Zeremonie, einem Ritual, das wahrscheinlich niemand von uns erwartete, ohnehin ganz zu schweigen; aber nicht einmal der Ansatz einer Ordnung: eine Art von seltsamer Verstörung, auch etwas Wildes, das letzten Endes vielleicht sogar paßte. (...) Da überkam mich ein Gefühl von Merkwürdigkeit, und es wurde immer stärker, je mehr die Zeit verging: wegen der unerwarteten Kälte, des mit Schnee überzogenen Tals, das ich über die niedrige Friedhofsmauert zu betrachten begann, und mehr noch wegen dieser Art von Unordnung und Verstörung, dieser langen Stille – so daß mir später bewußt wurde, ich hatte nicht eine Sekunde daran gedacht, in dem Sarg könnte ein toter

Körper liegen, noch dazu der eines so alten Freundes, nicht eine Sekunde – und ich glaube nicht, daß es nur aus unbewußtem Schutz gegen zuviel Rührung geschah... (...).
Vergessen alles Rituelle oder mit Bedacht vermieden, ja sogar das Gegenteil einer Zeremonie, mag sie auch bescheiden sein und unauffällig: die Stille, die nasse Kälte, der Schnee, der aufgehört hatte zu fallen oder in Regen überging, und diese Art von Erwartung bei denen, die herumstanden, ein wenig benommen, fast wie verloren.
Schließlich wurden, anstelle einer Liturgie, die ich altmodischer Mensch vielleicht lieber gehabt hätte (die jedoch im Grunde genommen, das wird mir nun klar, fehl am Platz gewesen wäre da unten, wo das, was ‚wahr' gewesen ist, gerade diese Unordnung, diese Verwirrung war, die ich beschrieben habe), Worte gesprochen, fast zufällig und – in der Tiefe – überhaupt nicht zufällig, wie die Blumen, die man hier und da unter dem Schnee erahnte ..."[126]

Philippe Jaccottets Erzählung von der Beisetzung eines Freundes fährt fort mit kurzen Texten, die da am Grab gelesen werden, frei gewählte Poesie, mitgebrachte Stücke, ohne Absprache oder Plan, die zusammen mit der Stille dieser unwirtlichen Berglandschaft an die Stelle der altvertrauten Liturgie treten, die in solcher unsicheren Lage des menschlichen Zusammenseins gewöhnlich zu Hilfe kommt. Es ist nicht der Stolz, dies hergebrachte Zeremonielle hinter sich gelassen, alle religiöse Konvention abgeschüttelt zu haben zugunsten spontaner Freiheit der Kunst. Der „altmodische Mensch" hätte sie gern gehabt, aber es wird ihm klar, sie wäre „fehl am Platze (*déplacée*)" gewesen, und diese Deplaziertheit betraf die Wahrheit („*ce qui a été ‚vrai'*"). Das alte Ritual hätte vielleicht Ordnung gebracht und Ruhe in diese verstörte Zusammenkunft, aber es wäre nicht wahr gewesen, und dies ist dem, der die Sprache mit solcher Empfindlichkeit behandelt, das erste, daß man nicht lügt: „daß wir, da uns die uralten Worte irgendeiner Liturgie fehlten, Worte herbeigeholt hatten, um sie hier in der Luft zu wagen, gegen den Tod"[127]. Ist das die Ursituation der Entstehung einer Totenliturgie, Worte zu wagen gegen den Tod, Worte, die sich bemühen, nicht zu lügen, so kann das auch ein Kriterium sein für die fertige Liturgie, die die Religion aufbietet.

Das Beerdigungswesen ist längst nicht mehr allein in kirchlicher Hand, evangelischer oder katholischer. Nicht mehr nur die anderen Religionen, Juden, Muslime, Buddhisten etc., beerdigen ihre Toten auf ihre hergebrachte Weise, auch die wachsende Zahl der Nicht- und Nachchristen, Agnostiker, Atheisten hat Formen gefunden, die Toten zu begraben, und die Bestattungsinstitute und ihre Beerdigungsprediger nehmen sich der Sache erfolgreich an. Das alles anzusehen, könnte auch der Theologie Erkenntnisse liefern, aber es würde hier jeden Rahmen sprengen. So ist es geraten, bei dem Vertrauten zu bleiben, der kirchlichen, um der agendarischen Genauigkeit willen, der katholischen Beerdigung, die ohnehin genug Fragen aufwirft.[128] Der *Ordo exsequiarum*[129] wurde nach dem 2. Vatikanum reformiert, aus dem Lateinischen ins Deutsche übertragen, einmal (1972)[130], und noch einmal anders (2009)[131]. Was im vorher gebräuchlichen Exsequiale lateinisch-deutsch auf fünfzig Seiten unterzubringen war, umfaßt in einem opulenten Band nun das Vierfache. Eine flächendeckende Analyse könnte sich im Variantenreichtum verlaufen.

Das Rituale ist zunächst eine Partitur, die in sich analysierbar ist, aber sie dient dazu, auf dem Friedhof aufgeführt zu werden. Und dabei ist man zumeist nicht mehr *entre nous,* unter gelernten und gläubigen Katholiken. Es ist oft eine gemischte Gesellschaft, auch aus Randgängern und religiösen Fremdlingen, die der Familie oder der Freundschaft wegen gekommen sind. Die Totenliturgie ist jedenfalls einer der wenigen Anlässe, bei denen auch Nicht- und Andersgläubige mit der Welt der Religion in Beziehung kommen. Deren Urteil kann nicht maßgebend sein, aber es ist auch nicht einfach unerheblich. Wie sie das hören und sehen oder auch überhören und übersehen, was da *ex officio* geschieht, muß den Veranstalter nicht kümmern, der *opportune, importune* sein Amt auszuüben hat. Aber vielleicht bedenkt er es auch und zieht diesen oder jenen Schluß daraus.

Cl. Lévi-Strauss, der sich selbst als areligiös bezeichnende große französische Ethnologe hat sich in einem Interview des Jahres 1978 zur Reform der katholischen Beerdigungsliturgie geäußert:

> *„L-St.: Da ich ohne Glauben aufgewachsen bin und mich zu keiner Religion bekenne, wäre es geradezu impertinent von mir, eine so ehrwürdige und komplexe Institution wie die katholische Kirche beurteilen zu wollen. E.: Aber als Ethnologe haben Sie doch sicherlich eine spezifische Ansicht zu dieser Frage? L.-St.: Wenn Sie meine Meinung als Ethnologe hören wollen, dann sage ich Ihnen, daß mich die Vorgänge in der Kirche seit dem letzten Konzil beunruhigen. Von außen gesehen scheint es mir, daß man den religiösen Glauben (oder seine Ausübung) eines großen Teils jener Werte beraubt, die das Gefühl ansprechen, das nicht weniger wichtig ist als die Vernunft. E.: Zum Beispiel? L.-St.: Was mir auffällt ist die Verarmung des Rituals. Ein Ethnologe hat vor dem Ritual stets den größten Respekt. Um so mehr, als die Wurzeln des Rituals in ferner Vergangenheit liegen. Er sieht darin ein Mittel, bestimmte Werte unmittelbar sichtbar zu machen, sie würden die S e e le weniger unmittelbar berühren, wenn man versuchte, sie mit rein rationalen Mitteln durchzusetzen. (…) E.: Halten sie die Verkümmerung des Rituals einer sozialen Gruppe für das Symptom einer Krise ihres Wertsystems? L.-St.: Ich weiß sehr wohl, daß jedes Ritual sich entwickeln muß. Eine religiös lebendige Gesellschaft ist fähig, ihr Ritual zu bereichern. Doch die Erneuerungsversuche – soweit ich das nach*

Begräbnis- und Hochzeitsmessen beurteilen kann – erscheinen mir nicht sehr überzeugend."[132]

Das ist, wie man sieht, keineswegs eine schlicht konservative Meinung, die das rituelle Heil einzig im Uralten sieht. Der Forscher, der die Strukturen vieler außereuropäischer Rituale untersucht hat, mißt die Erneuerung an ihrer Werte übermittelnden Überzeugungskraft, die für ihn nicht nur eine Sache der Vernunft ist, sondern auch der Emotionalität, der Gestimmtheit, die ein Ritual mit seinen Gesängen, Farben, Gesten verbreitet. Es ist freilich auch eine Sache der Worte, der Vorstellungen und Anschauungen, die sie einzuprägen versuchen, der Ordnung ihrer Bilderwelt. Das zitierte Interview ist leider der Frage nicht weiter nachgegangen, woran der große Ethnologe sein Unbehagen festmacht. So ist man gezwungen, nach anderen Zeugen Ausschau zu halten.

Im Roman „Windladen" des Schweizer Schriftstellers Jan Lurvink, der als praktizierender Basler Organist offenbar über einschlägige Friedhofserfahrungen verfügt, liest man:

„Die Pfarrer streuen am Grab ein Schaufelchen Erde auf den Sarg hinab und lesen aus ihrem Pflichtenheft vom Heiland und Erlöser vor, der die Toten, die nun ruhten von ihrer Arbeit und in irdenen Kammern schliefen, auferwecken werde am Jüngsten Tag... Drinnen in der Kapelle umschiffen ihre Kanzelworte geschickt das ‚Jüngste Gericht'. Sie lassen nur verlauten: ‚Gott ist kein Gott der Toten, sondern ein Gott der Lebendigen!' und ‚Die Heimat der Seelen ist droben im Licht!' Befreit vom Liturgischen ist der Verstorbene nie tot und auch nicht im Schlaf, sondern lebt und seit er tot ist, erst recht. ‚Noch heute' werde er am Tisch des Herrn sitzen, abgestreift habe er seine irdische Hülle, sei ganz und gar Organ des Geistes geworden, welches nicht mehr zum Schneckengang verderbe, was Adlerflug sein möchte. Die Hinterbliebenen lassen derlei Widersprüche durchgehen. Die besten Zuhörer sind sie nicht (...).
Die Pfarrer, diese Wegweiser, Fährtenleser zu den ewigen Gefilden, verkleinern sich zuweilen vor nüchternen Augen zu unterschiedlich talentierten Versicherungsagenten, die im Gespann mit den Beerdigungsinstituten, als den Reisebüros für die Jenseitsflüge, ihren Policenzahlern die sichere Landung garantieren. Oder sie sind heimlich zurückgelaufen zu ihren Herden und mischen sich unter die, die nicht recht wissen, was sie über den Tod denken sollen, und deshalb lieber nicht viel denken."[133]

Das ist ein bißchen ironisch formuliert und als literarisches Stück natürlich nicht repräsentativ, trifft aber, wie Literatur, wenn sie gelungen ist, etwas, was wir wiedererkennen und zugleich mit neuer Schärfe sehen. Auf manche der eschatologischen „Widersprüche", auf die der Text anspielt, wurde bei der Behandlung von „Allerseelen" schon eingegangen, was hier nicht nochmals zu repetieren ist. So beschränkt sich das folgende auf rituelle Stichproben.

8. Exsequien

a. Ansprache

In der neueren Praxis der Beerdigung ist etwas in den Vordergrund gekommen, was im alten katholischen Exsequiale rituell nicht obligatorisch war, die Ansprache; *„si sermo habendus sit"*, hieß es beiläufig. Die Aufmerksamkeit der Gesänge und Gebete galt dem Verstorbenen, seiner Seele. In der Hervorkehrung der Ansprache wendet sich die Feier den Hinterbliebenen zu, thematisiert ihre Befindlichkeit angesichts dieses Todes. Das kann im allgemeinen geschehen und den Tenor einer Homilie annehmen. Mehr oder minder groß geworden ist dabei der Anteil des Biographischen, in dem der Prediger das, was ihm die Anverwandten an Erinnerungen zugetragen haben, zu einer Art Lebensmosaik zusammenbaut, aus den Zufälligkeiten eine erzählbare Lebensgeschichte macht. Er schafft eine Art Lebensbild, als dessen visuelles Pendant bisweilen ein Fotoportrait des Verstorbenen aufgestellt wird. Indem er so Sinn stiftet, tröstet er die Trauergäste und versammelt sie auf die Person hin, an der sie auf unterschiedliche Weise Anteil hatten. Wenn das gelingt, sagt man, daß das eine bewegende Trauerfeier war.

Es hat den Anschein, daß sich hier etwas, was der Tradition nach eher im evangelischen Predigtamt oder der säkularen Leichenrede beheimatet ist, auf dem Feld der katholischen Exequien Platz geschaffen hat, weil die gesellschaftliche Erwartung auf diese Form ehrenden Gedenkens ausgerichtet ist, die zu versagen als ritualistische Herzlosigkeit ausgelegt würde. Wenn sich katholische Priester im Vollzug der Beerdigung an dieser Praxis ehedem nicht beteiligten, so mag das auch am Beichtgeheimnis gelegen haben, dessen u.U. von der öffentlichen Reputation abweichendes Wissen sie zu wahren hatten. Grundlegender aber war wohl, daß der Duktus der gesamten Totenliturgie eben dahin ging, die Seele des Verstorbenen in die Hände Gottes zu geben. Die Gebete und Gesänge waren kein Urteil, sondern ein Plädoyer zugunsten des Verstorbenen und seines ewigen Heils. Der Lebensbefund, zu dem eine bürgerliche Leichenrede kommt, kann *in summa* nur ein günstiger sein: *„de mortuis nihil nisi bene"* und der Lobkoeffizient mißt sich fast unvermeidlich an der öffentlichen Bedeutung, die der Verstorbene genossen hat. Menschen, die in der Welt nicht viel zustande gebracht haben, haben geistlich dann auch einen schweren Stand.

Wenn Paulus an die Letztinstanzlichkeit des Richterstuhls Christi erinnert, hat er primär das Verurteilen von Menschen durch Menschen im Auge.

Könnte diese mit der Idee des Jüngsten Gerichts verbundene Suspension auch für das Lob gelten, das in der Form des Leichenredelobs eine positive irdische Lebenssumme zu ziehen versucht? Muß die geistliche Ansprache am Sarg sich versagen, was der weltlichen das natürlichste ist? Hat sie sich damit zu begnügen, nicht mehr zu sein als die Indizien auflesende Fürsprache eines Anwalts vor dem, der weiß, wie alles sich in Wahrheit verhält? Verstünde man die Totenrede als Fürsprache, würde sie sich der Fürbitte annähern.

b. Armer Lazarus

Ist der Dichter ein Grenzgänger zwischen einem wilden Ritual, wie es oben beschrieben wurde, und dem klassischen der Kirche, so kann man sein Urteil hinsichtlich des zweiten wenigstens anhören, um der Wahrheit willen. In Philippe Jaccottets Tagebuchnotizen findet sich der Eintrag:

> *„Missa pro defunctis von Lassus. Im Textbuch finde ich die folgende Stelle aus der alten Liturgie wieder, die mich bei einer Trauerfeier in der Kapelle von Grignan ergriffen hatte: Chorus Angelorum te suscipiat, et cum Lazaro quondam paupere aeternam habeas requiem. Das ist nicht der Lazarus, den Christus auferweckte; nur ein Armer voller Schwären, der im Himmel besser aufgenommen wird als der reiche, auf dessen Schwelle er bettelte. – Wir wissen noch, und sogar immer besser, was dieser Lazarus ist; der Chor der Engel jedoch, den man sich so schön vorstellte, wie er ihn empfängt und ihm die ewige Ruhe gewährt? – Damit ist es so, als wäre er weder für ewig stumm noch vollkommen abwesend.“*[134]

Das Stück der Beerdigungsliturgie, das Jaccottet hier bedenkt, ist die alte lateinische Antiphon, die auf dem Weg zum Grab gesungen wird:

> *„In paradisum deducant te Angeli: in tuo*
> *adventu suscipiant te Martyres, et perducant*
> *te in civitatem sanctam Jerusalem. Chorus*
> *Angelorum te suscipiat, et cum Lazaro quondam*
> *paupere aeternam habeas requiem.”*

Sie hat ihn ergriffen bei einer ländlichen Beerdigung in dem Dorf, in dem er seit vielen Jahren lebt. Und die Ergriffenheit ist wiedergekehrt beim Hören einer Vertonung dieses Textes von Orlando di Lasso, und der Text fand sich im Begleitheft dieser Aufnahme, nicht in einem liturgischen Buch. Das alles erscheint dem Dichter mitteilenswert, weil sich darin, wie bei jener wilden Künstlerbeerdigung in den Bergen, von der oben die Rede war, etwas offenbart, was Menschen angeht, ja vielleicht auch ergreifen könnte, die Bestattungen erleben und darüber nachdenken.

Vor allem „der arme Lazarus“ hat es ihm angetan. Er ist sich, seiner Notiz zufolge, vollkommen bewußt, daß dieser Lazarus ein anderer ist, als

32. Der reiche Mann und der arme Lazarus, Evangeliar Ottos III., um 990, München, Bayerische Staatsbibliothek

der Bruder der Maria und Martha, den Christus auferweckte, aber er gerade ist es, der ihn berührt hat: „Wir wissen noch, und sogar immer besser, was dieser Lazarus ist." Schwerer zu erschwingen scheint ihm heutzutage der *chorus Angelorum,* diese schöne Vorstellung der Engelchöre ist in eine Schwebe geraten, die irgendwie noch da ist, kaum hörbar, aber vielleicht nicht für immer verstummt, und darum auch auf keinen Fall liturgisch zum Schweigen zu bringen. Dies Stück der klassischen Beerdigungsliturgie, so lautet das poetische Plädoyer, ist ein bewegendes Stück gegen den Tod. Man sollte es bewahren. Der Dichter würde es gern wiederhören.

Der holländische Dichter Huub Oosterhuis, der, anders als Jaccottet, unmittelbar für die Liturgie Texte erfindet, war wie der französische, von dieser Antiphon lebenslang berührt. Er hat ihr ein Gedicht gewidmet, das ausdrücklich das lateinische Initium als Titel festhält[135]:

In paradisum

Zum Paradiese
mögen Engel dich geleiten.
Bei deiner Ankunft
sollen alle, die gemartert wurden
dich in die Arme nehmen –
und dann tragen sie dich mit
zu der Stadt,
dem heiligen Jerusalem.
Da schart ein Chor
von Lichtgestalten
sich um dich,
und mit Lazarus, dem armen Bettler,
sollst du in Ruh und Frieden sein
für allezeit.

Die Szenerie des *adventus,* wie er in der Antike bei der Ankunft eines Kaisers üblich war, gibt das Bild ab für den Empfang des Verstorbenen in der jenseitigen Welt. Er gelangt nicht irgendwie dahin, er wird dort freudig begrüßt und in Empfang genommen von den Bewohnern, die ihm entgegenkommen. Das sind die Engel und die *martyres,* die erste und älteste Klasse der Heiligen. Oosterhuis beläßt es nicht bei dem konventionellen „Märtyrer", sondern hebt in diesem Namen heraus, was bis in das Lehnwort „gemartert" für uns daraus geworden ist, und erweitert es damit zugleich über den Kreis der kirchlich anerkannten hinaus. Nicht nur die himmlischen Geister sind da, sondern auch, geradezu ihr Gegenpol, die, die in ihren Körpern gequält und umgebracht wurden. Und das *„suscipiant / suscipiat"*, das im lateinischen Text betont von beiden gesagt wird,

wird nicht als blasses „dich begrüßen" gesehen, sondern als Umarmung. Doch als ob das fast zu viel der Ausmalung himmlischer Herzlichkeit wäre, folgt dem Vers ein Gedankenstrich.

Der hindert den Fortgang dann doch nicht: „und dann tragen sie dich mit". Auf den Armen, den Schultern wird der Neuankömmling in die Stadt getragen, das heilige, himmlische Jerusalem, das als Lichtstadt vorgestellt wird, wie es auch der Visionär der Apokalypse sieht: „Und die Stadt bedarf nicht der Sonne noch des Mondes, dass sie ihr scheinen; denn der Lichtglanz Gottes erleuchtet sie" (Apk 21,23; vgl. 22,5). Der Lichtglanz ist bei Oosterhuis wie in Dantes *Paradiso* angelologisch pluralisiert: *„een koor van lichtgestalten"*. Das lateinische *chorus* hat ursprünglich sowohl die Konnotation von Klang wie von Licht; die Sterne am Himmel werden als *chorus* verstanden, als Reigen, den die Pythagoräer als Sphärenharmonie wahrnahmen. Das hat Oosterhuis ganz einfach in den Chor von Lichtgestalten zusammengebracht.

Aber gleich treten, wie schon bei der Ankunft, neben die Engel die Märtyrer, neben die Lichtgestalten der unspektakulärste Repräsentant der auf Erden Gemarterten, der obdachlose Lazarus, der, anders als die Engel, die ja nie aus der in sich bewegten Ruhe ihrer rein geistigen Existenz herausfielen, aus Qual und Unruhe des täglichen Lebenskampfes nun endlich Ruh und Friede hat für allezeit. Dessen Nähe wird dem Verstorbenen gewünscht, und darin kann sich auch und vielleicht gerade der finden, für dessen Lebensanstrengung am Sarg keine große Ruhmesrede zu halten war.

Sieht man im offiziellen Rituale zur Beerdigung und auch im Gesangbuch nach, so findet man unter der Rubrik „Begräbnisfeier" als Gesang auf dem Wege zum Grab, auf deutsch: „Zum Paradiese mögen Engel dich geleiten, die heiligen Märtyrer dich begrüßen und dich führen in die heilige Stadt Jerusalem. Die Chöre der Engel mögen dich empfangen, und durch Christus, der für dich gestorben, soll ewiges Leben dich erfreuen."[136] Es ist die deutsche Fassung des von Jaccottet lateinisch kommemorierten Liedes, aber Lazarus ist verschwunden, das *„cum Lazaro quondam paupere"*, das den französischen wie den holländischen Dichter so ergriffen hatte, ist in der deutschen Liturgiefassung ersetzt: „durch Christus, der für dich gestorben ist". Christus hat den armen Lazarus verdrängt, aus dem Gedächtnis getilgt. Wie, fragt man sich, ist so etwas möglich? Welche Aufsicht hat den Bettler Lazarus so von der Tür des reichen Prassers verjagt, statt ihn in Ehren zu halten im Schoße Abrahams, wie es bei Lukas im Gleichnis erzählt wird (Lk 16,19ff.), und in vielen Bildern zu sehen ist? War es dies, daß das eben nur eine Figur im Gleichnis ist, eine fiktive, von

Jesus nur *exempli gratia* ausgedachte Gestalt, von der man, streng historisch gedacht, gar nicht erwarten kann, daß der gerade zu Grabe Getragene ihn erwarten dürfte im himmlischen Reich? War es dieser auch anderwärts im Heiligenkalender auf Säuberung erpichte *sensus historicus,* der den Lazarus annihiliert hat? War es die Sorge der Verwechslung mit dem anderen gleichen Namens, den Jesus aus dem Grab holte? Oder war es einfach ein starker christozentrischer Sinn, der dem Heilstod Christi in diesem liturgischen Augenblick die Ehre geben wollte, statt einer ausgedachten Nebenfigur?

Erstaunlich ist schon, daß, was in solcher relativen Kleinigkeit, mit bischöflicher Erlaubnis, dem alten Gesang zugefügt wurde, genau das betrifft, was diesen poetisch sensiblen Menschen Ph. Jaccottet so berührt und H. Oosterhuis zu einem neuen Lied animiert hatte. Das Votum der Dichter, des französischen wie des holländischen, für den armen Lazarus ist klar. Die deutsche Verwaltung der Totenliturgie läßt sich von so etwas jedoch nicht berühren. Das Gotteslob von 2013 hat neben der deutschen Fassung der Antiphon den lateinischen Text des Graduale Romanum, wo unübersehbar steht *„cum Lazaro quondam paupere"*; in der deutschen Fassung aber hat es „das durch Christus, der für dich gestorben ist" aus dem alten Gotteslob (1975) unbeeindruckt festgehalten.[137] Wo die römische Maxime, sich bei der Übersetzung strenger an den lateinischen Urtext zu halten, wirklich einmal religiös ertragreich sein könnte, wird sie, offenbar mit römischer Rekognition, so leichthin übergangen, daß man mit Jaccottet und Oosterhuis betroffen ist.

c. Duft und Tau

Die alte Antiphon *„In paradisum"* sieht das Paradies als himmlische Stadt: „und führen in das heilige Jerusalem". Das entspricht der Vision der Geheimen Offenbarung des Johannes. Das „neue Jerusalem", wo „der Tod nicht mehr sein wird, und kein Leid noch Geschrei noch Schmerz" (Apk 21,4), ist in der apokalyptischen Sicht eine Stadt aus lauter Licht, der „Lichtglanz Gottes erleuchtet sie" (Apk 22,10-24). Diese dem Lichthimmel über uns abgelesene Vision wird gekreuzt von einem Bild der Natur: ein Strom lebendigen Wassers geht durch die Stadt hindurch, an dem die Bäume stehen mit ihren Früchten immerzu. (Apk 22,1-2). Die kristalline Lichtstadt ist nichts Totes, das ewige Licht ist zugleich ewiges Leben, gesehen im Bild des irdischen Paradieses, der Oase, aus der Adam und Eva vertrieben wurden.

Bevor der Zelebrant bei der Beerdigung das „Staub bist du..." spricht, gibt es zwei kleine Riten, die vegetative Assoziationen hervorrufen: *„As-*

pergit funus aqua. Er besprengt das Grab mit Weihwasser und spricht: Mit himmlischem Tau erquicke Gott deine Seele, der + Vater, der + Sohn und der Heilige + Geist." „*Et thurificat.* Er beräuchert das Grab und spricht: Mit himmlischem Wohlgeruch erfreue Gott deine Seele, der + Vater und der + Sohn und der Heilige + Geist.".[138] Was über dem Grab getan wird, gilt der Seele. Ihr wird Erfrischung gewünscht und himmlischer Duft. Das läßt an Wasser denken und an Blumen, das Paradies als himmlischen Garten.

Was das kirchliche Beerdigungsritual da evoziert, hat eine gewisse Resonanz in dessen bürgerlicher Umrandung, wo Blumen, Kränze, Sträuße eine wichtige Rolle spielen, vielleicht nur in der Form von Blütenblättern, die wie Schmetterlinge in die Gruft gestreut werden. Die blühende Vegetation wird zum Abschied „als letzter Gruß" aufgeboten gegen das Verschwinden. Die in Todesanzeigen geäußerte Bitte der Hinterbliebenen, von Kränzen und Blumen abzusehen zugunsten einer im Sinne des Verstorbenen zu tätigenden Spende läßt einerseits die Bedeutung dieses Aktes im bürgerlichen Trauerzeremoniell erkennen, schlägt andererseits aber eine karitative Rationalisierung des überkommenen Brauchs vor, die den Toten posthum im Geruch der Wohltätigkeit erscheinen läßt.

Das kirchliche Zeremoniell läßt nun seinerseits auch eine gewisse Rationalisierung erkennen. Die oben angeführten, an Tau und Duft für die Seele denkenden Wasser- und Weihrauchzeremonien stellen liturgiegeschichtlich nämlich nur den vorletzten Stand dar. Die neue Beerdigungsliturgie gibt den beiden Riten eine andere Bedeutung. Zur Wassersprengung heißt es nun: „In der Taufe bist du mit Christus begraben worden und hast in ihm neues Leben empfangen. Der Herr vollende an dir, was er in der Taufe begonnen hat." Und zur Beräucherung: „Dein Leib war Tempel des Heiligen Geistes. Der Herr nehme dich auf in das himmlische Jerusalem."[139] Die Rede von der Seele wird vermieden, der Mensch als leibseelisch ganzer wird angeredet, was dann wohl auch bedeutet, daß an die Vollendung bei der Auferstehung der Toten zu denken ist. Er wird an seine Taufe erinnert, ja sogar, daß er dabei schon einmal begraben worden sei und neues Leben empfangen habe. Dieser symbolische Anfang soll real vollendet werden. Wohl weil Räucherwerk ein Ingredienz des Tempelkults ist, wird der Verstorbene mit Hilfe des Weihrauchs daran erinnert, daß sein Leib zu Lebzeiten „Tempel des Heiligen Geistes" gewesen sei. Was an der biblischen Bezugsstelle 1 Kor 6,19 einen ethischen Kontext hat, wird nun sakraltopographisch gewendet: Der einmal selber Tempel war, soll nun in einen solchen aufgenommen werden. Im Anschluß an die Apokalypse, die das „himmlische Jerusalem" nicht nur als Lichtstadt, sondern auch als raucherfüllten Tempel imaginiert (Apk 15,8), wird der Rauch über dem Grab zum Vorgeruch eines himmlischen Kultraums.

Die rituelle Geste ist geblieben, aber sie hat nicht mehr denselben Sinn. Daß man der dem Leichnam entflohenen Seele erfrischenden Tau und himmlischen Duft wünschte, erschien als Mythos einer *anima separata,* an dem man nicht festhalten wollte. Mit der Anbindung an Taufe und Tempel bekommt die Hoffnung kultisches Gepräge. Die Aussicht ist verkirchlicht. Der vegetative Charme bleibt den bürgerlichen Blumen überlassen.

d. Staub und Auferstehung

„Pulvis es et in pulverem reverteris" – „Staub bist du und zum Staub kehrst du zurück", sagt der Zelebrant der Beerdigung indem er eine Schaufel Erde auf den Sarg wirft. Die Zahl der Beerdigungen, bei der der Tote schon ganz zum Staub zurückgekehrt ist, hat in den letzten Jahrzehnten zugenommen; der Mensch ist schon ein Häufchen Asche, wenn er in die Erde gesenkt wird. Die Kirche hat sich lange gegen die Kremation gesträubt, weil sie als Feldzeichen gegen den christlichen Auferstehungsglauben im Einsatz war. Nachdem man die Differenz von Verbrennung und Sargbestattung weltanschaulich neutralisiert hat, gibt es einsichtige, vor allem ökonomische Gründe, der Feuerbestattung den Vorzug zu geben. Liegt kein Glaubensgraben mehr zwischen den Begräbnisformen, so kann man ihrer Differenz nur noch im Phänomen selbst nachgehen.

Der Tod ist der Augenblick, wo die Menschen ihr animalisches Geschick erfahren, wo es mit ihnen zu Ende geht wie mit allen anderen Tieren auch. Wenn sie verwesen im Grab, werden sie den Pflanzen gleich, die verfaulen und verrotten und ihre Stoffe dem Erdboden wiedergeben. In einem längeren Prozeß kehren sie zurück in den Kreislauf der Natur; die Schonzeit der Gräber achtet ihre Verfallszeit. Die Kremation kürzt diesen Prozeß ab, im Nu ist der Menschenleib mineralisiert. Die Urnenbestattung überläßt die Sache dem Feuer, die Sargbestattung Erde, Wasser, Luft.

Dreimal sollte dem alten Exsequiale zufolge der Zelebrant etwas Erde ins Grab werfen, mit den Worten: „Staub bist du, und zum Staube kehrst du zurück. Der Herr aber wird dich auferwecken am jüngsten Tage."[140] So genau schreiben es die neuen Rubriken nicht mehr vor, und der Text verzichtet auf das *„in novissimo die"*.[141]

Die kirchliche Tradition denkt an dieser Stelle wohl an die endzeitliche „Auferstehung der Toten". Die christliche Bildtradition hat das konkret ausgemalt: „Und das Meer gab seine Toten wieder, und der Tod und das Totenreich gaben ihre Toten wieder, und sie wurden gerichtet, jeder nach seinen Werken" (Apk 20,13). Die Auferstehung der Toten gehört zum

Szenarium des Jüngsten Gerichts, und dazu hat jeder persönlich zu erscheinen, und weil zu dieser persönlichen Verantwortung die Materie, der Leib als Prinzip der Individuation hinzugehört, wird der Gerichtstermin mit Posaunen als leibliche Auferstehung der Toten ausgerufen. Die Weltgerichtsbilder haben das seit dem frühen Mittelalter drastisch ins Bild gesetzt. Die Vision der „Auferstehung der Gebeine", die Ez 37,1-14 als Gleichnis für die Auferstehung des erstorbenen Volkes Israel gemeint ist, wird zum Bildspender für die endzeitliche Auferstehung der Toten: „Ich schaffe Sehnen an euch und Haut und lege Odem in euch, dass ihr wieder lebendig werdet" (Ez 37,6). Das schafft Szenarien, die man sich einerseits als Gewinn vorstellen kann, weil sich in ihnen für jeden einzelnen realisiert, was man für den Einen, Jesus Christus, glaubt und bekennt, daß seine Auferstehung und ewige Existenz eine leibhaftige ist und nicht bloß eine des der leiblichen Welt entkommenen Geistes. Andererseits erweckt solche Restitution des Leibes, je konkreter und universeller sie vorgestellt wird, eher Schrecken als Glück. „Auferstehung – welch schrecklicher Gedanke", schreibt G. Steiner in seinem nicht einfach religionsfeindlichen Buch „Warum Denken traurig macht"[142]. Was die kirchlichen Liturgen sich über dem Staub vermutlich als freudige Verheißung denken, ist, wenn man es nicht geradewegs überhört oder als vagen Trost nimmt, möglicherweise eine Vorstellung, die eher Unbehagen weckt oder, über tausend Gräbern des Friedhofs gedacht, einfach unvorstellbar erscheint. Dächte man noch, wie es die Tradition vorsieht, Auferstehung und Jüngstes Gericht zusammen, erscheint am Ende die letzte Ruhe im Grab manchen vielleicht als das geringere Übel.

Allzu krude Vorstellungen hat der Hl. Paulus freilich schon korrigiert, wo er im 1. Korintherbrief sich mit dem Wie der Auferstehung der Toten beschäftigt: „(...) nicht jedes Fleisch ist dasselbe Fleisch" (1 Kor 15,5); „es wird gesät ein natürlicher Leib, es wird auferweckt ein geistiger Leib" (1 Kor 15,44), was man vielleicht so dolmetschen kann, daß die Seele, die sich mit dem Leib, den man nun hier als Leichnam oder Asche der Erde zurückgibt, ein neues, freies Verhältnis zu dieser Materie gewinnt, daß nicht nur Geist, sondern die Materie dieser Erde ewig sein wird, als unvergeßlicher Leib aller Menschen, die in ihre Geschichte eingegangen sind, daß die Erde, was immer ihr kosmologisch bevorsteht, die in den Himmel aufgenommene Heimat der Menschheit und all ihrer Individuen für immer bleibt.

Hinzu kommt die mit der Auferstehung verbundene Idee des Gerichts, die die gegenwärtige Liturgie im heimlichen Einverständnis mit dem Geist der Zeit nicht besonders forciert. Ist ihr noch ein Sinn abzugewinnen? „In der Pfarre“ ist ein Gedicht des polnischen Dichters Ceslaw Milosz (1911-2004) überschrieben, die der Sprachhilflosigkeit der Theologen mit Laienphantasie ein wenig zu Hilfe kommt[143]:

In der Pfarre

Wäre ich nicht selbst so vergänglich und innerlich gebrochen gewesen,
Hätte ich nicht all jener gedacht, die innerlich gebrochen waren wie ich,
So wäre ich nicht auf den Hügel zum Friedhof bei der Kirche gestiegen,
Um zu versuchen mich meines Selbstmitleids zu entledigen.
Nun liegen sie alle unter den Kreuzen mit Geburts- und Sterbejahr:
Die verrückt gewordenen Zofias,
Die Kaziks, die immer die Verlierer waren,
Die sich selbst quälenden Agatas. Wer wird
Für sie sprechen? Für ihr Murmeln, ihr Schluchzen, ihre
Tränen der Erniedrigung?
Sie selbst, die Schamgebeugten, in Krankenhäusern,
In Schleim und Uringestank.
Und gleich darauf die Ewigkeit. Unangebracht. Unanständig.
Wie das ein Puppenhaus zertrümmernde Rad, wie der einen Maikäfer
Zertretende Elefant, wie der eine winzige Insel verschluckende Ozean.
Wahrhaftig, unsere infantile Dummheit
Paßt nicht zum Ernst der letzten Dinge.
Sie alle hatten keine Zeit, um auch nur irgend etwas
Von der Einzigartigkeit des Daseins zu verstehen,
Vom principium individuationis,
Auch ich verstehe nichts davon, doch was kann ich dafür.
Mein Leben lang in einer Nußschale eingeschlossen,
Wollte ich vergeblich ein ganz und gar Anderer werden.

Liebe Pfarrgemeinde, wir steigen also hinab in die Erde,
Mit der Hoffnung, daß die Posaunen des Jüngsten Gerichts uns beim Namen rufen.
Anstelle der Ewigkeit das Grün und den Wolkenflug,
Tausende und Abertausende von Zofias, Katarzynas, Barteks, Marysias, Agatas und Bronislaws stehen auf,
Damit sie endlich wissen,
Warum es war und wozu.

d. Nächstenliebe

Aus dem variantenreichen Fürbittenangebot der neuen Beerdigungsliturgie sticht eine hervor, die als einzige unverändert aus dem alten Exsequiale übernommen wurde: „für den aus unsrer Mitte, der als erster dem Verstorbenen vor das Angesicht Gottes folgen wird“[144]. Die Fürbitte ist zunächst bemerkenswert, weil sie den Tod mit dem Erscheinen vor Gottes Angesicht verbindet, was nach biblischem Sprachgebrauch ein Gerichtstermin ist; *coram Deo* zu erscheinen, meint eine Situation der Verantwortung. Das ist, etwas verdeckt, ein eschatologischer Aspekt, der im Gesamttableau der Beerdigungsliturgie nicht besonders stark ist.

Die Fürbitte gibt weiterhin mit dem anonymen Appellativ „der Nächste" der Bestattung eine existentielle Note. Einer von denen, die hier zusammenstehen um das Grab, wird der nächste sein, dem man es schaufelt. Einer aus dem Kreis hier ist es mit absoluter Sicherheit, aber wer es ist, weiß man nicht. Man könnte diese Fürbitte hören als liturgisch verpacktes *Memento mori*: Ich selbst, der ich hier antworte: „Wir bitten dich, erhöre uns" könnte der nächste sein, vielleicht schon bald: *Mors certa. Hora incerta.* Man könnte ein solches *Memento mori* auch weniger als implizierten Appell denn als wirkliche Fürbitte nehmen, daß die Trauergemeinde in diesem Augenblick dem Unbekannten in ihrer Mitte ihre Aufmerksamkeit zuwendet und das Gelingen seines Lebens, sein Bestehen im Gericht über die Welt, sein ewiges Heil von Herzen wünscht. Dieser Unbekannte könnte natürlich auch ein gut Bekannter sein, ein Freund, ein Angehöriger der Familie, aber im Prinzip ist es jeder. Die Menschenwürde, die man ohne Ansehen der Person in solch einer Bitte achtet, läge in unser aller Endlichkeit.

III. HOCHZEIT

1. Ehelehre

Nach Taufe und Bestattung ist der dritte lebenslaufbezogene Ritus die Trauung, deren Besonderheit darin besteht, daß sie nicht alle angeht. Es handelt sich um ein Standessakrament, aber eines, das gleich zwei betrifft, ein Paar von Mann und Frau. Doch nicht alle Männer und Frauen paaren sich zu jener ständigen Lebensgemeinschaft, die man Ehe nennt. Die Kasualie der Trauung stößt auf einen Anlaß, der nicht alle, aber immer zwei betrifft. Zwei Lebensläufe, die lange ihre eigenen Wege gegangen sind, und, was ihren künftigen Gang betrifft, unüberschaubar bleiben, werden zu einem Kontrakt zusammengebunden, einem Bund der Gemeinsamkeit, den die Gatten lebenslang festzuhalten versprechen sollen. Lebensabenteuerlich gesehen, ist die Ehe, in die die Kirche sich hier einmischt, ein höchst komplizierter Knoten der Zeit. Sie ist es auch in ihrer geschichtlichen Entwicklung.

„Im Alten Testament ist die Ehe Objekt gesetzlicher Bestimmungen, die einzelne relevante Konfliktfälle regeln sollten, jedoch kein systematisches

Eherecht bilden. (…) Die Eheschließung, der eine religiöse Sinngebung weitgehend fehlt, bedurfte keiner Mitwirkung staatlicher oder religiöser Instanzen."[145] – „Eine eigentliche Ehelehre kennt das Neue Testament nicht. Auch die Regeln, denen das Eingehen einer Ehe unterliegt, Hochzeit und Hochzeitsbräuche sowie den Alltag der Ehe übergeht das Neue Testament weitgehend, jedoch sprechen die Evangelien so selbstverständlich von der Ehe (Mk 12,18-27) und benutzen deren Bilderwelt (Mt 22,1-14; Mk 2,19f.), daß sie als Institution vorausgesetzt ist."[146]

In Anbetracht eines solchen biblischen Befundes ist es erstaunlich, wieviel das Lehramt der katholischen Kirche und die ihm verbundenen Theologen über die Ehe wissen. Das Konzil von Trient und das 2. Vatikanische Konzil in seiner Pastoralkonstitution über die Kirche in der Welt von heute (Art. 47-51), Enzykliken mit den vielsagenden Titeln *„Arcanum Divinae Sapientiae"* (1880), *„Casti Connubii"* (1930), *„Humanae vitae" (1968)*, *„Familiaris consortio"* (1981) haben sich eingehend der Sache gewidmet. Die Rechtslehrer der Kirche wissen in über hundert Canones (CIC 1917: Can. 1012-1143; CIC 1983: Can. 1055-1165) *De matrimonio* weit mehr als über jedes andere Sakrament. Juristisch sicher heißt es im allerersten Paragraphen gleich: „Der Ehebund, durch den Mann und Frau unter sich die Gemeinschaft des ganzen Lebens begründen, welche durch ihre natürliche Eigenart auf das Wohl der Ehegatten und auf die Zeugung und Erziehung von Nachkommenschaft hingeordnet ist, wurde zwischen den Getauften von Christus dem Herrn zur Würde eines Sakraments erhoben" (CIC 183 Can. 1055, § 1). Tun sich die Exegeten schwer, herauszufinden, wann unser Herr Jesus Christus zu seinen in den Evangelien überschaubaren Lebzeiten dies getan haben sollte, kümmern solche Fragen im Souterrain ihres stolzen Gebäudes Juristen vielleicht gar nicht.

Der Eifer, eine solche Lehre auszuarbeiten, ist umso erstaunlicher, als ihre Träger dem Gegenstand, den sie hier traktieren, für sich selbst mit Entschiedenheit abgesagt haben. Konzilsväter und Päpste, die sich zu diesen Dingen äußern, Augustinus und Thomas v. Aquin samt allen ihren Nachfahren sind Zölibatäre, die um eines höheren Standes willen der Ehe entsagt haben und somit über etwas befinden, was ihnen, *ex supposito*, empirisch nicht vertraut ist, ja ihnen im christlichen Vollkommenheitsgefüge als ein zwar zum Erhalt des Ganzen, des Menschengeschlechtes wie der Kirche, unentbehrlicher, aber doch nicht ganz unproblematischer Stand erscheint.

Es war die für den Weltlauf erwartete Kürze der Zeit (vgl. 1 Kor 7,29), die den ledigen Apostel Paulus veranlaßte, der Ehe mit Vorbehalt zu begegnen:

„Ich will aber, daß ihr ohne Sorgen seid. Der Unverheiratete sorgt sich um die Dinge des Herrn, wie er dem Herrn gefallen möge; der Verheiratete sorgt sich um die Dinge der Welt, wie er seiner Frau gefallen möge (…) Die Unverheiratete sorgt sich um die Dinge des Herrn, damit sie heilig sei an Leib und Geist; die Verheiratete dagegen sorgt sich um die Dinge der Welt, wie sie ihrem Mann gefallen möge."
(1 Kor 7,32-34)

„Vergeht die Gestalt dieser Welt" (1 Kor 7,31) demnächst, scheint es ratsam, von Ehesorgen frei, sich ganz dem Herrn zu widmen, der bald kommt. Die Welt verging nicht so schnell, aber die Ehesicht des Paulus blieb der auf den Bestand der Welt sich einrichtenden Kirche erhalten. Bedurfte man dieser Gemeinschaft von Mann und Frau um des Fortbestands von Gesellschaft und Kirche, so schien doch alles, was man da ist und da tut, immerzu rechtfertigungs- oder regulierungsbedürftig, und das übernahmen die sorgenfreien Ledigen gern. Die sich darum so angelegentlich kümmern, sind im allgemeinen Männer, ehelose Männer, die schwer umhinkönnen, Tisch und Bett der Eheleute aus der Perspektive ihres Geschlechts und Standes anzusehen.

Dem allem nachzugehen, liegt jenseits dessen, was einer Poetischen Dogmatik zusteht. Sie bescheidet sich mit dem, was ihr quellenmäßig näherliegt, der Liturgie, der Liturgie der Trauung, die auch in Hinsicht der Zeit das einschneidende Ereignis ist.

2. Trauung

Wie um 300 n. Chr. ägyptische Christen ihr Leben in dieser Welt empfinden konnten, ist dem sogenannten Brief an Diognet zu entnehmen. Im 5. Kapitel heißt es dort:

„Denn die Christen sind weder durch Heimat noch durch Sprache und Sitten von den übrigen Menschen verschieden. Sie bewohnen nirgendwo eigene Städte, bedienen sich keiner abweichenden Sprache und führen auch kein absonderliches Leben (…) Sie bewohnen Städte von Griechen und Nichtgriechen, wie es einem jeden das Schicksal beschieden hat, und fügen sich der Landessitte in Kleidung, Nahrung und in der sonstigen Lebensart, legen dabei aber einen wunderbaren und anerkanntermaßen überraschenden Wandel in ihrem bürgerlichen Leben an den Tag. Sie bewohnen jeder sein Vaterland, aber nur wie Beisassen; sie beteiligen sich an allem wie Bürger und lassen sich alles gefallen wie Fremde; jede Fremde ist ihnen Vaterland und jedes Vaterland eine Fremde. Sie heiraten wie alle andern und zeugen Kinder, setzen aber die geborenen nicht aus.…"[147]

Die Christen leben nach dieser frühchristlichen Schrift wie selbstverständlich unter den Menschen dieser Welt. Sie unterscheiden sich von ihnen nicht dadurch, daß sie eigene Lebensformen und Institutionen für sich beanspruchen, sondern durch den „Wandel", die Weise, mit allem umzugehen, wie „Fremdlinge", deren eigentliches „Vaterland" woanders ist. „Sie leben im Fleische, leben aber nicht nach dem Fleische. Sie weilen auf Erden, aber ihr Wandel ist im Himmel. Sie gehorchen den bestehenden Gesetzen und überbieten in ihrem Lebenswandel die Gesetze."[148] Unter den Beispielen dieses christlichen Bürgerlebens erscheint auch die Ehe: „Sie heiraten wie alle andern und zeugen Kinder, setzen aber die ungeborenen nicht aus." Sie sind kein sonderlicher Stand der Ehelosen und verehelichen sich so, wie es eben hier und dort die Landessitte ist, zeugen Kinder, nur folgen sie nicht der Unsitte, unerwünschte Säuglinge auszusetzen.

Als die Kirche in den nachfolgenden Jahrhunderten zunehmend dann doch eigene Institutionen entwickelt, bleibt die Form der Eheschließung lange etwas, worin die Christen sich der geltenden Landessitte anschließen.[149] Im Rechtsraum des Imperium Romanum wie in der frühmittelalterlich-germanischen Welt ist die Eheschließung eine Sache der Familie und der Sippe. Die Braut geht durch einen förmlichen Kontrakt aus dem *dominium,* der „Muntschaft" des Vaters in Verfügung und Schutz des Ehemanns über. Die Übergabe ist freilich nicht die eines Dings, sondern die Anvertrauung einer Person, nach der römischen, in die germanischen Welt übernommenen Rechtsregel: *„Consensus facit nuptias"*. Die Ehe wird begründet durch den Konsens der Ehegatten und geschlossen durch die Handreichung. Zu dieser nicht nur Einzelpersonen, sondern Familienverbände verbindenden Eheschließung bedarf es keiner besonderen kirchlichen Intervention. Dem familiären Interesse entspricht die familiäre Vollzugsform.

Daß die Eheschließung ihrer Glieder der Kirche liturgisch nicht gleichgültig ist, zeigen seit der Spätantike eucharistische Gebete und Segnungsriten, die nicht zur Pflicht der Form gehören, aber doch vom Klerus angestrebt und empfohlen werden. In die Form der Trauung greift dies aber erst seit dem 12. Jh. ein. „Aus der Feier der Eheschließung im Kreis der Familie und Sippe wird im Hoch- und Spätmittelalter die Vermählung in der Öffentlichkeit der Gemeinde, konkret ‚in facie ecclesiae', angesichts der Kirche, auf dem Kirchplatz."[150] Der neue Ort gibt auch dem Priester eine neue Rolle. Er kann nach oder neben dem Vater als Vertrauensperson der Anvertrauung fungieren.

Der rituellen Verlagerung korrespondiert in der gleichen Zeit eine theologische Neustrukturierung des Heilshaushalts. Im Zuge der scholastischen Systematisierung der *res sacrae* bildet sich das Konstrukt der sieben

Sakramente, zu denen nun die Ehe gerechnet wird. Ist die Ehe ein *sacramentum* im Sinne der scholastischen Theorie, d.h. ein *„signum rei sacrae, inquantum est sanctificans homines“* (STh 3 q 60 a 2), so gewinnt der weltliche Akt der Eheschließung eine Heilsdimension, die nicht ohne Auswirkungen auf die Form des Ritus bleiben kann. Selbst wenn man dabei bleibt, daß dieses Sakrament nichts anderes ist als der von den Brautleuten öffentlich geäußerte Konsens, sie also einander das Sakrament spenden, wächst dem Kontrakt doch eine sakrale Dimension zu, die der Beteiligung des Priesters eine erheblich größere Rolle einräumt als zuvor.

Das Trienter Konzil vollzieht die abschließende Ratifikation dieser mittelalterlichen Entwicklung. Das in der Sessio XXIV verabschiedete Dekret *„De sacramento matrimonii“* enthält die lehramtliche Fixierung der scholastischen Doktrin von der Sakramentalität der Ehe, die als immerwährende und universale Überlieferung der Kirche (*„sancti Patres nostri, Concilia et universalis Ecclesiae traditio semper docuerunt“*[151]) behauptet wird gegen die Reformatoren, die hier tituliert werden als *„impii homines huius saeculi“*.

Der Schriftbeweis stützt sich auf eine Verknüpfung von Gen 2,23f., Mt 19,6 und Eph 5,25.32. Daß dabei ein jeweils komplexer Text auf einen Vers gebracht wird, gehört zum Verfahren. An der wundervollen Geschichte, in der der Schöpfer für den bedauernswert einsamen *adam* nach erfolgloser Suche im Spektrum von Vögeln und allerlei sonstigem Getier über Nacht aus dessen eigener Seite eine Gefährtin auf Augenhöhe schafft, welcher nun jubelt: „Endlich, Fleisch von meinem Fleisch“, dieser Geschichte, die das Geheimnis von menschlichem Eros und Sexus, daß es den Mann so unwiderstehlich von Vater und Mutter wegzieht zu einer Frau, mit der er leiblich eins zu werden sucht, narrativ plausibel macht[152], interessiert nur mit ihrem Schluß: *„Matrimonium perpetuum indissolubilemque nexum primus humani generis parens divini Spiritus instinctu pronuntiavit, cum dixit:..“*. – „Das immerwährende und unauflösliche Band der Ehe hat der erste Vater des Menschengeschlechts auf Antrieb des göttlichen Geistes verkündet, als er sagte:...“[153]. Das Glück des ersten Menschen, endlich eine Gefährtin zu haben, die zu ihm paßt (Gen 3,18.20.23), wird umgeschrieben in eine vom Geist inspirierte, und deshalb wohl wahre, stammväterliche Prophetie der Unauflöslichkeit der Ehe.

Das muß so sein, weil nur so der Konnex zum Herrn Jesus Christus (*„Christus Dominus apertius docuit.“*) hergestellt werden kann, genauer zu der Stelle (Mt 19,4-6), an der es abweichend vom alttestamentlichen Text heißt, Gott selbst habe gesagt „Darum wird ein Mensch Vater und Mutter verlassen etc.“, und Gott habe die beiden zusammengefügt. Die theonome Umpolung des Genesis-Textes, die den Schöpfer vom Erfinder zum Gesetzgeber macht, hängt mit dem halachischen Zusammenhang der neutestamentlichen Perikope zusammen. Es geht Mt 19,3-12 um eine von den Pharisäern aufgeworfene Eherechtsfrage, nämlich die unter den verschiedenen Rechtsschulen der Zeit umstrittene Frage: „Ist es erlaubt, seine Frau aus beliebiger Ursache zu entlassen?"(Mt 19,3). In dieser Sache vertritt, Matthäus zufolge, der Prophet aus Nazareth wie auch sonst, z.B. beim Schwören (Mt 6,66-37), eine moralisch radikale Position: „Was Gott verbunden hat, das soll der Mensch nicht trennen." (Mt 19,6). Daß die Jünger Jesu dieser Radikalität als dem Durchbruch ursprünglicher Schöpfungsordnung einhellig zugejubelt hätten, wie Adam einst, als Eva plötzlich dastand, wird man kaum sagen können, liest man, in der Redaktion des Matthäus jedenfalls, alsbald: „Die Jünger Jesu sagen zu ihm: Wenn die Sache des Mannes mit dem Weibe so steht, ist es nicht gut zu heiraten." (Mt 19,10), welche Schwierigkeit Jesus halbwegs zu konzedieren scheint, wenn er ihnen antwortet: „Nicht alle fassen dieses Wort, sondern nur die, denen es gegeben wird" (Mt 19, 11).

Das Urteil über das Schwören ist nicht weniger rigide als das über die Ehescheidung: „Ich aber sage euch, ihr sollt überhaupt nicht schwören, weder beim Himmel (...). Eure Rede sei ‚Ja, ja; nein, nein'. Was darüber ist, ist vom Bösen" (Mt 6,37). Während nun das kirchliche Recht diesem „Bösen" bedenkenlos wohlwollende Aufnahme in die ekklesiale Praxis gewährt (vgl. CIC 1983, Can. 1199-1204: *De iureiurando*), wird der Spruch Jesu in Sachen Eherecht zum Gottesgesetz der Unauflöslichkeit (*„nexus firmitatem (...) his verbis confirmavit"*). Das Interesse an Ehe und Eid ist offensichtlich verschieden.

Die Konzilsväter sind sich freilich bewußt, daß es bei Jesu Rechtsauskunft um eine pharisäische Anfrage handelt, die Sache also Juden, jüdische Eheverhältnisse betrifft. Die Ebene des Sakraments, das ja von der christlichenTaufe ausgeht, ist damit noch nicht erreicht. Darauf kommt es im vorliegenden Kontext aber allein an. Der erste Kanon des Dekrets lautet: „Wer sagt, die Ehe sei nicht wahrhaft und im eigentlichen Sinne eines von den sieben Sakramenten des Gesetzes des Evangeliums, das von Christus, dem Herrn, eingesetzt wurde, sondern es sei von Menschen in der Kirche erfunden worden und verleihe keine Gnade: der sei mit dem Anathem belegt."[154]. Kann man Mt 19,6 nicht als Einsetzungswort in Anspruch nehmen, so stellt sich die Frage, wo es zu finden ist. Weil die Theologen des Konzils in den Evangelien offenbar nicht fündig werden, greifen sie auf die paulinischen Briefe zurück und finden dort Eph 5,32 das gesuchte Stichwort „Sakrament": *„sacramentum hoc magnum est; ego autem dico, in Christo et in ecclesia."* An der Stelle des lateinischen *„sacramen-*

tum" steht da im griechischen Urtext „*mysterion*", was gewöhnlich mit „Geheimnis" übersetzt wird. Als die Vulgata dafür „*sacramentum*" setzte, meinte sie etwas ähnliches, hatte die scholastische Definition von „*sacramentum*" jedenfalls noch nicht im Sinn. Das stellt für das Konzil die Brücke her zu dem als maßgebend empfundenen Satz: „*Viri, diligite uxores vestras, sicut Christus dilexit Ecclesiam, et se ipsum tradidit pro ea*". – „Ihr Männer liebt eure Frauen, wie Christus die Kirche geliebt und sich für sie hingegeben hat." (Eph 5,25). Im Sinne des Konzils ist hier das Leiden Jesu gemeint, durch das er uns alle Gnade verdient hat („*sua nobis passione promeruit*"). Die Mittel der Gnade aber sind nach kirchlicher Lehre vor allem die Sakramente. Am Kreuz ist der „*venerabilum sacramentorum institutor et perfector*" gestorben, „der Stifter und Vollender der ehrwürdigen Sakramente". Und wenn die Ehe „wahrhaft und eigentlich eines der sieben Sakramente" (Can. 1) ist, so wurde es im Kreuzestod Jesu eingesetzt. Dem an Rechtsfragen interessierten Konzil genügt dieser definitorische Bezug. Als ganzer interessiert es der Haustafeltext Eph 5,22-33, der das rechte Verhältnis von Mann und Frau aus der Analogie des Verhältnisses Christi zur Kirche heraus zu entwickeln und zu begründen sucht[155], nicht, weil es hier nicht um die Frage geht, wie das christliche Zusammenleben von Mann und Frau zu vollziehen und zu begründen ist, in Untertänigkeit, Liebe, Hingabe, Furcht, sondern um die mit der Sakramentalität der Ehe gesicherte rechtliche Alleinzuständigkeit der als Institution verstandenen Kirche.

Dem ersten Canon, der die Ehe als Sakrament fixiert, entspricht der letzte: „Wer sagt, Eheangelegenheiten (*causas matrimoniales*) gehörten nicht vor den kirchlichen Richter (*ad iudices ecclesiasticos*), der sei ausgeschlossen." Die dazwischenliegenden Canones betreffen bereits Einzelheiten kirchlicher Ehegesetzgebung. Karl Rahners „Kleines Theologisches Wörterbuch" hält den Ertrag von Trient treffend zusammen: „Weil der Ehevertrag unter Christen Sakrament ist, Vertrag und Sakrament aber nicht voneinander getrennt werden können, beansprucht die Kirche allein die Ehegesetzgebung und Ehegerichtsbarkeit."[156]

In Ausübung dieser Vollmacht legt das Konzil in einem eigenen Dekret[157] die liturgische Form der Eheschließung fest. Gegen die Praxis der „klandestinen Ehen", der Ehen also, die von den Brautleuten allein unter Ausschluß der Öffentlichkeit geschlosssen wurden und auf der Grundlage der Konsenstheorie der Ehe auch legal geschlossen werden konnten, setzt es auf Öffentlichkeit, kirchlich regulierte. Die sakramentale Eheschließung unterliegt fortan der Formpflicht: „*praesente parocho (...) et duobus vel tribus testibus*". Ein gültiger Eheschluß ist von nun an nur in Gegenwart des Pfarrers bzw. eines von ihm beauftragten Geistlichen und zwei oder drei

Zeugen möglich. Daß sich die Präsenz des Pfarrers dabei nicht auf passive Präsenz bei einer von den Brautleuten selbständig vollzogenen Eheschließung beschränken würde, liegt in der liturgischen Anlage der Sache. Was das Konzil von Trient dogmatisch sichert und das Kirchenrecht legislatorisch ausarbeitet, muß in der Liturgie rituell dargestellt werden. Man kann also die kirchliche Trauung als liturgische Zelebration des unlöslichen Ineinanders von Vertrag und Sakrament verstehen.

Der zur Zeit gültige Ritus der Eheschließung[158] beginnt mit einer Befragung der Brautleute. Die erste an jeden einzelnen gerichtete Frage lautet: „Sind Sie hierhergekommen, um nach reiflicher Überlegung und aus freiem Entschluß mit Ihrer Braut / Ihrem Bräutigam den Bund der Ehe zu schließen?" Die erste und grundlegende Frage betrifft die Freiheit, offenbar, weil sie gerade in dieser Sache besonders auf dem Spiel steht. Setzt man voraus, daß die Absicht der Ehe aus der Liebe stammt, so kann die Gefahr für die Freiheit in der Liebe selber liegen, der „Macht der Liebe", wie man sagt, der elementaren Gewalt der Sexualität oder dem Rausch des Eros, der blind macht. Die Frage unterbricht die Macht der Liebe mit einem Appell an Freiheit und Vernunft: Kommst Du in aller Freiheit? Hast Du alles gut überlegt? Die Gefahr für die Freiheit kann aber nicht nur aus der der Liebe immanenten Macht kommen, sondern auch aus einem von außen auferlegten Zwang, und das ist aus der Sozialgeschichte der Ehe eine naheliegende Vermutung: Der Zwang, der von der Familie, der Sippe, dem Vater der Braut insbesondere ausgeht, daß vor allem die Frau nicht als selbständiges Subjekt zum Eheschluß kommt, sondern mehr oder minder zum Objekt gewünschter sozialer, ökonomischer, dynastischer Verbindungen gemacht, eher verheiratet wird, als selber heiratet. Das Institut patriarchalischer Zwangsheirat dringt, wie man weiß, noch von außen in die westlichen Lebensräume ein, kann sich aber auch als dringlicher Wunsch subtil verkleiden. Mit der Frage nach Freiheit und Vernunft schlägt sich das kirchliche Ritual auf die Seite der Würde des Individuums, von Mann und Frau gleichermaßen.

Es geht bei der Ehe um eine Verbindung, einen „Bund", dessen Inhalt in der zweiten Frage näher definiert wird, damit niemand über den Gegenstand des hier abzuschließenden Vertrags im unklaren ist: „Wollen Sie Ihre Frau / Ihren Mann lieben und achten und ihr/ ihm die Treue halten alle Tage ihres / seines Lebens?" Es geht um wechselseitige Liebe, Achtung und Treue. Von der Untertänigkeit („*mulieres viris suis subditae sint*", Eph 5,23) und Furcht („*uxor timeat virum suum*", Eph 5,33), die die ehetheologisch sonst gepflegte Haustafel des Epheserbriefs der christlichen Ehe vorschreibt, ist hier nicht die Rede. Die dort vom Verhältnis Christi zur Kirche her begründete patriarchalische Asymmetrie ist zugunsten einer gleichwertigen Partnerschaft aufgegeben. Die in der ersten Frage eingeforderte Überlegung soll die Liebe nicht durch Vernunft ersetzen, die Freiheit des Entschlusses soll in den Willen zu andauernder Achtung der Person des anderen überführt werden. Das dramatischste ist das dritte, der Bund soll ausschließlich und lebenslänglich sein, eine monogame Verbindung, „bis", wie es im Vorgängerritual heißt, „der Tod euch scheidet". Wer die Ehe will, sagt das katholische Ritual, muß das wollen. Wer Ehe anders versteht, polygam oder von vornherein auf Zeit, muß eine andere Eheschließungsform als diese katholische wählen. Ob und wie er das alles einhält und einhalten kann, ist eine andere Frage, es geht hier nur um die Klarheit des Vertragsinhalts.

Die dritte und dem Verhältnis der Eheleute zueinander nachgeordnete Frage betrifft die Kinder, somit die Öffnung der Paarbeziehung auf eine Familie. Die Frage ist an beide zugleich gerichtet und vorsichtig: „Sind Sie bereit, die Kinder, anzunehmen, die Gott Ihnen schenken will, und sie im Geist Christi und der Kirche zu erziehen?". Der Codex Iuris Canonici von 1917 vertrat eine Ehezwecklehre, die von einer pastoral intransigenten Minorität noch auf dem 2. Vatikanischen Konzil mit Verve verfochten wurde[159]: *„Matrimonii finis primarius est procreatio atque educatio prolis: secundarius mutuum adiutorium et remedium concupiscentiae"* (Can. 1012). Da ist der erste und die Ehe eigentlich allein rechtfertigender Zweck die Zeugung und Erziehung von Nachkommenschaft; die wechselseitige Hilfe der Ehegatten miteinander ist sekundär. Diese unverblümt biologistische Ehezwecklehre könnte sich auf Gen 1,27f. berufen, wo dem „als Mann und Frau erschuf er sie", gleich angefügt wird: „Und Gott segnete sie und sprach: Seid fruchtbar und mehret euch", was gleichlautend Gen 1,22 schon den Vögeln und Fischen ans Herz gelegt worden war. An der ehetheologisch gewöhnlich bevorzugten Stelle Gen 2,18-25 steht jedoch die „Hilfe (*adiutorium similem sibi*)" eindeutig an erster Stelle dessen, was Gott mit Mann und Frau im Sinn hat. Dem folgt dann auch der Codex Iuris Canonici von 1983, indem er das „Wohl der Ehegatten (*bonum coniugum*)" der *„prolis generatio et educatio"* voranstellt. Dem schließt sich auch die Liturgie an und ist beim Kindersegen vorsichtig. Daß hier die vom Klerus zu hoher Brisanz getriebene Frage nach der Empfängnisverhütung und ihren Methoden lauert, ist nicht zu bestreiten. Doch gibt die Formel „die Gott Ihnen schenken will" auch der Erkenntnis Raum, daß Kinder sich nicht einfach machen lassen und nicht alle Eheleute, die Kinder möchten, sie auch geradewegs bekommen.

Kinder zu bekommen, genügt aber nicht, sie sind auch zu erziehen. Daß gläubige und kirchengebundene Eltern ihren Kindern auch eine religiöse

Erziehung mitgeben, liegt in der Natur der Sache. Aber kirchliche Dokumente, wie die Enzyklika „Casti Connubii“ Pius XI. von 1930 halten mit der daran angeschlossenen ekklesiodemographischen Erwartung nicht hinter dem Berg: „ Die christlichen Eltern müssen wissen, daß sie nicht nur dazu berufen sind, das Menschengeschlecht auf der Erde auszubreiten und zu erhalten, auch nicht nur um irgendwelche Diener des wahren Gottes großzuziehen, sondern um der Kirche Christi die Nachkommenschaft zu schenken, um Mitbürgern der Heiligen und Hausgenossen Gottes das Leben zu geben, damit das Volk, das dem Dienst Gottes unseres Heiland geweiht ist, von Tag zu Tag wachse.“[160]

Die vierte, wiederum an beide Brautleute gerichtete Frage ist ein Novum im neuen Rituale: „Sind Sie beide bereit, als christliche Eheleute Mitverantwortung in der Kirche und in der Welt zu übernehmen?“ Es ist eine den Geist des 2. Vatikanums und der Pastoralkonstitution über die Kirche in der Welt von heute atmende Frage, die darauf zielt, den Horizont der Ehe über das „traute Heim“ der Familie hinaus zu erweitern zur aktiven Teilnahme am Leben der Kirche und der Welt. Ob dieser auf die Partizipation am gemeindlichen und sozialen Leben der gleiche juridische Bedingungsgrad zukommt wie den vorhergehenden oder ob sie mehr eine pastorale Hoffnung zum Ausdruck bringt, bleibt offen.

Dem Scrutinium folgt im Ablauf der Trauungszeremonie die Segnung der Ringe. Ringe, als Schmuck am Finger, von altersher Geschenk der Liebenden und Treuepfand, werden vom Trauungsritus aufgegriffen und gesegnet. Die „Zeichen der Liebe und Treue“ werden zu *res sacrae*. So in die Sphäre des Sakraments erhoben, werden sie zum integralen Symbolmoment der anschließenden Vermählung: „Trag diesen Ring als Zeichen unsrer Liebe und Treue: Im Namen des Vaters und des Sohnes und des Heiligen Geistes“.

Die Vermählung ist in zwei Formen vorgesehen: Braut und Bräutigam erklären nacheinander ihren Ehewillen in der Form eines „Vermählungsspruchs“ oder sie bestätigen durch ihr Ja-Wort den vom Priester erfragten Ehewillen. Die Substanz des Ehevertrags ist in beiden Fällen gleich: „Vor Gottes Angesicht nehme ich dich an als meine Frau. Ich verspreche dir die Treue in guten und bösen Tagen, in Gesundheit und Krankheit, bis der Tod uns scheidet. Ich will dich lieben, achten und ehren alle Tage meines Lebens.“ Das in der zweiten Frage des Scrutiniums Erfragte bekommt nun die Rechtsform des Versprechens. Die lebenslange Treue wird dem zu erwartenden Wechselspiel der Zukunft konfrontiert: „in guten und bösen Tagen, in Gesundheit und Krankheit“. Die Treue wird versprochen, komme, was kommt. Das Versprechen, das gesamte noch ausstehende Leben zu zweit zu bestehen, ist ein gewagter Ausgriff auf die unabsehbare, und in der offenen Gesellschaft der Moderne immer unabsehbarer gewordene Zukunft.

Obwohl die Ehe allein durch den freien Konsens der Brautleute geschlossen wird, liegt die Regie des Rituals ganz in den Händen des Zelebranten. Das kulminiert in der abschließenden „Bestätigung der Vermählung". Er fordert die Brautleute auf: „ Reichen Sie nun einander die rechte Hand. Gott, der Herr, hat euch als Mann und Frau verbunden. Er ist treu. Er wird zu Ihnen stehen und das Gute, das er begonnen hat, vollenden.". Der Handschlag (*dextrarum coniunctio*), ein altes und dem Ringtausch durchaus ebenbürtiges Vertragsritual, hat hier seinen Platz gefunden. Das eheliche Treueversprechen wird gekreuzt von einer anderen Treuezusage, zu deren Sprecher sich der Priester macht. Er erklärt, natürlich im Rückgriff auf Mt 19,6, Gott habe sie verbunden. Das aber wird nun nicht, wie doch wohl ursprünglich im neutestamentlichen Text, als einfache Unlösbarkeit verstanden, sondern im höheren Sinn als „Bund", als Anfang eines Bundes, den er vergleichbar treu wie die Ehegatten zueinander, nun selbst mit diesem Paar zu halten und zu vollenden bereit sei. Die Zusicherung, Gott werde mit den beiden mitgehen wie mit seinem Volk Israel, dient der Ermutigung. Die bundestheologische Einweihung des Ehevertrags wird aber offenbar nicht bis in die im Umfeld von Eph 5,21-33 reich entwickelte ehetheologische Spekulation hineingetrieben, daß das Verhältnis von Mann und Frau untereinander das Bundesverhältnis Gottes zu seinem Volk oder den *Hieros Gamos* Christi mit seiner Kirche auf geheimnisvolle Weise abbilde und darstelle. Es geht alltagspraktischer um Gottvertrauen und das, was die scholastische Sakramententheologie *„gratia medicinalis"* nennt, „helfende Gnade", daß man diese nicht ganz einfache Sache auch bewältige.

Nach dieser Zusage legt der Zelebrant „die Stola um die ineinander gelegten Hände der Brautleute. Er legt seine rechte Hand darauf und spricht: Im Namen Gottes und seiner Kirche bestätige ich diesen Ehebund, den Sie geschlossen haben" und wendet sich dann an die Trauzeugen und die gesamte Versammlung: „Sie aber und alle, die zugegen sind, nehme ich zu Zeugen dieses heiligen Bundes. ‚Was Gott verbunden hat, das darf der Mensch nicht trennen'." Der Ritus steuert in seinem Finale auf das zu, was nun nicht mehr, wie zu Anfang, nur „Bund", sondern ausdrücklich „Heiliger Bund" heißt. Der Handschlag, mit dem die Brautleute ihr Versprechen bekräftigen, wird mit der Stola, der Amtsinsignie des Priesters, umwickelt und obendrein noch die Hand daraufgelegt. Die Bestätigung des Ehebundes wird zum Symbolakt kirchenamtlicher Unlösbarkeit, die dann in der Schlußsentenz Gesetzesform annimmt mit dem Zitat aus Mt 19,6. Die Trauung endet mit einem „Feierlichen Trauungssegen", dessen Formenvielfalt (vier Alternativen) alles ausschöpft, was sich die Kirche je und je situationsgerecht von einer gelungenen Ehe erhofft.

Wenn das Trienter Konzil den Vollzug der Eheschließung *„coram patrocho"* zur Formpflicht machte, so ist dieses *„coram"* liturgisch dahin entwikkelt worden, daß der Priester die Zeremonie ganz in seine Hände nimmt und leitet. Wenn man alltagssprachlich sagt, dieser oder jener Priester habe das Brautpaar getraut, statt wie dogmatisch korrekt, die Brautleute einander, so gibt die Anlage des Ganzen dazu durchaus Anlaß. In dieser Form überstrahlt das Sakrament, dessen übliches Vollzugsorgan ja der Priester ist, den Vertrag, den die beiden miteinander abschließen. Die Ehe bekommt eine den anderen Sakramenten ähnliche Gestalt.

Das Ritual ist anspruchsvoll. Sein Biotop ist, wie die Geschichte des Trienter Konzils zeigt, das gesellschaftlich geschlossene katholische Milieu.[161]. Wo dies, wie in der pluralistischen Zivilgesellschaft, nicht selbstverständlich gegeben ist, zeigt es seine Anfälligkeit. Die Grundform der Trauungszeremonie ist in den neuen liturgischen Büchern von einer Vielzahl von Alternativmodellen umgeben, die vor allem dem in einer pluralistisch offenen Gesellschaft allgegenwärtigen Phänomen der Mischehe Rechnung zu tragen suchen. Die Mutter Kirche diversifiziert ihr Ritual, um nach Kräften einzufangen, wohin die Liebe ihre Kinder in der pluralistischen Gesellschaft treibt. Leicht ist es nicht. Die Schönheit des Zeremoniells, wo eine alte Kirche mit Orgelbraus noch dazukommen kann, besonders, ist beliebter als die Lehre, die darin eingekleidet ist. Aber auch ehedem guten Glaubens Getaufte ziehen, wenn Festlichkeit auch sonst zu haben ist, die Form ziviler Trauung der in der Kirche vor, weil der darin manifestierte starke Glaube bei ihnen mit den Jahren allzu schwach geworden ist, oder weil sie den dort kanonisch festgeschriebenen Bedingungen nicht genügen wollen oder können, vielleicht nicht mehr können, der Hindernisse wegen, die der *Codex* aufgerichtet hat, der Unsicherheit der Lebensverhältnisse wegen oder der enormen Schwierigkeit, Kinder in der gewünschten Form religiös zu erziehen.

Tapfere Kanonisten verteidigen derweil unerschrocken das überkommene Eherecht. Sie erkennen an, daß der Staat um des Gemeinwohls willen die Ehe mit eigenen, für alle Bürger gleichermaßen geltenden Gesetzen schützt. Als eigentlichen Feind aber haben sie die „obligatorische Zivilehe" ausgemacht, „historisch gesehen eine Maßnahme des absolutistischen areligiösen Staates zur Abschaffung der bürgerlichen Wirksamkeit der kirchlichen Eheschließung und damit zur Durchsetzung des

Ausschließlichkeitsanspruches des weltlichen Eherechts. Die Kirche hat dieses System stets abgelehnt. Die obligatorische Zivilehe *verletzt die Gewissensfreiheit.* Der staatliche Zwang nötigt katholische Christen zu einer Handlung, die ihrer Glaubensüberzeugung widerspricht und nach katholischer Lehre ungültig ist, weil die Erklärung vor dem Standesbeamten, die Ehe eingehen zu wollen, vor Gott keine Gültigkeit hat. Für katholische Christen ist die Ehe nur gültig, wenn sie vor der Kirche geschlossen wird."[162] Den Sieg eines solchen Rechtsanspruchs zugunsten einer bloß „fakultativen Zivilehe"[163] mag man sich nicht so recht vorstellen, könnte dann doch auch für eine nach der Scharia geschlossenen Ehe mit der Berufung auf die Gewissensfreiheit eigene Formpflicht mit gleichen staatsrechtlichen Folgen reklamiert werden.

Die Kanonisten sind an diesem Frontabschnitt so resistent, weil sie hier die allergrößte Gefahr für den Bestand der Volkskirche selber sehen: „Die Zivilehe und die überall festzustellbare Liberalisierung der Ehescheidung hat zu einer weitgehend säkularisierten Eheauffassung geführt, so dass sich auch bei Katholiken nicht selten die Meinung bildet, die Ehe werde auf dem Standesamt geschlossen, die Kirche gebe höchstens noch den Segen dazu. Daher nimmt die Zahl nicht praktizierender Katholiken mehr und mehr zu, die nichts anderes wollen als eine standesamtliche Ehe mit ihrer Scheidungsmöglichkeit. Diese Katholiken vermögen daher nicht, jene gnadenhafte Realität zu verwirklichen, die das II. Vatikanische Konzil als ‚Hauskirche' bezeichnet."[164]. Juristen denken in juristischen Kategorien. Der Grund des Unheils der Realität wird in der Durchsetzung unberechtigter Rechtsansprüche gesucht.

Soziologen blicken stattdessen auf langfristige gesellschaftliche Prozesse. „Seit 1970 geht in Deutschland die Bereitschaft zum Eheschluß deutlich zurück, und auch die Stabilität der Ehen ist gesunken. (...) Diese Labilisierung der bisherigen Ordnung ist vor allem die Folge eines Umbruchs der weiblichen Lebensverhältnisse."[165] Das ist für zölibatäre Männer vielleicht besonders schwer zu begreifen.

3. Ehelandschaft

Die kirchliche Hochzeit wirkt wie eine schöne Oase in einer unwirtlichen Welt. Im Hintergrund erhebt sich das Zentralmassiv *De Matrimonio* des Codex Iuris Canonici mit seinen granitenen Zinnen *De impedimentis, De forma, De dissolutione ...* Im Vordergrund dehnt sich die weite Steppe der Eherealität mit den Wanderdünen permissiver Eheformen und Ehescheidungen, ohne die alte Festigkeit von Haus und Hof, Männer und Frauen, die als erotische Nomaden unruhig und ziellos sich durch den Treibsand schlagen, vom ökonomischen Schirocco eher gestreßt als überglücklich. Die ortskirchliche Pastoral kämpft tapfer zwischen Granit und Sand, findet und erfindet Gaststätten in der Beschleunigung der Zeit, und wenn es nur für eine Stunde dies romantische Zeremoniell mit seiner rührenden Stimmung ist.

Oder wirkt diese Ehelandschaft der Moderne nur aus der hohen Ferne der kanonischen Zinnen wie eine wachsende Sahelzone der Moral? Ist es der eherne Blick des Gesetzes, dem die Realität entgleitet? Entdeckt man, wenn man in die vermutete Steppe wandert, dort auch Wiesen und Wälder, natürlich auch Dschungel und Sümpfe? Mit dem Spielraum der Freiheit steigt das Risiko, mit den Ansprüchen die Absturzgefahr. Was die Ehe von Euripides bis Shakespeare und Boccaccio bis Strindberg literarisch immer schon war, ein Drama, ist in der Moderne, mediengestützt, zum Allgemeingut geworden, komisch und tragisch zugleich, Lust- und Trauerspiel. Das staatliche Gesetz folgt dem Leben, sichert die äußersten Grenzen, das kirchliche sucht seine eigene Ehre zu retten und faßt das Drama nicht mehr.

Poetisch-theologisch könnte man denken, es könnte von Nutzen sein, Literatur und Kunst zu Hilfe zu nehmen, um durch ihr Prisma zu sehen, wie es mit dieser aus der Sicht der Religion hochheiligen Sache auf dem Erdboden steht. Doch geht das hier zu weit. Ein Beispiel kann andeuten, wohin man da gerät.

Die Dichterin Inger Christensen hat im Jahre 1977 für den Dänischen Rundfunk einen narrativen Essay geschrieben, der beginnt: „Das Gemüt hat keine Zeit, aber eine lange und unbekannte und gar natürliche Geschichte."[166] Hier ist es die Gemütsgeschichte einer Frau, niedergeschrieben im Jahr 1602, nach dem Tod ihres Mannes, des großen dänischen Astronomen Tycho Brahe, „an einem Sonntag in der Küche". „Jeden Tag", schreibt Christine, Tycho Brahes Frau, „gehe ich zu ihm hinauf in die Teynkirche, wo er seit dem 24. Oktober 1601 liegt, als er starb und in seiner Sterbestunde wünschte, er möge nicht vergebens gelebt haben."[167] Vom Ende blickt sie auf den Anfang zurück:

> *„Es geht uns so gut jetzt, fast wie zu Anfang, als wir gemeinsam die Sterne hatten und ich ihm dabei half, die ersten Instrumente zu bauen; und er lehrte mich so vieles, was ich fast vergessen habe, als die Kinder heranwuchsen.*
> *Das einzige, was ich nicht vergessen habe, ist unser erstes einsames Wissen, das wir teilten: daß der Abgrund konstant ist.*
> *Ganz gleich, ob wir uns schnell oder langsam einer in des anderen Seele bewegten, der Abgrund folgte mit."*[168]

Das gemeinsame Leben der beiden ist so eng mit der Astronomie verbunden, daß sich der Frau das eine ins andere hineinspiegelt:

> *„Über Jesus sprachen wir freilich nie sehr viel, wohl aber über das Göttliche; und über den neuen Stern, den Tycho eines Novemberabends in der Kassiopeia entdeckte, als ich ihn noch nicht kannte, schrieb er in seinem Buch, er sei ‚im Himmel außerhalb der üblichen Naturgesetze entstanden – beschlossen von Gott, dem Schöpfer der gesamten Welt-Maschine, im Anfang und jetzt endlich der Welt vorgezeigt, die sich ihrem Abend nähert. Die göttliche Majestät handelt nämlich frei und nicht gebunden von den Gesetzen der Natur, sondern wann sie will, hält sie das Wasser in den Flüssen an und zieht die Sterne zurück.'*
> *Unsere Ehe war ein solcher Stern. Sie entstand auf der Erde außerhalb der üblichen Gesetze, und die Ewigkeit zog wie ein Schwindelgefühl ins Gemüt. Aber auf der Welt war keiner, der dieses großartige Zusammenleben anerkennen wollte, weil es nie in der Kirche eingesetzt und nie von einem Pfarrer abgesegnet worden war. Wenn sie sich so lange stillschweigend zurückgehalten haben, dann nur deshalb, weil sie glaubten unsere freie Ehe, so wie sie von außen einer Hölle ähnelte, würde auf die Dauer die Strafe in sich selbst tragen und sich schließlich auflösen und unsere seelenlosen Körper zersetzen. Aber darin hatten* **sie** *sich verrechnet."*[169]

Als Tycho die Erscheinung eines Kometen im November 1572 nachzurechnen versuchte, geriet ihm die geltende „aristotelische Theorie der Kometen als auch die der festen Sphären"[170] aus den Fugen. In der narrativen Fiktion von I. Christensens Essay ist die Reaktion eine geradezu nominalistische Theologie der Schöpfung. Hervortritt die „potentia Dei absoluta (gemäß der personalen Freiheit des in sich betrachteten allmächtigen Gottes)" über der „potentia Dei ordinata (gemäß dem in der Schöpfungsordnung erscheinenden Werk und Willen unseres Gottes)"[171]. Die mathematisch nachrechenbare Ordnung der Sternenwelt galt der zeitgenössischen Astronomie als Einsicht in die von der Weisheit Gottes erschaffene Welt: Gott ist ein Gott der Ordnung und des Gesetzes. In der Erscheinung des Kometen blitzte etwas Irrationales auf, eine Ausnahme von aller Regel, die aber nicht von Gott wegführt, sondern zur Freiheit der göttlichen Majestät, die in der Geschichte der Welt handelt, wie sie will. In den theologischen Debatten immer wieder beigezogene biblische Beispiele spielen herein, daß er die Wasser des Roten Meeres für den Durchzug Israels zurückhält (Ex 14,16) und für Josuas Sieg im Kampf gegen die Amoriter das Kommen der Nacht hinauszögert (Jos 10,12f.).

Aber die Frau, die das alles hier erinnert, will die astronomische Theologie nicht weitertreiben, sie erblickt im Kometen ein Bild des Menschenlebens: „Unsere Ehe war ein solcher Stern. Sie entstand auf der Erde außerhalb der üblichen Gesetze" „und die Ewigkeit zog wie ein

Schwindelgefühl ins Gemüt". Sie entstand nicht nach den von der Schöpfungsordnungstheologie geadelten Regeln bürgerlicher Sitte und entbehrte des kanonischen Fundaments, das den Abgrund unter allem Dasein zuzuschütten sucht. Es war eine „freie Ehe", kirchlich nicht gesegnet und geregelt, in gottunmittelbarer Freiheit. Und die bürgerlichen Kirchenmenschen hatten geglaubt, daß ein so aus Gesetz und Ordnung sich heraussetzendes Ehewesen in sich nicht der Himmel, sondern nur die Hölle sein könne, die ihre Strafe und Auflösung als Keim schon in sich trage. „Aber darin hatten sie sich verrechnet." Die moralische Mechanik ging nicht auf.

Die Gesellschaft ertrug die beiden nicht, drängte sie aus Dänemark hinaus, nach Prag, wo Tycho nach seiner Forschung, nicht nach seinem etwaigen Lebenswandel angesehen wurde. Tychos Frau las gleichwohl, was in den kirchlichen Büchern geschrieben stand:

> *„So lese ich von unserer Ehe, ‚Ehe ist eine unzertrennliche Verbindung von Gattin und Gatte in Treue und eingebundener Liebe, die Gott Mann und Frau zu Hilfe, Trost und Erquickung geschickt hat, zum Schutz gegen Sünde und Unkeuschheit, zur Vermehrung von Sippe und Geschlecht der Menschen, zu Ehren Gottes, den Menschen untereinander zu Nutzen, Hilfe und Beistand.'*
> *Und es freut und tröstet mich, daß es keine absolute Wahrheit ist, sondern allein mein Leben als ein schönes Bild offenbart."*[172]

Was sie da liest, erscheint ihr nicht als ein Gesetz, das sich wie eine ewige Ordnung („absolute Wahrheit") dem Leben vorschreibt, auch nicht als die Regel, nach der sich das normale Eheleben überall vollzieht, ihr kommt damit nur die kometenhaft erstaunliche Realität ihres eigenen Lebens mit Tycho Brahe und ihren sechs Kindern entgegen, ein Wunder, das sich darin als „schönes Bild" zu erkennen gibt.

E. GESCHICHTE

I. LEBENSFRAGE

Wenn man Ekklesiologie mit dem Untertitel „Zeit" versieht, die Kirche also in Hinsicht der Zeit betrachtet, so stößt man nicht nur darauf, daß Kirche die Lebenszeit der Menschen beeinflußt, in den Rhythmus von Tag und Woche, Jahr und Leben prägend eingeht, sondern auch darauf, daß Kirche sich selber zeitigt, eine Geschichte hat, ein den Menschen irgendwie vergleichbares Subjekt ist, mit einer irgendwie vergleichbaren Lebensgeschichte. Man stößt auf die Lebensgeschichte eines Kollektivsubjekts, das die Lebensspanne und den Handlungsrahmen eines einzelnen Menschenlebens übersteigt.

Läßt sich das mit einem Eigennamen überschriebene Menschenleben in seinen Grenzen von Geburt und Tod und dem Ablauf seiner Tage und Jahre mit seiner tragenden körperlichen Identität einigermaßen fassen, gerät man bei der Zeit der Kirche auf strittiges Gelände. Wer oder was ist dieses Kollektiv, dessen Lebensgeschichte da in den Blick genommen werden soll, worin liegt seine Identität und was sind seine Tage und Jahre? Worin ist die Kontinuität begründet, und worin liegt der Wechsel, was bedingt ihn und was bedeutet er?

Zur Offenheit der Analogie zwischen dem naheliegenden Einzelleben und der weiten Geschichte dieses mysteriösen *Corpus ecclesiae* kommt die Frage der Korrelation. Wie verhält sich das Einzelleben und was in ihm geschieht und zu bewältigen ist, zu jener unter dem Namen „Kirche" laufenden Kollektivgeschichte? Ist die kleine Lebensgeschichte ein Teil und Beitrag zu jener großen und nur in dieser Dienstfunktion voll zu verstehen? Oder hat umgekehrt jene große und lange Geschichte und die Kenntnis davon nur Wert, wenn und soweit sie aufnehmbar ist in die Freiheit, mit der ein einzelner in diese Welt gekommener Mensch sein kurzes Leben zu bewältigen hat?

So melden sich im engen Kreis der Ekklesiologie die weiterreichenden Fragen, die F. Nietzsche umtrieben, als er seinen Traktat „Vom Nutzen und Nachteil der Historie für das Leben"[1] schrieb , oder F. Schiller, als er in seiner akademischen Antrittsrede fragte: „Was ist und zu welchem Ende studiert man Universalgeschichte?"[2] Die existentielle Frage des Verhältnisses von Individuum und Gesellschaft, in ihrer Zeitdimension von wenigen Lebensjahren und epochalem Ausmaß, überträgt sich da in Grundfragen der Historiographie. Warum interessiert sich ein Einzelmensch überhaupt nicht nur für die synchron mit ihm lebenden Mitmenschen, sondern für solche, die schon lange tot sind und das noch in einem kaum zu übersehenden Kollektiv? Warum sollte ihm das angelegen sein? Die Frage spannt sich vom alltäglichen Erzählen dessen, was früher war, bis zur reflektierten Wissenschaftstheorie und Methodik der Geschichtswissenschaft. Die Frage nach der Zeit, ekklesiologisch betrachtet, weitet sich aus in die Anthropologie von Gedächtnis und Narrativität. Das ist ein zu weites Gelände, als daß es hier begangen werden könnte. Schon die unter dem Titel „Kirchengeschichte" verborgene Historik ist schwer zu überschauen. Im normalwissenschaftlichen Kontext wird Kirchengeschichte einfach betrieben, ohne weitergehende Begründungsreflexion. Wo aber solche wissenschaftstheoretische und methodologische Reflexion zu Zeiten an die Oberfläche tritt, zeigt sich eher ein Meinungsbrodeln als ein sicherer Konsens der *community of researches.* Wer darin nicht als anerkannter Zunftgenosse verwickelt ist, kann nur aus gemessenem Abstand sich einen Überblick zu verschaffen versuchen, der seinem eigenen ekklesiologischem Interesse weiterhilft. Poetisch-theologisch ist dieser Blick, insofern er nach der *poiesis,* der Arbeitsweise und den Bauplänen (Modellen) kirchengeschichtlicher Zeitsichtung Ausschau hält.

II. CONSORTIUM

Beginnt man bei dieser Erkundung nicht gleich auf der höchsten Stufe akademisch ausgebildeter Kirchengeschichtsschreibung, sondern dort, wo das Volk Gottes in seiner religiösen Allgemeinheit kirchlich in Anspruch genommen wird, so kann man die Liturgie als Indikationsfeld nehmen. Fragt man nach deren kirchengeschichtlicher Dimension, so gerät man allererst auf das Feld der Hagiographie. In den Hochgebeten der Messe ist die *Memoria Christi* („*Hoc facite in meam commemorationem*") verbunden mit dem Gedächtnis der Heiligen.

Am ausgiebigsten ist dieser Bezug im *Canon Romanus,* der die Kommemoration Christi gleich mit zwei Heiligengedenkgebeten flankiert, dem „*Communicantes*" vor und dem „*Nobis quoque peccatoribus*" nach der Wandlung.[3] In diesen beiden Gebeten werden listenförmig Heiligennamen aufgezählt, im ersten zweimal zwölf, in zweiten zweimal sieben, im ersten sind es, angeführt von Maria, zwölf Apostel und zwölf Märtyrer, im zweiten, angeführt von Johannes d. Täufer, sieben Männer und sieben Frauen. Es handelt sich insgesamt um ein Corpus stadtrömisch früh verehrter Heiliger.[4]

Die Verbindung der Gottesdienstteilnehmer zu diesen Heiligen wird als Gemeinschaft (*Communicantes*) und ehrendes Angedenken (*memoriam venerantes*) betrachtet. Man könnte dieses gemeinschaftsbildende Gedächtnis bzw. diese im Gedächtnis sich bildende Gemeinschaft als im geschichtlichen Rückblick hergestellte Verbindung von Lebenden und Toten ansehen, wie man rühmend der großen Ahnen gedenkt, zu deren Nachkommen zu gehören, man die Ehre hat. Im Kontext des Gebets erscheinen diese Vergangenen aber zugleich als Gegenwärtige, auf deren Verdienste (*merita*) man nicht nur im ehrenden Gedächtnis zurückblickt, sondern die man zugleich um Fürbitte und hilfreichen Schutz anruft (*„quorum meritis precibusque concedas, ut in omnibus protectionis muniamur auxilio“*). Die mit ihren Eigennamen in der Menschengeschichte konkret zu Verortenden existieren als Tote in einem Raum, zu dem in der Liturgie ein Kontakt der Anrufung besteht. Der Rückblick ist zugleich Aufblick, die Namen sind Überschriften einer abgeschlossenen Geschichte und zugleich Vokative eines offenen Verhältnisses.

Das *„Nobis quoque peccatoribus“* nach der Wandlung versteht diese lebendige Kommunikation als etwas Vorläufiges, als Vorstufe einer künftigen Gütergemeinschaft (*consortium*): *„intra quorum nos consortium (...) admitte“*. Dieses *consortium* ist eine partizipative *societas*, eine gemeinschaftliche Teilhaberschaft: *„partem aliquam et societatem donare digneris“*. Im *„Nobis quoque“* beten darum Lebende, die sich ausdrücklich als Sünder (*peccatores*) darstellen, denen, anders als den angerufenen Heiligen, keine *merita* als irdische Rechtstitel zur Gebote stehen, die sich vielmehr bei dem Begehren auf das Erbarmen Gottes beziehen: *„non aestimator meriti, sed veniae, quaesumus largitor admitte“*.

Das hier im Raum der Liturgie entwickelte Kirchengeschichtsverständnis ist ein personales, ein Verhältnis zwischen Personen. In der Gegenwart der Anrufung ist es Gedenken einer abgeschlossenen Vergangenheit ebenso wie Erwartung einer offenen Zukunft. Die Liturgie etabliert Geschichte als in sich bewegte *communio*. Ziel und Vollendung der Kirchengeschichte werden als umfassende und bleibende *communio sanctorum* angesehen. Die Individuen verschwinden nicht wie ununterscheidbare Tropfen im Meer der Unendlichkeit, sondern gehen in eine Art Sternenhimmel ein. Die die Zeit der Kirche aufhebende Ewigkeit ist ein *Consortium*.

Die erwähnten Kanongebete enthalten nur Namenslisten. Die Namen referieren auf Geschichten, die damit im Gedächtnis der Gemeinde mehr oder minder deutlich verbunden sind. Im liturgischen Gedächtnis der

Entstehungszeit des römischen Meßkanons (5./6. Jh.) sind das neben Maria und dem Täufer Johannes generisch „Apostel und Märtyrer“ *(„cum tuis sanctis Apostolis et Martyribus“)*. Die Heroen, die hier ins Gedächtnis gerufen werden, sind Wortzeugen einer an den Namen Jesus Christus geknüpften Heilsbotschaft und Blutzeugen, die für die Wahrheit dieser Botschaft zu sterben bereit waren. Die Gemeinschaft, die sich ihrer Geschichte vergewissert, beruht nicht auf natürlicher Abstammung oder angestammtem Territorium, sondern auf Überzeugungen und deren geistiger Zeugung. Und es ist eine Gemeinschaft, deren Urgeschichte mit Kämpfen verbunden ist, deren Helden freilich nicht, wie in der antiken Historiographie, siegreiche Feldherrn oder *viri illustrissimi* des Staatswesens sind, sondern als Staatsfeinde verurteilte und hingerichtete einfache Bürger, Männer wie Frauen. In dieser hagiographischen Doppelprägung von Aposteln und Märtyrern überträgt sich das Urbild des Gründers in die Geschichte der Kirche, Jesu von Nazareth, der eine Botschaft ausrichtete und dafür am Kreuz hingerichtet wurde. In solcher hagiographischen Konzentration könnte man von der Geschichte als fortlebendem Christus sprechen.

Die Listen des *Canon Romanus* wurden, sosehr sie zahlensymbolisch geschlossen erscheinen, als offene Listen angesehen, denen je nach Ort und Zeit auch andere Namen hinzugefügt werden konnten. Der liturgische Raum dieser Erweiterung des Heiligengedächtnisses ist der Festkalender des Kirchenjahres. Wie im Hochgebet die Kommemoration Jesu Christi von der der Heiligen flankiert ist, so wird im Jahresablauf der Zyklus der „Herrenfeste“ ausgefüllt durch die Memoria der Heiligen, die an bestimmten Tagen vorgesehen ist.[5] Die Typik der Heiligen geht im Lauf der Zeit über die anfängliche Doppelhelix von Aposteln und Märtyrer hinaus, die Zahl der verehrten, später dann auch amtlich kanonisierten und mit eigenen Festfeiern bedachten Heiligen wächst progressiv im Laufe der Zeit. Ihr Gedächtnis wird mit regionaler Differenzierung im Jahreskalender unterzubringen versucht.

Äußerstes Ausmaß erfährt das hagiographische Listenwesen im Martyrologium Romanum, das die nach den Gedenktagen geordneten Namen aller Heiligen der ganzen Kirche enthält und in der neuesten Auflage (1998) über viertausend Namen ausweist.[6] Die den Gedenktagen zugeordneten Namen sind dort, soweit bekannt, versehen mit kurzen Nachrichten über Leben, Ort und Zeit des Todes.

In der liturgischen Aufbereitungsanlage der Kirchengeschichte erscheint diese hagiographisch. Davon unabhängig spielen kirchengeschichtliche Ereignisse in der liturgischen Memorialkultur keine Rolle.

Siege über die Türken bei Lepanto (1571) oder vor Wien (1683) wurden im liturgischen Gedächtnis zu Marienfesten (Rosenkranzfest, Fest Mariae Namen), die ominöse „Konstantinische Schenkung" hält sich im Gedächtnis durch das Kirchweihfest der Lateranbasilika.

Die hagiographische Strukturierung der kirchengeschichtlichen Memoria wirkt weit über den Raum der Liturgie hinaus. Das im gottesdienstlichen Rahmen naturgemäß knappe Gedenken wird in der narrativen und hymnologischen, homiletischen und didaktischen Literatur literarisch ausgearbeitet. Nach den frühchristlichen Märtyrerakten werden, beginnend mit der Antoniusvita des Athanasius, Heiligenviten zu einer beliebten Gattung. An die Stelle des Martyriumsmutes tritt die Askese, heroische Tugendübung überhaupt; mit Dämonen statt mit der Staatsmacht kämpfen die Heiligen, ihre körperliche Gegenwart und die ihrer Reliquien setzen die thaumaturgische Gotteskraft des Wundertäters aus Nazareth in der Gegenwart fort. Und sie sprechen, wie jener, in der Vollmacht des Geistes. Die große politische Geschichte (z.B. die Konstantins und der zeitgenössischen Häresien in der Antoniusvita) erscheint nur als Randbedingung und Randerscheinung der eigentlich wichtigen Individualgeschichte, deren Steigerung zur Legendenbildung neigt. Diese Viten von Mönchen und heiligen Bischöfen mehren den Heiligkeitsruhm von Städten und Provinzen und propagieren ein Heiligkeitsideal über den Ort seiner Erfindung hinaus.[7] P. Brown hat dieses Interesse an herausragenden Heiligen mit der besonderen Lage des Übergangs von der Spätantike zum frühen Mittelalter in Verbindung gebracht:

> *„Die Vorherrschaft des Heiligen kennzeichnete daher die Spätantike als besondere Phase der Religionsgeschichte. Die klassische Periode beschwört das Bild eines großen Tempels herauf, mit dem Mittelalter verbindet man eine gotische Kathedrale. Dazwischen sind es die Porträts, die die Phantasie beflügeln, die Ikonen der Heiligen, die strengen Züge der Philosophen, die Reihen starrender Gesichter auf Fresken und Mosaiken. Einige Jahrhunderte lang sah man das Übernatürliche als etwas, das in einzelnen Männern ruhte. Der Aufstieg des Heiligen fällt, wie wir sahen, mit der Aushöhlung der klassischen Institutionen zusammen; sein Niedergang – oder vielmehr die Abflachung seiner Aufstiegsbahn – fällt mit der neuerlichen Bekräftigung eines neuen Gefühls für die Erhabenheit der Gemeinschaft zusammen."*[8]

Der bis in die neueste Zeit zu beobachtende Pendelschlag des historiogaphischen Interesses zwischen Individuum und Institution, Biographik und politischer Strukturgeschichte wird hier nicht der persönlichen Neigung des Autors zugeschrieben, sondern tiefengeschichtlicher Veranlassung. Soweit in dieser Übergangszeit von der Spätantike zum Mittelalter die

Klöster der primäre Ort der Traditionsbildung sind und im Laufe des Mittelalters auch bleiben, dient Geschichte in der Brechungsform des Heiligenlebens zur Erbauung der christlichen Existenz der Mönche. Der vom Humanismus wiederbelebte antike Topos „*Historia magistra vitae*" bezieht sich nicht auf politische Handlungskompetenz, sondern auf das individuelle Heilsstreben. „Den Kern (der) Viten bilden *virtutes* und *miracula*, Tugendbeispiele und Wunder, die die Gottesnähe außerordentlicher Menschen erweisen wollen."[9]

Im Unterschied zum Choristischen der liturgischen Listen (*Canon Romanus, Martyrologium*) heben die Viten das Solistische hervor; nur in der anschaulichen Ausführung des einzelnen Lebens entfalten die Heiligen ihre erbauliche Emotion. Die im letzten Drittel des 13. Jh. (ca. 1263-1273) entstandene *Legenda aurea* ist auch deswegen von solcher Wirkung im späten Mittelalter und darüber hinaus geworden, weil sie beides miteinander zu verbinden sucht. Sie sammelt das umlaufende Legendenmaterial und ordnet es in erbaulicher Sortierung dem Verlauf des Kirchenjahres zu. In der Verbindung kalendarischer Listen, wie sie das Martyrologium bereitstellt, mit biographischem und anekdotischem Überlieferungsmaterial, entsteht etwas zu den Festtagen des Kirchenjahres Lesbares (*Legenda*). Der Verfasser Jacobus de Voragine ist Dominikaner und wird dann zum Bischof von Genua geweiht, kein Mönch der in sich geschlossenen Welt des Klosters mehr, sondern ein städtischer Prediger und stadtseelsorglich orientierter Bischof. Die Hagiographie der *Legenda aurea* dient nicht mehr nur der monastischen, sondern auch der laikalen Erbauung. Ihre große Wirkung auf die bildende Kunst belegt ihre Bedeutung für die Imagination der Volksfrömmigkeit. Jacobus de Voragine hat auch eine Chronik der Stadt Genua geschrieben, aber die für das Volk Gottes über Ort und Zeit seiner Bischofsstadt hinaus interessante Kirchengeschichte ist hagiographischer Natur. Der hagiographische „Nominalismus" des späten Mittelalters ist vielleicht ein Indiz dafür, daß die Religiosität der Zeit weder im Universalismus scholastischer Glaubensdoktrin, noch in der Kulthermetik lateinischer Klerusliturgie ihr volles Genüge finden konnte.

Der spätmittelalterliche Heiligenkult wird der Reformation des 16. Jh. wegen der darin propagierten Leistungs- und Verdienstfrömmigkeit, des an Mirakeln sich ergötzenden Aberglaubens und des von biblischer Gotteskonzentration ablenkenden Rückfalls in heidnische Vielgötterei suspekt. Die theo- und christozentrische Orientierung der christlichen Religion trocknete das hagiographische Interesse aus; als *exempla fidei* hatten die alten Heiligen nur noch eine marginale Position. Die dominante Geschichtsorientierung der Reformatoren stand im Zeichen des *sola scrip-*

tura, des in der Verkündigung einzulösenden *tua res agitur* der Hl. Schrift. Der gleichzeitige Humanismus sekundiert der theologischen Reformation insofern, als er sich, humanistisch, für ein von Aberglauben und Korruption gereinigtes Urchristentum engagiert und zugleich gegen den legendarischen Wust der Geschichtsklitterungen für ein wahrheitssolides *ad fontes* einsetzt.

Das Trienter Konzil konzediert Mißbräuche und mahnt ihre Abstellung an. Indem es grundsätzlich die Verehrung der Heiligen als legitimen Vollzug des katholischen Glaubens festhält, schafft es die Grundlage für den in der Barockkultur außerordentlich florierenden Heiligenkult, der das Konfessionsprofil der neuzeitlichen Kirchenformation stärkt. Als wissenschaftliches Pendant dieser devotionalen Formierung des Geschichtsbewußtseins kann man das monumentale Werk der *Acta sanctorum* ansehen, das im 17. Jh. von dem belgischen Jesuiten J. Bolland (1596-1665) begründet und von den sog. „Bollandisten" zunächst bis zur Französischen Revolution und dann wieder von 1837 an bis in die Gegenwart fortgesetzt wurde. Das epochale Werk mit seinen 67 Foliobänden entspricht in seiner Anlage der mittelalterlichen *Legenda aurea* insofern, als es das Leben der Heiligen dem Ablauf des Festkalenders folgend in Erinnerung ruft. Das hagiographisch Innovative besteht darin, daß nicht die mittelalterliche Erbauung, sondern die sorgfältige quellenkritische Dokumentation der gesamten kirchlichen Heiligenüberlieferung angezielt ist. Die *Acta Sanctorum* erscheinen als monumentaler Speicher des Kirchengeschichtsgedächtnisses, sofern es die Heiligen betrifft. Der in dieses generationenübergreifende Werk investierte jesuitische Forschungseifer bezieht seine Kraft im konfessionellen Zeitalter auch daraus, der protestantischen Seite mit wissenschaftlicher Akribie zu demonstrieren, wie reich und über die gesamte Christentumsgeschichte weit verbreitet die Heiligenverehrung ist, wobei die quellenkritische Aufarbeitung diesen Thesaurus zugleich gegen den Anwurf abergläubischer Naivität zu sichern unternimmt.

Diese auf dem Festkalender aufbauende, von der Volksfrömmigkeit und kirchlichen Kunst bis zur wissenschaftlichen Edition reichende Hagiographie ist ein essentieller Bestandteil des katholischen Geschichtsgedächtnisses der tridentinischen Epoche. Hat das 2. Vatikanische Konzil ein neues kirchliches Zeitalter eingeläutet, so fragt sich, wie weit die hagiographische Dimension der Memoria davon tangiert wird.

Die 1963 verabschiedete Liturgiekonstitution bekräftigt in Art. 111 die überlieferte kirchliche Heiligenverehrung, artikuliert ihr Reforminteresse aber im Sinne der Eindämmung:

> *„Die Feste der Heiligen sollen nicht das Übergewicht haben gegenüber den Festen, welche die eigentlichen Heilsmysterien begehen. Eine beträchtliche Anzahl von ihnen möge der Feier in den einzelnen Teilkirchen, Nationen oder Ordensgemeinschaften überlassen bleiben, und nur jene sollen auf die ganze Kirche ausgedehnt werden, die das Gedächtnis solcher Heiligen feiern, die wirklich von allgemeiner Bedeutung sind."*[10]

Das Konzil zeigt sich daran interessiert, in der Liturgie der Kirche die Kommemoration auf die *„ipsa mysteria salutis"* zu konzentrieren, wie sie sich im sogenannten „Herrenjahr" (*dies festi Domini, proprium de tempore*) manifestieren, und die offenbar von der kirchlichen Obrigkeit selbst zugelassene oder vielleicht sogar geförderte Wucherung der Heiligenfeste zurückzuschneiden. Daß die in den *„festa Sanctorum"* partikularisierte Kirchengeschichte gegenüber der christozentrischen Heilsgeschichte prävalent würde (*praevaleant*), wird als Gefährdung der rechten Ordnung des kirchlichen Heilsgedächtnisses angesehen. Als eine in dieser Richtung vorgesehene Maßnahme wird die Lokalisierung des Heiligenkultes angesehen, d.h. die Bindung des Gedächtnisses an die Orte und Gemeinschaften, die zu den betreffenden Heiligen eine besondere geschichtliche Beziehung haben. Von einem römisch-zentral gesteuerten Gedächtnis soll zu einem weltkirchlich hierarchisierten übergegangen werden.

In der Kirchenkonstitution wird diese liturgische Tendenz ekklesiologisch gestützt.[11] Die „Hirtensorge" geht auch hier dahin, bei aller Verteidigung der überlieferten Heiligenverehrung vor „Mißbräuchen, Übertreibungen oder Mängeln" (Art. 51) zu warnen: echte Heiligenverehrung bestehe „nicht so sehr in der Vielfalt äußerer Akte als vielmehr in der Stärke unserer tätigen Liebe". Die Warnung vor devotionaler *„multiplicitas"* richtet sich gegen eine Aufsplitterung des religiösen Gedächtnisses, in der das heilsgeschichtlich Notwendige aus dem Blick gerät. Die faktischen Rahmenbedingungen der anschließenden kirchlichen Entwicklung haben dieser Option hier und da vielleicht mehr als erwünschten Erfolg beschert.

Die auf dem Feld der Liturgiereform nicht zu übersehende Tendenz zur Limitierung der Heiligen- zugunsten der favorisierten Heilsgeschichte deckt aber wohl nicht das Ganze der neuen kirchlichen Gedächtniskultur. In der päpstlichen Religionspolitik spielt, wie die Frequenz und Selektion der Heiligsprechungen und die Wahl der Papstnamen (Johannes, Paulus, Benedikt, Franziskus) zeigen, die geschichtliche Programmatik von Heiligennamen immer noch eine große Rolle. Auf der anderen Seite finden, wenn man nicht die Liturgie, sondern die religiöse Literatur zum Indikator nimmt, im Bereich der persönlichen Spiritualität Heiligenleben, vor allem aus dem Umkreis der Mystik, anhaltende Aufmerksamkeit. Man kann darin das Interesse an einer nicht institutionell gebundenen, persönlichen Frömmigkeit erkennen, die ihre geschichtliche Orientierung in Biographien sucht.

Kirchengeschichtsschreibung, als Hagiographie gefaßt, führt zum Konzept einer pneumatologischen Historiographie, deren kriteriologische Sonde darauf gerichtet ist, in der Normalität geschichtlicher Abläufe – die Kirchenkonstitution spricht in Art. 50 davon, daß die Heiligen *„humanitatis nostrae consortes"* seien, „Schicksalsgenossen unserer Menschheit"[12] – irreguläre Sprünge zu entdecken, Emergenzen, die als Wirkungen des Gottesgeistes erscheinen. In diesem weiteren Sinne ist das „Wunder" ein Ingredienz der Hagiographie; die in den kanonischen Heiligsprechungsprozessen postulierten physischen Wunder sind davon nur ein Reflex. In der hagiographisch formatierten Kirchengeschichte werden einzelne Personen aus dem Verlauf herausgesprengt, die mit anderen in ein *consortium* eintreten. Der Zusammenhang ist ein Netz, kein Strom.

III. SUKZESSION

> *„Geschichten stellen Zusammenhänge dar; Geschichte stiftet das Bewußtsein für die Abfolge des Vorher und des Nachher. Historisches Erzählen und historisches Erklären führen daher am Ende immer zurück auf Sukzessionen in der Zeit. Dabei sind es aber nicht nur willkürliche oder zufällige Folgen, die als Geschichte dargestellt werden, sondern kontinuierliche Ereignisse und Entwicklungen: in der Vermittlung von Kontinuitätsbewußtsein liegt daher eine wesentliche Leistung der historischen Vernunft, historischer Reflexion und auch historischer Literatur."*[13]

Das Stichwort „Sukzession" das hier als Leitmotiv aller historischen Vernunft reklamiert wird[14], findet sich gleich im ersten Satz der *„Ekklesiastikê historia"*/ *„Historia ecclesiastica"* des Eusebius von Cäsarea (264/65 – 337/41): „Ich habe mich entschlossen, in einer Schrift über die Nachfolge der heiligen Apostel zu berichten..."[15] „Der Begriff, mit dem der ganze Inhalt der Kirchengeschichte ausgedrückt wird, ist *„diadochê"*[16], kontinuierliche Nachfolge, *successio apostolica.* Eusebius beansprucht, mit diesem Werk ein ganz neues Genus inauguriert zu haben und bis in neueste Zeit attestiert ihm die theologische Historiographie, daß er der „Vater der Kirchengeschichte" sei[17]. Ist der wissenschaftsgeschichtliche Rang des Eusebius so hoch anzusetzen, wird man in seiner „Kirchengeschichte" wohl auf so etwas wie einen ersten Grundriß dessen stoßen, was unter diesem Titel heute als wissenschaftliche Disziplin der Theologie betrieben wird.

Der oben zitierte Eingangssatz der *Historia ecclesiastica* leitet eine längere Passage ein, die das Programm des Werkes im einzelnen expliziert:

> *„Ich habe mich entschlossen, in einer Schrift über die Nachfolger der heiligen Apostel zu berichten, zugleich auch über die von unserem Erlöser bis auf uns verflossenen Zeiten, über die zahlreichen großen Ereignisse der Kirchengeschichte, über alle trefflichen führenden Männer und Vorsteher in den angesehensten Gemeinden, über alle jene, die in jeder Generation durch Worte oder Schriften Dienst als Boten des göttlichen Wortes taten, über die Person, die Zahl und die Zeit derer, die sich aus Neuerungssucht zu den schlimmsten Irrtümern hinreißen ließen und sich dann als Einführer einer fälschlich so genannten ‚Erkenntnis' verkündigten, wütenden Wölfen gleich sich schonungslos auf die Herde Christi stürzten, ferner über das Schicksal, welches das jüdische Volk unmittelbar nach seinem Anschlag auf unseren Erlöser getroffen hat, weiter über die Anzahl, Art und die Zeiten der Angriffe, denen das göttliche Wort von seiten der Heiden ausgesetzt war, über die Größe derer, die, wenn es galt, den Kampf für das Wort in blutiger Pein bis zum Ende durchstanden, endlich über die Glaubenszeugnisse in unseren Tagen und über die stets gnädige und liebevolle Hilfe unseres Erlösers. Ich werde dabei nicht anders als mit dem ersten Wirken unseres Erlösers und Herrn Jesus, des Gesalbten Gottes, beginnen."*[18]

Was hier als historiographische Interessen aneinandergereiht wird, ist mehr als eine Addition, es entspricht einer inneren Logik, die zum Vorschein kommt, wenn man das, was im Deutschen „Wort" heißt, im Griechischem als *„logos"* hört. Der „Erlöser (*sôtêr*) ist der Mensch gewordene göttliche Logos, durch den die Welt erschaffen wurde. Hist eccl I, 5,1 heißt es: Wir wollen „die Reise mit der Menschwerdung unseres Erlösers beginnen". „Der Sinn der Geschichte ist für ihn (Eusebius) die Gestaltung der Welt durch den Logos, genauer gesagt, durch die Stiftung Christi. Damit ist die Kirche zum Subjekt der Geschichte geworden; die eigentliche Geschichte reicht vom ersten Wirken des Logos bis zu seiner endgültigen Herrschaft."[19] Die Apostel sind die ersten vom menschgewordenen Logos selbst eingesetzten und beauftragten Träger der Weltgeschichte des Wortes: „Gehet hin in alle Welt und lehret alle Völker" (Mt 28,19). Die Geschichte der Kirche ist das Kontinuum der Nachfolge der Apostel, in erster Linie getragen von den örtlichen Bischöfen, aber auch, wie Eusebius' Würdigung seines verehrten Lehrers Origenes zeigt, von christlichen Lehrern und ihren Schulen. Die Ausbreitung des Logos der Wahrheit in der Welt geschieht logischerweise durch *logoi*, durch gesprochenes und geschriebenes Wort. Die Geschichte der Kirche ist die der „Boten des göttlichen Logos".

Das Wort der Wahrheit wird begleitet vom Widerwort des Irrtums und der Lüge. Das Wort der Wahrheit klärt sich in sukzessiver Abgrenzung von den je und je aufkommenden Irrlehren. Die Ketzergeschichte ist integraler Bestandteil der Kirchengeschichte.

Zur Zeit des Augustus war die Welt durch die Erziehungsarbeit der göttlichen Providenz bereit, die Inkarnation des Logos zu empfangen, aber im Prozeß der Ausbreitung nimmt die Welt in Gestalt des Imperium Romanum die Botschaft nicht widerstandslos auf. So gehört zur Kirchengeschichte gleichermaßen die Geschichte „der Angriffe, denen der göttliche Logos von Seiten der Heiden ausgesetzt war". Wie in der politischen Historiographie gehört beim „Staat Gottes (*kata theon politeuma*)"[20] die Kriegsgeschichte dazu, neben den innenpolitischen Konflikten (Ketzergeschichte) die außenpolitischen Kämpfe (Verfolgung).

Wenn hier und da als treibende Macht hinter den Feinden des kirchlich sich ausbreitenden Logos der Widersacher Gottes, der Teufel genannt wird, so verdichtet sich das bei Eusebius doch, anders als in der Geschichtsanschauung der Apokalyptik, nicht zu einem existenzbedrohenden Dualismus; die in der Ausbreitung des Logos waltende göttliche Providenz zeigt sich souverän als „die stets gnädige und liebevolle Hilfe unseres Erlösers", die alle Widerstände nach kurzer Zeit überwindet. Denen, die diese weiterreichende Progression des Heils zu verhindern suchen, schlägt ihr Widerstand für Eusebius nachweislich zum Unheil aus, was sich am privaten und politischen Schicksal der Verfolgungskaiser und Sektenführer zeigt, und zuerst am Geschick des jüdischen Volkes.

Die im 8.-10. Buch der „Kirchengeschichte" geschilderten Ereignisse der Lebenszeit des Eusebius berichten jedoch auch, daß die Kirche mit ihren Vorstehern sich selbst im Wege stehen kann und dafür göttlich bestraft wird. „Man hat den Eindruck, daß Eusebius die Kirchengeschichte ursprünglich mit einem Sieg der Kirche (...) schließen wollte und daß der Ausbruch der Verfolgung ihn zur Änderung der ursprünglichen Konzeption gezwungen hat."[21] Der Ausbruch der diokletianischen Verfolgung (303) löst eine in der Logik des eusebianischen Progressionsprogramms nicht vorgesehene Störung aus, die für eine der geschichtlichen Realität wie dem Glauben an den Logos gleichermaßen verpflichtete Historiographie zu bewältigen ist. Die Ursache des Gewitters liegt in Eusebius' Sicht nun in der Kirche selbst. Es ist ein Strafgericht Gottes über die Einrichtung, die ihre göttliche Sendung vergaß:

> *„Da aber infolge zu großer Freiheit unser Sinn zu Stolz und Lässigkeit sich kehrte, indem der eine den andern beneidete und beschimpfte und wir uns, wenn es sich so traf, im Wortstreit beinahe wie mit Schwert und Speer bekämpften, Vorsteher mit Vorstehern zusammenstießen und Laien gegen Laien sich erhoben, unaussprechliche Heuchelei und Verstellung den höchsten Grad ihrer Bosheit erreichten, da begann das*

> *göttliche Strafgericht in der ihm eigenen schonenden Weise – die Versammlungen durften noch zusammentreten – ruhig und gelinde seines Aufsichtsamtes zu walten.“*[22]

Das mit der Verfolgung über die Kirche kommende Unheil wird nicht dem grundlosen Haß einer externen Instanz oder dämonischen Mächten zugeschrieben, sondern der Korruption der kirchlichen Logos-Verpflichtung. Die politisch erlangte relative Freiheit hatte die Kirche überheblich und lässig werden lassen. Die moralische Korruption trifft den Logos mit seiner Kommunikationsform selbst. Aus dem gemeinsamen Dienst am göttlichen Wort ist menschlicher „Wortstreit“ geworden, aus dem Dienst an der Wahrheit „Heuchelei und Verstellung“. Da die Bischöfe (*episkopoi*) im Streit untereinander ihrer Aufsichtspflicht für die Botschaft der göttlichen Wahrheit nicht mehr genügen, ist die göttliche Vorsehung genötigt, ihres „Aufsichtsamtes“ zu walten. Die Verfolgung durch den Kaiser ist eine vom göttlichen Logos selbst verfügte Maßnahme, die Kirche zu ihrer eigentlichen Aufgabe zurückzubringen. Daß das geschichtslogisch so verstanden werden kann, zeigt sich für Eusebius eben darin, daß die Kirche nach dieser Krise unter Konstantin das erreicht, wozu sie in der Welt von Gott bestellt wurde:

> *„Nachdem so der große und himmlische Gott, der für die Christen streitet, durch die erwähnten Schicksalsschläge seine Drohung und seinen Unwillen gegen alle Menschen wegen der Leiden, die man uns im Übermaß zugefügt, kundgegeben, da sandte er uns wiederum den milden und freundlichen Strahl seiner Fürsorge. Wie aus tiefer Finsternis ließ er uns in gar wunderbarer Weise das Licht des Friedens aus sich aufleuchten und machte allen Menschen offenbar, daß Gott selbst immer der Hüter unserer Geschicke war, sein Volk für eine Zeit wohl heimsuchend und durch Leiden zurechtweisend, nach genugsamer Züchtigung aber wieder gnädig und mild sich zeigend denen, die auf ihn ihre Hoffnung setzen.“*[23]

Die Wendung von der Verfolgung zum Frieden wird im Muster alttestamentlicher Historiographie beschrieben, wonach Gott sein Volk wegen des Abfalls vom Bund zuzeiten durch Leiden heimsucht, aber nie aus seiner Führung entläßt. Mit der Formel „Licht des Friedens“ wird die Konkordanz von biblischer und römischer Heilserwartung festgehalten. Die *pax ecclesiae* ist zugleich die *pax imperii*, das Heil des Logos ist *salus populi*. Das wird im 3. Kp. des 10. Buches als freudiges Fest der Eintracht der Kirche beschrieben und in solartheologischer Symbolik als Tag des *sol invictus* gefeiert; der Logos ist, wie es dann im nizänischen Symbolum (325) heißt: „Licht vom Licht“, und sein kirchlicher Sieg ist der helle Tag:

> *„Ein freundlicher und heller, von keiner Wolke getrübter Tag leuchtete nun fortan mit den Strahlen himmlischen Lichtes auf der ganzen Erde über den Kirchen*

Christi. Und kein Neid verwehrte auch jenen, die außerhalb unserer Genossenschaft standen, wenn auch nicht das Vollmaß der uns von Gott geschickten Segnungen, so durch Abflüsse und Teile davon zu genießen"[24]

Die konstantinisch freundliche Aufnahme der Kirche und ihrer Geschichte in die Politik des Imperiums erscheint als der Sieg der weltweiten Sendung des Logos, dessen Segnungen nicht nur „unserer Genossenschaft", sondern dem gesamten Gemeinwesen zugute kommt, wenn die nichtchristlichen Bürger am Heil des Logos auch noch nicht im vollen Maße teilnehmen können. In dieser Differenzierung könnte man ein Desiderat der Kirchengeschichte erkennen, daß die Weltgeschichte des Logos ihr Ziel doch erst erreicht hat, wenn sie alle Bürger einbegreift. Am offenen Horizont des eusebianischen Konzepts erscheint die Identität von Kirche und Imperium, die Staatskirche theodosianischer Prägung.

Der Schluß der Kirchengeschichte des Eusebius zeigt das historiographische Dilemma. Als Geschichte des mehr und mehr zur Weltherrschaft kommenden göttlichen Logos bewegt sie sich auf ein Telos zu, als realgeschichtliche *„diadochê apostolôn"* ist sie, so das Ende der Welt noch nicht kommt, jedoch offen und immer weiterzuschreiben. Da der apokalyptische Weg der Beschleunigung der Zeit auf eine letzte Drangsal und das Ende aller Zeit ausgeschlagen ist, bleibt nur das weitere geduldige Mitgehen mit dem Lauf der Geschichte und der Versuch, deren Ereignisse in die Ausbreitungslogik des göttlichen Logos einzuschreiben. Das apologetische Interesse des Eusebius, nicht nur mit argumentativen und spekulativen Mitteln gegenüber den Heiden den Beweis der Wahrheit der christlichen Religion anzutreten, sondern auf dem Feld der historischen Tatsachen, ist ein theologiegeschichtlich neues, aber, wegen der weitergehenden Geschichte, offenes Unterfangen, das immer von neuem vor die Frage gestellt wird, ob und wie der a priori unterstellte Sinn sich am geschichtlichen Geschehen ausweisen läßt.

So findet die als vorbildlich erachtete „Kirchengeschichte" des Eusebius im byzantinischen Bereich Fortsetzer, die seinen Entwurf bis in ihre jeweils eigene Zeit fortschreiben: Scholastikos Sokrates bis 439; Sozomenos bis 422; Theodoret von Kyros bis 428; Scholastikos Euagrios bis 494. Im historiographischen Interessensspektrum verschiebt sich das Schwergewicht in der konstantinischen-theodosianischen Reichskirche auf das Verhältnis der Kirche zum Kaiser. In den Westen gelangt die *„Historia ekklesiastikê"* um 400 durch die lateinische Übersetzung und Bearbeitung des Rufin von Aquileja, ohne dort freilich ebenbürtige Fortsetzung zu erfahren. Daß das eusebianische Geschichtswerk seiner eigenen Anlage nach auf Fortsetzung angelegt ist, also sozusagen ihren Gegenstand, die Sukzession, als

Methode an die nachfolgende Generation weitergibt, ist wohl einer der Gründe, weswegen die Kirchengeschichtsschreibung ihn als Vater hochhält.[25]

Eusebius von Cäsarea ist Bischof und gelehrter Schriftsteller zugleich, Nachfolger der Apostel und schreibender Anwalt des Logos, dies freilich nicht als philosophischer, sondern als historischer und politischer Kopf. Darin, daß er in seiner Schilderung des öfteren das inklusive „wir", die „unseren" gebraucht, zeigt sich, daß es nicht eine von außen betrachtende Religionsgeschichte ist, sondern die „seiner Genossenschaft", ja im eminenten Sinne seine eigene als Nachfolger der Apostel. Es ist die Kirchengeschichtsschreibung eines davon Betroffenen und dafür von Amts wegen Verantwortlichen. Die große Bibliothek, deren Thesaurus er nutzen konnte, sowie später der Zugang zu kaiserlichen Archiven ermöglichte ihm nicht nur die reichhaltige Überlieferung von Schriftquellen, die er als Exzerpt oder Zitat seinem Werk eingefügt hat, sondern generiert auch einen bibliothekarischen und archivarischen Blick auf die Geschichte. Es macht ihn nicht nur zur wichtigen Materialquelle für die spätere Geschichtsschreibung der ersten Jahrhunderte, sondern auch zum Patron alles späteren Quelleneditionseifers der Kirchengeschichte.

In den Ausbuchtungen der die Sukzession chronistisch festhaltenden Bischofslisten ist die Kirchengeschichte vor allem theologische Literaturgeschichte. Sosehr dieser Schriftstellerblick auf die Geschichte dem zu verhandelnden Thema, der Geschichte des Logos, entspricht, sosehr bedeutet er eine perspektivische Einschränkung. Dem heidnischen Philosophen-Bios entsprechend, gehört eine angemessene (asketische) Lebensweise auch zur Existenz des christlichen Theologen und bischöflichen Nachfolgers der Apostel, aber die christliche Lebensweise, besonders die der normalen Christen, ihr Ethos und ihre Frömmigkeit, Gottesdienst und Caritas der Gemeinden, wovon es doch auch frühchristliche Zeugnisse gibt und was zum Wachstum der Kirche vermutlich beigetragen hat, stehen nicht im Fokus von Eusebius' Geschichtsinteresse. Die Tendenz, Kirchengeschichte vornehmlich amtspolitisch und lehrgeschichtlich zu lesen, wird damit angebahnt. Auch darin ist er seine Nachkommenschaft prägender Vater. Eine solche Perspektive konvergiert natürlich mit den Interessen derer, die Kirche primär vom bischöflichen Amt her, und dieses als Lehramt verstanden, begreifen.

Eusebius äußert im Prooemium seines Werks den Wunsch: „Auch hoffe ich, daß die Arbeit Historikern sehr nützlich sein wird."[26] Kirchenhistoriker aus der Wende zum 3. Jahrtausend zögern offenbar nicht, ihm die Erfüllung dieses Wunsches zu bestätigen.[27]

IV. EPOCHEN

1. Weltzeit

Eusebius weist im Vorwort seiner „Kirchengeschichte" darauf hin, er habe „bereits früher" in seiner „Chronik" einen Auszug aus der Kirchengeschichte gegeben, den er jetzt ausführlicher darzustellen beabsichtige.[28] Was dort nur einen kleinen Raum einnehmen konnte, wird jetzt zur Hauptsache. Von der dortigen Hauptsache ist aber doch in der Kirchengeschichte ein Rest geblieben. Die eigentliche Kirchengeschichte beginnt mit der Menschwerdung des Logos, aber in drei kurzen Kapiteln des I. Buches (Hist eccl. I, 2-4) wird von der Vorgeschichte des Logos gehandelt:

> *„Schon von Beginn des Menschengeschlechtes an haben alle, welche sich bekanntlich durch Gerechtigkeit und die Tugend der Frömmigkeit ausgezeichnet haben, der große Diener Moses mit seinen Gefährten und schon vor ihm Abraham und seine Kinder und alle, die nach ihm als Gerechte und Propheten gelebt haben, den göttlichen Logos mit den reinen Augen des Geistes erkannt und ihm als Sohn Gottes die gebührende Ehrfurcht erwiesen."*[29]

Der Epiphanie, Ethos und Ehrfurcht einbegreifende Logosdienst wird an Gestalten des Alten Testaments exemplarisch vorgeführt, aber es bleiben Einzelne, da das Volk als Ganzes in seiner ethischen und religiösen Unterentwicklung noch nicht reif ist für die Aufnahme.

> *„(...) erst als durch das Bekanntwerden der jüdischen Gesetze, welche gleich einem Wohlgeruch unter die ganze Menschheit drangen, infolge der Bemühungen von Gesetzgebern und Philosophen, die überall auftraten, zahlreiche Völker gesitteter wurden, ihr wilder, roher, tierischer Sinn sich in Sanftmut verwandelte und sie in aufrichtigem Frieden freundschaftlich miteinander verkehrten, erst jetzt, zu Beginn des römischen Kaiserreiches, erschien allen übrigen Menschen und den Heiden des ganzen Erdkreises, da sie vorbereitet und bereits fähig waren, die Erkenntnis des Vaters anzunehmen, derselbe Lehrer der Tugenden, der Diener des Vaters in allem Guten, der erhabene und himmlische Logos Gottes in Menschengestalt."*[30]

Die Weltgeschichte erscheint als Erziehungsgeschichte des Menschengeschlechts auf die Menschwerdung des Logos hin. Es ist die im Alten Testament überlieferte Weisheit, die schon vor Christus in die Menschheit eindringt und *„sub Caesare Augusto"* die Escheinung des Logos Gottes in Menschengestalt möglich machte.

Mit diesem nicht nur prophetischen, sondern prodromatischen Gebrauch des Alten Testaments folgt Eusebius einem Topos, der schon in der christlichen Apologetik des 2. und 3. Jh. eine wichtige Rolle spielte. Gegenüber dem Anwurf der heidnischen Gegner, die christliche Religion könne schon deswegen nicht die wahre sein, weil sie erst in jüngster Zeit in einem abgelegenen Winkel des Erdkreises aufgetaucht sei, wird mit Hilfe des Alten Testament der Anciennitätsbeweis erbracht, der zugleich zum Universalitätsbeweis wird, weil die jüdische Gottesüberlieferung als die Quelle auch der heidnischen nachzuweisen gesucht wird:

> *„Doch wenn wir auch sicher Neulinge sind und die wirklich neue Bezeichnung ‚Christen' noch nicht lange bei allen Völkern bekannt ist, so ist doch, wie wir im folgenden nachweisen wollen, unser Leben und die Art unseres Wandels mitsamt der Lehre der Frömmigkeit nicht erst vor kurzem von uns hinzugefügt, sondern gewissermaßen schon von Beginn der Menschengeschlechtes an durch natürliche Erwägungen der alten Gottesfreunde bestimmt worden. Das hebräische Volk ist nicht neu, sondern eben wegen seines Alters allgemein geachtet und allgemein bekannt."*[31]

Was in der „Kirchengeschichte" auf einen Vorspann beschränkt ist, ist das Hauptthema der „Chronik". Sie ist eine „Weltchronik" zum Nachweis, daß „das Christentum nichts anders sei als die Urreligion"[32] der Menschheit und als solche mit der Inkarnation des Logos auch dem ganzen Menschengeschlecht zugedacht. Wenn man von einer westkirchlichen Wirkungsgeschichte des Eusebius sprechen kann, so besteht sie, anders als im reichskirchlich geprägten Osten, weniger in einer Fortschreibung der *Historia ecclesiastica* als in der Übernahme des Modells der „Chronik". „Von Hieronymus ins Latein übertragen und bis 378 ergänzt, wurde diese Chronik zur Grundlage mittelalterlicher Geschichtsschreibung. Schon Augustin benutzt sie. Durch ihn bürgerte sich die Gliederung dieser Welt- und Heilsgeschichte vom Weltanfang bis Weltende in sechs Zeitaltern ein."[33]

2. Pilgerzeit

Augustinus' *De civitate Dei* ist wie Eusebius' „Kirchengeschichte" durch ein politisches Ereignis motiviert. Ist es dort der Sieg, so hier etwas, was von den heidnischen Kontrahenten des Christentums diesem als Niederlage angerechnet wurde, ja geradezu als empirische Falsifikation der Heilsversprechungen, die Eusebius mit der konstantinischen Wende verbunden hatte: Im Jahre 410 hatten die Westgoten unter Alarich Rom erobert, was der sakrosankten Stadt, solange sie in Ehrfurcht den alten Göttern diente, nie widerfahren war. Augustinus' zweiundzwanzig Bücher „Über den Gottesstaat" sind eine über den konkreten Anlaß weit hinausgeführte Apologie der christlichen Religion. Zehn Bücher sind der religionstheoretischen Abrechnung mit der *religio civilis* des heidnischen Rom gewidmet, mit dem elften betritt er den Raum der Hl. Schrift, um, von ihm geleitet, das christliche Heilsdrama von der Schöpfung bis zur Vollendung auszubreiten. Sosehr der Zeitablauf der Schrift den Gedankengang gliedert, sie wird nicht als Quelle der Rekonstruktion der altorientalischen Religionsgeschichte gehandhabt, sondern als Quelle der Offenbarung dessen, was sich unter der Oberfläche der Weltgeschichte als Geschichte des Heils eigentlich begibt.

De civitate Dei ist ein Werk zur Verteidigung des „Gottesstaates" als der vom Schöpfer der Welt vorgesehenen letzten Heilsabsicht. Die aber ist vom ersten Schöpfungstag, in dessen Lichtschöpfung Augustin bereits den Sturz des Luzifer und seiner Engel verlegt, angefeindet von der gegen den einen wahren Gott sich erhebenden polytheistischen *civitas terrena*, deren gemeinsame Geschichte auf Erden mit Abel als dem verfolgten Repräsentanten der im Irdischen nicht beheimateten, sondern zur jenseitigen Heimat wandernden „Bürgerschaft Gottes", und Kain als dem in dieser Welt sich einrichtenden Brudermörder beginnt.

Spricht Eusebius von dem einen göttlichen Schöpfungslogos, der sich in der Welt immer mehr ausbreitet, so nimmt der dualistisch veranlagte Augustinus die Geschichte durchgängig als Antagonismus wahr: So „werde ich nun, wie ich im ersten Buch versprochen habe über den Ursprung, die Entwicklung und das verdiente Ende der beiden Staaten, die, wie gesagt, ineinander verschlungen und miteinander vermischt sind, das Nötige beibringen"[34]. Augustinus denkt die Geschichte von der Hl. Schrift her, in deren geschichtlichem Gang der Schöpfer ihr Geheimnis geoffenbart hat. Was sich nach der Aussendung der Apostel bis in Augustins eigene Lebenszeit ereignet hat, ist deshalb, anders als bei Eusebius, nicht Gegenstand detaillierten Interesses. Augustinus braucht die Abfolge kontingenter Fakten nicht, er weiß a priori, was in der Kirche geschehen wird, bis das Ende da ist:

> *„In dieser argen Welt also, in diesen bösen Tagen, da die Kirche auf dem Weg über die gegenwärtige Erniedrigung die künftige Erhöhung gewinnt und durch den Stachel vielfältiger Furcht, durch die Qual mannigfachen Leidens und die Mühsal beständiger Arbeit erzogen wird, nur in Hoffnung freudig als in der einzig vernünftigen Freude, mischen sich viele Verworfene unter die Guten, und die einen wie die anderen sammeln sich sozusagen in dem Netz, von dem das Evangelium spricht, und schwimmen, unterschiedslos darin eingeschlossen, in dieser Welt wie in einem Meere, bis man das Gestade erreicht, wo dann die Schlechten von den Guten gesondert werden sollen und Gott in den Guten als in seinem Tempel ‚alles in allem sein wird'."*[35]

Der afrikanische Bischof weiß wohl, daß das Imperium Romanum zu seiner Zeit nicht mehr der heidnische Christenverfolger der früheren Jahrhunderte ist, aber er bejubelt darin nicht, wie Eusebius, vorbehaltlos den Sieg des endlich in der soziokulturellen Realität angekommenen Logos. Der äußere Friede ist wohl ein Trost für die Schwachen, die der Stütze des Milieus bedürfen, aber die wahren Christen können sich in dieser Welt niemals beheimaten, ihr Stigma ist das einer verfolgten Minderheit. Mangelt es an äußerer Verfolgung, bricht die innere aus.

> *„Mag auch äußerlich Ruhe herrschen ,indem die, die draußen sind, nicht wider uns wüten, und es herrscht solche Ruhe zurzeit wirklich und sie gewährt gar viel Trost vorab den Schwachen, so fehlt es doch im Innern nicht an solchen, ja es sind ihrer sogar viele, die den Herzen der Frommen durch ihre verderbten Sitten wehe tun; denn durch sie wird der christliche und katholische Name geschändet; und je teurer dieser denen ist, die fromm leben wollen in Christo, um so mehr schmerzt es sie, daß sich durch Böse im eigenen Lager die Liebe zu diesem Namen vermindert, die sie doch gern immer gesteigert wissen möchten.“* [36]

Was sich der *civitas Dei* entgegenstellt, von außen, von innen, dient der Kirche nur, indem es sie läutert und stärkt in Glaube, Hoffnung und Liebe Die lauen Christen der spätantiken Massenkirche und die den wahren Glauben verwirrenden Irrlehrer sind die in die Kirche selbst eingesickerte *civitas terrena.* Die auf ein jenseitiges Ziel gesetzte Kirche kommt faktisch in dieser Welt nicht zur Ruhe, sie kann es nicht.

> *„Und so schreitet die Kirche auf ihrer Pilgerschaft fort zwischen Verfolgungen seitens der Welt und Tröstungen seitens Gottes; und das war immer so auf dieser Welt, in diesen bösen Tagen, nicht erst seit der Zeit der leiblichen Gegenwart Christi und seiner Apostel, sondern schon von Abel an, den als den ersten Gerechten sein gottloser Bruder erschlug, und so wird es bleiben bis zum Ende dieser Welt.“*[37]

Haupttugend dieses Wegs durch die Weltenzeit ist Geduld. Apokalyptisches Errechnen des Weltendes ist nicht nur unmöglich, es ist auch untersagt:

> *„Vergeblich aber ist das Bemühen, die Jahre, die für die Weltzeit noch übrig sind, berechnen und bestimmen zu wollen, da wir aus dem Munde der Wahrheit vernehmen, es stehe uns nicht an, darum zu wissen.“*[38]

Für historische Neugier ist in diesem heilgeschichtlichen Entwurf wenig Platz, so daß die Kirchengeschichtler wohl zu Recht Eusebius und nicht Augustinus zu ihrem Vater erkoren haben. Beide Denkweisen können sich jedoch verschränken, wo die Weltchroniken des Mittelalters bis in die jeweils eigene Zeit fortgeschrieben werden.[39] Augustinus‘ Dualismus der zwei „Bürgerschaften“ kann da auf realgeschichtliche Dualismen stoßen, die dann in den antagonistischen Bann von *civitas Dei* und *civitas terrena* geraten. Mit der Christianisierung der Germanen und der *translatio Imperii* zu den Franken werden *Regnum* und *Sacerdotium*, Kaiser und Papst, Staat und Kirche zu Gewalten, die einander nicht von außen befehden, sondern in der einen Christenheit um den Vorrang kämpfen. Die von Augustinus diagnostizierte Vermengung von wahren und verweltlichten Christen in der Massenkirche seiner Zeit wird mit dem Aufkommen des Mönchtums aufzusprengen versucht, indem sich ein *status perfectionis*, ein Stand der eigentlichen und wahren Christen absetzt von dem in Kompromisse der Welt verstrickten Weltmenschen, geistlicher Stand gegen weltlichen Stand. Von der augustinischen Vorgabe her legt es sich nahe, die Geschichte der Kirche als Geschichte der Interaktion und Kontraaktion von geistlicher und weltlicher Macht, Papst und Kaiser, Staat und Kirche einerseits, geistlichem und weltlichem Stand andererseits anzusehen und aufzuschreiben. Und da der geistliche Stand gegen die Korruption der *civitas terrena* auf Dauer nicht gefeit ist, kommt die Sukzession der Ordensreformen hinzu.

3. Endzeit

Daß die Welt *post Christum natum* im letzten Zeitalter sich befindet, ist eine von der Parusieverzögerung erzwungene Retardierung der Zeit. Zu Zeiten kann die darin latente Apokalyptik aber auch ausbrechen, wenn im Bewußtsein der Christenheit aufschießt, daß die Zeichen der Zeit, ihre Schrecken vor allem, auf ein baldiges Ende hindeuten. Den Sachwaltern der kirchlichen Permanenz fällt es, wie man beim Hl. Augustinus schon sehen kann, nicht schwer, solche apokalyptische Aufregung immer wieder zu entzaubern und damit zumeist den eschatologischen Enthusiasmus, der da vom Neuen Testament her in die Gegenwart eingeschlagen war. So können die Schwärmer nur ein Randphänomen der Kirchengeschichte sein; die Sukzession hat ihre Stütze in der weiterlaufenden Zeit.

Ein besonderes Phänomen apokalyptischer Beschleunigung der Zeit ist mit dem Namen Joachim v. Fiore (1131-1202) verbunden, einem kalabresischen Abt, dem an einem Pfingstfest (1190/1195) eine Vision widerfuhr, die ihm das Geheimnis der Apokalypse erschloß, und dieses Geheimnis bestand im Umsturz der etablierten Epochenordnung.[40] Wie immer man bis dahin die Weltgeschichte christlich gegliedert hatte – zweigliedrig in der Abfolge „Alter Bund – Neuer Bund“, dreigliedrig, *ante legem, sub lege sub gratia*, sechsgliedrig nach dem erwähnten Zeitalterschema – immer befand man sich *post Christum natum* – wie es seit dem 6. Jh. der Mönch Dionysius Exiguus auch als Schema der allgemeinen Zeitrechnung eingeführt hatte[41] – im letzten Zeitalter vor dem Ende der Welt, in dem sich vielerlei verändern mochte, nur nicht die von Christus selbst begründete Heilsverfassung. In diesen Konsens greift Joachim v. Fiore ein, indem er die kirchliche Ständeordnung seiner Zeit in ein weltgeschichtliches Ablaufschema transponiert und trinitarisch interpretiert. Der dreifaltige Gott offenbart sich im Ablauf der Geschichte: Das erste Zeitalter ist das Reich des Vaters, es währt vom Anfang bis auf Christus und ist das Zeitalter der Verheirateten. Das zweite Zeitalter ist das Reich des Sohnes, es ist das Zeitalter der von Christus begründeten Papstkirche und ihrer klerikalen Sakramentenverwaltung; sein Träger ist der im irdischen Kompromißbereich wirkende Säkularklerus. Das dritte Zeitalter ist das Reich des Geistes, das mit der Begründung des Mönchtums durch den Hl. Benedikt angefangen hat und nach der apokalyptischen Vision Joachims sich in Bälde ganz durchsetzen wird; es ist das Reich eines in Kontemplation und Lobpreisung bestehenden wahren, mit irdischen Kompromissen nicht mehr vermischten, reinen Christentums, dem der Mönche.

Was bei Joachim die weiträumige Vision einer von Gott selbst in allmählichen Übergängen sich vollziehenden geschichtlichen Selbstoffenbarung ist, wurde auf dem linken Flügel der franziskanischen Bewegung im 13./14. Jh. zum revolutionären Programm. Die Spiritualen sehen in Franziskus den *novus dux*, den Anführer einer realen Umwandlung der bestehenden Kleruskirche in eine Kirche von unbedingter Armut und Demut, eine Kirche als wahrer Gemeinschaft des Hl. Geistes jenseits aller priesteramtlichen und sakramental organisierten Vermittlung.

Die mittelalterliche Großkirche hat diesen Angriff auf ihre epochale Definitivität abgewehrt, aber in der joachitischen Vision steckte ein Gewitterpotential, das wieder ausbrechen konnte, wo man in dieser Weltzeit einen Heilszustand herbeiführen wollte, der über das hinausging, was das verfaßte Kirchentum bot. Der aus der radikalen Kritik am Status quo aufspringende Gedanke einer Weltrevolution, eines Umsturzes aller Verhältnisse, eines 3. Reiches konnte an die um 1200 aufgekommene Erwartung anknüpfen.[42]

4. Neuzeit

Die gängigste, in der wissenschaftlichen Professionalisierung auch institutionalisierte Epochengliederung der Geschichte ist die in Altertum/ Antike, Mittelalter und Neuzeit. Wie die Profangeschichte orientiert sich auch die neuzeitliche Kirchengeschichte nach dieser triadischen Periodik. Das in den älteren theologischen Epochentheorien als heilsgeschichtlich einheitlich angenommene Zeitalter *post christum natum* wird nun dreifach gegliedert, was die Frage aufwirft, ob es sich hier nur um eine historiographisch praktische Homogenisierung mit der Profangeschichte oder um eine theologisch relevante Gliederung handelt. [43]

Als erste schon zeitnah im Sinne weiträumiger Neuorientierung empfundene Zeit gilt die um 1500. Sie wird mit den Stichworten „Renaissance" und „Reformation" verbunden. Im „Re-" zeigen sich „Ausdrücke, die auf eine Wiederherstellung alter Zustände im Bereich der Kunst und Literatur, der humanistischen Studien oder der religiösen Lehre und der kirchlichen Institutionen zielten (...). Die Bezugsgrößen der Erneuerung lagen nicht in der Zukunft, sondern in der Vergangenheit, in der Bibel und in den Werken und Texten der klassischen Antike."[44] Da die „Bezugsgröße der Erneuerung" zeitlich weit zurückliegt, wird die Zwischenzeit zum „Mittelalter", das jedoch nicht als kontinuierlicher Übergang verstanden wird, sondern als Unterbrechung, als „finsteres Mittelalter"[45], in dem die lichte Höhe der Vorzeit verlassen wurde. Die humanistischen Literaten und Philologen beginnen schon seit Petrarca am Ende des 14. Jh. sich gegen das barbarische Latein und die simple Poesie des Mittelalters an der klassischen römischen Literatur zu orientieren. Dem schloß sich in Absetzung vom herrschenden scholastischen Aristotelismus ein neues Interesse für die platonische und neuplatonische Philosophie an. Mit dem Stichwort *„rinascitá"* charakterisierte Vasari 1550 die vorangehenden zwei Jahrhunderte als „Rückführung der Künste zur naturgetreuen Gestaltung und Wiederanknüpfen an die darin vorbildliche Antike."[46] Bild- und Baukunst orientierten sich im Stil wie auch in der Wahl der bildwürdigen (mythologischen) Sujets am heidnischen Altertum. Erst als man diese zunächst im literarisch-künstlerischen Bereich wahrgenommene Neuerung mit anderen Ereignissen (Entdeckung Amerikas, Erfindung des Buchdrucks, Astronomische Revolution, Reformation etc.) rückblickend koordinieren konnte, bildete sich die Zeit um 1500 als Schwellenzeit einer neuen Epoche heraus, die man als Neuzeit bezeichnete.

In der Wahrnehmungsperspektive der Kirchengeschichte setzt diese Neuzeit mit dem Namen Luther ein, d.h. aus dem Spektrum der die Neuzeit eröffnenden Innovationen wird die Reformation als Dominante ausgewählt: die Neuzeit ist das aus den reformatorischen Ereignissen zu Beginn des 16. Jh. hervorgehende Konfessionszeitalter. Existierte die abendländische Christenheit bis dahin als die *una romano-catholica*, die aufkommende Häresien immer zu marginalisieren vermochte, so existiert sie nun in institutionell voneinander getrennten und einander im Anspruch, die wahre Kirche zu sein, befehdenden Konfessionen. Wie die gesamte Theologie, so tritt auch die Kirchengeschichtsschreibung in den Dienst der Apologetik.

Für die protestantische Seite, die ja unter Berufung auf die ursprüngliche Reinheit (Bibel, frühes Christentum) die nachkonstantinische, mittelalterlich-päpstliche Kirche als Verfallszeit aburteilte, erschien Kirchengeschichtsschreibung besonders wichtig als Nachweis, selber keineswegs eine gerade erfundene Neuerung zu sein, sondern vom Ursprung an eine eigene Kontinuität zu haben. „Die erste protestantische Darstellung der Kirchengeschichte waren die sogenannten Marburger Zenturien, die innerhalb der kirchlichen Historiographie epochemachend und wie kaum ein anderes Werk für spätere Kirchenhistoriker vorbildlich wurden.“[47] In diesem 1559-1574 entstandenen vierzehnbändigem Werk wird die Geschichte der Kirche nach Jahrhunderten gegliedert (Zenturien), dargestellt mit dem ausdrücklichen Schwergewicht bei der Lehre. „Es sollte der Beweis erbracht werden, daß die Lehren der Reformatoren mit denen des Urchristentums voll und ganz übereinstimmen, daß es zu allen Zeiten Vertreter der evangelischen Wahrheit gegeben und sich die Papstkirche je länger je mehr vom biblischen Fundament entfernt habe.“[48] Weil die von den Reformatoren betriebene Erneuerung der Kirche bei der Lehre ansetzt, wird Kirchengeschichte schwergewichtig Lehrgeschichte und in diesem weiteren Sinne „Dogmengeschichte“. Das Kontinuum besteht nicht in Amtssukzession und juridischen Legitimitätsnachweisen, sondern im Inhalt der Verkündigung, daß er rein und unverfälscht ist in Übereinstimmung mit dem Ursprung des Evangeliums. Kirchengeschichte ist primär eine Darstellung der Sprachzeugen der Wahrheit des Evangeliums.

Den „Magdeburger Zenturien“, die auf evangelischer Seite typenbildend wirken, stehen auf katholischer Seite die *„Annales ecclesiastici“* des Oratorianers Cesare Baronio (1598-1607) gegenüber, die die kontroverstheologische Herausforderung auf dem Gebiet der Lehre aufzugreifen suchen, über die doktrinelle Fokussierung hinaus aber eben die Kontinuität der Einrichtungen und Gebräuche der katholischen Kirche zum Feld des Wahrheitsnachweises machen. Kirchengeschichte steht im Fokus einer Amtsgeschichte, näherhin der Papstgeschichte. Das Konfessionszeitalter generiert also nicht nur alternative Lehrgeschichten, in denen die jeweiligen Konfessionen die Wahrheit ihrer Doktrin historisch zu untermauern versuchen, sondern auch den Antagonismus von Geistesgeschichte und politischer Geschichte, Lehrgeschichte und Institutionsgeschichte. Da die Kontroverse das Konfessionszeitalter prägt, ist die Kirchengeschichte der Neuzeit auch so etwas wie eine innerchristliche „Militärgeschichte“.

Der Verhärtung auf doktrinelle und jurisdiktionelle Fragen wirken hier wie dort Seitenbewegungen entgegen, die beim christlichen Kontinuum eher als auf die Lehr- und Amtszeugen auf die Lebenszeugen achten. Auf evangelischer Seite ist es G. Arnolds (1666-1714) „Unparteiische Kirchen- und Ketzerhistorie". In seiner radikal pietistischen Geschichtssicht

> *„beginnt der Untergang des Christentums alsbald nach den Zeiten der Apostel mit der Entstehung einer organisierten Kirche, mit der Ausbildung des kirchlichen Rechtes, mit der Entwicklung der Dogmen, der Bekenntnisse und äußeren Zeremonien, um, durch Konstantin d. Gr. noch gesteigert, in rapider Abwärtsentwicklung, nur zeitweise durch Luther unterbrochen, bis zur Gegenwart fortzulaufen. Es hat nur wenige echte Vertreter des christlichen Glaubens zu allen Zeiten gegeben: es sind die Märtyrer, die Mystiker und die Ketzer, die von den Mächten der Welt oder der offiziellen Kirche genauso wie einst Jesus von den Juden verfolgt und unterdrückt worden sind."*[49]

Als katholische Parallelerscheinung kann man das große Interesse des neuzeitlichen (nachtridentinischen, barocken etc.) Katholizismus an der Heiligenverehrung ansehen, die, von der protestantischen Lehre abgedrängt, zum wirkungsvollen Repertoire der katholischen Kirche in Kunst und Frömmigkeit gehörte. Ihr repräsentatives kirchengeschichtliches Werk sind die *„Acta Sanctorum"* der sog. Bollandisten (nach ihrem Begründer, dem belgischen Jesuiten J. Bolland, 1596-1665), die seit der Mitte des 17. Jh. bis in die Gegenwart eine kritische Edition der gesamten Heiligenüberlieferung der Kirche unternehmen. Sosehr hier, wie bei Arnold, das Augenmerk auf den christlichen Lebenszeugen liegt, so sehr sind diese, anders als bei Arnold, eingebettet in die Kirche, ja erscheinen geradezu als Zeugen der Wahrheit der katholischen Kirche.

Aus der Sicht der Kirchengeschichtsschreibung beginnt die Neuzeit mit der Reformation und ist geprägt durch Konfessionalität. In der neueren Profangeschichte gibt es nun Tendenzen, den Beginn der Neuzeit nicht um 1500 sondern um 1800 anzusetzen, also mit der Aufklärung beginnen zu lassen, und vom 16./17. Jh. als der „frühen Neuzeit" zu sprechen. Über die historiographische Plausibilität dieser Epochenschwellensetzung ist hier nicht zu handeln, der Kirchengeschichte wird damit freilich eine Bewußtseinsumstellung angesonnen. Das 16. und 17. Jh. erscheinen nun eher als Ausläufer des Mittelalters, während die eigentliche Neuzeit damit begänne, daß gar nicht mehr Glaube, sondern Vernunft, nicht mehr tradierte Autorität, sondern Freiheit das Leitprinzip der Geschichte wäre, Geschichte verstanden als unaufhaltsamer Fortschritt der rationalen Bewältigung der Natur, autonomer Gestaltung des persönlichen Lebens und demokratischer des gemeinsamen, Demokratie und Menschenrechte als Programm einer von der Menschheit selbst in die Hand genommenen Zukunft. Als politisches Gründungsereignis der neuen Zeit gilt dementsprechend die Französische Revolution, die in dem 1793 beschlossenen

Revolutionskalender das Jahr 1792, den Tag der Ausrufung der Republik, als Stichtag einer neuen Ära einsetzte, die den christlichen Kalender *post christum natum* ablösen sollte. Von solchem Neubeginn zurückblickend, erscheint die gesamte Vorgeschichte als Geschichte des Kampfes der menschlichen Gattung um Freiheit und Vernunft; die Herrschafts- und Heiligengeschichte ist in diesem Sinne umzuschreiben.

Die so als mit der Aufklärung beginnende Moderne gefaßte Neuzeit löst nicht nur faktisch das Mittelalter ab, sie transzendiert im Sinne einer nun als permanenter Fortschritt zu denkenden universellen Vernunft die bis dahin vom Christentum als positiver Religion bestimmte Epoche. In ihrer programmatischen Offenheit und systemimmanenten Beschleunigung wird diese Moderne zur Endzeit ohne Ende. Schwierigkeiten mit Konzepten wie „Postmoderne" oder „Posthistoire", die den Anfang einer neuen Epoche anzeigen sollen, zeigen, wie definitiv Moderne als drittes Zeitalter der Geschichte, als sie global vollendendes gedacht wird.

Erscheint in der Sicht der Kirchengeschichte die Neuzeit in Absetzung vom Mittelalter als konfessionelles Zeitalter, so könnte man ihr Ende in einer die um 1500 einsetzende Kirchenspaltung beendenden Ökumene sehen. Projekte einer „Ökumenischen Kirchengeschichte" scheinen in eine solche Richtung zu weisen. Aus dem Zukunftsprogramm, wechselseitige Diskriminierung und Exkommunikation durch gegenseitige Anerkennung und Zulassung zu ersetzen, bildet sich rückblickend eine Form von Kirchengeschichte, die Einseitigkeit und Intransigenz als geschichtliche Fehlentwicklung und Schuld zu diagnostizieren und therapieren sucht.

Doch scheint das fast wie eine Art Nachhutgefecht zu jener Herausforderung, die mit der Aufklärung auf die Kirche zugekommen ist. Die katholische Kirche hat sich in ihrem amtskirchlichen Selbstverständnis bis in die Mitte des 20. Jh. hartnäckig gegen die aufklärungsdominante Moderne gewehrt und „Modernismus" in allen Formen als Irrlehre abzustoßen versucht; dem folgte die Kirchengeschichtsschreibung. Auf evangelischer Seite, deren Kirchengeschichtsschreibung prinzipiell die Geschichte der Lehre gegenüber der der Institution favorisierte, war die Neigung größer, die mit der Aufklärung verbundene Philosophie in die eigene Denkgeschichte einzuschreiben. Was in der Subjekt-, Vernunft- und Freiheitsphilosophie des 18. und 19. Jh. gedacht wurde, konnte dann als Weiterführung oder sogar Vollendung dessen gedacht werden, was Luther im 16. Jh. begonnen hatte und Luthers „Freiheit eines Christenmenschen" und „Hier stehe ich und kann nicht anders" als Morgenröte des subjektiven Freiheitspathos der Moderne erscheinen. Eine Kirchengeschichtsschreibung, die dem folgt, sucht ein neues narratives Kontinuum herzustellen, das, anders als die katholische Kirche, die Staudämme zu errichten versucht, an eine christliche Kanalisation der Moderne denkt.

Die Proklamation von Epochen schafft Dominanzen, aber keine homogenen Gebilde. Versteht man das *post Christum natum* nicht als bloßen Anhalt der Jahreszählung („nach unserer Zeitrechnung"), sondern als neue Zeitqualität, geht die Zeitabfolge *ante legem, sub lege, sub gratia* (*Christi*) in eine Differenzierung der Zeitgenossenschaft über. Heiden und Juden werden zu unzeitgemäßen Zeitgenossen, die auf den Stand der neuen Zeit gebracht werden sollen: „Gehet hin und machet alle Völker zu Jüngern..." (Mt 28,19). Und daß die Juden sich in die neue Zeit des Christus nicht fügen wollen, ist die große Wunde des Paulus (vgl. Röm 2-11). Die epochale Zeitansage der Christen wird zum globalen Handlungsprogramm. Die ganze Menschheit soll in die eine, allen gemeinsame Heilszeit eingeholt werden. An den Juden, die sich diesem Ansinnen verweigern, merken die Christen am härtesten, daß sie die Epoche wohl dominieren, aber nicht zu vollenden vermögen.

Setzt man den Aufgang einer neuen Epoche im 18. Jh. an, so bildet die neue Meinungsführerschaft der Menschheit einen Suggestionsraum der Vernunft, der seinerseits Zeitgenossen zu Nachzüglern des Weltgeistes macht. Die Christen, ja überhaupt alle einer positiven Religion Anhangenden glauben und tun etwas, was eigentlich nicht mehr zeitgemäß ist, nicht mehr auf der Höhe der Zeit, was „mittelalterlich" ist: Glauben an Gott und einen Himmel jenseits der Welt, Beten, Rituale vollziehen usw. Und so wie für die Christen einst die götzendienerischen Heiden, so sind jetzt die Christen für die Aufklärer ein Objekt der Mission, sie endlich zur Vernunft zu bringen, zu einem von Mythos und Kult unabhängig gewordenen universalen Menschheitsethos. Die christliche Religion hat sich seit dem 18. Jh. gegen diese neue Zeitherrschaft eifrig zur Wehr gesetzt, durch offenen Abwehrkampf, Assimilation, Koalitionen unterschiedlicher Art. Und auch nichtchristliche Religionen erheben von neuem ihr Haupt, das sie im Zeichen fortschrittlicher Moderne eigentlich längst hätten eingezogen haben müssen.

So zeigt sich „Epoche" als ein nicht nur deskriptives, sondern auch normatives Konstrukt. Es beschreibt nicht nur eine langzeitliche Kollektivmentalität, sondern etabliert dies auch als Erwartungsraum zeitgemäßen Handelns. Dem Einzelnen begegnet darin der *common sense*, das „man" seiner Zeit, dem er sich so oder so fügen oder entziehen kann, im Bewußtsein, *up to date* zu sein oder noch in einer anderen Zeit zu leben. Dies Austarieren gilt für jeden Menschen, der einmalig ist und zugleich ein mit den anderen verbundenes *zôon politikon*. Für den Christen hat es eine besondere Note, insoweit er sich der eigentümlich in die Epochen der Menschheit verwickelten Kirche zugehörig fühlt.

V. HISTORIK

1. Historische Ekklesiologie

„Die Kirchengeschichte ist Theologie und zwar historische Ekklesiologie."[50] So lautet die dezidierte These des renommiertesten katholischen Kirchengeschichtlers der Mitte des 20. Jh., Hubert Jedin.[51] „Indem und soweit sie ihren Gegenstand vom Glauben empfängt und gläubig festhält, ist sie theologische Disziplin."[52] Der Gegenstand der Kirchengeschichte ist eine geschichtliche Größe, deren Wesen geglaubt wird. Es beruht

> *„auf der Inkarnation des Logos und auf dessen Eintritt in die menschliche Geschichte, vor allem aber darauf, daß Christus die Kirche als Gemeinschaft von Menschen (Volk Gottes) unter Führung von Menschen (Apostelkolleg, Episkopat, päpstlicher Primat) gewollt und sie damit vom menschlichen Handeln, aber auch von menschlicher Schwäche abhängig gemacht hat. Er hat sie jedoch nicht sich selbst überlassen. Ihre übergeschichtliche transzendente Entelechie ist der Heilige Geist, der sie vor Irrtum bewahrt, in ihr Heiligkeit schafft und erhält und sich durch Wunder beglaubigen kann."*[53]

Die Kirche ist eine Institution mit Verfassungsorganen, die aber zugleich als beseelter Organismus verstanden wird. Alles, was in ihr historisch faktisch gechieht, ist von einem zielorientierten Lebensprinzip („Entelechie") gesteuert. So geht es in der Kirchengeschichte „um das Wachstum der von Christus gestifteten Kirche in Zeit und Raum"[54]. Die neutestamentlichen Reich-Gottes-Gleichnisse von der wachsenden Saat und vom Senfkorn (Mt 13) werden als ekklesiologische Grundmetaphern ausgearbeitet: „Wie das Weizenkorn keimt und sprießt, Halm und Ähre ansetzt, aber immer Weizen bleibt, so verwirklicht sich das Wesen der Kirche im geschichtlichen Prozeß in wechselnden Formen, bleibt sich aber gleich."[55] Das von Jesus Christus in die Welt gebrachte Lebewesen Kirche entwickelt sich durch die „Entelechie" des Geistes in phänotypisch höchst unterschiedlichen Stadien. Da „der Glaube" in diesem Konzept „die Kirche" als *ecclesia romano-catholica* unterstellt, ist „die Kirche" Gegenstand der Kirchengeschichte, weil und insofern sie Vorgeschichte der gegenwärtigen römisch-katholischen Kirche ist. Es geht um das allmähliche Heranwachsen dessen, was seinen (vorläufigen) Endstand in der römisch-katholischen Kirche der Gegenwart hat.

Im Blick auf die Identität ist Kirchengeschichte amtskirchliche Institutionsgeschichte, im Blick auf das Wachstum Ausbreitungsgeschichte. Das Gleichnis vom Senfkorn liefert die Grundmetapher für die „Ausbreitung über den Erdball", das Gleichnis vom Sauerteig für „die Durchdringung der Menschheit, der Kulturkreise, Völker und Gesellschaftsordnungen"[56]. Dem Wachstumsprozeß kann im nachhinein eine gewisse Logik abgelesen werden, ohne daß man ihn im Sinne einer hegelianischen Geschichtsphilosophie als durch und durch vernünftig rekonstruieren könnte[57]; der Kirchenhistoriker kann Spuren der Wirksamkeit des Geistes entdecken, sieht sich aber nicht im Detail in den göttlichen Heilsplan eingeweiht.

Das Wachstum erweist sich nicht als linear stetiger Prozeß der Heilsausbreitung, es ist bestimmt durch menschliche Schwäche und „auch die Schuld ihrer Glieder"[58], auch ihrer Amtsträger. Das nicht aus apologetischem Interesse zu verschweigen oder zu beschönigen, ist nicht nur der historischen Wahrheit und dem Ethos des Evangeliums geschuldet, sondern bildet geradezu die menschliche Folie, das *„Humanum"*, in das das *„Divinum"*[59] eingezeichnet werden kann: „Es hat stets schlechte Priester und Bischöfe und sogar Päpste gegeben, aber sie haben die Kirche nicht zugrunde richten können. Sie ist nicht untergegangen, sie hat Zeiten der Stagnation und des Verfalls überstanden und sich immer wieder von innen erneuert."[60] Daß der Geist das Lebensprinzip der Kirche ist, zeigt sich eben gerade darin, daß sie Krisen, die nach menschlichem Ermessen nicht zu überleben sind, übersteht und zu neuem Wachstum ansetzt. Die Verheißung von Mt 16,18, daß „die Pforten der Hölle sie nicht überwältigen werden", wird zur *selfulfilling prophecy* der Kirchengeschichte. Weil der Geist durch die menschlichen Schwächen und Sünden hindurch und über sie hinweg die Geschichte der Kirche lenkt, kann es darin auch im eigentlichen Sinne keine „Fehlentwicklungen" geben, sondern, wie z.B. die sog. „Konstantinische Wende", nur „zeitbedingte Entwicklung(en)", die „Schattenseiten" gehabt, „aber auch Erfolge ermöglicht" haben, „die nur schwer auf andere Weise hätten erreicht werden können"[61]. Auch wenn man es im einzelnen nicht durchschaut, ist die Geschichte der Kirche *in summa* eine durch nichts zu falsifizierende Erfolgsgeschichte des Hl. Geistes und wird es bis zum Ende bleiben. Die von H. Jedin methodisch als strenge Geschichtswissenschaft reklamierte Kirchengeschichte[62] ist nicht voraussetzungslos: „Es gibt keine (...) voraussetzungslose Geschichtswissenschaft. Der protestantische Kirchenhistoriker, erst recht der marxistische, bringt genau so Voraussetzungen mit wie wir."[63]

Mit diesem „wie wir" reklamiert der große Kirchenhistoriker seine Kirchengeschichtstheorie als *die* katholische, zu der man aus seinem Glauben heraus zu stehen hat. Von dieser Anlage her, die den katholischen Kirchenhistoriker auf eine bestimmte Glaubenssicht der Geschichte verpflichtet, ist als primärer Adressat der Kirchengeschichtsdarstellung auch der dem römisch-katholischen Glauben Anhangende zu denken: „Wer im Lichte des Glaubens das Werden und Wachsen der Kirche studiert, dringt in ihr göttlich-menschliches Wesen ein, erfaßt sie, wie sie ist und nicht nur wie sie sein soll, lernt ihre Lebensgesetze kennen und gewinnt selbst einen festen Standpunkt in ihr; sein sentire ecclesiam wird zum krisenfesten sentire cum ecclesia."[64] Für den, der diese Voraussetzung nicht teilt, könnte darin eine beeindruckend geschlossene Weltsicht vor Augen treten, eine je nachdem anziehende oder abstoßende „Ideologie". Jedin, dessen Hauptwerk eine „Geschichte des Konzils von Trient" ist, ist selbst eine finale Gestalt der tridentinischen Epoche, der in seinen letzten Lebensjahren der Entwicklung nach dem 2. Vatikanum mit großer Reserve begegnete.[65] Seine theologische Richtung „dürfte wohl von einem mehr oder weniger geschlossenen System unter dem Einfluß der Scholastik bestimmt gewesen sein"[66].

2. Reformatorische Alternative

Wenn G. Ebeling „Kirchengeschichte als Geschichte der Auslegung der Hl. Schrift"[67] auffaßt, so folgt er, wie andere lutherische Autoren auch, dem in der *Confessio Augustana* (1530) vorgegebenen Kirchenverständnis, demzufolge die „eine, heilige, christliche Kirche" „die Versammlung aller Gläubigen ist, bei welchen das Evangelium rein gepredigt und die heiligen Sakramente laut des Evangeliums gereicht werden"[68]. Die identitätspräsentierende Bestimmung der Kirche ist hier nicht eine in amtskirchlicher Sukzession gesicherte Institution, sondern „das Evangelium" als Maßstab je gegenwärtiger Praxis der Predigt und der Sakramente. In diesem Sinne ist der kontinuitätsgewährleistende Leitfaden der Kirchengeschichte die „Auslegung der Hl. Schrift". Was sonst noch zu berichten ist, bezieht sich auf die je und je neu erfolgte Kontextuierung und Profilierung dieser Botschaft.

Mit einer solchen inhaltlichen, nicht institutionellen Bestimmung von Kirche wird ein kriteriologisches Moment eingeführt, das „reformatorischen" Charakter hat. Die jeweilige geschichtliche Lage ist am „Evangelium" zu messen und auszurichten. Während Jedins Konzept dahin tendiert, den faktischen Gesamtverlauf der Kirchengeschichte, bei aller einzugestehenden persönlichen Schuld, als geistgeleitet anzunehmen und zu verteidigen, neigt reformatorische Ekklesiologie eher dazu, „Fehlentwicklungen" dingfest zu machen, um sie gegenwärtig abzustellen. Da aktiv betriebene Kirchenreform von Werturteilen über das Bestehende nicht zu trennen ist, steigt in der begleitenden Kirchengeschichte der Pegel der Kritik, die in der Vergangenheit „Verfall" und „historische Schuld" auszumachen bereit ist.[69] Das „heilsgeschichtliche" Verständnis der Kirchengeschichte bekommt damit ein weniger affirmatives als kritisches Gepräge, möglicherweise auch ein kreatives, insofern in der Kirchengeschichte nach Alternativen zum erreichten Stand gesucht wird.[70]

3. Offenheit und Vorurteil

Der im konfessionellen Zeitalter offene Streit um den Ort der wahren Kirche bringt in die Grundlagen der Kirchengeschichtsschreibung normative Kirchenbegriffe ein. Das ändert sich merklich, wo das apologetische Syndrom sich lockert.[71] Eine Generation nach H. Jedin heißt es in dem einschlägigen Lexikonartikel: „Der Kirchengeschichte ist nicht ein von der Dogmatik in übergeschichtlicher Weise formulierter theologischer Begriff der Kirche vorgegeben, in dessen Rahmen sie sich bewegen darf. Der Kirchenbegriff, seine Entwicklung und jeweilige theologische Ausformung ist vielmehr selbst ein historisches Phänomen und daher Gegenstand theologischer Forschung."[72] „Kirche" wird nun als ein der kirchengeschichtlichen Forschung immanenter heuristischer Begriff gehandhabt, dessen Sinngehalt selbst historisch zu ermitteln ist. Aber auch in dieser offeneren Kirchengeschichtstheorie ist der subjektive „Standort"[73] des Historikers, von dem aus er die Geschichte wahrnimmt, unhintergehbar. Die Perspektive dieser Wahrnehmung kann man als seine „Theorie" oder „Philosophie" bezeichnen: „Das, was eine Geschichte zur Geschichte macht, ist nie allein aus den Quellen ableitbar; es bedarf einer Theorie möglicher Geschichten, um Quellen überhaupt erst zum Sprechen zu bringen."[74]

Bei der „Theorie möglicher Geschichten" geht es um die Frage, mit welcher Art von Ereignissen der Historiker überhaupt rechnet und welche er von vornherein ausschließt. Man kann wohl eine Geschichte der Kirche als Überbaugeschichte der Ökonomie, als Geschichte reiner Machtpolitik, als Geschichte der psychischen Triebdynamik ihrer Akteure schreiben und die Theologie wird solche Paradigmen in Anbetracht des biblischen Menschenbildes tunlichst nicht ausschließen. Was sie um ihrer selbst, ihres eigenen „Standorts" willen nicht zulassen kann, ist die reduktionistische Monopolisierung solcher Paradigmen. Die theologische Kirchengeschichtsschreibung rechnet mit genuin religiösen Erfahrungen und Handlungsmotiven, mit Inspirationen und Intentionen des Glaubens, die auf ökonomische, machtpolitische, triebdynamische etc. Motive nicht restlos rückführbar sind. Sie nicht aus dem Geflecht menschlicher Handlungsbedingungen zu isolieren, sie aber darin doch zur Geltung zu bringen, ist ein Moment, ohne das ein spezifisch theologischer „Standort“ kaum haltbar erscheint. Für die Wissenschaftstheorie der Geschichtsschreibung, der die Kirchengeschichte sich anschließen möchte, ist charakteristisch, daß jener „Standort“ nicht eine dogmatische Position ist, die sich aus den Quellen auf jeden Fall rechtfertigen möchte, sondern eine besondere Sicht, der Ausgangspunkt einer fragenden Neugier, die in eine wissenschaftliche Heuristik übersetzbar ist.

Das ist für einen Wissenschaftler, den es professionell in das Handlungsfeld der Theologie, einer konfessionell spezifizierten noch dazu, verschlagen hat, zunächst eine existentielle Angelegenheit: „Er verfolgt in seinem Dialog mit der Vergangenheit die Bearbeitung *derjenigen* Frage, die *ihn* nicht schlafen läßt, des für *ihn* grundlegenden Problems, dessen Lösung auf zuweilen verschlungenen und oft geheimnisvollen Pfaden für *sein* Schicksal wichtig ist, das sein Leben und seine ganze Person beansprucht.“[75] Der „Standort“ ist primär existentiell, aber er kann nicht solitär bleiben. „In dem Maße, wie der Historiker das Wahre und eine an fruchtbaren Werten reiche Erkenntnis erreicht, schuldet er sie seinem Nächsten.“[76] Wenn dieser Nächste nicht nur in der Welt seiner Fachwissenschaft gesucht wird, ist es potentiell jedermann, nächstliegend aber die Kirche, in der der Kirchenhistoriker als Theologe so oder so seinen Ort hat und vielleicht sogar Solidarität empfindet und Verantwortung in der Gemeinsamkeit zu bewältigender Probleme. Das private Interesse drängt zu kommunaler Relevanz.[77]

4. Nutzen

F. Nietzsche hat vom „Nutzen und Nachteil der Historie für das Leben“ gesprochen mit der These: „(...) wir brauchen Historie, aber wir brauchen sie anders, als sie der verwöhnte Müßiggänger im Garten des Wissens braucht (...) wir brauchen sie zum Leben und zur Tat, nicht zur bequemen Abkehr vom Leben und von der Tat.“ [78] Blickt man so über die durchaus mögliche und in gewisser Weise sogar elementare Bedeutung des Geschichtenerzählens als Unterhaltung und Zeitvertreib hinaus, tritt bei der Kirchengeschichte als primärer Nutznießer die Kirchenleitung auf den Plan. So hat es im Kontext des Humboldtschen Universitätskonzepts F. Schleiermacher formuliert: „Die Kirchenleitung erfordert ... die Kenntnis des zu leitenden Ganzen in seinem jedesmaligen Zustande, welcher, da das ganze ein geschichtliches ist, nur als Ergebnis der Vergangenheit begriffen werden kann und diese Auffassung in ihrem ganzen Umfang ist die historische Theologie im weiteren Sinne des Wortes.“[79]

Was aber ist mit denen, die in der Kirche nichts zu lenken und zu leiten haben, die einfach nur Christen sind und sein wollen, evangelisch, katholisch? Wo H. Marrou vom „Nutzen der Geschichte“[80] handelt, führt er als erstes das Moment der Freiheit an:

> *„Die Geschichte befreit uns von den Fesseln, den Beschränkungen, durch die unsere Lage im Schoß des Werdens, an einem bestimmten Platz in einer bestimmten Gesellschaft zu einem bestimmten Augenblick ihrer Entwicklung unsere Erfahrung vom Menschen einengte – und dadurch wird sie in gewisser Weise ein Instrument, ein Mittel unserer Freiheit.“*[81]

Auf die Kirchengeschichte bezogen, wäre ihr Studium somit ein Medium der Freiheit eines Christenmenschen, des einzelnen in seiner Kirche und vielleicht gegen sie.

Der positive Nutzen des Studiums der Geschichte im allgemeinen wurde vormals mit dem ciceronianischen, von den Humanisten neu belebten Topos *„Historia magistra vitae“*[82] bestimmt. Mag nun die Geschichte unter den Bedingungen der Moderne nicht mehr als Schatztruhe unmittelbar auf das gegenwärtige Leben anwendbarer Exempel erscheinen[83], so kann man dem Topos doch einen weiterreichenden, bleibenden Sinn abgewinnen:

> *„Indem ich Menschen entdecke, indem ich anderen Menschen als mir begegne, lerne ich besser erkennen, was der Mensch ist, der Mensch, der ich selbst bin, mit all seinen glänzenden oder gräßlichen Möglichkeiten. (...) Als eine Begegnung mit dem Anderen (...) offenbart uns die Geschichte unendlich viel mehr Dinge unter allen Aspekten des Seins und des menschlichen Lebens, als wir in unserem einzigen Leben hätten entdecken können, und wird dadurch fruchtbar für unsere schöpferische Phantasie, eröffnet tausend neue Wege für unser Denken wie für unser Handeln.“*[84]

Das Studium der Geschichte ist somit eine geistige Bewegung des endlichen Menschen, der, sich der Erfahrungskürze seines Lebens von einigen Jahrzehnten bewußt, in diesen endlichen Gedankenraum seines Geistes andere Menschen hineinholt, nicht nur mit ihm lebende, sondern auch längst Verstorbene, von denen die Geschichte erzählt; seine Seele wird zum Möglichkeitsraum des Menschen, der Menschheit und ihrer Lebenserfahrung. Der Christenmensch, der so mit der Geschichte der Christenheit verfährt, wird ein reichhaltiges Universum, das sich damit auch gegen die erfahrene Enge seiner faktischen Kirche behaupten kann.

Solche Erinnerungstätigkeit könnte auch einen soteriologischen und eschatologischen Horizont haben. Er ist angedeutet in der dritten von W. Benjamins „Geschichtsphilosophischen Thesen“, wo es heißt:

> *„Der Chronist, welcher die Ereignisse hererzählt, ohne große und kleine zu unterscheiden, trägt damit der Wahrheit Rechnung, daß nichts, was sich jemals ereignet hat, für die Geschichte verloren zu geben ist. Freilich fällt erst der erlösten Menschheit ihre Vergangenheit vollauf zu. Das will sagen: erst der erlösten Menschheit ist ihre Vergangenheit in jedem ihrer Momente zitierbar geworden.“*[85]

In einem Briefwechsel des Jahres 1937 hatte M. Horkheimer an W. Benjamin geschrieben:

> *„Das vergangene Unrecht ist geschehen und abgeschlossen. Die Erschlagnen sind wirklich erschlagen… Nimmt man die Unabgeschlossenheit ganz ernst, so muß man an das jüngste Gericht glauben“*[86],

wozu Benjamin notiert:

> *„Das Korrektiv dieser Gedankengänge liegt in der Überlegung, daß die Geschichte nicht allein eine Wissenschaft sondern nicht minder eine Form des Eingedenkens ist. Was die Wissenschaft ‚festgestellt‘ hat, kann das Eingedenken modifizieren. Das Eingedenken kann das Unabgeschlossene (das Glück) zu einem Abgeschlossenen und das Abgeschlossene (das Leid) zu einem Unabgeschlossenen machen. Das ist Theologie, aber im Eingedenken machen wir eine Erfahrung, die uns verbietet, die Geschichte grundsätzlich atheologisch zu begreifen, so wenig wir sie in unmittelbar theologischen Begriffen zu schreiben versuchen dürfen.“*[87]

Mit dem Begriff des „Eingedenkens“ (hebr. *zachar)*[88] erinnert der jüdische Philosoph die christlichen Kirchengeschichtler an etwas, was sie über ihrer Assimilation an die methodischen Gesetze der allgemeinen Geschichtswissenschaft vergessen könnten, etwas genuin Theologisches, den „Jüngsten Tag“, der im Eingedenken des Vergangenen, es zu retten, wie ein Blitz in die „Jetztzeit“ einschlägt.[89]

F. EWIGKEIT

„Ehre sei dem Vater und dem Sohne und dem Heiligem Geiste,
wie es war im Anfang, so auch jetzt und allezeit
und in Ewigkeit. Amen."

„...Jesus Christus, unsern Herrn, der mit dir lebt und herrscht in der Einheit
des Heiligen Geistes,
Gott von Ewigkeit zu Ewigkeit. Amen."

***

„Aeternitas est interminabilis vitae tota simul et perfecta possessio"
Boethius, De consolatione philosophiae V, 6

„Sicut enim causatur in nobis apprehensio temporis, eo quod apprehendimus fluxum ipsius nunc, ita causatur in nobis apprehensio aeternitatis, inquantum apprehendimus nunc stans."
Thomas v. Aquin, Summa theologica 1 q 10 a 2 ad 1

***

„Mein sind die Jahre nicht, die mir die Zeit genommen;
Mein sind die Jahre nicht, die etwa möchten kommen;
Der Augenblick ist mein, und nehm ich den in acht,
So ist der mein, der Jahr und Ewigkeit gemacht."

Andreas Gryphius

Wie man die Zeit verkürzt
Mensch, wenn dir auf der Welt zu lang wird Weil und Zeit,
So kehr dich nur zu Gott ins Nun der Ewigkeit.
Angelus Silesius, Cherubinischer Wandersmann IV, 200

1. LITURGIE

„Ewigkeit" ist ein beliebtes Wort der Liturgie. Die Orationen der Messe pflegen damit zu enden ebenso wie das „Ehre sei dem Vater", mit dem im Stundengebet die Psalmen beschlossen werden. Und regelmäßig ist „Ewigkeit" da ein Stichwort für „Amen": „...in Ewigkeit – Amen!". Die liturgische Formel konnte sich so festigen durch den Rückhalt in der Hl. Schrift. An einer ganzen Reihe von Stellen des Neuen Testaments sind „Ewigkeit" und „Amen" solcherweise automatisch verbunden (vgl. Röm 1,25; 9,5; 11,36; 16,27; Gal 1,5; Eph 3,21; Phil 4,20; 1 Tim 1,17; 6,16; 2 Tim 4,18; 1 Petr 4,11; Hebr 13,21; Apk 1,6). Es sind den Briefen eingefügte Doxologien, Lobpreisungen Gottes, die stereotyp mit „Amen" schließen.

Was in dieser Form unverzüglich bestätigt wird, ist freilich keine einfache Sache. Wo in den deutschen Bibeln und Missalen das Wort „Ewigkeit" steht, stößt man in den zugrunde liegenden lateinischen und griechischen Texten auf etwas Komplizierteres. *„in saecula saeculorum"* oder *„per saecula saeculorum"* steht da, bzw. *„eis tous aiônas tôn aiônôn"*.

„saeculum" meint eigentlich „Zeitalter", „Jahrhundert", „eine lange Reihe von Jahren", sinnverwandt mit *„aevum"*, das sich sprachgeschichtlich im griechischen *„aiôn"* wie im germanischen „ewig" findet, wie man sagt, daß etwas ewig lang her sei oder ewig lang dauere. In der rhetorischen Steigerung eines potenzierten Plurals (*„saecula saeculorum"*) wird die unendlich lange Zeit herausgestrichen, so wie mit den „zehntausendmal zehntausend" von Apk 5,11 eine unübersehbare Menge. *„in saecula saeculorum"* ist die von der Vulgata gewählte Übersetzung von *„eis tous aiônas"*, wie es sich an den erwähnten neutestamentlichen Stellen findet, aber vorher schon im Sprachgebrauch des hellenistischen Judentums, bezeugt in der Septuaginta als griechische Wiedergabe entsprechender hebräischer Formeln.[1]

Dieses biblisch fundierte *„saecula saeculorum"* wird in liturgischen Gebrauch genommen, wo es heißt: *„Gloria Patri et Filio et Spiritui Sancto, sicut erat in principio et nunc et semper et in saecula saeculorum. Amen"*. Es ist ein Lobpreis des dreifaltigen Gottes, der die Zeitdimension expliziert. Die Beter denken vom *„nunc"* ihres Vollzugs aus; jetzt gerade lassen sie Gott die ihm gebührende Ehre zukommen. Aber was sie jetzt tun, ist ein Einstimmen in etwas, was längst im Gange ist, ja *„in principio"* schon war: „wie es war im Anfang". Das *„in principio"* kann nur den Anfang der Welt meinen, den Anfang also von Zeit. Der Anfang der Zeit ist der Anfang des Gotteslobs, der Anfang eines Gesangs, in dem das Geschaffene dem Schöpfer für sein Dasein dankt. Als Exponenten dieses Lobgesangs erscheinen in der Liturgie die Engel, die den Spekulationen der Theologen zufolge am ersten Schöpfungstag mit dem Licht geschaffen wurden.[2] Es ist da von Anfang an ein *kosmos noêtos,* eine geistige Höhe, die sich dem Grund des Daseins zuwendet und dem Schöpfer die Ehre gibt, ein intellektuelles *Gloria in excelsis Deo.* In diesen „prinzipiellen" Lobgesang sind die Menschen mit der Zeit eingefallen, bis jetzt.

Aber die hier ihre Stimme erheben, können sich nicht denken, daß das je ein Ende haben sollte. Und so heißt es: *„nunc et semper"*. Damit ist ausgegriffen auf die Zukunft, bis zum Ende aller Zeit. Dem wird aber noch ein *„et in saecula saeculorum"* hinzugefügt, ein Jenseits der Zeit offenbar, ein „nach der Zeit", das man sich aber doch wieder nur als eine Art grenzenloser Fortsetzung der Zeit vorstellen kann. Das wurde im Deutschen mit „in Ewigkeit" übersetzt. Die *„in principio"* angefangene Welt fällt mit dem Ende der Zeit nicht ins Nichts, als wäre nichts gewesen, sondern wird aufgehoben in einen Raum, in dem das gottverbundene Gloria weiter erklingt. Wenn hier von „Ewigkeit" die Rede ist, so ist also an eine verliehene, Geschöpfen, die einen Anfang haben, mitgeteilte Ewigkeit gedacht, Teilhabe der endlichen Kreatur am unendlichen Leben der Gottheit.

Geht es in den Doxologien darum, daß die Ehre Gottes, nachdem sie mit der Schöpfung angefangen hat, kein Ende mehr nehmen wird, wendet sich der Schluß der Orationen der Ewigkeit Gottes selber zu: *„Deus per omnia saecula saeculorum Amen."* Das *„per"* wird im Deutschen als „von-zu" gefaßt: „Gott von Ewigkeit zu Ewigkeit". Das greift auf die Vulgata/Septuaginta-Fassung von Ps 89(90), 2 zurück, wo es heißt: *„A saeculo et usque in saeculum tu es Deus (apo tou aiônos heôs tou aiônos)"*. Die Zeit erscheint hier wie eingebettet in die allumfassende Ewigkeit Gottes, die man sich nicht anders vorstellen kann als ein *prae* und *post,* obwohl doch alles Früher und Später, Vor und Danach nur in und mit der Zeit existiert: *„ratio temporis consistit in numeratione prioris et posterioris in motu"* (Thomas v. Aquin, Sth 1 q 10 a 1 cp.). Die Anfang und Ende der Welt transzendierende Ewigkeit wird zugleich als aller Zeit gegenwärtige gedacht. In der Schlußformel der Orationen heißt es von Gottes Sohn Jesus Christus: *„qui tecum vivit et regnat in unitate Spiritus Sancti, Deus..."*. Als der Ewige ist der dreifaltige Gott der allzeit lebendige, der Zeit mächtige, sie beherrschende dreifaltige Gott.

2. THEORIE

„in cognitionem aeternitatis oportet nos venire per tempus", heißt es bei Thomas v. Aquin, „zur Erkenntnis der Ewigkeit können wir nur gelangen durch die Zeit" (Sth 1 q 10 a 1 cp.). Nur von dem, was wir aus Erfahrung

wissen über die Zeit, können wir uns vortasten zu einem Begriff von „Ewigkeit".

Die klassische Definition, auf die die mittelalterlichen Theologen, aber mehr oder minder explizit auch die spätere Theologie und Philosophie immer wieder zurückkommen, stammt von Boethius (um 480-524). Im 5. Buch der im letzten Jahr vor seinem gewaltsamen Tod geschriebenen *„De consolatione philosophiae"* steht es: *„Aeternitas est ..."* – „Ewigkeit ist der ganze zugleich und vollkommene Besitz eines unbegrenzbaren Lebens" (De cons. phil. 5,6).[3] Boethius erläutert seine Definition von dem aus, was uns vertraut ist, Zeit: „(...) was in der Zeit lebt, das geht gegenwärtig vom Vergangenen in die Zukunft vorwärts. Und es gibt nichts in die Zeit Gestelltes, was den ganzen Raum seines Lebens in gleicher Weise umfassen könnte, sondern den morgigen hat es noch nicht erfaßt, den gestrigen aber schon verloren; auch im Heute lebt ihr nicht mehr als in jenem beweglichen und vorübergehenden Augenblick."[4] Wir sind ephemere Lebewesen, immerzu vorübergehend von der Vergangenheit in die Zukunft, und selbst das Heute ist nur ein *nunc fluens.*

Nicht vom Sein (*esse),* wie es in der metaphysischen Gottesspekulation gewöhnlich der Fall ist, geht Boethius aus, sondern vom Leben (*vita),* aber nicht, um den darin erfahrenen ständigen Wechsel zu übersteigen in ein starres Sein, sondern ihn zusammenzufassen in einen Begriff der Fülle des Lebens. Es müßte eine *„interminabilis vita"* sein, ein Leben, das nicht irgendwann angefangen hat, um von da aus auf sein sicheres Ende, den Tod hinzulaufen, sondern Leben, unbegrenzt, unendlich. Ein solches *sine principio et fine* ist aber nicht als endlos-langweilige Erstreckung zu denken, in der nichts mehr geschieht, was den Reiz des zeitwechselnden Lebens ausmacht, sondern als *simul,* als ein vollkommenes Allzugleich dessen, was zeitlebens auseinanderfällt in Vergangenheit, Gegenwart, Zukunft, reine zeiterfüllte Gegenwart. Solche Gegenwart ist „Geistesgegenwart" als vollkommenes Bei-sich und Seiner-selbst-mächtig-sein (*possessio)* und zugleich „Augenblick", der die bewegliche Weltzeit omnipraesent im Blick hat. So heißt es bei Boethius: „Was also die ganze Fülle des unbegrenzbaren Lebens in gleicher Weise umgreift und besitzt, wem nichts Zukünftiges fern ist und nichts Vergangenes verflossen, das kann mit Recht ewig geheißen werden, und dies muß notwendig seiner selbst mächtig, immer gegenwärtig bei sich sein und die Unendlichkeit der beweglichen Zeit gegenwärtig haben."[5]

Nicht die endlose Länge, wie es der Terminus *„interminabilis"* nahelegen könnte, sondern die absolute Kürze, wie sie im *„simul"* liegt, wird zum springenden Punkt des Ewigkeitsdenkens, das Jetzt, der Augenblick, das Praesens der Praesenz.

Für Thomas v. Aquin ist das *„nunc fluens"*, also das Jetzt als ständiger Übergang von Zukunft in Vergangenheit der genuine Ort der Zeiterfahrung: „wie nämlich die Erfassung der Zeit (*apprehensio temporis*) dadurch in uns verursacht wird, daß wir den Fluß jenes Nun erfassen". Eben dieses *momentum* der Zeit muß man sich als stehend denken, um zu begreifen, was Ewigkeit ist: „so wird in uns die Erfassung der Ewigkeit verursacht, insoweit wir das stehende Nun (*nunc stans*) erfassen" (Sth 1 q 10 a 2 ad 1).

Aus der Zeiterfahrung wird ein Weg gewiesen (*„inquantum"*), „Ewigkeit" zu denken. Es ist wie bei den *quinque viae* der Gottesbeweise die Anweisung zu einem Denkweg. Der Versuch, „Ewigkeit" zu erfassen, ist für Thomas wie für Boethius ein Weg der Gotteserkenntnis. Gott, heißt es bei Thomas, ist nicht nur ewig (*aeternus*), er ist „seine Ewigkeit" (*sua eternitas)*" (Sth 1 q 10 a 2 cp.), und bei Boethius wird die Definition eingeleitet durch die Bemerkung: „Daß Gott ewig ist, ist das gemeine Urteil aller mit Vernunft Lebenden. Überlegen wir also, was Ewigkeit ist. Denn sie wird uns zugleich Gottes Wesen und Erkenntnis offenlegen."[6]

3. EMPIRIE

Was Boethius und Thomas ausführen, kann man als logisches Exerzitium verstehen, als Versuch, mit den Mitteln der Sprache von der uns zugänglichen Erfahrung der Zeit sich dem die Zeit transzendierenden Paradoxon der Ewigkeit zu nähern. Daß dieser Weg nicht nur ein Weg der logischen Operationen, sondern ein Weg der Erfahrung des Denkens zu sein hätte, erwartet Augustinus in den *Confessiones*, wo er von Leuten schreibt, die sich im reinen Denken des Ewigen verheddern: „Sie erkühnen sich, das Ewige verstehen zu wollen, aber ihre unsteten Gedanken können sich nicht freimachen von dem Gehen und Kommen der Dinge. Wer wird sie festhalten und ein wenig zum Stillstand bringen, damit sie nur ein wenig den Glanz der immer beständigen Ewigkeit erfassen, ihn mit der niemals stillstehenden Zeit vergleichen und dann erkennen, daß er gar keinen Vergleich mit sich duldet?"[7] Die Entschleunigung der unsteten Gedanken bewegt sich auf eine Erleuchtung zu, in der das Unvergleichliche der Ewigkeit in den Lauf der Zeit hineinstrahlt.

Dieser Augenblick der Entrückung aus der Zeit, des in den Lauf der Zeit von oben einschlagenden Blitzes der Ewigkeit ist das entscheidende Moment, von dem die *theologia experimentalis* der Mystiker berichtet, er sei so etwas wie der Vorgeschmack einer ewigen Seligkeit.

SCHLUSS

1. TEMPUS FUGIT

Schreiben hat seine Zeit. Es ist genug, muß genügen. Die Lebenszeit, in der wir etwas abschließen können, ist begrenzt.

Es ging um die Zeit, nicht darum, was sie ist an sich, sondern ihrer Erscheinung nach, in Tagen und Stunden, der Woche, dem Jahr mit seinen Jahreszeiten, Lebenszeit, Weltzeit der Geschichte, Ewigkeit. Das ist der Rhythmus der Zeit, den, so oder so, die Menschen aller Zeiten miteinander teilen. Die Religion sucht ihn zu akzentuieren, zu tönen, zu färben, mit zeitbedingter Kraft.

Die Ekklesiologie der Zeit geht dieser rhythmischen Interferenz nach. Im Übergang von der anthropologischen Grundierung zur kirchlichen Ausprägung ergibt sich eine Poetik der Liturgie wie eine Liturgik der Poesie, will heißen eine Betrachtung der liturgischen Tradition auf ihre poetische Faktur hin wie eine Nutzung der Poesie zur Wahrnehmung der Liturgie.

So von der Zeit zu handeln, hat etwas Anachronistisches. Die zeitgenössische Zivilisation treibt dahin, die Zeit zu flexibilisieren, die Nacht zum Tag zu machen, die Woche zur fließenden Arbeits- und Konsumzeit, den Jahreszeitenwechsel reisend zu unterlaufen, Anfang und Ende des Lebens zu planen, die großen Erzählungen, die der Festgliederung des Jahres ihren „mythischen" Grund gaben, zu vergessen, die Zeiteinrichtung nach Bedarf zu individualisieren.

Eine Ekklesiologie der Zeit kann sich nicht mehr auf eine gemeinsame Kultur der Zeit beziehen. Dafür kann sie um so freier der Frage nachgehen, was denn eine christliche Prägung der Zeit sein könnte, für die Gläubigen selbst und als Auskunft für die un- oder andersgläubigen Zeitgenossen. Das ist nicht nostalgische Sehnsucht nach vergangener Zeit, sondern Klärungsarbeit in der Gegenwart.

Das mit dem Denken der Zeit notwendig gegebene Vor und Zurück meint nicht, daß früher alles besser war und man am besten dahin zurückkehrte, aber doch, daß nicht alles, was ist, so schon gut wäre, daß es nicht doch noch klarer, genauer, treffender, bewegender, einleuchtender sein könnte, und daß man das sieht und vielleicht ändern könnte im Rückblick auf das, was einmal war.

Schreiben hat seine Zeit. Und Lesen hat seine Zeit. Lesen und Prüfen.

UND WIE LANGE LEBT MAN?
Wie lange lebt, letzten Endes, der Mensch?
Lebt er tausend Jahre oder eines nur?
Eine Woche oder mehrere Jahrhunderte?
Für wie lange stirbt der Mensch?
Was bedeutet denn ‚Für immer'?

Beunruhigt von dieser Angelegenheit,
machte ich mich daran, Licht in die Dinge zu bringen.

Ich suchte die weisen Priester auf,
wartete auf sie nach dem Gottesdienst,
lauerte ihnen auf, wenn sie fortgingen,
Gott zu besuchen und den Teufel.

Sie langweilten sich bei meinen Fragen.
Auch sie wußten nicht viel,
sie waren nur Geschäftsführer.

Die Ärzte empfingen mich
zwischen der einen und der anderen Konsultation,
in jeder Hand ein Seziermesser,
von Aureomecina übersättigt,
und täglich mehr beschäftigt.
Soweit ich begriff, was sie sagten,
war das Problem wie folgt:

Nie zuvor starben soviele Mikroben,
tonnenweis gingen sie zugrunde,
die wenigen aber, die überlebten,
zeigten sich anormal.

Sie jagten mir einen solchen Schrecken ein,
daß ich die Totengräber aufsuchte.
Ich ging an die Ströme, wo sie
bedeutende angemalte Leichen verbrennen,
kleine ausgemergelte Tote,
Kaiser über und über bedeckt
mit schrecklichen Schuppen,
Frauen, plötzlich
von einer Cholerawelle niedergestreckt.
Da waren Ufer von Verstorbenen
Und Aschespezialisten.

Als sich Gelegenheit bot,
stellte ich ihnen ein paar Fragen,
sie boten mir an, mich zu verbrennen:
das war alles, was sie wußten.

In meinem Land antworteten
mir die Totengräber beim Bechern:
- ,Such dir ein dralles Ding,
und laß die Dummheiten.'

Nie hatte ich so fröhliche Leute gesehn.

Sie sangen und tranken den Wein
auf Gesundheit und Tod,
es waren gewaltige Deckhengste.

Älter kehrte ich in mein Haus zurück,
nachdem ich die Welt durchwanderte.

Ich fragte keinen mehr nach was.

Doch weiß ich jeden Tag weniger.

P. Neruda[1]

33. Rembrandt van Rijn, Selbstbildnis als Zeuxis, um 1663/64, Köln, Wallraf-Richartz-Museum

FARBTAFELN

ABBILDUNGEN

ABKÜRZUNGEN

BKV	Bibliothek der Kirchenväter, hg. von F. X. Reithmayr u. a., 79 Bde., Kempten 1869-1888 und hg. von O. Bardenhewer u.a., Kempten 1911ff.
Breviarium Romanum	Breviarium Romanum ex decreto sacrosancti Concilii Tridentini institutum, Romae 1961
DH	H. Denzinger, Enchiridion symbolorum, definitionum et declarationum de rebus fidei et morum. Kompendium der Glaubensbekenntnisse und kirchlichen Lehrentscheidungen. Lateinisch-deutsch, übers. und hg. v. P. Hünermann unter der Mitarbeit von H. Hoping, Freiburg/Brsg.1991^{37}
EG	Evangelisches Gesangbuch 1993
Gottesdienst der Kirche	Gottesdienst der Kirche. Handbuch der Liturgiewissenschaft Tl. 5 H. Auf der Maur, Feiern im Rhythmus der Zeit I. Regensburg 1983 Tl. 6,1 Feiern im Rhythmus der Zeit II/1, Regensburg 1994 Ph. Harnoncourt, Der Kalender, 9-63 H. Auf der Maur, Feste und Gedenktage der Heiligen, 65-357 Tl. 7,1 B. Kleinheyer, Sakramentliche Feiern I, Regensburg 1989 Tl. 7,2 Sakramentliche Feiern I/2, Regensburg 1992 R. Kaczynski, Feier der Krankensalbung, 241-343.
Gotteslob (1975)	Gotteslob. Katholisches Gebet- und Gesangbuch, hg. von den Bischöfen Deutschlands und Österreichs wie den Bistümern Bozen-Brixen und Lüttich, Stuttgart 1975 (Ausgabe für das Erzbistum Köln).
Gotteslob (2013)	Gotteslob. Katholisches Gebet- und Gesangbuch, hg. von den (Erz-) Bischöfen Deutschlands und Österreichs und dem Bischof von Bozen-Brixen, Stuttgart 2013 (Ausgabe für das Erzbistum Köln).
HWPh	Historisches Wörterbuch der Philosophie, hg. von J. Ritter, Darmstadt 1971
Kirchenlied	Kirchenlied. Eine Auslese geistlicher Lieder, Freiburg/Brsg. (1938), 1956

LCI	Lexikon der christlichen Ikonographie, hg. von E. Kirschbaum, 8 Bde., Freiburg/Brsg. 1968-1976
Legenda aurea	Die Legenda aurea des Jacobus de Voragine. Aus dem Lateinischen übersetzt von R. Benz, Heidelberg 1984[2]
LH	Liturgia Horarum iuxta Ritum Romanum (ed. Typ.). I-IV, Romae 1975[4]
LThK[2]	Lexikon für Theologie und Kirche, hg. von J. Höfer/K. Rahner, Freiburg/Brsg. 1957ff.
LThK[3]	Lexion für Theologie und Kirche, hg. von W. Kasper, Freiburg/Brsg., 1993ff.
PD Chr 1	Alex Stock, Poetische Dogmatik. Christologie 1. Namen, Paderborn 1995
PD Chr 2	Alex Stock, Poetische Dogmatik. Christologie 2. Schrift und Gesicht, Paderborn 1996
PD Chr 3	Alex Stock, Poetische Dogmatik. Christologie 3. Leib und Leben, Paderborn 1998
PD Chr 4	Alex Stock, Poetische Dogmatik. Christologie 4. Figuren, Paderborn 2001
PD GL 1	Alex Stock, Poetische Dogmatik. Gotteslehre 1. Orte, Paderborn 2004
PD GL 2	Alex Stock, Poetische Dogmatik. Gotteslehre 2. Namen, Paderborn 2005
PD GL 3	Alex Stock, Poetische Dogmatik. Gotteslehre 3. Bilder, Paderborn 2007
PD SchL 1	Alex Stock, Poetische Dogmatik. Schöpfungslehre 1. Himmel und Erde, Paderborn 2010
PD SchL 2	Alex Stock, Poetische Dogmatik. Schöpfungslehre 2. Menschen, Paderborn 2013
PD Ekkl 1	Alex Stock, Poetische Dogmatik. Ekklesiologie 1. Raum, Paderborn 2013
Römisches Meßbuch	Das vollständige Römische Meßbuch, lat. u. deutsch, hg. von A. Schott, Freiburg/Brsg. 1934
Sonntags-Schott	Der Grosse Sonntags-Schott, hg. von den Benediktinern der Erzabtei Beuron, Freiburg/Brsg. 1975
Sth	S. Thomae Aquinatis Summa theologica, ed. Univ. Salmanticensis, Madrid 1955ff.
Stundenbuch	Stundenbuch für die katholischen Bistümer des deutschen Sprachgebiets, hg. im Auftrag der Deutschen und der Berliner Bischofskonferenz, der Österreichischen Bischofskonferenz, der Schweizer Bischofskonferenz, sowie der Bischöfe von Luxemburg, Bozen-Brixen, Lüttich, Metz und Straßburg. Authentische Ausgabe für den liturgischen Gebrauch, Einsiedeln u.a. 1978

ThWBNT	Theologisches Wörterbuch zum Neuen Testament, begr. v. G. Kittel, hg. v. G. Friedrich, 10 Bde., Stuttgart 1933-79
TRE	Theologische Realenzyklopädie, hg. von G. Krause / G. Müller, Berlin/New York 1976ff.

ANMERKUNGEN

VORWORT

1 F. Nietzsche, Unzeitgemäße Betrachtungen. Zweites Stück. Vom Nutzen und Nachteil der Historie für das Leben. Vorwort, zit. nach: ders., Werke in drei Bänden, Bd. 1, hg. von K. Schlechta, Darmstadt 1966, 210.
2 I. Kant, Kritik der reinen Vernunft I, 1. Tl. § 1, zit. nach: I. Kant, Werke in sechs Bänden, hg. von W. Weischedel, Bd. 5, Darmstadt 1966, 71.
3 Vgl. Ph. Harnoncourt, Der Kalender, in: Gottesdienst der Kirche. Tl. 6,1, 9-63.
4 N. Elias, Über die Zeit, Frankfurt/M. 1984, 20.
5 Ebd.
6 J. Le Goff, Zeit der Kirche und Zeit des Händlers im Mittelalter, in: M. Bloch/F. Braudel u.a., Schrift und Materie der Geschichte, Frankfurt/M. 1977, 393-414.
7 Vgl. H. Schlier, Der Brief an die Galater, Göttingen 1951[11], 142-146.
8 P. Meinhold, Geschichte der kirchlichen Historiographie I, Freiburg/Brsg. 1967, 24.
9 Conf. XI, 20,26, zit. nach: Augustinus, Bekenntnisse. Confessiones, übers. von J. Bernhart, hg. von J. Ulrich, Frankfurt/M. 2007, 281.
10 P. Ricoeur, Zeit und Erzählung I: Zeit und historische Erzählung, München 1988, 36.
11 Vgl. PD SchL 1, 110-117.
12 Vgl. PD Chr 3.
13 Vgl. PD Chr. 4, 213-256.
14 Vgl. PD GL 3, 141-396.
15 Vgl. PD GL 3, 355-379.
16 Vgl. PD SchL 2, 147-374.
17 Vgl. PD SchL 2, 15-145.

A. TAG

1 Ph. Larkin, Gedichte, ausgewählt und übertragen von W.A. Mitgutsch, Stuttgart 1988, 108. Das Gedicht stammt aus dem Band „The Whitsun Weddings“ (1964); deutsche Übers. A.S.
2 Vgl. Augustinus, Confessiones 11. Buch, in: Bekenntnisse / Confessiones, aus dem Lateinischen übersetzt von J. Bernhart, hg. von J. Ulrich, Frankfurt/M. 2007, 264-293.
3 Vgl. PD SchL 1, 117.
4 Didache 8,2; zit. nach BKV 35, 11.
5 Ebd.
6 Vgl. PD SchL 1, 116f.
7 Klemens v. Alexandrien, Stromata, zit. nach: S. Bäumer, Geschichte des Breviers, Freiburg/Brsg. 1895 (Repr. Nachdruck, hg. von A. Häußling, Bonn 2004), 43.
8 Origenes, Vom Gebet 12, 2 (BKV 48, 43f.)
9 Bäumer, Geschichte des Breviers, 50.

10 Vgl. Cyprian, De or. dom. 34 (BKV 34, 194f.).

11 Tertullian, De oratione 1,1 (BKV 7, 249).

12 De oratione 23 (269).

13 De oratione 24 (269).

14 De oratione 25 (270)

15 Ebd.

16 Ebd.; vgl. auch Cyprian, De or. dom. 35 (BKV 34, 195f.)

17 Zur Geschichte vgl. S. Bäumer, Geschichte des Breviers; M. Köckener / H. Rennings, Lebendiges Stundengebet, Freiburg/Brsg. 1989 ; R. Taft, The Liturgy of the Hours, Collegeville 1966; J.A. Jungmann, Christliches Beten in Wandel und Bestand, Freiburg/Brsg. 1991; L.O. Lumma, Liturgie im Rhythmus des Tages. Ein kurze Einführung in Geschichte und Praxis des Stundengebets, Regensburg 2011; A. Häußling, Tagzeitenliturgie in Geschichte und Gegenwart, hg. von M. Klöckener, Münster/Westf. 2012.

18 Häussling, Tagzeitenliturgie, 60.

19 Vgl. Cl. Blume, Der Cursus s. Benedicti Nursini und Die Liturgischen Hymnen des 6.-9. Jahrhunderts, Leipzig 1908.

20 Regula Benedicti Kp. 16, zit. nach: Die Benediktusregel. Lateinisch-deutsch, hg. im Auftrag der Salzburger Äbtekonferenz, Beuron 1992,127-129; vgl. M. Puzicha, Kommentar zur Benediktusregel, St. Ottilien 2002, 211-213.

21 Kp. 17, 3.5.8.

22 Vgl. die Dokumentation der Konzilsdebatten in: C. Braga (Hg.), La Liturgia delle Ore al Vaticano II, Roma 2008.

23 J. A. Jungmann, Kommentar zur Konstitution über die Heilige Liturgie, Art. 89 d, zit. nach: $LThK^2$ Erg.Bd. Das Zweite Vatikanische Konzil I, 79.

24 Ebd. 79

25 Art. 89 c. (ebd. 80)

26 Vgl. Liturgiekonstitution Art. 88; LH 1, Nr. 2 (S. 12); Nr. 29 (S. 36), Titel zu Cp.

27 Institutio generalis, Nr. 16, in LH 1, 28.

28 Ebd.

29 Institutio, Nr. 20-27.

30 Institutio, Nr. 27, in LH 1, 89; deutsche Übers. in: Deutsches Liturgisches Institut, Tagzeitenliturgie der Zukunft. Allgemeine Einführung in das Stundengebet, Trier 1999, 84f. (AES).

31 Vgl. Beiträge in: Klöckener/Rennings, Lebendiges Stundengebet und in: M. Klöckener/B. Bürki (Hg.), Tagzeitenliturgie. Ökumenische Erfahrungen und Perspektiven. Liturgie des Heures. Expériences et perspectives oecumeniques, Fribourg 2004; P. Ringseisen, Morgen- und Abendlob mit der Gemeinde, mit einem Beitrag von M. Klöckener, Freiburg/Brsg. 1994; ders., Unterwegs zu einer Tagzeitenliturgie der Zukunft, in: Deutsches Liturgisches Institut, Tagzeitenliturgie der Zukunft, 7-18.

32 L.O. Lumma, Liturgie im Rhythmus des Tages, 31.

33 A. Häußling, Tagzeitenliturgie, 94

34 Vgl. die Bedeutung, die der Tagzeitenliturgie im neuesten amtlichen Gesangbuch „Gotteslob" (2013), Nr. 613 zuerkannt wird.

35 „Utopie oder Zukunft christlicher Existenz?" ist der Untertitel eines einschlägigen Artikels von M. Klöckener, Betende Menschen – Betende Kirche, in: Bürkli / Klökkener, Tagzeitenliturgie, 339-365.

36 Vgl. J.A. Jungmann, Christliches Beten in Wandel und Bestand, Freiburg/Brsg. 1991, 38f.

37 Art. Ave Maria (J.A. Jungmann), in: LThK^2 1, 1141.

38 Ebd.

39 Vgl. Gotteslob (2013), Nr. 4.

40 Zur Entstehungsgeschichte des Rosenkranzes vgl. A. Heinz, Lob der Mysterien Christi. Ein Beitrag zur Geschichte des Leben-Jesu-Rosenkranzes unter besonderer Berücksichtigung seiner zisterziensischen Wurzeln, in: H. Becker / R. Kaczynski (Hg.), Liturgie und Dichtung. Ein interdiszipliäres Kompendium, St. Ottilien 1983, 609-639.

41 Art. Rosenkranz (A. Walz), in: LThK^2 9, 45-48, 47.

42 Vgl. Heinz, Lob der Mysterien Christi.

43 Vgl. Ebd. Nr. 3, 6.

44 Art. Angelus-Läuten, (H. Schauerte / T. Gebhardt), in: Marienlexikon 1, 146f., 146.

45 M. Tworuschka, Islam, Göttingen 1982, 65.

46 Vgl. Gotteslob (2013), Nr. 613-667.

47 J. Rauchenberger, Zlatko Kopljar, in: ders., Gott hat kein Museum. Religion in der Kunst des beginnenden XXI. Jahrhunderts 1, Paderborn 2015, 408; dort S. 408-415 die Farbabbildungen der Serie.

48 Vgl. ebd.

49 Liturgiekonstitution Art. 89 (LThK^2 Erg.Bd. Das Zweite Vatikanische Konzil I, S. 79)

50 J. W. McKinnon, The Origins of Western Office, in: M.E. Fassler / R. A. Baltzer, The Divine Office in the Latin Middle Ages, Oxford 2000, 63-73, 65.

51 Institutio generalis, Nr. 43, in LH 1, 1; deutsche Übers.: Deutsches Liturgisches Institut Trier (Hg.), Tagzeitenliturgie der Zukunft. Allgemeine Einführung in das Stundengebet, Trier 1999, 43. (AES).

52 Card. Larraona, in: La Liturgia delle ore al Vaticano II, Roma 2008, 137.

53 Institutio generalis, Nr. 38, in: LH 1, 39; AES 38.

54 C. Westermann, Der Psalter, Stuttgart 1967, 10.

55 Als Beispiel vgl. den Hymnus „Aeterne rerum conditor,“; dazu: A. Stock, Lateinische Hymnen, Berlin 2012, 315-329.

56 J. A. Jungmann, Kommentar zur Konstitution über die Heilige Liturgie, Art. 89 d, (LThK^2 Erg.Bd. Das Zweite Vatikanische Konzil I, 79).

57 Vatikanisches Konzil, Konstitution über die Heilige Liturgie, Nr. 89e.

58 J.A. Jungmann, Der Gottesdienst der Kirche, Innsbruck 1957^2, 174.

59 LH 4, 940f. (Hebdomada IV, Feria V)

60 Stock, Lateinische Hymnen, 337-341.

61 Vgl. auch die Wiederbelebung des monastischen Stundengebets durch die evangelische Liturgische Bewegung des 20. Jh. (EG 835-837).

62 Vgl. EG 829.

63 W. Thomas / K. Ameln, Das Morgenlied. 53 deutsche geistliche Morgenlieder, größtenteils mit eigenen Weisen aus dem 16./17./18. Jahrhundert, Augsburg 1927, 43.

64 Zum großen Interesse der evangelischen Jugendliturgiebewegung am Morgenlied, vgl. Thomas/Ameln, Das Morgenlied, 5-65.

65 EG 443; Gotteslob (2013) 86, vierstrophige Fassung.

66 Vgl. B. Bei der Wieden (Hg.), Leben im 16. Jahrhundert. Lebenslauf und Lieder des Hauptmanns Georg Niege, Berlin 1996; E. Schmidt, Kommentar zu 443 Aus

meines Herzens Grunde, in: Liederkunde zum Evangelischen Gesangbuch, hg. von W. Herbst / I. Seibt, Heft 16, Göttingen 2011, 69-73.

67 J. Kehrein, Die ältesten Katholischen Gesangbücher von Vehe, Leisentrit, Corner und anderen I (1859), Hildesheim 1965, Nr. 6.

68 Vgl. Ph. Wackernagel, Das deutsche Kirchenlied. Von der ältesten Zeit bis zu Anfang des 17. Jahrhunderts, 5 Bde., 5, Leipzig 1864, Nachdruck Hildesheim 1990, Nr. 249-255.

69 Vgl. Bei der Wieden, Leben im 16. Jahrhundert (dort der kommentierte Text seines Lebensberichts).

70 Ebd. 75.

71 Schmidt, Kommentar zu 443 Aus meines Herzens Grunde, 71-73.

72 Bei der Wieden, Leben im 16. Jahrhundert, 27f.

73 Zit. nach Wackernagel, Das deutsche Kirchenlied 5, Nr. 248. Nieges Urfassung nennt nicht nur „Bruder", sondern auch „Swester": In seinem „ Morgengesang" fehlt, anders als in seinem „Abendgesang" (Bei der Wieden, Leben im 16. Jahrhundert, 172f.) das „Kind", vielleicht, weil ihm seine einzige Tochter 1565 durch den Tod genommen worden war.

74 Vgl. Gotteslob (1975), Nr. 679; Gotteslob (2013), Nr. 86.

75 Ein ähnlich aufschlußreiches Lied ist Christian Knorr von Rosenroths „Morgenglanz der Ewigkeit (1684), EG 450, Gotteslob (2013) 84; dazu: A. Stock, Morgenglanz der Ewigkeit, in: H. Becker / A. Franz / J. Henkys / H. Kurzke / Chr. Reich, Geistliches Wunderhorn. Große deutsche Kirchenlieder, München 2001, 320-328, 320.

76 Zit. nach: J. Ritter, Hegel und die französische Revolution, Frankfurt/M. 1965, 88.

77 G.W.F. Hegel, Die philosophische Weltgeschichte (1830) A, zit. nach: ders., Die Vernunft in der Geschichte, hg. von J. Hoffmeister, Hamburg 1955[5], 47.

78 Ritter, Hegel, 88.

79 G.W.F. Hegel, Grundlinien der Philosophie des Rechts, Vorrede.

80 Ritter, Hegel 88.

81 Hegel, Die philosophische Weltgeschichte A (S. 30)

82 Ebd. (S. 32).

83 Ebd. (S. 39).

84 Ebd. (S. 40).

85 Ebd. (S. 48).

86 Vgl. ebd. 29.

87 Ebd. 32

88 H. Schnädelbach, Georg Wilhelm Friedrich Hegel zur Einführung, Hamburg 1999, 155.

89 Ebd.

90 Hegel, Die philosophische Weltgeschichte A (S. 40).

91 Ebd (S.40).

92 Vgl. Ritter, Hegel.

93 Vgl. P. Hebblethwaite, Johannes XXIII, Das Leben des Angelo Roncalli, Zürich 1986, 503f.

94 Pastoralkonstitution über die Kirche in der Welt von heute Art. 3f., zit. nach LThK[2]. Erg. Bd. Das Zweite Vatikanische Konzil III, 293f.

95 Art .3.

96 Art. 11 (ebd. 313)

97 Zur Vorgeschichte des Passus von den „Zeichen der Zeit" vgl. die Kommentare von Ch. Moeller, ebd. 294f. und J. Ratzinger, ebd. 313-316.

98 Art. 4 (S. 294).

99 Art. 11 (S. 313)

100 H. Oosterhuis, Gezongen liedboek. Verzamelde texten, Kampen 1993, 288; Liedfassung in der deutschen Übers. von K. Kok in: H. Oosterhuis, Du Atem meiner Lieder. 100 Lieder und Gesänge, Freiburg/Brsg. 2009, Nr. 92.

101 L. Hirsch, Jüdische Glaubenswelt, (1933), Gütersloh 1966, 63.

102 Seder Sefat Emet mit deutscher Übersetzung von S. Bamberger, Basel 1989, 278.

103 S. Weil, Betrachtungen über das Vaterunser, in: dies., Das Unglück und die Gottesliebe, München 1961², 235-248, 240.

104 M. Hoelz, Kindheit und erste Arbeitsjahre auf dem Lande (1889-905), in: W. Emmerich (Hg.), Proletarische Lebensläufe Bd. 1, Reinbek 1974, 305-309, 309.

105 Abb. in: H. Rosenhagen, Uhde. Des Meisters Gemälde in 285 Abbildungen, Stuttgart/Leipzig 1908, 61; W. Hofmann (Hg.), Luther und die Folgen für die Kunst (Ausst. Kat. Hamburg 1984), München 1983, 555.

106 Zur Stellung Uhdes in der Geschichte der religiösen Malerei vgl. A. Stock, ZwischenTempel und Museum. Theologische Kunstkritik. Positionen der Moderne, Paderborn 1991, 105-111.

107 W. Bock, Kartoffeln in Ewigkeit (!8436-65), in: W. Emmerich (Hg.), Proletarische Lebensläufe Bd. 1, Reinbek 1974, 100-103, 101.

108 V. van Gogh, Brief an den Bruder Theo, zit. nach: P. Nizon (Hg.), Van Gogh in seinen Briefen, Frankfurt 1977, 147f.; Farbabb. ebd. Abb. 7.

109 Farbabb. in: W. Hofmann (Hg.), Luther und die Folgen für die Kunst (Ausst. Kat. Hamburg 1984), München 1983, Abb. 22 (S. 94; dazu ebd. 566).

110 W. Bock, Kartoffeln in Ewigkeit, 101.

111 Institutio generalis de Liturgia Horarum (LH 1, 17-92), Art. 43; deutsche Übers.: Deutsches Liturgisches Institut Trier (Hg.), Tagzeitenliturgie der Zukunft. Allgemeine Einführung in das Stundengebet, Trier 1999, 43.

112 Vgl. Gotteslob (2013), Nr. 627-661.

113 Vgl. Art. Vesperkomposition (H. Hucke), in: LThK² 10, 755-757.

114 Vgl. Art. Vesperbild (A. Thomas), in: LThK² 10, 755.

115 Jamblich, Leben des Pythagoras, 6f., zit. nach: Jamblich, Peri tou Pythagoreiou biou. Pythagoras: Leben – Lehre – Lebensgestaltung, eingel., übers. und mit Essays von M. Albrecht, J. Dillon, M. George, M. Lurje, D.S. du Toit, Darmstadt 2002, 71.

116 Art. Vesperbild (J.H. Emminghaus), in: LCI 4, 450-456.

117 Ebd. 450.

118 Art. Vesperbild (A. Thomas), in: LThK² 10, 755.

119 Zur Geschichte und Bedeutung der Komplet vgl. H. Rennings, Die Psychohygiene der Komplet. Kleiner Kommentar zum kirchlichen Nachtgebet, in: ders., Gottesdienst im Geist des Konzils, hg. von M. Klöckener, Freiburg/Brsg. 1995, 210-231; B. Einig, Vom Tag zur Nacht. Die Hymnen der Komplet, Begleitung und Bewältigung eines Transitus, St. Ottilien 1995; H. Becker, Poesie – Theologie – Spiritualität. Die benediktinische Komplet als Komposition, in: H. Becker / R. Kaczynski (Hg.), Liturgie und Dichtung. Ein interdisziplinäres Kompendium II, St. Ottilien 1983, 857-901.

120 Lat. Texte im folgenden nach: Breviarium Romanum 1, 64P-68P; LH 1537-540; 891-893; deutsche Übers. A.S.; vgl. Stundenbuch 3, 136f. u.ö.

[121] Im einzelnen vgl. A. Stock, Lateinische Hymnen, 362-374 (zum Komplet-Hymnus „Christe, qui lux es et dies").

[122] Rennings, Die Psychohygiene, 230.

[123] Vgl. Rennings, Die Psychohygiene, 226.

[124] Rennings, Die Psychohygiene, 230.

[125] Zit. nach: F. Overbeck, Selbstbekenntnisse. Mit einer Einleitung von J. Taubes, Frankfurt/M. 1966, 95f.

[126] Vgl. F. Overbeck, Über die Christlichkeit unserer heutigen Theologie (1902), Darmstadt 1963[3].

[127] K. Barth, Der Römerbrief, München 1967[10], VII (Vorwort zur 2. Auflage).

[128] Overbeck, Selbstbekenntnisse, 96 * Anmerkung

[129] Ebd. 112.

[130] Ebd. 105.

[131] Zur Entstehung, Überlieferung und Interpretation vgl. J.Henkys, Müde bin ich geh zur Ruh, in: H. Becker / A. Franz / J. Henkys / H. Kurzke / Chr. Reich / A. Stock, Geistliches Wunderhorn, Große deutsche Kirchenlieder, München, 2001, 401-407.

[132] Katholischer Katechismus der Bistümer Deutschlands, Freiburg/Brsg. 1956, 274.

[133] Text nach: Henkys, Müde bin ich, 401.

[134] Zit. nach: Henkys, Müde bin ich, 402.

[135] Vgl. H. Rahner, Mysterium Lunae, in: ders., Symbole der Kirche. Die Ekklesiologie der Väter, Salzburg 1964, 91-173.

[136] EG Nr. 477; Gotteslob (2013) Nr. 101.

[137] Vgl. Chr. Reich, Der Mond ist aufgegangen, in: H. Becker / A. Franz / J. Henkys / H. Kurzke / Chr. Reich / A. Stock, Geistliches Wunderhorn, Große deutsche Kirchenlieder, München, 2001, 380-393, Text ebd. 380f.

[138] Vgl. auch: M. Claudius, Briefe an den Mond, in: ders., Ausgewählte Werke nach Gattungen geordnet, hg. von W. Freund, Darmstadt 1995, 243-246.

[139] Vgl. auch: Das Mondbuch. Der Mond in der deutschen Dichtung, Pfullingen 1958.

[140] Zit. nach ebd. 100f.

[141] P. Nordhues / A. Wagner (Hg.) Redaktionsbericht zum Einheitsgesangbuch „Gotteslob", Paderborn 1988, 804.

[142] Textvorlage nach: Kirchenlied. Eine Auslese geistlicher Lieder, Freiburg/Brsg. 1938, Nr. 127. Die Fassung in den Gotteslob-Ausgaben weicht davon in einigen Varianten ab: statt „das Bett der Seelen" „für meine Seele"; statt „den Leib und alles tu ich dir befehlen" „alles Gut ich dir befehle". Die Vermeidung von „Bett der Seelen" führt reimtechnisch dazu, daß die Befehlung in die Wunden Jesu etwas besitzbürgerlich gerät.

[143] Hier zit. nach: Gotteslob. Gebet- und Gesangbuch für das Bistum Osnabrück, Osnabrück 1965, Nr.139.

[144] C. Milosz, DAS und andere Gedichte, München 2004, 37.

B. WOCHE

[1] Vgl. Art. Sonntagsschule (J. Th.Hörnig), in: RGG[3] 7, 1450f.

[2] Art. Sonntag (Th. Bergholz), in: TRE 31, 449-472, 449; vgl. Der Sonntag und die Woche, in: Gottesdienst der Kirche Tl 5, 26-49; Art. Sonntag (K.-H. Bieritz / E W.

Hofhansl / J.P. Rinderspacher, in: RGG [4] 7, 1446-1448.; Art. Sonntag (E. Haag / W. Rordorf / R. Sebott / Th. A. Schnitker / K. Baumgartner), in: LThK[3] 9, 726-728.

3 Vgl. Art. Sabbat (E. Otto / L. Doering / E. Hollender / U. Volp / M. Morgenstern), in: RGG[4] 7, 712-717; Art. Sabbat (E. Haag / H.-J. Becker / W. Rordorf), in: LThK[3] 8, 1401-1405.

4 Vgl. A. Grund, Die Entstehung des Sabbats. Seine Bedeutung für Israels Zeitkonzept und Erinnerungskultur, Tübingen 2011, 43.

5 Art. Sieben (E. Dinkler-von Schubert), in: LCI 4, 154-156, 154.

6 Übersetzung nach: Grund, Entstehung des Sabbats, 22.

7 Ebd. 50.

8 Übersetzung nach ebd. 58.

9 Übersetzung nach ebd. 157f.

10 E. Haag, Vom Sabbat zum Sonntag, Trier 1991, 48.

11 Grund, Die Enstehung des Sabbats, 177.

12 Ebd, 177.

13 Ebd., 178.

14 Ebd. 181.

15 Ebd. 257.

16 Ebd. 306.

17 Vgl. ebd. 184.

18 Traktat Sabbath VII,ii, zit. nach Der Babylonische Talmud, hg. von L. Goldschmidt Bd. 1, Frankfurt/M. 1996, 652f.

19 Vgl. L. Doering, Schabbat, Tübingen 1999, 306-314.

20 Ebd. 315-386.

21 Ebd. 372f.

22 Vgl. den Talmudtraktat „Sabbath" (Der Babylonische Talmud, hg. von L. Goldschmidt Bd. 1, Frankfurt/M., 437-944.)

23 Vgl. I. Elbogen, Der jüdische Gottesdienst in seiner geschichtlichen Entwicklung (1913), Hildesheim 1967, 108; vgl. H. Heines Gedicht „Prinzessin Sabbat", in: Heines Werke in fünf Bänden, Bd. 1, hg. von H. Holtzhauer, Berlin 1972, 290-295.

24 Sidur Sefat Emet, mit deutscher Übersetzung von Dr. S. Bamberger, Basel 1989, 83.

25 L. Hirsch, Jüdische Glaubenswelt (1933), Gütersloh 1966[3], 101.

26 M. Wiener, Der Sabbat, in: F. Thieberger (Hg.), Jüdisches Fest, Jüdischer Brauch. Ein Sammelwerk, Berlin 1976[2], 71-89, 78.

27 Ebd. 79.

28 Ebd.

29 Doering, Schabbat, 477; vgl. mit unterschiedlicher Akzentuierung: W. Rordorf, Der Sonntag, Zürich 1962, 55-78; E. Haag, Vom Sabbat zum Sonntag, Trier 1991, 125-137; A. Mayer-Haas, „Geschenk aus Gottes Schatzkammer" (bSchab 1b). Jesus und der Sabbat im Spiegel der neutestamentlichen Schriften, Münster/Westf. 2003.

30 Doering, Schabbat, 478.

31 Vgl. W. Rordorf, Sabbat und Sonntag in der alten Kirche, Zürich 1972, 13f.

32 Diese und alle einschlägigene patristischen Texte finden sich zweisprachig in: W. Rordorf, Sabbat und Sonntag in der Alten Kirche, Zürich 1972.

33 Justinianische Gesetzessammlung III, 12,2, zit. nach: Rordorf, Sabbat, 113.

34 Theodosianische Gesetzessammlung II, 8, 1; zit. nach: Rordorf, Sabbat, 113.

35 Eusebius, Vita Consatini IV, 8, 1, zit. nach: Rordorf, Sabbat 113.

36 H. Dörrie, Die Solar-Theologie der kaiserzeitlichen Antike, in: H. Frohnes / U.W. Knorr (Hg.), Kirchengeschichte als Missionsgeschichte I. Die Alte Kirche, München 1974, 283-292, 288.

37 Ebd. 289.

38 Zit. nach: Rordorf, Sabbat, 22.

39 Zit. nach: Rordorf, Der Sonntag, 102.

40 Zit. nach: Rordorf, Sabbat, 37.

41 Rordorf, Der Sonntag, 89.

42 Origenes, Numeri-Homilien 23, 4; weitere Textbelege Rordorf, Der Sonntag, 90-96.

43 Zit. nach: BKV 8,47.

44 Zit. nach: BKV 18,1.

45 Zit. nach: BKV 18, 377f.

46 Zit. nach: BKV 28, 522.

47 Art. Sonntag, TRE 31, 454

48 Ebd.

49 Ebd.

50 Vgl. G. Troxler, Das Kirchengebot der Sonntagsmesspflicht als moraltheologisches Problem in Geschichte und Gegenwart, Freiburg/Schweiz 1971, 126-158.

51 Zit. nach: EG Nr. 855 (Der Kleine Katechismus).

52 Im folgenden zit. nach: Luthers Großer Katechismus, hg. von J. Meyer, Darmstadt 1968, 52-56.

53 Nr. 2 (S. 53)

54 Nr. 5 (S. 54).

55 Nr. 3 (S. 53).

56 Nr. 4 (S. 54).

57 Nr. 3 (s. 53).

58 Vgl. EG Nr. 856 (Der Heidelberger Katechismus), Frage 103; nach reformierter Zählung handelt es sich um das 4. Gebot; vgl. auch: Der Heidelberger Katechismus und vier verwandte Katechismen, hg. von A. Lang, Darmstadt 1967, 65f.

59 Art. Sonntag, TRE 31, 459.

60 Vgl. ebd. 460-462.

61 A. v. Campenhausen, Tag der Arbeitsruhe und der seelischen Erhebung. Dokumentation zum Urteil des Bundesverfassungsgerichts zum Schutz der Sonntagsruhe, Frankfurt/M. 2010, 7.

62 Vgl. Art. Sonntag, TRE 31, 460-462.

63 v. Campenhausen, Tag der Arbeitsruhe, 8.

64 Art. Sonntag, TRE 31, 462.

65 v. Campenhausen, Tag der Arbeitsruhe, 8.

66 U. Altermatt, Vom kirchlichen Sonntag zum säkularen Weekend. Zur Sozial- und Mentalitätsgeschichte des vorkonziliaren Sonntags, in: A.M. Altermatt / Th. A. Schnitker (Hg.), Der Sonntag. Anspruch – Wirklichkeit – Gestalt, Würzburg 1986, 248-289, 249; vgl. W. Hein, Der sonntägliche Kirchgang. Ein Beitrag zur Volkskunde des Sonntags, in: ebd. 299-307.

67 Altermatt, Vom kirchlichen Sonntag, 253

68 Ebd. 283.

69 Vgl. R. Weiler, Der Tag des Herrn. Kulturgeschichte des Sonntags, Wien 1998.

70 Vgl. U. Becker, Sabbat und Sonntag. Plädoyer für eine sabbattheologisch begründete kirchliche Zeitpolitik, Neukirchen-Vluyn 2006

71 Zit. nach: LThK² Erg. Bd. 1, 91.

72 A. Heinz, Trinitarische und österliche Aspekte in der Sonntagsfrömmigkeit des Mittelalters, in: Altermatt / Schnitker, Der Sonntag, 82-98, 82.

73 Ebd.

74 W. Rordorf, Die theologische Bedeutung des Sonntags bei Augustin, in: Altermatt / Schnitker, Der Sonntag, 30-43, 31.

75 Ebd.

76 Rordorf, Der Sonntag, 217.

77 Ebd. 218

78 Ebd. 228.

79 Ebd. 229.

80 Ebd. 230.

81 Zit. nach: Rordorf, Sabbat und Sonntag, 78.

82 Zit. nach: ebd. 80.

83 Zit. nach ebd.

84 1. Apol. 63,7, zit. nach: ebd. 80.

85 Ebd.

86 Der Codex Iuris Canonici von 1983 (Can. 1248 § 2) erwähnt nur „Wortgottesdienste" (*Liturgia Verbi*).

87 Vgl. R. Kaczynski, Sonntägliche Kommunionfeier. Irrweg oder legitimer Ausweg, in: Altermatt / Schnitker, Der Sonntag, 213-224.

88 Textbelege bei Rordorf, Sabbat und Sonntag (Reg.); weitere Textbelege vgl. Rordorf, Der Sonntag, 272f.

89 Zit. nach: Rordorf, Sabbat und Sonntag, 82.

90 Zit. nach: Rordorf, Sabbat und Sonntag, 16.

91 Vgl. PD GL 3, 263-395.

92 F. Ohly, Die Kathedrale als Zeitenraum. Zum Dom von Siena, in: ders., Schriften zur mittelalterlichen Bedeutungsforschung, Darmstadt 1977, 171-273, 178.

93 Zit. nach: H.-R. Schwab (Hg.), Geistliche Gedichte. Eine Anthologie deutscher religiöser Lyrik von den Anfängen bis zur Gegenwart, Frankfurt/M. 1962, 187.

94 Vgl. PD GL 3, 376-379; PD Ekkl 1, 229-239.

C. JAHR

1 Vgl. PD Chr 4, 234-240.

2 Vgl. PD SchL 1, 235-253.

3 Vgl. Art. Jahreszeiten (O. Kerber / O. Holl), in: LCI 2, 364-370; Art. Monate, Monatsbilder (O. Holl), in: LCI 3, 274-279.

4 Gottesdienst der Kirche 5/1, 54.

5 Ebd. 5.

6 Art. Kalender, christlicher (W. Böhn), in: LThK² 5, 1257f., 1258.

7 Vgl. PD SchL 1, 235-253.

8 Gotteslob (2013), 332.

9 Art. Kalender, jüdischer (M. Rehm), in: LThK² 5, 1258-1260, 1259.

10 F. Rosenzweig, Der Stern der Erlösung, Haag 1976², 360.

11 Vgl. Art. Advent (W. Croce), in: LThK² 1, 160f., 160.

12 Gotteslob (2013, Kölner Ausgabe), 727.

13 Gotteslob (2013, Kölner Ausgabe), 723.

14 Vgl. Gotteslob (2013), 554.

15 Art. Neujahr III. Liturgisch (W. Dürig), in: LThK^2 7, 910f., 910.

16 Art. Janus (H. Le Bonniec), in: dtv-Lexikon der Antike 2., München 1976^2, 5f., 6.

17 Zur liturgischen Bedeutung von Beschneidung und Namengebung Jesu, vgl. PD Chr 1, 15- 90.

18 vgl. B. Botte, La première Fête mariale de la Liturgie romaine, in: Ephemerides liturgicae 47 (1933) 425-430.

19 Zur Auslegung der Oration vgl. A. Stock, Orationen. Die Tagesgebete der Festzeiten, Regensburg 2014, 47-50.

20 Vgl. z. B. Gotteslob. Gesangbuch und Gebetbuch für das Bistum Osnabrück, Osnabrück 1965, 779-784.

21 Hier zit. nach: ebd. Nr. 112; die Gesangbuchfassung bietet die ersten drei Strophen der urspünglich längeren Fassung in: H. Bone, Cantate (1850^2), Nr. 74

22 Vgl. das im Gotteslob (2013) vorgesehene sechsstrophige Lied „Der du die Zeit in Händen hast“ von J. Klepper, Nr 257 und Nr. 258 „Lobpreiset all zu dieser Zeit“, ein in den aufgenommenen drei Strophen eher solarchristologisch ausgerichtetes Lied, das auch im EG Nr. 550 einen Platz unter den Jahreswende-Liedern hat.

23 H. Arendt, Vita activa oder Vom tätigen Leben, München 1981^2, 166.

24 Ebd. 180.

25 Ebd.181.

26 W. Benjamin, Briefe 1, hg. von G. Scholem und Th. W. Adorno, Frankfurt/M. 1966, 325.

27 W. Benjamin, Berliner Kindheit um Neunzehnhundert, Frankfurt/M. (1950), 1970^2.

28 Ebd. 115-118.

29 Vgl. zu dieser Art von Lesestücken: W. Benjamin, Angelus Novus. Ausgewählte Schriften 2, Frankfurt/M.1966, 103-151.

30 E. Fischer, Ein Geisterseher in der Bürgerwelt, in: Th. W. Adorno u.a., Über Walter Benjamin, Frankfurt/M. 1968, 111-31.

31 Ebd. 128.

32 W. Benjamin, Illuminationen. Ausgewählte Schriften 1, Frankfurt/M., 1969^2, 194.

33 W. Benjamin, Das Kunstwerk im Zeitalter seiner technischen Reproduzierbarkeit, Frankfurt/M. 1963, 15.

34 Ders., Charles Baudelaire. Ein Lyriker im Zeitalter des Hochkapitalismus, Frankfurt/M. 1969, 157.

35 W. Benjamin, Geschichtsphilosophische Thesen, in: ders. Illuminationen, 268-279.; vgl. P. Bulthaup (Hg.), Materialien zu Benjamins Thesen „Über den Begriff der Geschichte“, Frankfurt/M .1975.

36 W. Benjamin, Theologisch-politisches Fragment, in: ders., Illuminationen, 280f., 280.

37 Vgl. ders., Ankündigung der Zeitschrift: Angelus Novus, in: ders., Illuminationen, 369-374, 374.

38 Ebd.; vgl. G. Scholem, Walter Benjamin und sein Engel, in: S. Unseld (Hg.), Zur Aktualität Benjamins, Frankfurt/M. 1972, 87-138.

39 R. Walser, Träumen. Prosa aus der Bieler Zeit 1913-1920, Frankfurt/M. 1985, 328f.

40 Vgl. Art. Leichenverbrennung (P. Mikat), in: LThK[2] 6, 914-917.
41 Art. *sakkos* (W. Stählin), in: ThWBNT 7, 56-67, 58.
42 Ebd. 59.
43 Ebd. 60.
44 Art. Fasten / Fasttage III (St.G. Hall / J.H. Crehan), in: TRE 11, 48-59, 54.
45 Art. Aschermittwoch (B. Löwenberg), in: LThK[2] 1, 919; vgl. Gottesdienst der Kirche Tl. 5, 150
46 L. Eisenhofer, Handbuch der Liturgik 2, Freiburg/Brsg. 1933, 175.
47 Vgl.. J A. Jungmann, Die lateinischen Bußriten in ihrer geschichtlichen Entwicklung, Innsbruck 1932, 59f.
48 J.A. Jungmann, Gottesdienst der Kirche, Innsbruck 1957[2], 210; vgl. ders., Die lateinischen Bußriten, 48.
49 EG 528 (M. Frank, 1652).
50 EG 527 (A. Gryphius, 1650).
51 A. Stock, Andacht. Zur poetischen Theologie von Huub Oosterhuis, St.Ottilien 2011, 143-146.
52 K. Rahner, Kleines Kirchenjahr, München 1954, 52.
53 Ebd. 58.
54 Ebd.
55 Sidur Sefat Emet, mit deutscher Übersetzung von Rabbiner Dr. S. Bamberger, Basel 1989, 255 (Gebet für den Versöhnungstag).
56 Ebd. 264.
57 Texte der Aschermittwochsliturgie zit. nach: Schott-Messbuch für die Wochentage 1, Freiburg/Brsg 1986, 206-214.
58 Gottesdienst der Kirche Tl. 5, 151.
59 Sonntags-Schott, 175.
60 LH 2, 31f.; Stundenbuch 2, 5; vgl. A. Stock, Lateinische Hymnen, Berlin 2012, 110-112.
61 Vgl. A. Stock, Orationen. Die Tagesgebete der Festzeiten, Regensburg 2014, 57-59.
62 Vgl. zu M. Triegel und besonders zu dem hier besprochenen Bild: J. Rauchenberger, Bekehrung aus der Form. Ein Atelierbesuch bei Michael Triegel, In: Reliqte. Zum Erbe christlicher Bildwelten heute (Kunst und Kirche 78/2015), H. 2, 40-45.
63 Abb. In: PD Chr 2, 194 (Abb. 35).
64 Vgl. PD GL 3, 347.
65 2. Str. von Ein schöne Ros im heil'gen Land, M. Cochem, 1712, Kirchenlied Nr. 89.
66 2. Str. von Sagt an, wer ist doch diese, J. Khuen 1638, Gotteslob (2013), Nr. 531.
67 3. Str. von Meerstern, ich dich grüße, Köln 1765, Gotteslob (2013), Nr. 525;
68 1. Str. von Ave Maria zart, J.G. Braun 1675, Gotteslob (2013), Nr. 527.
69 Zur Geschichte der Maiandacht vgl.: J. Metzler, Die Marien-Maiandacht in ihrer historischen Entwicklung und Ausbreitung, in: Der Katholik 39 (1909), 100-125; 177-181; 262-282; ders., Die Marien-Maiandacht, in: Zeitschrift für Aszese und Mystik 3 (1928), 89-101; K. Küppers, Marienfrömmigkeit zwischen Barock und Industriezeitalter. Untersuchungen zur Geschichte und Feier der Maiandacht in Deutschland und im deutschen Sprachgebiet, St. Ottilien 1987; ders., Maiandacht, in: Marienlexikon IV, 244-246.
70 Metzler, Die Marien-Maiandacht in ihrer hist. Entwicklung, 104.
71 Ebd.

72 Vgl. ebd. 104; Art. Flora (H. Le Bonniec), in: dtv-Lexikon der Antike 1, München 1976[2], 259; Art. Ludi Florales, ebd. 2, München 1970, 66; Küppers, Marienfrömmigkeit 16f.

73 Zur Bedeutung der Blumen bei Ph.O. Runge vgl. PD Chr 3, 294-297.

74 Vgl. z.B. Gotteslob (2013), Köln, Nr. 852; zur Interpretation vgl. A. Stock, Maria Maienkönigin, in: H. Becker / A. Franz / J. Henkys / H. Kurzke / Chr. Reich, Geistliches Wunderhorn. Große deutsche Kirchenlieder, München 2001, 424-436.

75 Vgl. die Angaben in: Küppers, Marienfrömmigkeit, 115-226.

76 G.M. Hopkins, Brief vom 21. August 1877, zit. nach: G.M. Hopkins, Gedichte. Schriften. Briefe, hg. von H. Rinn, München 1954, 538.

77 Anm. ebd. 714.

78 Vgl. J. Bärsch, Allerseelen. Studien zu Liturgie und Brauchtum eines Totengedenktages in der abendländischen Kirche, Münster/Westf. 2004.

79 Ebd. 79.

80 Ebd.

81 Ebd. 126.

82 J. Le Goff, Die Geburt des Fegfeuers, Stuttgart 1984, 222; vgl. O.G. Oexle, Die Gegenwart der Toten, in: ders., Die Wirklichkeit und das Wissen, Göttingen 2011, 99-155, 112; ders., Memoria und Memorialüberlieferung, in: ebd. 156-186.

83 M. Wehrli-Johns, „Tuo daz guote und lâ daz übele". Das Fegfeuer als Sozialidee, in: P. Jezler (Hg.), Himmel Hölle Fegfeuer. Das Jenseits im Mittelalter (Ausst. Kat. Zürich 1994), Zürich 1997[5], 47-54, 50 unter Verweis auf A. Angenendt, Theologie und Liturgie der mittelalterlichen Toten-Memoria, in: K. Schmid / J. Wollasch (Hg.), Memoria. Der geschichtliche Zeugniswert des liturgischen Gedenkens im Mittelalter, München 1984, 79-199.

84 Vgl. Art. Fegfeuer (W. Braunfels), in: LCI 2, 16-20.

85 Vgl. Art. Ablaß (K. Rahner), in: LThK[2] 1, 46-53.

86 Ebd. 50f.

87 E. Iserloh, Martin Luther und der Aufbruch der Reformation (1517-1525), in: E. Iserloh / J. Glazik / H. Jedin, Reformation, Katholische Reform und Gegenreformation (Handbuch der Kirchengeschichte, hg. von H. Jedin IV), Freiburg/Brsg. 1967, 3-114, 50f.

88 Ebd. 48.

89 Zit. nach ebd. 54.

90 Vgl. Bärsch, Allerseelen, 244-250.

91 Vgl. Chr. Göttler / P. Jezler, Das Erlöschen des Fegefeuers und der Zusammenbruch der Auftraggeberschaft für sakrale Kunst, in: Ch. Dohmen / Th. Sternberg (Hg.), ...kein Bildnis machen. Kunst und Theologie im Gespräch, Würzburg 1987, 119-148.

92 E. Kurz, Protestantische Eschatologie. Von der Reformation bis zur Aufklärung (Handbuch der Dogmengeschichte, hg. von M. Schmaus u.a. Bd. IV / 7c), Freiburg/Brsg. 1980, 19.

93 M. Luther WA 12, 596, 30f., zit. nach ebd. 19.

94 Ebd. 20, mit Zitation von WA Br 2, 422, 5f.

95 Art. Fegfeuer V. Zur Systematik (K. Rahner), in: LThK[2] 4, 53-55.

96 STh, Appendix ad Supplementum Tertiae Partis, art. 2.

97 Art 2., ad 3.

98 Vgl. EG 1504.

99 Die Meßtexte werden im folgenden zitiert nach: Römisches Meßbuch, (171-179).

100 Vgl. Bärsch, Allerseelen, 280-284.

101 Zit. nach E. Hennecke / W. Schneemelcher, Neutestamentliche Apokryphen II, Tübingen 1964[3], 492 (dort unter 5 Esr 2,34f.).

102 Art. Michael, Erzengel (Red.), in: LCI 3, 255-265, 262.

103 Art. *kolpos* (R. Meyer), in: ThWBNT 3, 824-826, 825.

104 Vgl. ebd.

105 Ebd.826.

106 Art. Requiem (L. Kunz), in: LThK[2] 8, 1246f., 1246, unter Verweis auf M. Righetti, Manuale di storia liturgica II, Mailand 1955[2], 380.

107 Bärsch, Allerseelen, 236.

108 Vgl. PD Christologie 4, 196-209.

109 Bärsch, Allerseelen, 234.

110 Vgl. Le Goff, Geburt des Fegfeuers, 65f.

111 Vgl. Bärsch, Allerseelen, 228.

112 Ebd.

113 Bärsch, Allerseelen, 478

114 Ebd. 478.

115 J. A. Jungmann, Kommentar zu Art. 81 der Liturgiekonstitution, in: LThK[2] Erg. Bd. Das Zweite Vatikanische Konzil I, 74; ders., Kommentar zu Konstitution über die Heilige Liturgie, Art. 81, zit. nach: LThK[2] Erg.Bd. Das Zweite Vatikanische Konzil I, 79.

116 Liturgiekonstitution, Art. 81 (ebd. 75).

117 Bärsch, Allerseelen, 482f.

118 Zur Meidung des Memento mortuorum am Sonntag vgl. J.A. Jungmann, Missarum sollemnia 2, Wien 1958[4], 297.

119 O. Böcher, Die ausgebliebene Parusie und die Toten in Christus. Enderwartung und Jenseitshoffnung im Neuen Testament, in: H. Becker / B. Einig / P.-O. Ullrich (Hg.), Im Angesicht des Todes. Ein interdisziplinäres Kompendium 1, St. Ottilen 1987, 681- 707, 693.

120 Vgl. G. Greshake / G. Lohfink, Naherwartung – Auferstehung – Unsterblichkeit, Freiburg/Brsg. 1975; ders. / J. Kremer, Resurrectio mortuorum, Darmstadt 1986; ders., Stärker als der Tod, Mainz 1991[5].

121 G. Schmied, Die Sterbe- und Totenliturgie nach dem II. Vaticanum. Anmerkungen eines Soziologen, in: H. Becker / B. Einig / P.-O. Ullrich (Hg.), Im Angesicht des Todes. Ein interdisziplinäres Kompendium 1, St. Ottilien 1987, 181-205, 203.

122 H. Oosterhuis, Kom befrijden. 150 gebeden, Kampen 2009, 81; mit Melodien von R. Veelenturf u. A. Oomen in: ders., Verzameld Liedboek, Kampen 2004, 837 u. 846; deutsche Übers. A.S.; in einer anderen Übersetzung von B. Kasper-Heuermann und mit der Vertonung von A. Oomen in: H. Oosterhuis, Du Atem meiner Lieder, Freiburg/Brsg. 2009, Nr.19.

123 H.Oosterhuis, Gezongen Liedboek, Kampen 1993, 367 (Übers. A.S).; in der Übersetzung von P. Pawlowsky mit Melodie in: ders., Du Atem meiner Lieder, Nr. 21.

D. LEBEN

1 Vgl. M. Heidegger, Sein und Zeit, Tübingen, 1963[10], 235-266.
2 H. Arendt, Vita activa oder Vom tätigen Leben, München 1981[2], 243.
3 Ebd. 167.
4 Ebd. 166.
5 M. Claudius, Ausgewählte Werke, hg.von W. Freund, Darmstadt 2004, 429.
6 Hölderlin, Der Rhein, in: Hölderlin, Sämtliche Werke, hg. von F. Beißner, Frankfurt/M. 1961, 327-333, 328.
7 Vgl. Art. Schutzengel (Red.), in: LCI 4, 127f.
8 Art. *daimôn ktl* (W. Foerster), in: ThWBNT 1, 1-21, 2.
9 Art. Genius (H. Le Bonniec), in: dtv-Lexikon der Antike 1, München 1976[2], 268
10 Ebd.
11 Aus: G.W. Burmanns Gedichte 1783, zit. nach: Sursum corda. Gesang- und Gebetbuch für das Erzbistum Paderborn, Paderborn 1948, Nr. 439, Str. 1 u. 4.
12 CIC (1917), Can. 770.
13 CIC (1983), Can. 867 § 1.
14 Die Feier der Kindertaufe in den Bistümern des deutschen Sprachgebietes. Zweite authentische Ausgabe gemäß der Editio typica altera 1979, Freiburg/Brsg. 2007; Text mit Kommentar von E. Nagel auch in: W. Haunerland / E. Nagel (Hg.), Den Glauben weitergeben. Werkbuch zur Kindertaufe, Trier 2008, 73-94. Es handelt sich um eine sprachlich überarbeitete Ausgabe der 1971 erschienenen Editio authentica prima: Die Feier der Kindertaufe in den katholischen Bistümern des deutschen Sprachgebietes, hg. im Auftrag der Bischofskonferenzen Deutschlands, Österreichs und der Schweiz und des Bischofs von Luxemburg, Freiburg/Brsg 1971. Auf das Verhältnis dieser beiden deutschen Fassungen zueinander und auf deren Verhältnis zu den römischen Vorlagen, sowie den damit gegebenen Übersetzungsproblemen wird im vorliegenden Zusammenhang nicht eingegangen; es würde den zeittheologischen Kontext dieses Bandes sprengen. Zur Diskussion des neuen Ritus vgl. J. Bärsch / A. Poschmann, (Hg.), Liturgie und Kindertaufe, Trier 2008; W. Haunerland / E. Nagel (Hg.), Den Glauben weitergeben. Werkbuch zur Kindertaufe, Trier 2008; W. Haunerland, Die Feier der Kindertaufe. Zur zweiten authentischen Ausgabe für die Bistümer des deutschen Sprachgebietes, in: Liturgisches Jahrbuch 58 (2008), 67-94; E.-M. Faber, „Du schenkst irdisches und himmlisches Leben“. Systematisch-theologische Beobachtungen zum erneuerten deutschsprachigen Kindertaufrituale, in: Liturgisches Jahrbuch 58 (2008), 95-11; D. Eissig, „Die Feier der Kindertaufe“. Pastoralliturgische Beobachtungen und Überlegungen, in: Liturgisches Jahrbuch 58 (2008), 112-148; W. Kasper / A. Kothgasser / A. Biesinger (Hg.), Weil Taufe Zukunft gibt. Wegmarken für eine Weiterentwicklung der Taufpastoral, Mainz 2011.
15 Vgl. Die Feier der Kindertaufe. Pastorale Einführung, hg. vom Sekretariat der Deutschen Bischofskonferenz, Bonn 2008, Nr. 29.
16 R. Bucher, Die Entdeckung der Kasualienfrommen, in: J. Fürst / J. Kügler (Hg.), Die unbekannte Mehrheit. Mit Taufe, Trauung und Bestattung durchs Leben? Eine empirische Untersuchung zur „Kasualienfrömmigkeit“ von KatholikInnen – Bericht und interdisziplinäre Auswertung, Berlin 2010[2], 125-150, 135.
17 Ordo baptismi parvulorum,, in: Collectio rituum ad instar appendicis Ritualis Romani pro omnibus Germaniae dioecesibus a Sancta sede approbata, Regensburg 1950, 3-16.

18 L. Larson-Miller, Die Taufe im frühmittelalterlichen Westen, in: M Stuflesser / K. Westerfield Tucker / P. Prétot (Hg.), Die Taufe. Riten und christliches Leben, Regensburg 2012, 53-73, 72.

19 Vgl. z.B. die eindrucksvolle Schilderung in: Dionysisus Areopagita, Hierarchia ecclesiastica VII, 2, 11.

20 Tertullian, De baptismo 2 (BKV 7, 276).

21 Tertullian, De baptismo 3 (BKV 7, 277).

22 Tertullian, De baptismo 4 (BKV 7, 279).

23 Zur Bedeutung des Ambrosius in dieser Tradition vgl. J. Schmitz, Gottesdienst im altchristlichen Mailand, Köln 1975, 94-98.

24 Vgl. PD SchL 1, 248-252.

25 Vgl. ebd.

26 Vgl. SchL 2, 48-61.

27 Justin, Apologie 61, zit. nach: Texte der Kirchenväter. Eine Auswahl, nach Themen geordnet Bd. 4, hg. von A. Heilmann, München 1964, 252f.

28 Art. *pais ktl* (A. Oepke), in: ThWBNT 5, 636-653, 637.

29 Pastorale Einführung, Nr. 29.

30 E. Nagel, Kommentar zu Nr. 50 des Taufritus, in: Die Feier der Kindertaufe, in: Haunerland / Nagel, Den Glauben weitergeben, 80.

31 Art. *chriô ktl D.* (H. Grundmann), in. ThWBNT 9, 518-570, 541

32 Ebd. 549f.

33 Mystagogische Katechesen 3,5 (BKV 41, 375f.)

34 H.M. Riley, Christian Initiation. A Comparative Study of the Interpretation of the Baptismal Liturgy in the Mystagocial Writings of Cyril of Jerusalem, John Chrysostom, Theodore of Mopsuestia and Ambrose of Milan, Washington, D.C. 1974, 376.

35 Myst. Kat. 3, 1 (BKV 41, 373).

36 De mysteriis 39 (BKV 32, 293)

37 Apol. 1, 61, zit. nach: Texte der Kirchenväter 4, 253.

38 A. Stenzel, Die Taufe. Eine genetische Erklärung der Taufliturgie, Innsbruck 1958, 143ff.

39 H.W. Hertzberg, Der Prediger (Kommentar zum AT, hg. von W. Rudolph / K. Elliger / F. Hesse VII, 4), Gütersloh 1963, 211.

40 Vgl. W. Benjamin, Ursprung des deutschen Trauerspiels, Frankfurt/M. 1969, 207-210.

41 Ebd., 197.

42 Vgl. Hertzberg, Der Prediger, 212f.; L. Schwienhorst- Schönberger, Kohelet (Herders Theol. Kommentar zum Alten Testament, hg. von E. Zenger), Freiburg/Brsg. 2004, 534.

43 Übersetzung der Zürcher Bibel.

44 Übersetzung der Jerusalemer Bibel.

45 H. Oosterhuis, Gezongen Liedboek, 366 (Übers. A.S.); eine Kanonvertonung von Str. 1 und 3 in: Du bist der Atem meiner Lieder, Nr. 44.

46 J. G. Neumark, Wer nur den lieben Gott läßt walten (1657), Str. 2 (EG Nr. 369; Gotteslob 2013, Nr. 424).

47 Ph. Jaccottet, Nach so vielen Jahren (1994), übers. von E. Edl / W. Matz, München 1998, 73.

48 Ebd. 74.

49 Vgl. R. Rudolf, Ars moriendi. Von der Kunst des heilsamen Lebens und Sterbens, Köln/Graz 1956; H. Rolfes, Ars moriendi – Eine Sterbekunst aus der Sorge um das

ewige Heil, in: H. Wagner (Hg.), Ars moriendi. Erwägungen zur Kunst des Sterbens, Freiburg/Brsg 1989, 15-44; P. Neher, Ars moriendi – Sterbebeistand durch Laien. Eine historisch-pastoraltheologische Analyse, St. Ottilien 1989; J. Laager (Hg.), Ars moriendi. Die Kunst, gut zu leben und gut zu sterben. Texte von Cicero bis Luther, Zürich 1996; H. Kümper (Hg.), Tod und Sterben. Lateinische und deutsche Sterbeliteratur des Spätmittelalters, Duisburg 2007 (Terxtsammlung und Bibliographie).

50 J. Gerson, De arte moriendi; die lateinische Fassung in: ders., Opera omnia. 5 Bde., hg. von Ellies du Pin, Antwerpen 1706 (Nachdruck Hildesheim / Zürich / New York 1987), Bd 1, 447-450; die französische Fassung in: ders. Oeuvres complètes. 10 Bde. Introduction, texte et notes par P. Glorieux, Paris / Tournai / Rome / New York 1960-1973, Bd. 7, 404-407; lateinische und französische Fassung in: G. Ouy, Gerson bilingue. Les deux rédactions, latine et francaise, de quelques oeuvres du chancelier parisien, Paris 1989, 84-93.

51 Ars moriendi (Editio princeps, ca. 1450). A Reproduction of the Copy in the British Museum, ed. by W.H. Rylands, London 1981; Lat. Text in: A. Tenenti, Ars moriendi. Quelques notes sur le problème de la mort à la fin du XVe siècle, in: Annales E.S.C. 6 (1951), 433-446; deutsche Übersetzung mit 11 Kupferstichen von Meister E.S. (um 1450), in: Laager (Hg.), Ars moriendi, 181-229; elf Holzschnitte (um 1470), in: Kümper, Tod und Sterben, 195-205; Faksimile einer italienischen Übersetzung (um 1480) mit 11 Grisaille-Miniaturen in: Ars vivendi. Ars moriendi, hg. von J.M. Plotzeck / K. Winnekes / St. Kraus / U. Surmann, (Ausst. Kat. Köln), München 2002, 546-571; vgl. Rudolf, Ars moriendi, 69-74; Neher, Ars moriendi, 67-78; 224-240; 263-265; 306-308, 334f.

52 Laager, Ars moriendi, 184.

53 Ebd. 186.

54 Ebd. 194.

55 Ebd.

56 Ebd. 202.

57 Ebd. 210.

58 Vgl. PD SchL 2, 297-313.

59 Laager, Ars moriendi, 218.

60 Ebd. 222.

61 Ebd. 224

62 Ebd. 222.

63 Zit. ebd. 222.

64 Ebd. 228.

65 Ebd. 229.

66 Vgl. z.B. H. Wagner (Hg.), Ars moriendi. Erwägungen zur Kunst des Sterbens, Freiburg/Brsg 1989; J.-P. Wils, ars moriendi. Über das Sterben, Frankfurt/M. 2007; K. Arntz (Hg.), Ars moriendi. Sterben als geistliche Aufgabe, Regensburg 2008; D. Schäfer / Chr. Müller-Busch / A. Frewer (Hg.), Perspektiven zum Sterben. Auf dem Weg zu einer Ars moriendi nova?, Stuttgart 2012.

67 P. Landsberg, Das moralische Problem des Selbstmords, in: ders., Die Erfahrung des Todes, Frankfurt/M. 1973, 91-153, 105.

68 Vgl. Landsberg, Das moralische Problem, 106-117; Wils, ars moriendi, 133-143.

69 De civ. Dei I, 16-27.

70 De civ. Dei I, 20.

71 Metaphysik der Sitten (1797) 2. Tl. I § 6., zit. nach : I. Kant, Schriften zur Ethik und Religionsphilosophie (Werke in sechs Bänden, hg. von W. Weischedel, Bd. IV), Darmstadt 1970, 554-556.

72 Ebd. (554).

73 Ebd. (554).

74 Ebd. (555).

75 Grundlegung zur Metaphysik der Sitten, 2. Abschn. zit. nach : I. Kant, Schriften zur Ethik und Religionsphilosophie (Werke in sechs Bänden, hg. von W. Weischedel, Bd. IV), Darmstadt 1970, 61.

76 Vgl. die Ersetzung des Lemmas „Selbstmord" in der 2. Auflage des Lexikons für Theologie und Kirche (1964) durch das Lemma „Suizid" in der dritten Auflage (1993).

77 Vgl. Art. Suizid (H. Hoheisel / F.-M. Kühlemann / Th.K. Kuhn / E. Aebucher-Gutloh / M. Honecker), in: RGG[4] 7, 1849-1857; Art. Suzid (W. Pöldinger / A. Eser / A. Holderegger / A. Reiner), in: LThK[3], 1105-1109.

78 J.-P. Wils, Ars moriendi: Über das Verhältnis von Weltanschauung, Recht und Moral, in: D. Schäfer u.a. Perspektiven zum Sterben, 39-51, 43f.

79 Wils, ars moriendi. Über das Sterben, 279f.

80 Vgl. E.J. Bauer / R. Fartacek / A. Nindl, Wenn das Leben unerträglich wird. Suizid als philosophische und pastorale Herausforderung, Stuttgart 2011.

81 D. Schäfer / Chr. Müller-Busch / A. Frewer (Hg.), Perspektiven zum Sterben. Auf dem Weg zu einer Ars moriendi nova?, Stuttgart 2012.

82 St. Dreßke, Das Hospiz als Einrichtung des guten Sterbens, in: D. Schäfer u.a (Hg.), Perspektiven zum Sterben, 103-119.

83 Ebd. 105.

84 Ebd. 104.

85 Ebd. 108.

86 Ebd. 110.

87 Ebd. 108.

88 C. Bausewein, Palliativmedizin, in: K. Arntz, Ars moriendi. Sterben als geistliche Aufgabe, Regensburg 2008, 77-87, 78.

89 M. Strauß, „... eine Mischung aus Geborgenheit, Unterstützung und Freiheit" Gestaltetes Sterben in der Hospizbewegung, in: Arntz, Ars moriendi, 88-95, 92f.

90 Landsberg, Das moralische Problem, 123.

91 Konzil von Trient, Sess. XIV Doctrina de sacramento extremae unctionis (DH 1716).

92 R. Kaczynski, Feier der Krankensalbung, in: Gottesdienst der Kirche 7, 2, 241-343, 307.

93 Als Überblick vgl. H. Vorgrimler, Buße und Krankensalbung (Handbuch der Dogmengeschichte, hg. von M. Schmaus / A. Grillmeier / L. Scheffczyk / M. Seybold, Bd. IV, Fasz. 3, 215-234); ders., Art. Krankensalbung in: TRE 19, 664-669; J. Feiner, Die Krankheit und das Sakrament des Salbungsgebetes, in: Mysterium Salutis, hg. von J. Feiner / M. Löhrer, Zürich u.a. 1976, Bd. 5, 494-555; R. Kaczynski, Feier der Krankensalbung in: Gottesdienst der Kirche 7 / 2, 241-343.

94 H. Vorgrimler, Buße und Krankensalbung, 221.

95 Vgl. ebd.218-220; Kaczynski, Feier, 258-273.

96 Vgl. das Kapitel zu „Allerseelen".

97 Kaczynski, Feier, 283.

[98] Ebd.

[99] F. Mußner, Der Jakobusbrief (Herders Theol. Kommentar XIII,1), Freiburg/Brsg. 1964, 222.

[100] Ebd. 223.

[101] Die Feier der Krankensakramente. Die Krankensalbung und die Ordnung der Krankenpastoral in den katholischen Bistümern des deutschen Sprachgebietes, hg. im Auftrag der Bischofskonferenzen Deutschlands, Österreichs und der Schweiz und der Bischöfe von Bozen-Brixen und von Luxemburg, Freiburg/Brsg. u.a. 1974, Nr. 76

[102] Einführungswort der Bischöfe des deutschen Sprachgebietes, in: Die Feier der Krankensakramente, 17-24, 24.

[103] Ordo ministrandi Sacramentum Extremae Unctionis, in: Collectio rituum ad instar appendicis Ritualis Romani pro omnibus germanicis dioecesibus a Sancta sede approbata, Ratisbonae 1950, 37-50, 42.

[104] Einführungswort der Bischöfe des deutschen Sprachgebietes, in: Die Feier der Krankensakramente, 17-24, 24.

[105] Einführungswort der Bischöfe des deutschen Sprachgebietes, in: Die Feier der Krankensakramente, 17-24, 24. Ord ministrandi Sacramentum Extremae Unctionis, 37-50,42 (Nr. 10).

[106] Vorgrimler,Buße und Krankensalbung, 234.

[107] Ordo ministrandi Sacramentum Extremae Unctionis, 42 (Nr. 10); Die Feier der Krankensakramente. Die Krankensalbung und die Ordnung der Krankenpastoral in den katholischen Bistümern des deutschen Sprachgebietes, hg. im Auftrag der Bischofskonferenzen Deutschlands, Österreichs und der Schweiz und der Bischöfe von Bozen-Brixen und von Luxemburg, Freiburg/Brsg. u.a. 1974, Nr. 74.

[108] Art. Krankensalbung (M. Fraeyman), in: LThK² 6, 583-591, 590; vgl. A. Moos, Krankensalbung oder „Letzte Ölung"? Stellungnahme in einer Kontroverse, in: Becker / Einig / Ulrich, Im Angesicht des Todes II, 791-811 (Lit.).

[109] Vorgrimler, Art. Krankensalbung, 668.

[110] Vgl. Art. Krankensalbung I-III (G. Greshake), in: LThK³ 6, 418-423, unter Verweis auf H.U. v. Balthasar; auf dem Konzil plädierten die Bischöfe Kempf (unter Beratung von A. Grillmeier) und H. Volk in dieser Richtung, vgl. Kaczynski, Feier, 299.

[111] Kommentar von A. Grillmeier, 187f.

[112] Vgl. EG, Nr. 516-535.

[113] EG, Nr. 523, 1. Str.

[114] EG, Nr. 521.

[115] Vgl. Evangelisches Kirchengesangbuch, Nr. 312

[116] „Mach' s mit mir Gott, nach deiner Güt" (J.H. Schein, 1628), EG, Nr. 525, Str. 3-5.

[117] Mit Fried und Freud ich fahr dahin" (M. Luther, 1524), EG, Nr. 519.

[118] J. Bobrowski, Levins Mühle (1964), Frankfurt/M. 1982⁸, 81f (=Gesammelte Werke III. Die Romane, hg. von E. Haufe, Berlin 1987, 7-224, 117.

[119] Im EG jetzt Nr. 524

[120] Im EG jetzt Nr. 362.

[121] Vgl. E. Haufe, Johannes Bobrowski und Dietrich Buxtehude, in: Johannes Bobrowski. Selbstzeugnisse und neue Beiträge über sein Werk, hg. von G. Rostin, Stuttgart 1976, 189-236, 194.

[122] Bobrowski, Levins Mühle, 82 (GW III, 117).

123 Ebd. 82f. (GW 118); als selbständiges Gedicht in: Das Land Sarmatien. Gedichte, Stuttgart 1966, 112 (= Gesammelte Werke I. Die Gedichte, hg. von E. Haufe, Berlin 1987, 141).

124 Vgl. G. Rathaus, Der Erneuerer, in: Bobrowski. Selbstzeugnisse,75-113, 80.

125 Vgl. EG, Nr.424.

126 Ph. Jaccottet, Truinas 21. April 2001, übers. von E. Edl / W. Matz, München 2005, 11-13.

127 Ebd. 25

128 Vgl. R. Kaczynski, Sterbe- und Begräbnisliturgie, in: Gottesdienst der Kirche Tl 8, 191-232.

129 Exsequiale, in: Collectio rituum ad instar appendicis Ritualis Romani pro omnibus germanicis dioecesibus a Sancta sede approbata, Ratisbonae 1950, 109-158.

130 Die Begräbnisfeier in den katholischen Bistümern des deutschen Sprachgebietes, hg. im Auftrag der Bischofskonferenzen Deutschland, Österreichs und der Schweiz und des Bischofs von Luxemburg, Freiburg/Brsg. u.a. 1972.

131 Die kirchliche Begräbnisfeier in den Bistümern des deutschen Sprachgebietes, 2. authentische Ausgabe auf der Grundlage der Editio typica 1969, Freiburg/Brsg. u.a. 2009.

132 C. Lévi-Strauss, Mythos und Bedeutung. Vorträge, Frankfurt/M. 1980, 280f.

133 J. Lurvink, Windladen, Köln 1998, 113f.

134 Ph. Jaccottet. Notizen aus der Tiefe, deutsch von F. Kemp, München 2001, 95f.

135 Kom bevrijden, 170 (Übers. A.S.).

136 Die kirchliche Begräbnisfeier, Nr. 126; Gotteslob (2013), Nr.515.

137 Gotteslob (2013), Nr. 515f.; Gotteslob (1975), Nr. 84.

138 Exsequiale Nr. 13 (S. 141)

139 Die kirchliche Begräbnisfeier, Nr. 129f. (S.87).

140 Exquiale, Nr. 13 (S. 141).

141 Die Begräbnisfeier, Nr. 132 (S. 88).

142 G. Steiner, Warum Denken traurig macht. Zehn (mögliche) Gründe, Frankfurt/M. 2006, 13.

143 Zit. nach C. Milosz, DAS und andere Gedichte, übers. von D. Daume, München 2004, 87f.

144 Die kirchliche Begräbnisfeier, Nr. 136; Exsequiale, Nr. 15. (S. 142).

145 Art. Ehe IV. Im Alten Testament (E. Bons), in: LThK[3] 3, 469f., 469.

146 Art. Ehe V. Im Neuen Testament ((I. Broer), in: LThK[3] 3, 470f., 470.

147 Der Brief an Diognet 5 (BKV 12, 165.)

148 Ebd.

149 Zur Liturgiegeschichte der Ehe insgesamt vgl. B. Kleinheyer, Riten um Ehe und Familie, in: Gottesdienst der Kirche 8. Sakramentliche Feiern II, 69-156.

150 B. Kleinheyer, Riten um Ehe und Familie, in: Gottesdienst der Kirche 8, 72-156, 101.

151 DH 1800.

152 Vgl. PD SchL 2, 27-36.

153 DH 1797

154 DH 1801

155 Vgl. H. Schlier, Der Brief an die Epheser. Ein Kommentar, Düsseldorf 1958[2], 252-280.

156 K. Rahner / H. Vorgrimler, Kleines Theologisches Wörterbuch, Freiburg/Brsg. 1961, 83.

157 *„Tametsi"*, DH 814-816.

158 Im folgenden zit. nach: Die Feier der Traung in den katholischen Bistümern des deutschen Sprachgebiets, hg. im Autrag der Bischofskonferenzen Deutschlands, Österreichs, und der Schweiz sowie der (Erz-) Bischöfe von Bozen-Brixen, Lüttich, Luxemburg und Straßburg, Freiburg/Brsg. u.a. 1983.

159 Vgl. den Kommentar von B. Häring zum einschlägigenen Kapitel der Pastoralkonstitution über die Kirche in der Welt von heute (LThK² Erg. Bd. 2, 426-447).

160 DH 3705.

161 Zur nachtridentinischen Geschichte vgl. Kleinheyer, Riten, 110-125.

162 R. Althaus / J. Prader / H.J.F. Reinhardt, Das kirchliche Eherecht in der seelsorglichen Praxis, Münster/Westf. 2014⁵, 81.

163 Ebd. 69-80.

164 Ebd. 82

165 Art. Ehe. II. Soziologisch (F.-X. Kaufmann), in: LThK³ 476f., 468.

166 I. Christensen, Das Gemüt hat keine Zeit, in: dies., Teil des Labyrinths, Essays aus dem Dänischen von H. Grössel, Münster/Westf. 1993, 49-58, 53.56.

167 Ebd. 50.

168 Ebd. 50.

169 Ebd. 53.

170 A.C. Crombie, Von Augustinus bis Galilei. Die Emanzipation der Naturwissenschaft, München 1977, 411.

171 Art. Nominalismus (J. Auer), in: LThK² 7, 1020-1023, 1022.

172 Christensen, Das Gemüt, 53.

E. GESCHICHTE

1 F. Nietzsche, Unzeitgemäße Betrachtungen. Zweites Stück. Vom Nutzen und Nachteil der Historie für das Leben (1873-1876), in: ders., Werke in drei Bänden, hg. von K. Schlechta, Bd. 1, Darmstadt 1966, 209-285.

2 F. Schiller, Was heisst und zu welchem Ende studiert man Universalgeschichte. Eine akademische Antrittsrede (1789), in: ders., Werke in drei Bänden, Bd. 3, München 1966, 9-22.

3 Text z.B. in: Sonntags-Schott, 628f., 640f.

4 Vgl. J.A. Jungmann, Missarum sollemnia 2, Wien 1958⁴, 213-224; 309-322.

5 Vgl. Gottesdienst der Kirche Tl. 6,1., 65-357.

6 Martyrologium Romanum reimpressio integra textus officialis, ed. C. Johnson A. Ward, Roma 1998.

7 Vgl. Art. Hagiographie I (D.H. Farmer), in: TRE 14, 360-364.

8 P. Brown, Aufstieg und Funktion des Heiligen in der Spätantike, in: ders., Die Gesellschaft und das Übernatürliche, Berlin 1993, 21-47, 47.

9 Art. Hagiographie II (K. Hausberger), in: TRE 14, 365-371, 366.

10 Konstitution über die heilige Liturgie, Art. 11, LThK² Das Zweite Vatikanische Konzil, Erg. Bd. I, 92-95.

11 Konstitution über die Kirche Art. 51, LTHK² Das Zweite Vatikanische Konzil I, 324f.

12 Konstitution über die Kirche, Art. 50, LTHK² Das Zweite Vatikanische Konzil I, 320f.

13 B. Meissner, Anfänge und frühe Entwicklungen der griechischen Historiographie, in: E.-M. Becker (Hg.), Die antike Historiographie und die Anfänge der christlichen Geschichtsschreibung, Berlin 2005, 83-109, 83.

14 Zu dem für die Geschichtstheorie grundlegenden Begriff der Kontinuität vgl. H.M. Baumgartner, Kontinuität und Geschichte, Frankfurt/M. 1972.

15 Hist. Eccl. I,1; zit. wird im folgenden nach der Ausgabe: Eusebius von Cäsarea, Kirchengeschichte, hg. und eingel. von H. Kraft, München 1967.

16 H. Kraft, Einleitung: Eusebius von Cäsarea, ebd. 11-77, 32.

17 F. Winkelmann, Euseb von Kaisareia. Der Vater der Kirchengeschichte, Berlin 1991. Der Titel, den man als Variante des von Cicero (De legibus I, 1,5) für Herodot gebrauchten Beinamens „Vater der Geschichtsschreibung" ansehen kann, ist in der theologischen Literatur, evangelisch wie katholisch, ein Topos: vgl. F. Overbeck, Über die Anfänge der Kirchengeschichtsschreibung, (1892), Darmstadt 1965; W. Nigg, Die Kirchengeschichtsschreibung. Grundzüge ihrer historischen Entwicklung, München 1934, 9; J. Ulrich, Eusebius als Kirchengeschichtsschreiber, in: E.-M. Becker, Die antike Historiographie, 276-287.

18 Hist. Eccl. I, 1f.

19 Kraft, Einleitung, 27; vgl. Winkelmann, Euseb, 105-135.

20 Hist. Eccl., praef. 4.

21 Kraft, Einleitung, 32.

22 Hist. Eccl. VIII, 1,7

23 Hist. Eccl. IX, 8,18.

24 Hist. Eccl. X, 1,8.

25 Zur Geschichte der Kirchengeschichtsschreibung vgl. W. Nigg, Die Kirchengeschichtsschreibung. Grundzüge ihrer historischen Entwicklung, München 1934; P. Meinhold, Geschichte der kirchlichen Historiographie I/II, Freiburg/Brsg. 1967.

26 Hist. Eccl. I,6.

27 Ulrich, Eusebius, 286f.

28 Vgl. Winkelmann, Euseb, 88-104.

29 Hist. Eccl. I, 2,6.

30 Hist. Eccl. I, 4,23.

31 Hist. Eccl. I, 4,4.

32 Overbeck, Über die Anfänge, 29.

33 Ebd. 18.

34 De civ. Dei 10,3; vgl. De civ. Dei 18,54.; deutsche Übersetzung nach BKV 1 / 16 / 28.

35 De civ. Dei 18, 49.

36 De civ. Dei 18,51.

37 De civ. Dei 18,51.

38 De civ. Dei 18,53.

39 Vgl. Grundmann, Geschichtsschreibung, 18-24; vgl. W. Lammers (Hg.), Geschichtsdenken und Geschichtsbild im Mittelalter, Darmstadt 1965.

40 Vgl. K. Löwith, Weltgeschichte und Heilsgeschichte, Stuttgart 1953^{4}; E. Benz, Ecclesia spiritualis. Kirchenidee und Geschichtstheologie der franziskanischen Reformation, Darmstadt 1969, 4-48..

41 Vgl. H. Maier, Die christliche Zeitrechnung. Ihre Geschichte – ihre Bedeutung, Freiburg/Brsg. 2008.

42 Vgl. Löwith, Weltgeschichte; J. Taubes, Abendländische Eschatologie (1963), München 1991.

43 Zur Kritik vgl. H. Jedin, Art. Kirchengeschichte, in: LThK[2] 6, 209-218, 214-217.

44 R. Koselleck, Das achtzehnte Jahrhundert als Beginn der Neuzeit, in: R. Herzog / R. Koselleck (Hg.), Epochenschwelle und Epochenbewußtein, München 1987, 269-282, 276.

45 Ebd.

46 Art. Renaissance (E. Verheyen), in: LThK[2] 8, 1229-1232, 1229.

47 H. Zimmermann, Ecclesia als Objekt der Historiographie, Wien 1960, 60.

48 Ebd. 62.

49 Meinhold, Geschichte der kirchlichen Historiographie I, 430f.

50 H. Jedin, Kirchengeschichte ist Theologie und Geschichte, in: R.Kottje (Hg.), Kirchengeschichte heute. Gechichtwissenschaft oder Theologie?, Trier 1970, 33-48, 36

51 H. Jedin ist nicht nur der Verfasser des Standardwerks zur „Geschichte des Trienter Konzils", sondern auch Herausgeber des von 1962-1979 erschienenen und für den wissenschaftlichen Stand dieser Zeit repräsentativen zehnbändigen „Handbuchs der Kirchengeschichte"; vgl H. Smolinsky (Hg.), Die Erforschung der Kirchengeschichte. Leben, Werk und Bedeutung von Hubert Jedin (1900-1980), Münster/Westf. 2001.

52 H. Jedin, Art. Kirchengeschichte, in: LThK[2] 6, 209-218, 209. Vgl. H. Jedin, Einleitung in die Kirchengeschichte, in: ders. (Hg.), Handbuch der Kirchengeschichte I, Freiburg/Brsg. 1965[3], 1-55, 2; Jedin, Kirchengeschichte ist Theologie, 36.

53 Jedin, Einleitung, 3; vgl. Jedin, Kirchengeschichte ist Theologie, 34

54 Jedin, Einleitung, 2.

55 Jedin, Einleitung, 3.

56 Jedin, Einleitung, 7.

57 Vgl. G. W. F. Hegel, Grundlinien der Philosophie des Rechts, Frankfurt/M. 1972, 11.

58 Jedin, Kirchengeschichte ist Theologie, 36.

59 Ebd.

60 Ebd.

61 Ebd. 37.

62 Vgl. ebd. 45

63 Ebd. 41.

64 Jedin, Einleitung, 10.

65 Vgl. N. Trippen, Hubert Jedin und das Zweite Vatikanische Konzil, in: H. Smolinsky (Hg.), Die Erforschung der Kirchengeschichte. Leben, Werk und Bedeutung von Hubert Jedin (1900-1980), Münster/Westf. 2001, 87-102.

66 K. Ganzer, Hubert Jedin und das Konzil von Trient, in: Smolinsky, Die Erforschung, 103-116, 114.

67 Vgl. ders., Kirchengeschichte als Auslegung der Hl. Schrift (1946), in: ders., Wort Gottes und Tradition. Studien zu einer Hermeneutik der Konfessionen, Tübingen 1965, 9-27; zur Diskussion um diesen Entwurf vgl. A. Beutel, Kirchengeschichte als Geschichte der Auslegung der Heiligen Schrift, in: W. Kinzig / V. Leppin / G. Wartenberg (Hg.), Historiographie und Theologie. Kirchen- und Theologiegeschichte im Spannungsfeld von geschichtswissenschaftlicher Methode und theologischem Anspruch, Leipzig 2004, 103-118.

68 Confessio Augustana Art. 7, zit. nach: H. Steubing (Hg.), Bekenntnisse der Kirche, Wuppertal 1970, 42.

69 Vgl. z.B. schon die Auseinandersetzung: H. Jedin, Zur Aufgabe des Kirchengeschichtsschreibers, in: Trierer Theologische Zeitschrift 61 (1952), 65-78 und J. Lortz, Nochmals: Zur Aufgabe des Kirchengeschichtsschreibers, in: Trierer Theologische Zeitschrift 61 (1952), 317-327.

70 Vgl. z.B. H. Wolf, Krypta. Unterdrückte Traditionen der Kirchengeschichte, München 2015; ders., Was heißt und zu welchem Ende studiert man Kirchengeschichte? Zur Rolle und Funktion des Faches im Ganzen der Theologie, in: Kinzig u.a., Historiographie, 67-75.

71 Für die zwischenzeitliche Diskussion vgl. R. Kottje (Hg.), Kirchengeschichte heute. Geschichtswissenschaft oder Theologie, Trier 1970 (mit Beiträgen von E. Iserloh, H. Jedin, N. Brox, H. Lutz, P. Stockmeier) und das Sonderheft von Römische Quartalschrift 80 (1985), 1-258 (Dokumentation eines Symposions mit Beiträgen von E. Iserloh, V. Conzemius, P. Stockmeier, M. Battlori, R. Manselli, A. Dupront, O. Chadwick, W.H.C. Frend, J. Gaudemet, W. Kasper, E. Stöve, G. Alberigo, J.W. O'Malley, K. Repgen u.a. Diskussionsbeiträgen); O. Köhler, Die Kirche als Geschichte, in: Mysterium Salutis. Grundriss heilsgeschichtlicher Dogmatik, hg. von J. Feiner / M. Löhrer, Bd. IV/2, Einsiedeln 1973, 527-589; zur evangelischen Diskussionslage vgl. M. Wichelhaus, Kirchengeschichtsschreibung und Soziologie im neunzehnten Jahrhudert und bei Ernst Troeltsch, Heidelberg 1965; Meinhold, Kirchliche Historiographie 2; K. Fitschen, Aktuelle Methodendebatten in der protestantischen Kirchengeschichtsschreibung, in: Kinzig u.a., Historiographie, 39-52.

72 Art. Kirchengeschichte I-III (K. Ganzer), in: $LThK^3$ 6, 1-3, 1.

73 Art. Kirchengeschichte (K. Ganzer), 2, unter Berufung auf: R. Koselleck, Standortbindung und Zeitlichkeit, in: ders. / W.J. Mommsen / J. Rüsen (Hg.), Theorie der Geschichte. Objektivität und Parteilichkeit in der Geschichtwissenschaft, München 1977, 17-46.

74 Ebd.; vgl. H-I. Marrou, Über die historische Erkenntnis (1954), Freiburg/Brsg. 1973, 27, 278f.

75 Ebd. 245.

76 Ebd. 325.

77 Vgl. den an Biographien von Kirchengeschichtlern orientierten Sammelband: B. Jaspert (Hg.), Kirchengeschichte als Wissenschaft, Münster/Westf. 2013.

78 F. Nietzsche, Unzeitgemäße Betrachtungen. Zweites Stück., 209

79 F. Schleiermacher, Kurze Darstellung des theologischen Studiums zum Behuf einleitender Vorlesungen, Berlin 1830^2, § 26, zit. nach Meinhold, Kirchliche Historiographie 2, 137.

80 Marrou, Über die historische Erkenntnis, 287.

81 Ebd. 318.

82 Cicero, De oratore II, c. 9, 36; vgl. K.H. Stierle, Geschichte als Exemplum – Exemplum als Geschichte, in: R. Koselleck / W.-D. Stempel (Hg.), Geschichte – Ereignis und Erzählung, München 1973, 347-375.

83 R. Koselleck, Wozu noch Historie?, in: H.M. Baumgartner / J. Rüsen (Hg.), Seminar: Geschichte und Theorie. Umrisse einer Historik, Frankfurt/M. 1976, 17-35, 28; vgl. Marrou, Über die historische Erkenntnis, 317.

84 Marrou, Über die historische Erkenntnis, 317.

85 W. Benjamin, Geschichtsphilosophische Thesen, in: ders., Illuminationen. Ausgewählte Schriften, Frankfurt/M. 1969^2, 268-279, 269.

86 Zit. nach: W. Benjamin, Das Passagenwerk (Gesammelte Schriften V/1), 588f.

87 Ebd. 589; vgl. dazu: H. Peukert, Wissenschaftstheorie – Handlungstheorie – Fundamentaltheologie, Frankfurt/M. 1978, 305-310.

88 Vgl. Y. H. Yerushalmi, Zachor: Erinnere Dich! Jüdische Geschichte und jüdisches Gedächtnis, Berlin 1982.

89 Vgl. W. Benjamin, Geschichtsphilosophische Thesen, in: ders., Illuminationen. Ausgewählte Schriften, Frankfurt/M. 1969², 268-279.

F. EWIGKEIT

1 Vgl. Art. *aiôn* (H. Sasse), in: ThWBNT 1, 197-208.

2 Vgl. PD SchL 1, 184-205.

3 Zit. nach : Boethius, Trost der Philosophie, übers. und hg. von K. Büchner, Stuttgart 1971, 146.

4 Ebd.

5 Ebd.

6 Ebd.

7 Conf 11, 12 (BKV 18, 279f.)

SCHLUSS

1 Viele sind wir. Späte Lyrik von „Extratouren" bis „Memorial von Isla Negra", hg. und übers. von E. Arendt, Neuwied 1972, 27-29.

REGISTER